品牌崛起

—— 浙江省工业品牌的现状与展望

主　编　许伟杰　王思齐　严晓青

副主编　姚利权　李　芸　杜艳艳　盛　婕

ZHEJIANG UNIVERSITY PRESS
浙江大学出版社

图书在版编目(CIP)数据

品牌崛起:浙江省工业品牌的现状与展望 / 许伟杰,王思齐,严晓青主编. —杭州:浙江大学出版社,2016.5
ISBN 978-7-308-14703-3

Ⅰ.①品… Ⅱ.①许…②王…③严… Ⅲ.①工业发展—品牌战略—研究报告—浙江省 Ⅳ.①F427.55

中国版本图书馆 CIP 数据核字(2015)第 100554 号

品牌崛起——浙江省工业品牌的现状与展望

主　编　许伟杰　王思齐　严晓青
副主编　姚利权　李芸　杜艳艳　盛婕

责任编辑	张作梅
封面设计	张作梅
出版发行	浙江大学出版社
	(杭州市天目山路 148 号　邮政编码 310007)
	(网址:http://www.zjupress.com)
排　　版	浙江时代出版服务有限公司
印　　刷	杭州杭新印务有限公司
开　　本	710mm×1000mm　1/16
印　　张	33
字　　数	441 千
版 印 次	2016 年 5 月第 1 版　2016 年 5 月第 1 次印刷
书　　号	ISBN 978-7-308-14703-3
定　　价	58.00 元

前　言

　　"历经千辛万苦、说尽千言万语、走遍千山万水、想尽千方百计"，宗庆后、鲁冠球、李书福等一批浙江企业家凭着"四千精神"闯荡世界，以他们为代表的浙商群体成为了浙江经济最响亮的品牌，同时也成就了一批在国内外颇具知名度和竞争力的浙江工业品牌。但如今，这个群体面临着"后继乏力"的困境，浙江工业品牌也面临着老化、群体竞争力不足、新锐品牌成长乏力的尴尬局面。

　　浙江是民营经济大省。但是近年来，随着经济全球化进程的加快，经济改革进入到深水区，技术创新、产业创意等越来越成为工业企业发展驱动力、生命力、竞争力的背景下，浙江省工业企业面临着经济转型升级不够快、产业布局散、企业规模小、技术创新体系不健全、企业研发能力弱等因素的制约。就本质而言，目前浙江经济发展遇到的瓶颈，不是由于欧债危机和2008年金融危机外溢效应造成的，而是在于自身原有的产业结构和创新危机。换言之，这种困境是一种历史的必然。在全球经济尚未大幅回暖的情况下，浙江如何激发经济新活力，如何破解传统"浙江模式"中内含的脆弱因子而创造、催生出一种新的经济发展生态和形态，如何充分挖掘浙江人的聪明才智，重新领跑全国经济，都是摆在全体浙江人面前的一大课题。浙江省省长李强在2013年3月28日召开的浙江省政府2013年第一次全体会议上表示,浙江将着力建设"三名工程",即建名企、出名品、育名家,可谓是省政府重新审视浙江经济发展模式、思考浙江经济内涵高屋建瓴、具有战略眼光的谋划和布局。

目前,从现有的浙江全国著名工业品牌来看,传统产业占有相当高的比例;区域著名品牌与产业传统也有千丝万缕的关系;从品牌创建者年龄结构来看,基本属于改革开放以后第一代开拓者;从整体的品牌构成和类比竞争力来看,存在着多而散、散而弱的特征;真正具有高附加值的品牌数量并不多;与世界对接,且具有国际竞争力的品牌更少,具有像可口可乐这样高品牌价值的品牌则几近空白。

浙江聚集了大量低、小、散企业。这些企业曾经对于创富浙江作出过不可磨灭的贡献。但这些中小微企业目前面临的困难已经很难用几句话可以概括了,生存危机使品牌意识更加淡薄。今后,浙江必须继续大力推进产业升级,促进传统产业提升和新兴产业培育。"浙江要发展制造业和服务业,培育百亿元级名企业,提升产品竞争力,形成完整产业链。"

值得欣喜的是,浙江省正全面铺开"智慧经济","浙江制造"将逐步向"浙江智造"转变;"电商换市"也将重新激发浙江人的创新精神;新的生产形态、新的产品形态、新的营销形态都将不断涌现;具有浙江特质的浙江品牌同样会以一种全新的态势呈现在世界面前。

作为浙江省省属重点高校,浙江工业大学有责任、有义务对浙江省的工业品牌发展历程进行梳理,对浙江省工业品牌的发展历程中存在的问题和不足作出尽可能客观的分析、评价,并对浙江省工业品牌的今后的发展提出展望。这是浙江工业大学品牌动力研究所撰写本书的初衷,希望它对推动浙江省工业品牌的发展起到抛砖引玉的作用。

行业篇

案例篇

结论篇

绪　论

- * * * 研究对象
- * * * 章节安排与格式

综观世界各先进国家的发展史,可以清楚地发现,现代化进程大多都依次经历了农业、工业、商业的路径。中国的国家现代化也基本是循着这个轨迹进行的。中国的经济现代化严格地说是从 1978 年才正式展开。30 多年间,中国现代化的成绩是举世瞩目的,无论从产能、产值还是质量来看,都取得了巨大的成就。然而,快速的经济发展也急速地将中国的经济发展不断地推上更高的台阶,让产业无可避免地面临巨大的转型升级压力。

浙江省自古以来就是中国经济重地。改革开放初期,又为中国经济发展的先发省份。在政策引导和人民勤劳、自觉的前提下,成为中国经济最富裕的省份之一。然而,先发的小、灵、快优势也为浙江现代工业发展带来了诸多压力:在各项社会成本逐渐推高、技术创新要求越来越高的现实背景下,浙江省也成为中国面临产业升级压力最大的省份之一。

先进国家的经验告诉我们,通过设计、工艺、质量等方面的提升,以增加产品的附加值是产业升级的必经之路。此外,摆脱为人代工作嫁的结构,创建自主品牌,更是工业自主创新的最高目标。在各类品牌之中,工业品牌更是重中之重。毕竟,没有坚强的工业品牌,就不可能在自主的条件下,创建坚强的商业品牌。

工业品牌与商业品牌的主要不同就在于要求对象的不同。商业品牌是针对消费者进行的品牌建设活动;工业品牌则是以行业为对象进行的品牌建设活动。因此,商业品牌的重点往往是宣传与造势;工业品牌的重点则是以成为行业领袖为目标。因此，当商业活动日趋活跃，大部分的目光都聚焦于商业品牌的时候，我们认为工业品牌才是应该关注的重点。因为工业品牌是设计、工艺、质量的总体表现；是企业的硬功夫所在；也是确保商业品牌能够顺利推进的动力所在。

正是基于这个认识，原中共浙江省委书记赵洪祝在《2012浙江省工业发展报告》的序言中强调："工业是实体经济的主体，其产品技术含量、质量及其加工工艺水平和技术装备水平，是一个国家和地区经济发展水平、科技发展水平乃至文化发展水平的综合体现。要认真贯彻《浙江省工业转型升级"十二五"规划》，抓紧启动全省工业强县（市、区）建设试点工作，推动工业经济发展由主要依靠物质消耗向创新驱动转变，加快浙江从工业大省向工业强省迈进。"

抱着同样的认知，我们希望通过这份研究报告，对浙江省工业发展的历史与特性进行梳理，并期望从中寻找规律，同时提出一些可行的建议，为浙江省的工业品牌建设略尽绵薄之力。

第一节　研究对象

浙江省地域不大，（10.4141万平方公里），人口五千余万，矿产以非金属矿产为主。除位居长三角范围内的优势外，先天条件并不适宜工业发展。然而，浙江人民凭着聪明、勤劳，自古以来就让浙江成为了中国的经济重镇。改革开放以来，浙江又率先加入经济发展的行列，并取得巨大的成就。浙江的经济是以"县域经济"为主要发展方式，并且通过产业集群的方式形成整体性的力量。这种结构让浙江的经济发展既具有一定的"羊群"效应，又可以灵活地多元发展，为经济的快速发展提供了速度和效率的动能。"浙江模式"曾经是个十分值得研究的经济现象。

目前，浙江省的产业集群约有42个，包含：杭州产业集群、萧山产业集群、余杭产业集群、宁波产业集群、慈溪产业集群、乐清产业集群、临安产业集群、绍兴产业集群、嵊州产业集群、海宁产业集群、平湖产业集群、金华产业集群、永康产业集群、义乌产业集群、黄岩产业集群、温岭产业集群、长兴产业集群、衢州产业集群、舟山产业集群、缙云产业集群、台州产业集群、富阳产业集群、建德产业集群、余姚产业集群、温州产业集群、永嘉产业集群、南浔产业集群、安吉产业集群、德清产业集群、桐乡产业集群、嘉兴产业集群、嘉善产业集群、诸暨产业集群、新昌产业集群、东阳产业集群、兰溪产业集群、江山产业集群、舟山产业集群、路桥产业集群、临海产业集群、龙泉产业集群、遂昌产业集群等。这些产业集群基本上各有其支柱产业及经营特色,因此造成浙江省的工业发展较具全面性。这与我国其他省份的工业发展历程有着较为显著的差异。

由于工业发展是以产业集群的方式开展的,因此浙江省的工业类型较为全面,并且基本上每个产业集群以各自的特色加以建设的。而且这些产业集群并非画地为牢、各自为政,而是在产业链的概念下,进行了纵向的连结与合作。总体而言,这些产业类型可以被归并为以下的主要产业类型:

1. 机械产业部分:包含了五金业、模具业、泵阀业、锯床业、轴承业、金属制品业、工业电气业、汽车及摩托车零配件业、蓄电池业、家电业、汽车空调零部件业、光机电业、船舶修造业、金属资源再生业、装备制造业;

2. 纺织产业部分:包含了化纤纺织业、棉纺织业、针织业、家纺业、袜业、领带业、服装业;

3. 科技产业部分:包含了节能照明及新光源业、电子信息业、磁性电子业等;

4. 化学工业部分:包含了造纸业、氟硅业、精细化工业、化工新材料业、医药化工业、生物医药业等;

5. 一般产业部分:包含了皮革制品业、鞋业、饰品业、木材加工业、木地板业、椅业、海洋生物与海产品深加工业、休闲用品业等。

　　相较于其他省份和地区，可以清楚地看到，浙江省的产业发展是较为均衡和全面的。然而，这种结构却也使得浙江的产业资源较为分散，不易形成"拳头产业"。此外，在产业链的概念下，产业集群之间的主次顺序已经建立，形成了若干重点产业集群，成为浙江省经济发展的主要力量。由于我们研究的目的是工业品牌的发展历程与建设，且各个产业之间具有从属性（模具业、泵阀业、锯床业、轴承业、汽车及摩托车零配件业都与汽车品牌有关），为避免过于庞杂和失焦，研究将聚焦于最具代表性的产业集群和较为重要的产业。经过归并后，我们把产业研究主要落在汽车产业、装备制造业、家电工业、医药（生物）工业、服装工业、食品工业。产业集群部分，经过比较后，将集中于杭州地区产业集群、宁波地区产业集群、嘉兴地区产业集群、金华地区产业集群、温州地区产业集群、绍兴地区产业集群、台州地区产业集群、湖州地区产业集群为主。为免遗珠之憾，对于不在上述产业集群中的工业品牌，将在其他地区产业集群中进行介绍。

第二节　章节安排与格式

作为总体性的研究，本报告共分为六大部分，分别为总论篇、行业篇，地区篇、案例篇、结论篇及附录。以下为各篇的论述重点介绍：

一、总论篇：主要的目的是对浙江省的制造业及其品牌建设的历程进行历史性的回顾。目的是为整个报告建立细部研讨的框架，并在这个框架下，对浙江省制造业的特色进行描述，作为后续各章的探讨基础。全篇分为三章。第一章是从总体的视角，介绍浙江省的工业建设及工业品牌的发展历程，为研究建立宏观的观察框架。第三章是对浙江省制造业的发展现况进行描述，并从中提取出若干特色，作为浙江省制造业的观察视角。

二、行业篇：浙江省的制造业具有多样性，与其他地区的制造业发展有相当大的区别。原因是浙江省的制造业发展模式与其他地区不同。在中小企业为主推聚地方产业集群的特性下,浙江省的制造业是以产业链的方式进行的有机结合,即以数个大型企业牵头,进行产业垂直整合。因此,尽管企业家数量繁多,但绝大多数都是为主要的制造业品牌提供服务的支持性厂商。因此,在行业篇部分,将以浙江省的主力工业品牌集群进行介绍,并且以较为知名的制造业品牌作为介绍主体,并借此希望对浙江省的主要制造业品牌及其产业集群建立较为完整的概念。通过产值、知名度及政策导向的综合思考,本篇将针对汽车工业、装备制造业、家电工业、医药(生物)产业、服装产业、食品工业等进行独立介绍。此外,在自主创新的前提下,浙江省的制造业也积极推动老字号品牌的创新与重生,以强化传统民族品牌。因此,本篇中也将以独立篇章,对中华老字号品牌进行介绍。

三、地区篇:浙江省的制造业从开始就充满了自主性的特色。以各地方政府与民众针对自身的条件,建设属地产业,造就了浙江省制造业的产业集群特色。本篇的目的就是从各个主要产业集群的视角,进行独立性的介绍。经过比较与整并,本篇将分别针对杭州、宁波、嘉兴、金华、温州、绍兴、台州、湖州等重点产业集群进行独立介绍与分析,其余产业集群将合并于另一篇章中进行综合论述。

四、案例篇:本篇精选了20个浙江省工业品牌作具体深入的分析,以期通过对不同地区、不同行业品牌发展过程的详细梳理,更深层次地展现浙江省工业品牌建设的概貌,为进一步提高浙江省工业品牌建设水平提供实际指导和借鉴。这20个工业品牌分别为:(杭州地区)娃哈哈集团、万向集团、杭汽轮集团、吉利控股集团,(宁波地区)雅戈尔、奥克斯,(温州地区)奥康集团、正泰集团,(台州地区)爱仕达、钱江摩托,(湖州地区)天能集团、欧诗漫集团,(绍兴地区)菲达环保、古越龙山,(金华地区)浪莎集团、康恩贝集团,(嘉兴地区)民丰特种纸,(舟山地区)金鹰股份,(丽水地区)纳爱斯集团和(衢州地区)

开山集团。

五、结论篇：经过通盘的梳理，结论篇的目的主要在于对浙江省工业的未来发展方向进行展望，并希望在求实务真的基础上，提出若干建议，以供参考。

六、附录：品牌建设的目的是提升附加值，因此群众的支持是品牌建设的动力。此外，目前浙江省的工业虽然已经建立了品牌建设的概念，但是在具体实施层面的知识与能力是否足够，也是影响品牌建设工作的重要因素。为此，本研究团队设计了一份调查问卷，并以此进行了一系列调查、统计。希望通过一定范围和样本量的调查统计数据，来反映浙江省品牌建设过程的真实状况，作为验证与思考的实证论据。

总论篇
ZONG LUN PIAN

第一章 浙江省工业发展历程

改革开放以来,浙江省的经济发展并非一帆风顺,而是经历了数次的起落,才发展到今天的规模。期间,工业化始终是浙江经济运行主要轨迹,也是摆脱贫穷落后,创造经济繁荣的主要动力。从 1979 年至今的 30 多年间,浙江省始终紧抓改革开放的机遇,积极解放思想,大胆实践,以市场为导向,不断地推进工业改革和制度创新,实现了从农业社会过渡到工业化社会的历史性跨越,完成了从工业小省到工业大省的历史任务,并形成了空间布局合理、产业特色鲜明、经营机制灵活、多种经济成分竞相发展的工业化格局,为浙江省创造了一条符合实际且富有特色的工业化道路。

第一节　改革开放前的工业化历程

新中国成立后,浙江省的工业化在计划经济体制下逐步开展。1949年至1957年是浙江省经济恢复和工业化的草创时期。在贯彻"逐步实现国家的社会主义工业化"总路线的政策下,通过没收官僚资本;改造及创办国营企业;对资本主义民族工业实现公私合营等措施,拉开了浙江省工业化的序幕。1957年时,浙江省工业增加值为6.5亿元,较1952年增长了1.2倍,年均增长为17.1%。工业的GDP比重也由1952年的9.3%提高到17.4%。轻重工业之比为81.9∶18.1,重工业所占比重也较1952年提高7.4个百分点,但仍然基础薄弱。

1958年至1965年期间,为浙江省进入工业"大跃进"和"大调整"阶段。"二五"时期,开始三年"大跃进"运动,提出了五年内建成浙江省工业化基础的目标,实施优先发展重工业的工业发展战略。

这个政策并没有发挥预期效益，不仅没有加速工业化的进程，反而导致经济建设的重大逆退。为此，浙江省进行了重大的经济调整，降低工业，特别是重工业的增长速度，并大幅度压缩基本建设的投资规模及对厂矿企业进行大刀阔斧的整顿。尽管方向的偏差让浙江省的工业化遭遇挫折，但仍取得了某些进展。例如：重工业骨干企业的建成投产虽然未如预期发挥效益，但却为日后重工业的发展打下基础。传统的轻工、纺织和食品工业也开始扩大生产领域，日用机械、化学纤维和塑料制品等新兴产业也开始起步，电子工业则草创萌生。1965年浙江省工农业总产值中，工业比重达54%，突破了长期以来农业为经济主体的发展格局。

1966—1978年间，为浙江省工业化重挫和徘徊时期。在"文化大革命"的冲击下，往后十年国民经济招致严重打击，工业经济秩序失去主轴，工业化进程大幅度推迟。工业年均增长率仅为1.8%。1976年，工业占国民收入的比重仅较1965年上升2.7个百分点。1976年，"文化大革命"结束后，开展"工业学大庆"运动，整顿工业生产秩序，工业建设方才恢复较快的增长态势。1976至1978年，工业年均增长率达20.2%。1978年，工业产值占GDP的比重为38%，与农业基本持平。但就工业产值的比重来看，工业产值依然呈现逆退现象。

综观改革开放前的浙江工业发展历程，道路虽然曲折，但成绩也不容忽视。虽然几经波折，浙江省终究在资源匮乏的条件上，建起了许多骨干企业；并在发展传统轻纺工业的同时，展开了现代机电、石化、冶金和能源等工业的奠基工作，为日后的工业发展打下了基础。总体而言，1949年至1978年间，浙江省工业总产值增长了25.2倍，年均增长率达11.9%；全省生产总值中，工业产值的比重也从1952年的9.3%上升到1978年的38%，可说工业化已经逐步收效，并成为下一阶段经济发展的主力,正式改变了历来以农业为主体的经济结构状况。

与此同时,浙江工业的"轻、小、集、加"特色也初步显现。首先是轻纺工业和加工工业在整体工业产值中的比重较高。1978年,轻工业在总体工业产值中的比重为60.2%,较全国平均水平高出17.1个百分点。原材料工业和采掘工业在工业总产值中的合计占比仅为10%,显示通过加工方式增加附加值的经济型态已经成形。重工业则大多是为农业和轻工业提供配套服务和设备维修的企业,在经济发展型态中仍未成为主力。其次是地方企业和小企业居多。工业总产值中,中央企业和大中型企业所占比重分别为2.6%和16.0%,较全国分别低4.2和27.4个百分点,浙江省企业的小微特性日趋突显。其三是非国有经济比重开始攀高。1978年,浙江省非国有工业占工业总产值的38.7%,较全国平均高出16.3个百分点,居全国之首,民间企业主导工业化发展的特性明显。

品牌在这个时期并不受重视,工业生产的目的主要是满足市场需求,而非质量与价值的追求,因此品牌的意义也只是产品的标志而已。在政府、厂商与民间社会均不重视的条件下,品牌价值基本上并不存在。

第二节　改革开放后的工业化历程

业经济基础、工业结构特点、商品经济意识决定了浙江省能够抓住改革开放的历史机遇，在迎接工业化新时期到来时抢得先机。从背景条件、发展战略及工业经济运行状况来看，改革开放以来的30多年，浙江省的工业化进程可以进一步划分为三个阶段。

一、农村工业化阶段(1979—1991年)

在党的十一届三中全会的指引下，浙江省确立了以经济建设为中心的指导思想。在立足于过往积累的工业基础，依托沿海区位的优势，凭借"轻、小、集、加"的结构特点，善用活跃的市场因素，顺应农村剩余劳动力向非农产业转移的趋势等框架下，浙江省积极调整工业发展思路，推进农村工业化，为浙江省的工业化进程带来新的契机。

　　1979—1982 年，浙江省掌握全国经济调整的情势，以补偿性消费需求为导向，通过大力发展传统轻纺工业，展开了浙江省的工业复兴。1979 年起，将物资、能源、资金和劳动力向轻纺工业倾斜的政策发挥了积极的作用，并以此为先导，作为浙江省全面工业化的基石。1979 年至 1981 年，浙江省的轻工业总产值年均增长 24.0%，比同期重工业年均增长率高出 8.9 个百分点，轻工业占工业总产值的比重也由 60.2% 升至 65.1%。乡镇工业在这一时期得到初步发展，农村工业产值增长 1.5 倍，占全部工业总产值的比重也由 16.3% 上升到 23.2%。凭借轻纺工业的超前增长和农村工业的迅速起步，浙江工业企业大力开拓省外市场，在全国脱颖而出。1979—1982 年，浙江省工业产值的年均增长为 16.6%，较全国平均高出 9.5 个百分点，增长速度居全国首位。1980 年的增长率更是高达 33.3%，创造了改革开放以来的第一个高峰。工业产值在全国份额中的占比也由 1978 年的 2.9% 上升至 1982 年的 4.0%，在全国各省、自治区、直辖市的位次由第 15 位升至第 11 位，平均每年前移一位。工业增加值占 GDP 的比重也稳步增长，从 1979 年的 35.3% 提高到 1982 年的 37.4%，并在 1980 年再度超过农业。

　　1983—1989 年，根据改革进程和市场环境的变化，浙江顺势调整单纯依靠传统轻纺工业增长的倾斜战略，将工业发展立足于省内和省外两种资源及省内和省外两个市场的循环，形成以市场为导向的加工型产业结构，1988 年进一步扩展为"国际大循环"的外向型发展战略。在经历了 1982 年的短暂低谷之后，浙江省的工业增长速度迅速回升，1985 年的增长率甚至高达 35.0%，营造了改革开放以来的第二个高峰。从 1983 年到 1988 年，浙江省的工业年均增长率达 20.8%，比同期全国增长率高出 7.4 个百分点。同时，浙江省的工业总量在全国的位次也跃升至第 7 位。另从 1983 年起，农业占 GDP 的比重也降至 1/3 以下，工业产值的比重年年持续稳定地保持在 40％以上，工业成为浙江经济主体的地位正式确立，也标志着浙江省的工业化由初期阶段向中期阶段过渡。伴随着农村的初步改革成功，农村工业化开始勃兴。浙东北地区的社队企业（1984 年社队企业改称乡镇企业）的发展在这几年达到高潮，个体及私营工业开始发展。浙西南则出现了农村专业市场和家庭工业相结合的工业模式。1984年，浙江省的非国有工业总产值首次超过国有工业，乡镇企业异军突起，既成为浙江工业化进程的主要推动力，也成为浙江市场发展的重要催生力。80 年代中期开始，由于消费结构和经济增长机制的变化，工业结构以发展家庭日用消费品和耐用消费品为主导，传统轻工业向现代轻工业升级，重工业向加工业和新兴产业调整。同时，外向型经济的发展，外资的利用和技术引进，也大大加强了浙江省工业的管理和技术基础。

1979—1991 年，浙江省工业增加值从 55.6 亿元增加到 438.4亿元，按可比价格计算，增长 6.3 倍。工业总产值从 158 亿元增加到 1801 亿元，年均增长 20.1％，增幅居各省、自治区、直辖市首位。工业经济总量在全国的位次从 1978 年的第 15 位提高到 90 年代初的第 6 位。农村工业总产值占浙江省工业总产值的比重从 1978 年的 16％上升至 1991 年的 48.3％，接近半壁江山。

随着工业建设的日趋成熟及国际经验的开始植入，品牌的概念开始进入中国。当时，一批具有前瞻意识的企业家开始着手品牌建设的工作。例如：1980 年创立的康奈集团、1982 年创立的飞跃缝纫机、1984 年创立的正泰集团、1986 年创立的吉利汽车等。然而，在当时厂商的技术、知识、质量、产能与资金都严重不足，政府仍然没有意识到品牌发展的重要性，且不论社会或厂商对于营销、宣传、广告等品牌建设的知识与工具都不熟悉的条件下，浙江省制造业的品牌建设工作基本上只是个朦胧的概念。

二、全面工业化阶段（1992—2001年）

1992年，邓小平同志发表重要谈话，为党的十四大也确立了社会主义市场经济体制的改革目标，对改革开放和经济发展产生了巨大的推动作用。思想观念的解放和束缚的破除，为整个工业发展注入勃勃生机，浙江省再次掀起工业化高潮，工业经济进入另一个新的发展阶段，无论规模、结构、素质都再向上迈了一个台阶。

"八五"中后期，浙江省的工业紧扣改革开放和经济发展的机遇，实现跳跃式的发展。以邓小平同志发表的重要谈话为章本，各项改革措施相继出台，私营及个体经济快速发展，对外开放的程度继续扩大，外资的利用成倍增加，为浙江省的再度工业化注入了活水。1992—1994年，农村工业总产值分别增长46.7%、73.8%和57.2%；农村工业总产值占浙江省工业总产值的比重也从1991年的48.3%迅速提升到1994年的63.5%，对浙江省工业增长的贡献份额更高达了89.3%。农村工业化的高涨成为推动浙江省工业跳跃式增长的主要动力。浙江省1992年的工业产值增长26.6%，1993年增长35.3%，创下了改革开放以来的增长纪录。为防止全国性经济过热和经济秩序失调等问题，1993年，中央采取宏观调控的措施，因此1994年起过高的工业增长速度开始平稳回落。不过，由于宏观调控得宜，没有因此造成过往经济调整中的产业大起大落现象。1995年，浙江省工业产值占GDP的比例达到46.3%，工业总量在全国的位次上升到第4位，在全国市场中的占有率也高达6.1%。

"九五"时期，浙江工业在适度从紧的宏观环境下运行，工业结构调整加快，增长质量逐步提高。1998年，面临亚洲金融危机的冲击和国内有效需求的不足，浙江省应对得宜，仍能实现工业增长目标。

当年工业产值增长为 11.1％，独立核算工业企业的利税净增为 25.3 亿元，利润总额占全国的 1／10。1999—2001 年，工业继续稳定发展，经济效益综合指数继续位居全国前列。

本阶段浙江省的工业化进程向更高水平的方向推进，主要表现在四个方面：(1)工业经济市场化的程度明显提高，经济体制和增长方式产生较大转变；(2)外向型经济型态加快发展，工业产品出口和利用外资成为工业增长的重要推动力；(3)企业改革取得突破性进展，多种所有制经济共同发展格局基本形成；(4)工业增长基础条件明显改善，企业规模不断扩大，经营理念和经营方式进一步创新，企业技术稳步提升，工业经济整体素质亦不断提高。

在这个基础之上，浙江省大多数地区已经解决了温饱问题，并开始向小康社会过渡。经济增长的成效也引发了外国企业的垂涎，为民族企业的发展带来了改弦更张的压力。特别是，家电行业中的日本松下、索尼、东芝等在 80 年代末进驻中国的外资企业，于 90 年代初期开始加入竞争及展现成效，促使中国本土企业必须力图变革。在经济发展的过程中，中国政府也逐渐体认到品牌建设的重要性，并开始立定相关政策。例如：1992 年，邓小平在南方讲话中就率先鼓励中国企业："应该有自己的拳头产品，拥有中国自己的品牌；否则就要受人欺负。"此后，国家不断出台各种宏观政策，鼓励品牌发展。例如：1993 年对《中华人民共和国商标法》进行了修订，使商标制度正式确立并步入正轨。1996 年，国家工商总局发布了《驰名商标认定和管理暂行规定》，将驰名商标的认定和保护纳入法制化和规范化的范围。凡此举措皆有利于中国产品品牌的建设与发展。

在大环境日趋成熟的条件下，浙江省的制造业也相应对品牌建设投入更多精力。例如：成立于 1995 年专营品牌休闲服饰的美特斯邦威集团；成立于 1998 年专营高级服饰的雅戈尔集团；成立于 1996 年专营饮料产业的农夫山泉股份有限公司;成立于 1994 年专营高压锅产品的苏泊尔集团;成立于 1996 年专营高级服饰的报喜鸟集团;成立于 1996 年专营厨房电器的方太集团;成立于 1992 年,由中英合资专营饮水机的司迈特电器有限公司;成立于 1995 年专营鞋业的红蜻蜓集团等。在这个时期成立的各个制造业品牌不可胜数,且经过十多年的蓄积,迄今仍是浙江省的重要制造业品牌。

除了积极建设与寻求品牌建设的知识与资源外,本阶段的另一特色是民企的勃发,为民营经济的结构打下了良好的基础。

三、新型工业化阶段(2002—2008 年)

进入 21 世纪,特别是 2001 年底中国加入世贸组织以后,国际与国内的社会经济环境皆发生了较大的变化,为了顺应这种变化,政府积极调整工业发展战略,力图将浙江省的工业化带入另一个发展高峰。

2002 年,中国共产党浙江省第十一次代表大会提出"着力推进结构调整,构筑产业新高地"的目标,要求围绕建设先进制造业基地,抓住国际产业转移的机遇,大力推进工业结构的战略性调整,提高制造业整体发展水平;围绕提升产业、扩大就业和提高生活质量,大力发展服务业;围绕建设"数字浙江",加快国民经济和社会信息化。这些目标和要求,为浙江走新型工业化道路构建了基本框架。党的十六大以后,省委、省政府按照十六大的战略部署,结合浙江省的实际状况,做出了以建设先进制造业基地,走有浙江特色的新型工业化道路的战略决策。

2003 年,党的十六届三中全会提出了"坚持以人为本,树立全面、协调、可持续的发展观",浙江工业按照"统筹城乡发展、统筹区域发展、统筹经济社会发展、统筹人与自然和谐发展、统筹国内发展和对外开放"的要求,推进改革和发展。

为了贯彻落实科学发展观,建设资源节约型、环境友好型社会,党中央、国务院在《"十一五"规划纲要》中将节能降耗作为约束性指标,列入我国经济社会发展的主要目标。以此为指导,浙江省的工业发展逐步走上经济效益、社会效益和生态效益并重的可持续发展道路,并以资源节约与环境保护作为推动工业化的重要前提。

2002年以来,浙江省的工业建设呈现出新的气象。主要特色包括:(1)区域发展的协调性有所增强,欠发达地区的工业发展速度加快;(2)产业结构调整取得新的进展;产业结构的高级化程度进一步提高;(3)自主创新能力不断增强,品牌经济发展初现成效;(4)资源节约与环境保护取得明显成效,可持续发展能力不断增强。在科学发展观的推动下,浙江省的工业持续向又好又快的方向发展迈进。2003—2007年,工业增加值年均增长15.4%,其中,规模以上工业增加值年均增长19.5%,成为浙江省经济快速增长的主要推动力。尽管受到煤、电、油、运等生产要素的制约和原材料价格大幅上涨等众多不利因素的影响,企业仍然通过改善管理和经营方式,积极推进技术创新,提高劳动生产率,促使经济效益在逆势中不断提高。

在这个时期,中国的"世界工厂"地位逐渐确立,然而沿袭已久的贴牌模式令人又爱又恨。通过贴牌生产的方式,固然可以省去不少市场经营的麻烦,但是所得的利润却十分微薄。尤其是,中国企业即便拥有知识产权和核心技术,但是在缺乏品牌推广和营销战略的条件下,仍然难以摆脱低利困境,无法建立国际竞争力,不能享受努力的果实。因此,愈来愈多的中国企业开始意识到品牌与国际竞争的紧迫性和必要性。在理论界、政府和消费者也都逐步建立品牌意识的氛围下,愈来愈多有实力的企业开始"走出去",迅速推高了中国企业的国际化程度。

　　不过,在这波品牌国际化的过程中,相较于中国其他经济发达省区,浙江省制造业的品牌建设却呈现出滞后的现象。主要的原因是:(1)浙江省的经济发展主要是以产业集群的方式,绝大多数的企业规模都不足以独自加入国际竞争的行列;(2)这个时期又逢浙江省的房地产市场形势大好,于是许多企业转入房地产市场发展,对于制造业的关注相对减弱;(3)浙江省的工业结构多属轻工业,在设计与创意能力仍有待提升的状况下,通过品牌提升附加值的营利效果并不明显。

四、后金融危机时期(2008年至今)

　　2008年,全球金融危机爆发,作为以出口为主要经济增长方式的浙江省带来了巨大的挑战。2009年,在坚持以科学发展观为指导,以"两创"为总战略的政策下,浙江省开展了以整合开发区作为加快经济结构调整和发展方式转变的方略。

　　2008年7月,首批12个开发区的工作展开,目标是解放思想、创新理念、提高资源使用效率、优化产业结构、拓展发展空间、辐射带动区域经济和推动体制机制创新。2009年7月,浙江省政府召开全省开发区暨整合提升工作会议,总结推广试点单位的工作经验,并对第二批开发区的整合工作进行了全面部署。2009年底,全省11个市上报的第二批整合提升单位共47家;其中包含开发区41家、园区6家,整合提升的辐射带动区域达5872平方公里,超过100平方公里的开发区和园区为28家,整合的各类园区和工业区共计158个。从这个规模来看,政府通过整并方式,来达到提升各个产业集群的力量可谓十分强劲。

　　相较于第一批试点单位,第二批整合提升开发区的思想更加解放,视野更加开阔,目标更为明确,布局更为合理。绝大多数开发区都能够站在统筹区域经济、统筹城乡建设和促进产业带发展的高度，按照三次产业融合的新理念，持续对外开放并形成产业集聚的新高地。其中，富阳、桐庐、宁海、乐清、长兴、安吉、德清、海宁、桐乡、平湖、绍兴、诸暨、东阳、兰溪、武义、岱山、温岭、玉环、江山、青田等开发区的绩效发挥最为突出。开发区的建设与整合为浙江省的经济发展带来了新的格局，并有效地因应了国际金融危机的严峻挑战。在全省各开发区采取各种有效措施，力挽经济下滑的政策下，全年开发区经济呈现出止跌、回稳、向好的发展态势。通过区域整合提升后，2009 年全省开发区的工业总产值达 16393 亿元，同比增长 9.4%，占全省 40.3%；实现工业附加值 3560 亿元，同比增长 17.6%，占全省 43.2%；引进外资 48.81 亿美元，同比增长 5.0%，占全省 49.1%。但是进出口总额却下降至 742 亿美元，同比下跌 10.3%，占全省 39.5%。足见浙江省的经济发展从出口导向，朝向内需导向倾斜。

尽管如此，取得这些成绩的原因在于对开发区的整并及出台大量的扶持配套政策。例如：杭州经济技术开发区出台 8 项扶持政策，落实了 4.08 亿的扶持基金。嘉兴经济技术开发区制定了"渡难关、保增长、促转型"的 15 项扶持服务措施，并安排 1 亿元财政专项资金扶助开发区企业的发展。宁波大樖开发区通过开展企业信用评价、举办融资洽谈会、搭建贷款平台等途径，帮助企业融资 18.44 亿元，以有效缓解企业融资困难。这些政策与服务极大地提振了企业的信心。

总计 2009 年全省开发区实现规上工业总产值 16393 亿元，实现限上服务业主营业务收入 5328 亿元，制造业与服务业的比重约为 3：1。全省开发区产业结构调整步伐加快，并大力提升机械、电子、纺织、模具等传统优势产业的同时，重点培育发展离岸服务外包、电子商务、软件服务外包、物联网等新兴产业和现代服务业，引进并培育了一批国际和区域性服务外包企业与设计服务咨询机构，建设面向全省的工业设计服务中心和行业性研发设计信息中心，积极促进第二、三产业融合联动，带动工业升级发展的步伐。

2010 年浙江省开发区则紧紧围绕"四大"的要求，加大开发区及园区的整合提升力度，力求发挥成效。着眼"十二五"时期的长远发展规划，进一步优化发展空间布局，加快基础设施建设，坚持集约节约用地，促进资源要素集聚，希望打造更有综合竞争力的开放平台，以辐射方式带动区域经济的整体协调发展。并且将工业发展的主轴从"量的追求"转向"质的提升"，坚持"质量优先、以质取胜"及重点关注那些投资巨大、带动面广、辐射力强的重大项目建设，从领导、资金、土地、人才、机制等方面确保大项目建设顺利推进。

在产业转型方面，2010 年将工作重点设定为针对金融危机的机遇，化危机为转机，突出招商引资的力量，着力于招引大企业做为产业转型升级的动力，及把握危机引发的全球投资转移新动向，进一步优化综合投资环境，创新招商引资方式，坚持"外资、国资、民资"并举的方式，同时推动产业的质量、所有权和经营方式的转型。为了达成产业大型化与国际化的目标，招商引资的主要对象为国内外知名企业，特别是世界 500 强和中国 500 强的企业。

2011 年，在国际市场复苏缓慢、需求低迷出口乏力国内需求增长艰难、企业成本不断攀升的情况下，工业经济基本延续了 2010 年下半等总体下滑的走势。尽管如此，经过全省上下的共同努力，工业经济仍然保持了较为稳定的增长。全省全年实现规模以上工业增加值 10877.66 亿元，同比增长 10.9%，规模以上工业的总产值为 55727.3 亿元，同比增长 21.4%。从全年走势看，年初增速高开后持续下滑，但上半年月度均保持了两位数增长，增速下降趋势持续到年底。增速由 3 月份的 14.2% 持续下降到 11 月份的 7.3%，累计下降

6.9%。但是从全年看，工业经济依然保持了两位数的增长。

2012 年，国内外经济形势严峻复杂，下行压力增大。根据 61 家样本企业统计，2012 年浙江省全年完成工业总产值为 245.03 亿元，比上年增长 11.2%，产品销售收入 223.28 亿元，增长 8.15%，利税总额 33.87 亿元，增长 14.97%，利润 23.40 亿元，增长 13.95%，出口交货值 38.35 亿元，增长 26.83%，经济效益指标增幅大于产销指标增幅，出口高于全国平均增长 13.96% 的水平。

2013 年 10 月份，浙江全省规模以上工业增加值 994.8 亿元，同比增长 7.2%，增幅比 9 月份回落 1.1 个百分点。主要经济类型企业增速有所回落。10 月份，有限责任公司、国有企业、私营企业、港澳台投资、股份有限公司和外商投资企业增加值分别同比增长 10.8%、9.7%、8.9%、5.4%、3.9% 和 0.2%，增幅分别比 9 月份回落 2.6、1.5、0.1、2.7、1.0 和 0.9 个百分点。轻重工业产值增速双双回落。10 月份，轻重工业增加值分别同比增长 5.0% 和 9.0%，增幅分别比 9 月份回落 0.5 和 1.6 个百分点。其中，重工业产值增速比轻工业产值高 4 个百分点，继续保持重工业产值增速快于轻工业产值的态势。其中，大型企业增加值增速回落较大。10 月份，大、中、小微企业产值的同比增长分别 3.9%、8.5% 和 8.5%。大、中型企业的产值增幅分别比 9 月份回落 3.5 和 0.4 个百分点，小微型企业的产值增幅则比 9 月份提高 0.1 个百分点。1—10 月份，规模以上工业产值增加 9449.9 亿元，增长 8.5%，增幅则比 1—9 月份回落 0.1 个百分点。

第三节　浙江省工业化的成就与挑战

改革开放 30 多年来,中国经济基本上经历了三次增长高峰。其中,以 2003—2009 年的七年间,中国的经济发展经历了高峰,同时也经历了衰退。根据全国省级行政区的地区生产总值的排名,从 2003 年至 2009 年,广东、江苏、山东、浙江地区的生产总值排名没有变化,排名顺序都是广东省第一、江苏省第二、山东省第三、浙江省第四。但是,在这七年间,浙江省与前三个省份之间的生产总值差距却呈现加速扩大的现象。仅以浙江省与江苏省的生产总值为例,差距由 2003 年的 2737.9 亿元扩大到 2009 年的 11228.8 亿元。浙江省的经济发展显现落后态势。

在全国经济发展的初级阶段,广东、江苏、山东、浙江基本上都是凭借低廉的生产成本而成为全球著名的制造业基地,但是随着生产能力的持续扩张及欧美经济的疲弱,逐渐发生产能过剩的现象,为原本的经济增长方式带来巨大的转型升级压力。另外,自然资源的紧缺和环境保护压力的持续加大,使得传统的支柱产业遭遇"高成本、高要求"的挑战。

在广东、江苏、山东、浙江不约而同地都选择以提升技术层次和产业向上发展的战略,作为引领新一轮产业发展的政策。其中,广东省选择了汽车和石油化工为作为产业发展重点。2009 年广东省的汽车工业产值达 3212.79 亿元,汽车产值和销售收入位居全国第二;乙烯产量增加到 220.14 万吨,占到全国乙烯产量 21%。江苏则以长三角(上海、昆山) IT 产业集群形成为契机,大力发展微型计算机,2009 年江苏微型计算机产量占到全国总产量的 45%,同时,太阳能光伏、风力发电、造船业、输变电等也成为全国重要基地。山东省在家电产业继续保持全国领先位置,而且将农产品加工、汽车产业、海洋工程等列为重要发展产业。

相对而言,浙江省则积极推动文化创意产业,朝向绿色产业的方向迈进,因此除了传统的小商品生产经营及电子商务等新兴服务业外,在重化工业和电子信息等方面乏善可陈,工业结构的升级方面极其缓慢。与此相对的是,浙江省的房地产业在全国"异军突起"。2000—2009 年,浙江全省平均房价由每平方米 1943 元上升到 2009 年 7788 元,整整涨了 4 倍,省会杭州的房价上涨速度更是创造了全国纪录,成长超过 10 倍以上。在市场强烈需求刺激下,杭州、宁波、温州地价也是乘胜追击,屡创新高。在产业大幅更张,房地产大幅获利的条件下,浙江省的工业建设与前述各工业大省相比,差距日益扩大。

不过,与其他省分不同,浙江省在 2008 年的金融危机后,力图对产业结构进行调整。换言之,如果调整成功,则经济落差将只会是短暂的现象。相对于此,就可能是经济衰落的开始。因此,转型升级的成败至关重要。为此,浙江省政府出台一系列政策,包含产业区块的整合,外资引进的方案,质量提升的计划等。初步看来,成效尚未完全发挥。另一方面,浙江企业也日渐体会到品牌的重要性,并掀起了一股品牌注册风潮。不过,除少数既有品牌和慧眼独具的企业家外,基本上品牌发展都仍然在初级阶段,并且以轻型工业为主。真正具有国际运作能力的品牌,除了杭汽轮、杭钢、杭、万向、方太、雅戈尔等,基本上仍有相当大的进步空间。

据此,浙江制造业的品牌建设工作仍需持续努力,方能顺利完成目标。所幸,目前的政策方向基本正确,且各项相关工作已经开展且初具成效。例如:

1. 企业效益稳步提高:以2011年全省规模以上工业企业利润总额3080亿元,同比增加9.86%,其中轻工业利润1209亿元,重工业利润1879亿元,分别增长8.72%和10.6%。大、中、小微企业分别实现利润648.9亿元、1349.5亿元、1081.7亿元,分别增长11.1%、8.20%、11.20%。小微企业利润形势最好。企业销售净利润率5.8%。1—4季度当季利润分别为624.3亿元、807.9亿元、781.9亿元和866.0亿元,分别增长40.0%、27.0%、4.90%和11.3%,增幅逐季回落。全省从业人员劳动报酬大幅提高。全省规模以上工业从业人员劳动报酬2425.7亿元,同比增长19.8%,人均劳动报酬34456元,比上年提高4979元,增长16.9%。

2. 产业结构调整稳步推进:根据2011年的数据,全省规模以上工业中重工业增加值为6379.8亿元,轻工业为4497.8亿元,重工业与轻工业之比重为58.7%:41.3%,重工业小幅提升。高新技术产业的增值达2624亿元,较上年增长13.4%,且增幅高于规模工业2.5%,值得欣喜。装备制造业增值为3599亿元,增长12.1%,对工业生产增长的贡献率达37.4%,拉动规模以上工业增值4.1%。此外,金属制品(12.0％)、通用设备(12.6％)、专用设备(11.6％)、通信设备(13.7％)、交通运输设备(13.5％)、仪器仪表(14.10％)等6个行业增速均高于规模以上工业。新能源、新材料和节能环保等新兴产业发展良好,光电子器件、太阳能电池、光缆等产品产量分别增长76.0％、44.7％、74.8％。产业转型初见成效。

3. 传统企业升级改造:浙江省充分发挥行业龙头骨干企业、产业集群示范区和工业大县、大市、大区在传统优势产业改造中的引领作用。重点在于龙头企业在"十二五"期间总投资额达4393亿元的663个重大项目,认定与复核37个省级产业示范基地,推进产业集群示范区公共服务平台建设和区域国际品牌试点,发挥工业大县、大市、大区,在块状经济转型升级中的领跑作用。2011年,全省工业企业主营业务收入过100亿的企业主营业务收入增长28.8％,高出规模以上工业10％,对工业主营业务收入的增长贡献率为17.1％。企业数量则比去年同期增加114家。以块状经济格局引领传统产业升级转型的政策开始发酵。

4. 创新能力持续提升:科技创新支撑体系不断强化。在提升企业自主创新能力为目标下,浙江省积极推进技术创新赶超工程。2011年,全省组织下达的省重点技术创新项目计划,共评定了89项省级优秀新产品新技术项目,完成了2236项省级新产品备案,认定55项装备制造业重点产品。同时争取国家新型产业专项资金6700万元,其中智能制造3项、物联网专项7项、重大科技成果转化项目4项。新增国家级技术中心6家,总数达53家,列全国第三位,并新认定省级企业技术中心63家。全省规模以上企业科技活动经费支出达554亿元,R&D经费投入占GDP的比例达1.90％,另带动社会总投资2768亿元。2011年,全省规模以上工业企业新产品产值12253亿元,同比增长28.8％。新产品产值率为22.0％,同比提高1.3个百分点。新产品对全省规模以上工业总产值的贡献率为 27.9％，拉动规模以上工业总产值 6.0％，另全省专利申请量达 17.71 万件，授权量 13.02 万件，分别增长 46.7％和 13.6％，其中发明专利授权量 9135 件，同比增长为 42.59％。

5. 节能降耗有效突破：2011 年，全省万元 GDP 能耗 0.59 吨标准煤(按 2010 年价格计算)，比上年下降 3.1％。万元 GDP 能耗水平居全国第三位。其中工业万元增加值能耗 0.90 吨标准煤，比上年下降 4.8％。全省 2441 家重点用能企业万元工业增加值能耗比上年下降 4.4％，降幅高于规模以上工业用能单位 0.6 个百分点。另依据《关于进一步加快淘汰落后产能的意见》(浙政发〔2011〕75 号)，充分利用节能、环保、安全生产依法监管等各种手段逼退高能耗、高排放企业的退出。全省全年共完成淘汰落后钢铁(含不锈钢)产能 73.32 万吨、有色冶炼产能 99.37 万吨、水泥产能 1166.4 万吨、造纸产能 80.16 万吨、印染产能 4.8795 亿米、化纤产能 28.37 万吨、化工产能 16.27 万吨、黏土砖瓦窑 109 座、关停小火电机组 92.05 万千瓦等，涉及钢铁、有色、化工等多个行业，涉及各类企业达 2747 家，远超过国家下达的淘汰落后产能指标。

6. 中小企业发展保持平稳：2011 年，全省规模以上中小企业实现工业总产值 45414.37 亿元，同比增长 21.129％，其中小型企业实现工业总产值 23230.17 亿元，同比增长 22.34％，增速分别高于全部工业企业和中型企业 0.95％和 2.46％。实现主营业务收入 43249.7 亿元，同比增长 18.37％；实现利润总额 2431.3 亿元，增长 9.529％；实现税收总额达到 1400.5 亿元，同比增辰 12.54％。2011 年全省规模以上中小企业科技活动经费支出 442.7 亿元，同比增长 24.49％，高出主营业务收入增幅 6.12 个百分点。全省规模以上中小企业新产品产值 9436.2 亿元，增长 31.2％，高出工业总产值增幅 10.1 个百分点;新产品产值率为 20.8％,同比提高 2.6 个百分点。中小企业创新投入持续提升。另为缓解中小微企业融资难,持续加大信贷资金保障力度,切实落实国家关于支持小企业信贷政策。2011 年全省小企业贷款余额 14092.6 亿元,较年初增加 2245.9 亿元,同比增长 34.29％。

第 四 节　小 结

　　在 2010 年 5 月底,浙江省工商局首次全方位发布《浙江省商标品牌发展报告》。报告显示当时浙江省累计的注册商标已达 41.64 万件,占全国注册商标总量的 1/10,位居全国第一。其中,作为浙江省商标境外注册十大示范企业之一的吉利集团,拥有的国际注册商标居然量多达 1800 件。根据吉利集团新闻中心主任陈放鸣说,现在吉利是一个国际化的企业,走向国际市场品牌建设更加要规范。"吉利的产品每到一个国家,都要注册商标。一方面可以打响品牌,另一方面有利于知识产权的保护。"目前,吉利的产品远销叙利亚、古巴、乌克兰、俄罗斯、印度尼西亚等多个国家。浙江省工商局商标处副处长朱理国说:"企业海外市场的迅猛拓张是吉利国际注册商标数量大的主要原因"。

　　环驰轴承集团也在 20 多个国家注册"HCH"品牌,产品直接销往

60多个国家和地区。宁波神马集团已在国内全类注册,并在法国、德国、波兰、俄罗斯等60多个国家和地区注册。近年来,浙江省越来越多的自主品牌纷纷走向国际。2010年,浙江省的国际商标注册数就已经累计达3.8万件,商标注册近42大类,涉及全球200多个国家和地区,位居全国第一。特别是自2007年起,浙江省的商标国际注册数增长神速,成长达10倍之多。而早在1980年,浙江省的注册商标只有942件,当时的工商企业法人(包括全民和集体)共为76888家,相当于平均82家企业才拥有一件注册商标。时至2010年,这个情况已经大幅改变了,在39.5万家注册资本达50万元以上的中小企业中,平均每家企业拥有注册商标1.1件。其中,包含驰名商标313件,继续位居全国前列。作为民营经济大省的浙江,70%的驰名商标为民营企业所有。但是,相较于41.64万余件的注册商标,只获得313件驰名商标的比例显示在具体推动品牌建设的工作还须多加努力。毕竟,商标注册很容易,但注册了并不代表品牌就能打响。必须潜心经营,才能让注册商标和品牌发挥具体效益。

、更具体地说,不论商标还是品牌都只是企业总体能力的代表。如果企业不能在经营、设计、质量、信誉等方面真正提升档次,则再多的品牌推广活动都终将无法奏效。当品牌概念已经深植于浙江企业的心中后,更重要的工作是实事求是,积极依据新的产业要求及新的经济情势,不断提升自己的能力,才能为浙江省制造业品牌持续发挥效益。相信这也正是浙江省政府不断通过各种政策引领产业重整、鼓励创新、调整结构、吐故纳新等方式,大力推动产业升级的主要原因。

第二章 浙江省工业品牌发展历程

1978 年起，中国的改革开放历经了 30 多年，中国也从一个经济相对贫穷落后的国家，成长为今天的全球第二大经济体，在这个过程中，中国产品品牌的发展也经历了一个由无意识到有意识、由品牌战略缺失到实施品牌战略、推进自主品牌国际化的过程。根据《财富》发布的 2013 年世界 500 强排行榜，美国依然是全球大型企业最多的国家，上榜公司为 132 家，与 2012 年持平。中国公司的上榜数量再创新高，前十名中有 3 家中国公司。中国内地和香港公司进入 500 强的企业由 2012 年的 73 家增至 89 家，加上台湾企业，则达 95 家。上榜的 95 家中国企业中，排名最前的是中国石油化工集团公司，排名第四，比 2012 年上升一个名次。在世界 500 强排行榜新上榜的 31 家公司中，中国公司占据了 18 个席位。不过，榜单显示，上榜的中国企业主要分布在钢铁、汽车、资源、化工、金融等领域，来自第三产业的服务业的则较少。

　　浙江省仍然只有浙江物产集团和浙江吉利控股集团两家企业上榜。其中，浙江物产集团以 311.973 亿美元的营业收入位居 364 位，进入前 400 强，较 2012 年的 426 位上升 62 位。事实上，作为首家入围世界 500 强的浙江企业，浙江物产集团在这份榜单上的排名持续跃升，去年排名上升了 58 位。另外一家上榜的是民企浙江吉利控股集团，以 245.502 亿美元的营业收入，名列榜单第 477 位，与 2012 年相比排名下滑 2 位。不过营业收入上，较前一年度的 233.557 亿美元，增长了约 5.11%。

　　这个成绩固然与中国的积极向上有关，更与中国的产业发展形态有关。在从大国到强国的演变过程中，中国必须脱离制造大国的角色，孕育出自己的世界级品牌，才能脱胎换骨，成为品牌大国，在全球经济发展中发挥引领的作用。这是中国经济和中国企业不能规避的战略选择。然而，要达成这个目标，还有一段相当长远的道路。

第一节　中国工业品牌的发展轨迹

中国的品牌发展真正兴起于 20 世纪 80 年代，源自于改革开放和市场化经济的发展。改革开放以来，我国品牌从无到有，从少到多，大致经历了以下四个发展阶段。浙江省的品牌建设也基本上与这四个发展阶段相符合。

第一阶段：品牌启蒙时期（1993 年以前）

中国企业品牌建设的启蒙阶段，从时间上界定为从新中国建立到 1992 年邓小平南方谈话为止。这是中国企业品牌建设经历时间最长、品牌数量最少、品牌最稳定的阶段，企业在无意识中建立了自己的企业产品品牌。1978 年开始，改革开放积极展开，标志着中国开始从计划经济向市场经济转轨。中国企业也开始了市场经济下的博弈。在这一时期，企业的竞争环境并不是很激烈，国内企业还处在规模小、实力弱的竞争局面,所生产的产品数量、种类也相对较少,追求的仅是商品的商标注册,对于品牌还处于无意识阶段。不论是企业还是消费者对品牌的认识都处于一知半解的层面,远远谈不上品牌建设的高度。当时,民间社会对于商品认知主要是产地,而非品牌。例如:上海货、美国货、日本货等。这个阶段,已经有部分地区政府开始引导企业开发品牌,其中最著名的是 1980 年代中期,由上海市政府发起的"上海品牌工程"。这个阶段末期,广告意识开始觉醒,广告活动开始介入部分品牌的塑造,并取得相应的成功。直到 1990 年代,随着广东及沿海诸省经济的迅速崛起,以及国外商品的大量进入,很多品牌由于经不起市场竞争的冲击,先后淡出市场。例如:北京的牡丹牌电视机。这些企业,大多为国营企业,由于没有退去国企特色和及时改制,加上资金不足、人员冗繁等原因而无法继续存活。这些消失的企业的共同特点就是缺乏相应的市场竞争意识和机制,缺乏品牌建设的理念及具体行动,从而导致企业自身的破产和商品的消失。

浙江省也在这个阶段出现少许的品牌建设活动。其中,民间品牌以飞跃缝纫机、吉利汽车为代表,国营企业以杭萧钢构、杭州汽轮动力集团及万向集团等国营企业的转型转制为代表。

第二阶段:品牌发展时期(1993—1997 年)

1990 年代,承袭前一阶段的改革成果,全国绝大多数地区解决了温饱问题,开始向小康社会过渡。此时,民族企业遭到了来自外资企业的种种压力。家电行业中的日本松下、索尼、东芝等外资企业在 1980 年代末大量进入中国。这些海外品牌对中国本土企业形成了巨大的压力,迫使本土企业不得不开始求变,力图在激烈的竞争中维持生存。因此,邓小平同志在 1992 年的南方谈话中特别鼓励中国企业:"我们应该有自己的拳头产品,拥有中国自己的品牌,否则就要受人欺负。"在此后的一段时期,中国企业开始逐渐意识到品牌建设的重要性,并力图寻找品牌战略中的各种营销手段。国家同时也不断出台各种宏观政策,鼓励品牌的发展。1993年《中华人民共和国商标法》进行了重新修改和公布,从而使商标制度在中国逐渐建立并走入正轨。1996年,国家工商总局发布《驰名商标认定和管理暂行规定》,标志着我国驰名商标的认定和保护工作走入了法制化、规范化的轨道。这些都有利地推动了中国产品品牌建设的发展。

第三阶段:品牌国际化酝酿时期(1998—2002年)

随着中国加入世界贸易组织,中国企业经过原始资本积累、技术水准提升、市场竞争磨砺后,逐步成熟起来,中国企业和企业家们开始意识到品牌对于国际竞争的紧迫性和必要性,国内理论界和消费者的品牌意识也逐步增强。与此同时,国家在政策上也积极鼓励有实力的企业"走出去",极大地推动了中国企业参与国际化过程。我国涌现了如"全聚德"、"海尔"、"康佳"、"好孩子"等一批具有知名度和美誉度的品牌。在这个时期,中国一方面逐渐成为工业产品大国;在另一方面也成为了"世界工厂",贴牌代工生产的现状令国人又爱又恨,中国制造的产品被贴上国外品牌,价格就会高出几倍甚至几十倍,但是过半的利润被外国企业赚取。其情况导致的结果就是中国企业虽然拥有自主知识产权和核心技术的高新产品,但由于缺乏品牌推广和品牌营销战略,因此仍然难以摆脱贴牌困境,品牌国际竞争力不强,不能实现真正的腾飞。

第四阶段:品牌国际化的融入时期(2003年至今)

进入21世纪以来,市场竞争的阵地已从传统的产品价格转移到以品牌为核心的较量,谁拥有知名品牌,谁就拥有了竞争的资本。这时,中国经济也进入了工业化转型、城市化加速、国际化提升和市场化完善的关键时期。国际品牌和国内品牌的正面竞争拉开了序幕,在此形势下,打造出具有世界影响力的自主品牌成为中国企业的不二选择。2002年11月,党的十六大报告就明确指出:"要形成一批有实力的跨国企业和知名品牌。"随后,国家鼓励国内企业进行自主创新,创立自主品牌,发展中国的民族工业并向国外发展。联想、海尔、青岛啤酒、李宁等著名企业,都是中国自主品牌的旗帜和先锋。国内市场是中国品牌的第一战场,经过在国内市场的多年打拼,这些企业才在国内站稳脚跟,勇敢地走向海外。让更多的人认识中国品牌,享受中国知名产品带来的服务。

虽然品牌战略在不断改进,但目前的现状仍然不容乐观。国外企业品牌成长已经上升到了知识产权保护的高度.国内企业品牌却还在与假冒伪劣产品纠缠不清;国外企业靠经营和技术树立品牌,国内企业靠宣传和命名树立品牌;国外企业早已转向开发品牌内在价值,强调品牌的产品扩散效应和产业组织聚合效应,以获取更高的溢价收益和稳定收益,国内企业却还停留在品牌外在标记形象上认识品牌作用,将品牌仅仅看作是产品的附属和象征而已;国外企业对知名品牌的巩固是以保护产品质量和声誉为观念。国内企业反以满足无形资产评估、坐享其成为观念。

纵观世界发达国家的知名品牌,依靠自主知识产权的核心技术拉动产品创新是打造品牌的必由之路。胡锦涛指出:"要拥有我们自己的核心技术,要拥有我们民族的世界品牌。"民族品牌的建设实际上是一项系统工程。企业要将自己的企业文化、个性和价值都融入到品牌的建设中,赋予品牌独特的文化内涵,体现与竞争对手的差异化。提升品牌竞争力要以增强品牌意识为前提,在准确定位的基础上，以创新为核心，通过有效的资源分配，将企业的核心能力转化为品牌竞争力的优势。并且通过对自身品牌的分析，以科学的品牌战略使品牌的内涵和外延得以延伸，从而保持其长盛不衰的活力。品牌创立之后并非一成不变，其长远发展要依靠创新。世界的许多著名品牌都是在不断创新中生存、发展下来的。根据世界品牌专家的分析，在美国的品牌发展史上，超强的创新能力是主要的原因。美国的企业发明了一些最具创意的产品，如可口可乐、麦当劳连锁快餐店的"巨无霸"汉堡和苹果计算机公司的 iPod 音乐播放器，控制着品牌和有利可图的商业模式，并以此把产品输出到全球各地并获得了巨大成功。

品牌是一个国家的脸面。日本前首相中曾根就说过："在国际交往中，索尼是我的左脸，松下是我的右脸。"品牌不仅代表着国家产业的高端水平，更代表着国家的国际形象。从中国制造到中国创造，再到中国品牌，中国民族品牌经历了 30 多年的成长，终于使我们看到了中国民族品牌的希望。要使中国民族品牌真正具有国际竞争力，就必须提高中国企业的自主创新能力和品牌意识。这对于中国政府和企业来说，都是任重道远的历史使命。

第二节 浙江省工业建设与品牌发展总体状况

改革开放以来,浙江走出了一条富有特色、较为成功的工业化道路。在这片陆域面积不大,山区居多,矿产资源不丰富,工业初始基础较弱的土地上,创造出一个又一个令人羡慕的奇迹:这里是改革开放以来工业经济增长最快的省份;这里是京津沪三个直辖市以外人均生产总值最高的省份;这里是中小企业密集,专业市场发达,市场化程度较高的省份。浙江工业迅速崛起,成绩斐然,令人瞩目。

改革开放以前,在封闭的、高度集中的计划体制下,浙江受制于自然资源缺乏和国家重大工业投资项目偏少,工业增长速度一直徘徊在全国平均水平以下,工业在全国地位不高。1978年全部工业总产值 132 亿元,工业增加值 47 亿元,占全国的份额分别是 3.1% 和

2.9%,分别列全国 14 位和 15 位。改革开放 30 多年来,浙江工业保持了快速发展的势头,推动了工业经济总量的不断扩张,实现了从工业小省到工业大省的历史性跨越,一跃成为工业较为发达的省份。

改革开放初期,浙江工业结构呈明显的低度化特征,产业结构和区域布局严重失衡,轻工业比重偏高,所有制结构单一,工业主要集中在杭州、宁波等少数城市。经过改革开放 30 年来的发展和调整,产业结构不断升级、区域结构进一步优化、所有制结构日益完善,工业经济结构发生了根本性变化。在现代经济增长过程中,工业化进程的核心特征是工业结构的不断演化和升级。工业部门的结构转变一般呈现从轻工业向基础工业为主的重工业转移,而后,在基础工业发展的基础上,重心又向加工组装工业转移的特征。从资源结构变动看,工业化过程又表现为劳动密集型工业、资本密集型工业、技术密集型工业的三个有序的发展阶段。

改革开放以来浙江工业结构转变体现了这种特征。一是拓展产业领域,成功建立起电气机械、塑料、化纤、冶金、石化、电子和现代医药等产业部门,产业关联性加强。目前,浙江已经形成工业门模拟较齐全的产业结构。工业产业已涵盖 37 个工业大类、181 个行业中类、483 个行业小类,工业体系逐步完善。二是工业内部结构由劳动密集型的轻工产业向技术资本密集型的重工业产业转变。

农村工业化和外向型经济的蓬勃兴起,深刻改变了城乡工业的布局,形成了沿海带动腹地、城乡工业共同发展的新格局,杭州湾、温台沿海、金衢丽三大工业产业基本形成,工业区域发展的协调性有所增强。从专业化类型看,有绍兴的轻纺、海宁的皮革、嵊州的领带、义乌的小商品、永康的五金、乐清的低压电器、诸暨的袜业等产业群。这些星罗棋布的产业群已经成为开拓国际、国内市场的生产和创新基地。实践中,浙江这种集聚的产业组织及其空间形态呈现出了较高的经济价值,尤其是它在发挥地区比较优势、完成资本积累、提高区域竞争力方面具有积极的意义。据监测,改革开放以来,工业区位集聚程度呈逐步下降态势,而工业行业区位的集聚程度则整体提高。这一方面反映浙江工业在统筹区域发展方面取得了明显的成效,另一方面也表明产业的区域集聚程度不断提高。

　　改革开放前,浙江工业化在高度集中的计划经济体制下进行,所有制结构单一,主要为国有工业和集体工业。国有工业所占比重虽低于全国平均水平,但仍接近40%。1979年后,随着改革开放的逐步深入,浙江突破了计划经济的体制束缚,冲破了单一国有制的经济结构,放手发展乡镇企业,推动农村工业化。随后,企业产权制度改革取得突破性进展,私营企业蓬勃发展。与此同时,浙江工业打破了自我封闭、自求平衡的"大而全、小而全"的生产循环方式,随着对外开放程度的提高,投资环境的改善,"三资"企业从无到有,从小到大,成为推动浙江工业发展的重要力量。另一方面,尽管国有企业所占比重较低,但在关系国民经济命脉的重要行业和关键领域,国有经济始终占主导和支配地位,对经济发展依然保持较强的控制力、影响力和带动力。

　　改革开放初期,浙江工业的迅猛发展,主要依靠增加投入、扩大投资规模,经济整体素质不高,生产要素利用效率低,资源和环境的代价大。20世纪80年代末和90年代初,随着长期被压抑的消费需求基本上释放,市场供需格局发生了根本性的改变,以往那种高投入快扩张的发展方式日益失去了市场条件,发展方式转变的内在动力业已形成。进入新世纪以后,资源、环境的压力进一步加大,提高资源利用效率,建设环境友好型社会已经成为增强可持续发展能力的重点。

　　浙江工业化始终把提高技术创新能力作为转变工业发展方式的

重要环节。改革开放以后,通过先进技术的引进、消化、吸收和二次创新,积累了一定的技术基础。随后,不断加强区域创新体系建设,区域创新能力进一步提高。2007年时,规模以上工业新产品的产值增幅为16.0%,比全国平均水平高5.4个百分点。国内专利申请量已经达到68933件,授权量42069件,均居全国前列。全年新增中国名牌产品95个,数量据全国第一,累计拥有中国名牌产品290个,国家免检产品534个,均居全国第二位。浙江省拥有自主品牌的企业占全部企业的56.4%,高于全国平均水平21.6个百分点,品牌经济在经济总量中的比重不断提高。

在各级政府的积极引导下,以资源的高效和循环利用为核心,以低投入、低消耗、低排放、高效益为特征的循环经济的发展理念在企业发展中得到进一步树立、巩固和提高。企业在生产、经营和流通的各个环节注重加强资源、能源的综合利用。如印染企业的中水回用、热电企业的除尘脱硫、医药化工企业下脚料的再生利用以及其它企业广泛开展的节能降耗节材等活动,成为提升企业竞争力的重要举措。近年来,浙江废弃资源和废旧材料回收加工业快速增长,成为各个行业中增长最快的行业,工业增值占全国的近12%,一定程度上也是浙江工业资源综合利用水平快速提高的一个体现。

以人为本,是科学发展观的主要内涵和基本要求。坚持以人为本,就是要以实现人的全面发展为目标,从人民群众的根本利益出发谋发展、促发展,让发展的成果惠及全体人民,通过人的全面发展,进一步推进社会经济全面进步。相关数据表明,在浙江工业领域中,以人为本的发展理念逐步得到树立、巩固和提高,企业社会责任意识明显增强。

第 三 节　　小 结

　　品牌建设是个长远的任务,也是产业建设的终极目标。中国的改革开放,在30多年间就达成世界第二大经济体的目标是令人赞赏的。然而,也正因为发展迅速,许多基础工作仍然处于追赶状态。这是在迈向制造业品牌大省的过程中,需要特别关注的。这也正是浙江省的工业品牌建设虽然发轫甚早,注册数量最多,但是除了极少数知名品牌外,品牌效益都未能具体发挥的主要原因。而在品牌效益方面,又大多集中在国内的市场发展,具有雄心和能力进入国际市场的企业品牌并不多见。因此,浙江省制造业品牌的建设必须从根加固,通过产业集群的整合,设计能力的加强,生产制造的先进化,人力素质的提升,品牌意识的深化,环境与社会责任的实践等各个方面进行总体性的提升,才有可能具体落实,获致相应的回报。所幸,浙江省政府及部分企业都已经认识到这个现实,且已经开始实际推动。相信在道路正确的条件下,按部就班,实事求是,就必能提前发挥具体品牌效益,为国家、地方和全民的经济效益做出重大的贡献。

第三章 浙江省工业品牌发展现状

经济全球化的加速对提高竞争力的要求越来越高,实施品牌建设是提升竞争力的重要手段之一。浙江省作为我国经济大省、工业大省,自然十分重视通过品牌建设,深入实施品牌战略的手段,实现转变经济增长方式,提高自主创新能力,不断增强我省的经济综合实力和国际竞争力的目标。2006 年起,省政府出台《关于推进品牌大省建设的若干意见》,深化对建设"品牌大省"的重要认识和战略部署,取得了比较显着的成效,实现了从无牌、贴牌到有牌,从有牌到品牌的转变。

截至 2013 年,浙江有 2 家企业入围"世界 500 强企业",分别是浙江物产集团,世界排名第 364 位;浙江吉利控股集团,世界排名第 477 位。"中国五百强企业"的榜单中,浙江省的上榜企业共有 28 个。2013 年"中国 500 个最具价值的品牌"中,浙江拥有 40 个席位,名列全国各省的第三。更值得注意的是,在最新的"中国制造业 500 强企业"中,浙江排名第一,拥有 83 个席位。

可见,从"制造大省"成为"品牌大省"的过程中,浙江省已经取得长足的进步,虽然未来仍然任重道远。总体而言,浙江省获中国名牌产品数量呈逐年递增的态势发展。

第一节　浙江品牌发展的阶段性历程

浙江省曾于 1997 年立法加强对浙江省著名商标的保护,设立浙江省名牌评选体系。2012 年,浙江省共有行政认定驰名商标总量达 318 件,驰名商标数量继续位列全国前茅。2012 年,浙江省共有"浙江名牌"249 个,其中工业类名牌达到 159 个,占 63.9％。2012 年规模以上工业生产总值比上年增长 6.6％,其中,规模以上工业新产品产值 13459.9 亿元,同比增长 13.1％。2013 年,"浙江名牌"有 254 个,其中工业类品牌 168 个,占 66.1％,2013 年工业增加值 18446.7 亿元,比上年增长 8.4％。

表 2-1　历年"浙江名牌"数量分类统计表

年度	总数	工业	农业	文化特色	服务	区域
2013	254	168	34	——	43	9
2012	249	159	32	——	47	11
2011	233	147	34	——	40	12
2010	270	175	40	——	41	14
2009	未查到	未查到	63	未查到	未查到	未查到
2008	549	452	89	1	5	2
2007	556	409	133	8	——	——
2006	555	450	103	2	——	——
2005	406	318	88	——	——	——
2004	339	259	75	5		
2003	294	242	52			

数据源：2003—2013 年浙江名牌战略推进委员会公告,其中 2009 年浙江名牌数据暂缺。

总体而言,浙江省在品牌建设的道路上,迄今共历经四个主要阶段,各阶段历经的时间、工作重点及主要成就各具特色,兹分述如下:

一、从贴牌到创牌(1982—1990 年)

党的十一届三中全会的召开,将中国的改革开放带入了新的时期,也为浙江省的经济发展营造了良好的社会大环境。这一阶段,浙江省开始改变过去的计划经济模式,朝向市场创新模式转移,渐渐以市场做为工业发展的方向,并因此形成许多专业性的产业发展路径。不过,由于当时仍然处于卖方市场结构,商品种类严重短缺,加之商品销路不愁,因此企业和消费者的品牌意识均相对缺乏,品牌建设的发展速度缓慢。1982 年,浙江省全省注册商标仅为 2962 件,除部分

"老字号"和西湖牌电视机、金鱼牌洗衣机、益友牌电冰箱、乘风牌电扇等少数家电用品外,社会整体对于品牌的认识并不高,以致不少民营企业被外资并购或自然消失。至此,某些民营企业在现实的教训中,才开始意识到品牌价值的重要,并从借用品牌向自创品牌的方向,展开了艰辛的探索之旅。

20世纪80年代初,华立集团使用上海一家电表厂的商标,每台要交一元钱的授权金,结果华立集团每台电表的盈利仅剩三角钱。1986年,飞跃集团创立之初,借用上海一家街道工厂所有的"沪佳"牌进行生产销售,每台缝纫机要交15元的贴牌费,自己则只能赚几元钱。这种结果让某些企业开始觉醒,意识到品牌的重要性,并开始了自创品牌的工作。1983年,华立集团注册了"华立"商标,飞跃集团于1987年正式注册"飞跃"商标,都是率先迈向创牌道路的先驱。

二、快速发展和扩张阶段(1991—2000年)

改革开放的深入和各地经济的快速发展,促使我国的市场结构逐渐步入了买方市场的型态。消费者可以对商品做出更多的选择,因此对品牌的要求也日渐重视。1992年,邓小平同志在南方谈话中指出,"我们应该有自己的拳头产品,创出我们中国自己的品牌,否则就要受人欺负"。我们要把创建品牌提升到免受别人欺负的战略高度。1992年,浙江省政府发出的2号文件中,明确提出了宣传和发展名牌产品的战略要求,是全国各省(区、市)中,较早启动名牌战略及首次认定省著名商标的省份。1993年,发布首批"浙江名牌产品"。在"质量立省、名牌兴业"的发展战略指导下,通过全面实施质量振兴计划的方式培育和发展了一大批国内知名品牌,如玉立、雅戈尔、杉杉、张小泉、万事利、正泰、德力西、星星、雕牌等。其中,绝大多数的品牌都入选为"中国驰名商标"。浙江省所属各地市也纷纷快马加鞭,浙江品牌数量呈现高速增长态势。1994 年,温州在全市召开质量立市万人动员大会,组织实施"质量立市、名牌兴业"战略,引导企业走名牌兴业的道路,并于 2000 年底彻底摘掉了区域性或行业性产品质量问题的"帽子",涌现出如"虎牌"打火机、"康奈"皮鞋等一大批"中国驰名商标"、"中国名牌产品"和"国家免检产品"。

三、竞争力全面提高阶段(2001—2005 年)

这一时期,中国经济发展进入新的增长点,市场竞争激烈,消费者对产品的消费转入对品牌的消费。2001 年 11 月,江泽民同志在中央经济工作会议上强调:"在我们具备比较优势的加工工业中,加快形成拥有国际知名品牌、具备国际竞争力、面向国际国内两个市场的大规模制造能力。"号召企业"要立民族志气、创世界名牌"。在这个政策要求下,浙江省品牌发展进入新一轮成长期。2004 年,我省适时提出打造"品牌大省"的战略任务,提出从无牌、贴牌到有牌,从有牌到名牌,从名牌到打造国际著名品牌的转变,全面提升品牌影响力和国际竞争力。截至 2005 年底,全省已有中国"驰名商标"70 件、商务部评定的重点培育和发展的出口名牌 51 个,其数量均位居全国首位;注册商标 25 万余件、中国名牌产品总数 139 个,位居全国第二;浙江名牌 1039 个,其中工业名牌 931 个。品牌经济效益逐步显现。2005 年规模以上工业高技术产业完成产值 1743.5 亿元,比 2000 年增长 2.3 倍,年均增长 27.0%,占规模以上工业总产值的比重达到7.7%。高新技术产品出口大幅增长,占出口商品的比重迅速提高,2005 年高新技术产品出口达到 60.2 亿美元,高新技术产品出口占商品出口总额的比重从 2002 年的 4.0% 提高到 2005 年的 7.8%。浙江许多品牌企业和名牌产品已成为国际跨国商业集团的全球采购对象。

四、国际化品牌战略阶段（2006 年至今）

加入 WTO 后，党中央在"十一五"规划建议中，明确把"形成一批拥有自主知识产权和知名品牌、国际竞争力较强的优势企业"作为"十一五"时期发展的重要目标。根据中央精神和浙江实际，浙江省委在"十一五"规划建议中也明确提出："逐步实现由初级简单生产和贴牌生产为主向自主创新、自主品牌为主转变，培育一批知名品牌、龙头企业和优势行业，打造品牌大省。"全面实施品牌国际化战略、全力打造强势品牌、大力推进区域品牌建设、建立健全商标保护联动机制和网络体系等四大创新举措，使全省品牌建设取得突破性进展。

2006 年是浙江品牌大省建设吹响号角、开辟品牌新时代的一年，也是浙江省"十一五"商标品牌发展规划的开局之年。省委、省政府开全国之先河，下发了《关于推进品牌大省建设的若干意见》文件，提出了品牌大省建设的 19 条举措，从而吹响了品牌大省建设的号角，全省各地也掀起了品牌建设的新热潮。2006 年，浙江省新增驰名商标 55 件，增幅为历年之最，驰名商标拥有量达 125 件，连续 4 年位居全国第一；省著名商标新增 335 件，总数达 1580 余件，为全国省著名商标最多的省份。

2007 年，浙江省驰名商标新增 96 件，全省"驰名商标"总拥有量达到 221 件，连续 5 年位居全国第一。"2007 年中国世界名牌产品"中，万向集团生产的钱潮 QC 牌万向节摘得"世界名牌"这一殊荣。浙江的"世界名牌"终于由此实现了"零"突破。此次浙江诞生首个"世界名牌"，是浙江企业从"世界工厂"走向"世界名牌"的重要里程碑。

2008 年以来，我省不断加快浙江品牌走出去的战略，运用国际和国内两种资源和两个市场，全力推动浙江品牌发展战略、宣传浙江省品牌企业形象、增强企业和民众的品牌意识。2008 年累计认定公布了 600 个"浙江出口名牌。"2010 年,浙江品牌通过"中国品牌商品美国展"这一平台,在拉斯维加斯向美国消费者和企业推介具有浓郁中国特色的名优产品,同美国同行建立贸易和业务关系。此次会展由商务部牵头,浙江省政府和福建省政府共同主办。浙江省共有 82 家企业参展,设立了 110 个展位,参展企业为质量较好、声誉较佳、且拥有自主创新和自主品牌的企业。2010 年以来,浙江省政府持续在匈牙利举办"浙江品牌中心贸易洽谈会",浙江品牌已开始位列国际,急速缩短与国际大牌之间的差距。

第二节　浙江区域品牌实践战略

基于浙江的产业发展特性,浙江省的品牌建设工作与其他省份有所不同。其中最重要的是针对以中小企业为产业骨干进行的品牌建设方式。由于战略及政策的成功,浙江省的品牌建设工作推展顺利且成绩斐然,在所有的推进措施中,最主要工作项目及其特点分述如下:

一、品牌指导站

为打造浙江区域竞争优势,浙江省工商部门自 2007 年起,在基层建立"品牌指导站",在地方政府的大力支持下,初步形成"以工商为主导、组建单位为依托、专人专职为基础,提供实用的品牌指导与服务"的品牌指导站建设模式,并在实践中创造了以地方乡镇、农业集体经济组织、市场、行业等为依托的指导站运作模式。以品牌战略助推区域经济转型升级。2011年,出台《关于在全省开展品牌指导站建设工作的实施意见》,提出品牌指导站基本覆盖所有经济强镇(乡),每个市有2～3家特色样板指导站,全省树立10家示范指导站的目标。目前"品牌指导站"在地方党委、政府的大力支持下,全省共有各类品牌指导站710家,被称为创牌"加油站"。"品牌指导站"已成为浙江省品牌建设的重要推动力量,为地方区域创造更好的品牌发展机制,也为经济转型升级提供品牌的强大保障。

以杭州市余杭区为例,从2009年起,一批覆盖基层的"品牌指导站"应运而生,加强基层品牌工作的组织网络。"品牌指导站"旨在"树"牌为先,"创"牌为本,"护"牌为重,指导重点骨干企业、外贸出口企业、现代服务业企业申请注册商标。近三年来,"品牌工作指导站"建立了企业商标资料信息库,对产值5000万元以上企业还设置了一企一档。力争通过三年的努力,达到规模以上自主产品企业在外销市场国家(地区)的商标注册率超过90%的目标。

截至2012年9月,余杭区21个乡镇(街道)已实现"品牌工作指导站"全覆盖的目标,且品牌建设也已经进化到网络化格局,延伸到了各个乡村基层。全区品牌经济总量近500亿元,其中余杭经济开发区品牌经济总量超过120亿元。全区拥有国内注册商标6218件,地理标志证明商标和集体商标8件,驰名商标21件,省、市、区著名知名商标273件,省级商标品牌基地2个。余杭品牌建设方式的创新实践引起了广泛关注。国家工商总局领导日前专程到余杭实地考察,认为余杭的基层区域品牌经济工作在全国处于领先地位,"品牌工作指导站"是国家商标战略持续深化,且具有平台和载体双重属性的好方式,要把它建设好、运用好、发挥好。余杭区的成功经验也发挥了扩散效果。2013年9月,"常山县同弓现代农业品牌指导站"成立。2013年6月,慈溪、定海等亦也成立了"商会品牌指导站"。

二、品牌基地建设

培育与创建专业商标品牌基地,是品牌建设中的一项重要工作。浙江省也走在全国前列,2003 年试点,开展专业商标品牌基地建设,从最初的授予荣誉到培育品牌载体,结合浙江省区域块状经济的现状,提升产业集群效应和竞争力,有的放矢,充分发挥品牌基地的集约和辐射作用。2005 年,浙江省出台《浙江省专业商标品牌基地管理暂行办法》,2006 年出台《关于进一步加强专业商标品牌基地建设的意见》。"专业商标品牌基地"的工作目标是:在使用基地统一标识的基础上,区分情况申请注册证明商标、集体商标,以逐步实现品牌基地的知识产权保护,促进品牌基地的可持续发展;充分发挥品牌基地作为企业个性化品牌孵化器、推进器的平台作用,为企业注册、使用、提升和保护商标创造良好的环境,使越来越多的企业实现知识产权保护。

建设专业商标品牌基地,打造区域品牌,是政府为实现本地经济和产业发展而提出的品牌建设新思路。2007 年 2 月,浙江省工商局、省商标协会考核认定 13 个品牌基地,分别是:杭州市上城区的"浙江省老字号专业商标品牌基地"、余姚市的"浙江省榨菜专业商标品牌基地"、温州市龙湾区的"浙江省五金洁具专业商标品牌基地"、瑞安市的"浙江省胶鞋专业商标品牌基地"、嘉兴市秀洲区王店镇的"浙江省小家电专业商标品牌基地"、桐乡市濮院镇的"浙江省羊毛衫专业商标品牌基地"、绍兴柯桥经济开发区的"浙江省纺织机械专业商标品牌基地"、绍兴县的"浙江省纺织专业商标品牌基地"、浦江县的"浙江省水晶玻璃饰品专业商标品牌基地"、武义县的"浙江省有机茶专业商标品牌基地"、温岭市的"浙江省大棚西瓜专业商标品牌基地"、玉环县的"浙江省家具专业商标品牌基地"、江山市的"浙江省蜂产品专业商标品牌基地"。

2010年,省工商行政管理局、省商标协会决定认定杭州市余杭区茶叶等13个浙江省专业商标品牌基地。其中,西塘成功创建旅游产业首个"专业商标品牌基地",将带动景区管理从经营管理跃升到品质管理的层次。同时,也将发挥品牌基地孵化器的作用,以培育商品品牌,放大景区品牌,延伸产业品牌的三位一体方式,结合品牌运营的科学化推动,实现西塘旅游业多元化发展的目标,让"西塘"这张城市品牌名片走到更广阔的经营领域,迈向更广阔的国际市场。

2011年,富阳市11个品牌基地被认定为浙江省白板纸专业商标。品牌基地的认定为处于起步阶段和创牌阶段的中小企业增加了无形的附加值,有利于企业信息、成本资源的共享,并加强了基地品牌的培育、管理和保护,更好地发挥专业商标品牌基地的"品牌孵化器"作用和"品牌集群"效应,促进我省区域块状经济品牌群体的壮大和提升。

三、品牌激励政策

在浙江省政府"品牌大省"的战略指导下,"浙江名牌产品认定委员会"于2006年更名为"浙江名牌战略推进委员会",各地市也纷纷成立实施名牌战略领导机构,大多由市政府领导担任名牌战略推进委员会主任,质监、财政、经贸等有关部门为成员单位,全面领导当地名牌战略实施工作。

2012年,"浙江省品牌建设促进会"成立,致力于区域品牌建设,组织省内外、国内外众多品牌专家和品牌服务机构,为浙江企业提供强大的应用系统和人力资源支持,实现品牌浙江的宏伟蓝图。通过"品牌浙江大讲堂"、"名企品牌沙龙"等活动,营造"重视品牌、学习品牌、打造品牌"的社会氛围。"名企品牌沙龙"目前已经举办了7期;

"品牌浙江大讲堂"也顺应社会热点,于近期安排以"三名工程中的企业和企业家修炼"、"农业等行业品牌打造"为题的讲座,从不同维度关注浙江品牌的跃升。

在具体操作方面,质监、财政、经贸等职能部门围绕实施名牌战略推出了一系列措施:一是制定发展规划。质监系统根据《浙江省质量振兴实施计划》总体目标,按照国家产业政策要求,制订发布了《浙江省名牌产品培育发展指导目录》和名牌培育发展规划,并与培育发展企业建立联系制度,积极引导企业培育和发展名牌产品。二是实行政策引导,提高企业创名牌的积极性。浙江省财政每年安排品牌建设专项资金,推进品牌大省建设,浙江省财政局和质监局每年联合安排质量措施专项补助,组织企业瞄准国际先进水平,开展质量赶超;各市财政也安排了相应的专项资金推进名牌战略的实施;各地质监、发改、经贸、财政、工商、土地、银行、税务、科技等部门对名牌产品的培育和发展实行一系列的优惠政策,鼓励和支持企业积极争创名牌。三是坚持分类指导,加强全面质量管理和服务。各有关部门和行业协会深入名牌培育重点企业,对企业实行分类指导,帮助企业解决名牌培育发展中存在的困难和问题。

加强自主品牌培育。鼓励企业制定品牌发展战略,支持企业通过技术创新掌握核心技术,形成具有知识产权的名牌产品,不断提升品牌形象和价值。引导企业推进品牌的多元化、系列化、差异化,创建具有国际影响力的世界级品牌。鼓励有实力的企业收购海外品牌,支持国内品牌在境外的商标注册,促进品牌国际化。发展专业品牌运营机构,在信息咨询、产品开发、市场推广、质量检测等方面为企业品牌建设提供公共服务。建立品牌评价机制,指导重点行业定期发布品牌报告,加强自有品牌培育过程的动态监测。

第三节　浙江省工业品牌发展特点

浙江在2010年提出"以品牌引领浙江经济转型"。作为我国沿海地区经济高速增长的省份之一,浙江在1979—1998年的20年间,地区生产总值(GDP)以每年13.5%的增长速度递增,高出全国平均增长速度3.8个百分点。浙江经济发展的主要动力就是来自大量的以乡镇个体私营企业为基础的产业群。

围绕基地建设,发展和提升品牌,依托块状经济优势,大力推进区域品牌建设,充分利用集群效应为品牌建设带来的有利条件,打造区域品牌,引领块状经济提升发展。现在,浙江已经初步形成一整套推进企业品牌建设的政策体系,包括商标、专利、质量、诚信、老品牌振兴等各个方面。总体来看,浙江省的品牌建设效应日益显现,同时承载着浙江省历史文化魅力的一批老品牌,如张小泉剪刀、天堂伞等也开始复兴,同新兴品牌一起走向全国和全世界。

早在 1997 年，浙江省就颁布实施了《著名商标认定和保护条例》。2004 年，时任浙江省委书记习近平对《浙江省工商局关于品牌大省建设政策措施的报告》予以充分肯定，并作出重要批示："品牌建设是转变经济增长方式、优化产品结构、促进产业升级的关键举措，要作为工作重点，形成具体工作方案扎实推进。"2006 年 6 月 12 日，浙江省委、省政府联合发出《关于推进品牌大省建设的若干意见》，就推进品牌大省建设提出 19 条意见。浙江省工商局迅速贯彻落实，推出品牌建设八项举措。在品牌就是浙江竞争力的体现的理念下，浙江省财政从 2006 年开始，每年统筹安排 2000 万元，用于品牌建设工作的专项奖励。

在经济全球化迅猛发展的大背景下，一个泛品牌的时代已经悄然到来。品牌之概念，已经从经济领域延伸至社会、文化等各个领域。综观全局，全球品牌竞争日趋激烈。一些跨国公司利用其强大的品牌、雄厚的资本以及全球网络，雄踞价值链高端，在国际市场上具有难以撼动的先导力和控制力。发达国家甚至在通过"品牌系统"来实现经济扩张和文化影响。

党的十六大明确提出：要尽快形成"一批有实力的跨国企业和著名品牌"。国家"十一五"规划明确提出：要"形成更多拥有自主知识产权的知名品牌"。国家"十二五"规划进一步提出通过自主品牌建设、企业工艺技术装备水平提升和现代产业集群发展，推动一批拥有国际知名品牌和核心竞争力的大型企业的出现。这是实现国家繁荣昌盛、民族伟大复兴的重要选择。所有这些表明，中国经济要顺利实现战略转型，实现传统增长向现代增长的战略转变，其重大历史任务之一，就是要实施品牌战略，而从根本上赢得持久竞争优势。

2010 年，在国务院"新 36 条"颁布之际，浙江省全面实现经济转型升级的背景下，品牌浙江五年建设成果巡礼暨 2010 品牌浙江颁奖盛典在杭州隆重举行。此次盛典以"品牌浙江　励志远航"为主题，组织品牌浙江五年成果巡礼展，首次发布浙江商标品牌发展报告，揭示品牌大省建设多项指标领先全国，表彰全国实施商标品牌战略示范城市、示范企业、商标发展百强县以及新认定的驰著名商标、浙江省十大品牌示范乡镇、十大品牌示范指导站、十大品牌示范基地、十大品牌富农组织、十大境外注册示范企业，掀起了以品牌促进转型升级的新高潮。

　　尽管成绩辉煌，但是从客观的层面观察，浙江省的品牌发展仍有急需加强之处。主要是浙江省的自主品牌缺少全国乃至全球的影响力，品牌宣传的理念和能力也比较落后。这种能力上的不足势必削弱浙江省作为我国经济中心的地位，降低作为地区经济辐射中心的能力；最终削弱浙江省的经济影响力。要改善这些不足之处，就必须对症下药，积极推进，方能百尺竿头，更进一步。总体而言，浙江省工业品牌发展的主要特点如下：

一、品牌数量众多

　　浙江最具特色的就是区域经济。在每个区域内基本都具有"一乡一品"、"一县一业"的特点，产业群以及相关品牌数量众多。特别是从 2007 年开始，当年新增驰名商标 55 件，为历年之最。驰名商标拥有量（125 件）连续 4 年为全国第一；省著名商标新增 335 件，为全国省内著名商标最多的省份；全年新申请商标为 11 万件，累计已注册商标达 22 万件，名列全国第二。截至 2010 年 5 月底，浙江省国际商标注册累计达 3.8 万件，商标注册类近 42 大类，涉及全球 200 多个国家和地区，位居全国第一。特别是近 4 年中，浙江省商标国际注册数增长神速，增长达 10 倍之多，且愈来愈多的自主品牌加入了进军国际的行列。如环驰轴承集团在 20 多个国家注册"HCH"品牌，其产品直接销往 60 多个国家和地区。并且已经形成从国家级品牌,省级品牌,市级品牌,县级品牌,国家免检品牌到商务部重点培育和发展的出口品牌的完整品牌梯队。

二、品牌规模偏小

从省工商局公布的统计分析报告中,浙江省私营企业达到 38.58 万家,投资者 88.98 万人,雇工 475.19 万人,注册资金 6147.86 亿元,个体工商户 176.94 万户,从业人员 348.52 万人,资金数额 580.85 亿元。从这些数据可以看出,浙江省的私营经济高度发展,发展速度也趋于稳定,但是这也体现出浙江省的企业品牌规模都相对比较小。

从统计分析情况看,户数增长绝对量最大的行业就是集中在个私经济的传统行业——制造业、批发业和零售业。其中私营企业增量的集中度高达 71.34%,以制造业为主。

三、小企业大集群

浙江集群化所涉及到的产业分布在浙江工业中的 110 多个大小行业,主要以传统劳动密集型的产业为主,如纺织、服装、化纤、普通机械制造和塑料,这种以中低档产品为主的产业结构在特定的背景下是浙江农村工业化的产物。

中小企业是浙江省产业竞争力基础,要有效地建设创新型省份,核心就在于增强自主创新能力,而基础就在于提高中小企业的创新能力。"小企业大集群"是浙江省区域经济发展模式的主要特征。在 2004 年底的全省经济普查中显示,浙江各行业拥有各类中小型企业 30.41 万家,资产总量 35683.81 亿元,从业人员 1130.71 万人,2004 是实现营业收入 27703.85 亿元。中小企业单位数占总企业单位数的99.6％。毫无疑问,中小企业不仅是支撑浙江省经济增长的主力军,也是我省传统优势产业的支柱。正是这批以传统轻型加工为领域的中小企业,构成了具有比较优势的区域特色产业,成为我省产业主要是以传统轻型加工业为主体的产业集群。

第四节 浙江省工业品牌特色成因

在中国最具价值商标 500 强中,长三角地区共有 133 个商标榜上有名,占总数的 26.6%,在全国各大区域中最强。在全国各省市排名中,浙江位居第一。由此看出,品牌的强弱与经济总量密切相关,经济竞争力必须由品牌作支撑,品牌强则竞争力强,品牌弱则竞争力弱。但是在世界品牌 500 强中,浙江没有一个品牌上榜,这充分表明浙江经济总量虽然在中国的经济总量中占据优势,但却缺乏大品牌,品牌力不够强大,导致浙江的品牌建设与其经济带动作用不相匹配。

当前,浙江正处在"创新驱动、转型发展"新的历史时期。创建品牌大省,已经成为浙江省新时期发展必然的战略选择。从外部环境来说,随着全球新一轮科技革命兴起,全球产业格局将出现重大变化,在这个变革过程中,势必会涌现出一批新的国际大品牌。正在转型中的浙江省要想保持持久的竞争优势,必须审时度势,强化品牌建设力度,特别是要致力于建设一批国际知名的自主品牌。从内在动力来说,过去依赖于劳动力、土地和资本等要素的大量投入来推动经济增长的发展方式已经难以持续,"知识创造"必将成为浙江经济发展的主要支撑力。而品牌作为"知识创造"的重要表现方式,不仅是企业产品价值及竞争力的具体体现,而且是一个地区发达与否的重要象征。因此,只有通过品牌建设,才能更好地提升浙江省产业的价值空间,增强整个浙江,乃至长江三角洲地带经济的辐射能力。

浙江省经济普查数据表明,浙江有80%的中小企业没有进行新产品开发,产品更新周期2年以上的达到55%,大多数中小企业的产品主要靠模仿,而大多数中小企业研究开发费用不超过产品销售收入的0.2%,中小企业的创新投入偏低,中小企业科技投入结构不够合理,"重引进、轻消化;重硬件、轻软件"的现象严重。因此,当受到省内资源紧缺、环境压力加大,土地劳动力价格持续上升等因素影响,利润就变得越来越低,中小企业长期依托的低成本竞争力就难以进一步维持,很多中小企业开始寻找成本"洼地";同时因为没有自主知识产权和核心技术,低技术含量的加工业和简单生产仍然是中小企业生产的主要方式,而位于国际产业分工体系的低端,依靠低价格获得的低附加值,就会屡屡遭遇反倾销、技术壁垒等。

品牌是体现工业企业竞争力和产品附加值的重要标志。品牌的数量和知名度是工业总体水平和影响力的重要体现。浙江省工业品牌整体上呈现国内知名品牌少、国际知名品牌更少的局面;存在贴牌加工企业多、原创品牌企业少,风格雷同产品多、独创特色产品少,低附加值产品多、高附加值产品少的现象。

一、原因之一:浙江省农村工业化背景

浙江没有很多的国家投资,也没有可以利用外资的政策优势,因

此农村地区工业基础薄弱,甚至处于空白状况,工业技术积累也更是无从谈起,实践证明这种条件下,发展劳动密集型产业是现实且正确的农村工业化道路。

所谓"农村工业化"应当是指通过工业化的生产方式(包括技术、生产组织、经营方式、工具装备,管理制度等)来改造包括传统农业在内的农村产业和经济结构,促使农村经济系统向现代化转型,最终达到城乡经济一体化上的国民经济一元化目标。

浙江省的农村工业化的发展不是依靠城市工业的扩散,而是依靠在农村地区兴办非农产业来推动。纵观20多年所走过的历程,不难发现,农村工业化确实解决了农村的失业、贫苦、城乡发展失衡等问题。但小规模、技术水平低下的农村工业很难在激烈的市场竞争中站稳脚跟。

二、原因之二:浙江企业铸造品牌的先天局限性

企业对品牌的理解和对品牌的运作会受到企业自身发展阶段的限制。任何地区的经济发展和企业发展都会受到当地人文环境的影响。浙江企业发源于浙江的地域文化,也就有先天的局限性:

1.过于专注和务实

浙江人用自己的专注和务实,将别人不值得一做的小生意做大,在别人没有想到的地方发家致富。但是也正是这种过于专注和务实的方式,在某种程度上造成浙江企业在整体战略布局和国际视野方面的缺失。

2.亲缘关系是企业运作的社会基础

浙江人特别善于组合外部资源,但实际上又还是沿用非常传统的管理方式,如基本使用老乡,无论是内部的高管层还是外部的商业伙伴,靠的都是亲缘关系。温州人表现得尤为明显,这种"亲内隔外"在某种程度上带来了便利,但是在某种程度上也决定了发展空间的限制,因此往往在达到一定规模后就无法持续下去,更无法长时间维护一个品牌。

行业篇
HANG YE PIAN

浙江工业强省建设"十二五"规划产业发展重点领域,包含战略性新兴产业、传统优势产业和生产性服务业等"三大产业领域",重点培育生物、物联网、新能源、新材料、高端装备制造、节能环保、海洋新兴产业、新能源汽车、核电关联产业等战略性产业,着力改造与提升汽车、船舶、钢铁、石化、装备制造、电子信息、有色金属、轻工、纺织、建材、医药等传统优势产业,加快发展工业设计、软件和信息服务、金融服务等生产性服务业,努力形成以高附加值传统产业、有规模特色的战略性新兴产业、生产型高技术服务业、服务与制造融合型产业为主体的工业体系。

以浙江工业强省建设"十二五"的规划为方向,本部分将结合浙江省主要工业产业的发展状况,从汽车工业、装备制造工业、家电工业、医药工业、食品工业、服装、老字号等方面对浙江省的重要工业品牌进行宏观性的研究与陈述。

第一章 汽车工业

中国汽车年产量从改革开放以来不到 15 万辆，到 2009 年首次突破千万辆，目前，以产销 1300 多万辆的水平跃居世界首位。2013 年上半年，仅半年间我国的汽车产销量就双双突破 1000 万辆，同比增速均超过 10％。我国汽车工业的飞速发展有目共睹。然而与世界先进水平相比，中国汽车工业仍然有许多可以改善之处。

第一节　浙江省汽车工业发展基本情况

改革开放后,浙江省汽车工业经过三十几年的发展,主要经济指标和综合实力在全国各省市中均名列前茅,尤其是汽车零部件产业在国内乃至全世界都具有重要的地位和影响力。目前,在浙江涌现出以吉利、众泰、广汽吉奥、东风裕隆、青年为代表的多家汽车整车制造厂;另有以爱知、中汽商用、丽水南明、湖州客车、浙江中誉、东风日产柴油车等为代表的客运车类企业;以及以万向、亚太、重汽杭发、瑞立、万安、钱江弹簧、雪龙、鑫田、金固、西湖零部件、银轮、万丰奥特等为代表,为微、轻、中、大型客车、轿车、专用车和改装车,提供配套服务的零部件生产企业。这些企业分布在杭州、宁波、温州、台州、金华、丽水、嘉兴等多个地区的汽车零部件产业群和省级以上汽车零部件工业园区。

目前,浙江省的新能源汽车产业化示范推广工作也已经初见成效。以万向、众泰、吉利等为代表的几家企业，成功地抓住了新能源汽车被国家列为战略型新兴产业的契机，较早介入电动、混合动力、燃气等新能源汽车研发领域，取得良好的效益。随着扶持政策的相继出台、杭州市被列为首批新能源汽车示范推广城市，并已经积极将电动汽车投入试点运营，顺利推动了电动汽车的产业化发展。其中，众泰集团作为浙江企业被国家列入首个纯电动小型乘用车公告目录中，其新能源出租车自2011年初开始便在杭州正式运营。青年汽车集团也有600多辆混合公交车投入实际运营，除进入北京、昆明等地市场外，还远销至墨西哥。浙江康迪车业有限公司生产的KD08E型纯电动汽车也已批量出口美国。除新能源整车取得的成绩外，在电动汽车关键部件锂电池的研发和生产方面，万向集团的锂电池产能已达到6000万安时和2000台套的供应能力及装配1000辆纯电动公交车的制造能力。

第二节　浙江省汽车工业企业自主品牌创新情况

近年来,浙江汽车企业进步巨大,水平显著提高,一些企业已逐步具备了自主开发和自主品牌创建的能力。

吉利汽车在自主开发和自主品牌创建方面成绩尤为突出。2011年,吉利汽车独创的 BMBS 已成功列入国家推荐标准,实现中国汽车行业安全法规的重大突破;帝豪 EC7 也获得 Euro-NCAP 四星安全认定,成为中国首款获得欧洲权威安全评定机构四星成绩的车型,不仅为吉利也为中国汽车在国际市场赢得了荣誉;其后帝豪 EC8 更是以49.6 的高分,荣获 C-NCAP 安全碰撞测试的五星级标准,在 C-NCAP 成立六年来,所测试的全球共 147 款碰撞车型中排名第六,创下中国自主品牌的最好成绩。此外,青年汽车有 15 款豪华客车车型被交通部评为全国车辆最高等级——高三级客车,居全国之首;公司已连续三年在国内同行业中获得车辆等级、产值、销售、同比增长、高档客车经济效益的五个第一。众泰汽车并积极参与国家"863计划"等重大专项相关课题研究,并在节能与新能源动力方面基本掌握混合动力及纯电动汽车的核心技术,形成比较完整的关键零部件配套体系,初步具备了产业化推广条件;主持完成的RX6400系列乘用车技术开发项目获得浙江省科技进步奖,其中JNJ6405A型汽车被认定为国家重点新产品,成功填补了国内小排量SUV车型的空白;JNJ6406D型汽车则被纳入国家火炬计划。东风裕隆着力于研发能力的提升,强化自主创新能力,并将全方位视频智能驾驶系统、智能3模式4WD系统、智能扭矩离合器等一批新技术在纳智捷SUV车型上加以实际应用,形成核心技术优势。

　　据对主要汽车生产企业的统计,2011年我省汽车整车、汽车改装等方面开发出(公告)等级的自主知识产权、自主品牌的基本型和汽车改进型的新产品共399项。其中:轿车类51项、客车类68项、SUV和轻客36项;改装车类244项(包括专用客厢车类41项、专用货车类33项、专用作业车类110项、通用货车挂车类25项、其他挂车类35项)。2011年,吉利、青年、众泰等企业共申报专利2880件,其中吉利汽车全年申报专利2300件,荣获"2011中国企业知识产权自主创新十大品牌"奖;众泰汽车全年申报专利数为160件。

GEELY

吉利控股集团
GEELY HOLDING GROUP

众泰汽车
ZOTYE AUTO

万向集团

青年汽车
YOUNG MAN

LUXGEN

第三节　浙江省汽车工业品牌竞争力分析

目前,浙江省主要的汽车产制相关的企业包括:浙江吉利控股集团有限公司、万向集团公司、青年汽车集团、万丰奥特控股集团有限公司、今飞控股集团有限公司、钱江集团有限公司、华翔集团股份有限公司、众泰控股集团有限公司、瑞立集团有限公司、浙江吉奥汽车有限公司、万里扬集团有限公司、亚太机电集团有限公司、万安集团有限公司等。其所属品牌商标、所在地、主营项目、创牌成就及研究院所汇整如下(表1)。

表 1   浙江主要汽车企业品牌创建情况一览表

企业名称	地区	主导产业	品牌	商标、名牌	研究院、所
浙江吉利控股集团有限公司	杭州	整车、发动机、变速器	帝豪、全球鹰、英伦	中国驰名商标、浙江省著名商标	吉利汽车研究院（临海）、发动机研究所和变速器研究所（宁波），电子电气研究所（路桥）
万向集团公司	杭州	汽车零部件业	钱潮、QC、WGC	"钱潮"商标曾被评为浙江省著名商标、中国驰名商标、中国名牌产品、国家免检产品、中国世界名牌产品	万向研究院，后被批准为国家级技术中心、国家级实验室、10个国家级高新技术企业
青年汽车集团	金华	商用车、乘用车及汽车零部件	青年莲花、欧洲之星	中国客车企业10强、中国机械工业500强、"国家级重点高新技术企业"、"国家火炬计划"等荣誉	省级企业技术中心，博士后工作站，国家级高新技术企业，取得专利证书184项
万丰奥特控股集团有限公司	绍兴	汽车整车、汽车零部件、机械装备	万丰	中国名牌、中国出口名牌、中国驰名商标和全国质量奖	国家级企业技术中心、国内企业界首家院士工作站、博士后工作站和海外留学人员创业园

续表

企业名称	地区	主导产业	品牌	商标、名牌	研究院、所
今飞控股集团有限公司	金华	摩托车轮毂、汽车轮毂、电动车轮	今飞、飞驰、金蜂	"今飞"牌铝合金车轮：浙江省名牌产品和中国驰名商标 "金蜂"牌机动喷雾机获中国农机博览会"名牌产品"称号	产品研发部、博士后科研工作站、国家认可实验室和国家认定企业技术中心
钱江集团有限公司	台州温岭	摩托车整车和发动机的研发、制造及销售	钱江	中国名牌、中国驰名商标	国家级企业技术中心、国家级实验室、省级企业技术中心
华翔集团股份有限公司	宁波	汽车零部件	华翔	中国民营企业500强，世界汽配行业500强，2012年度强势型工业企业	建成宁波市汽车塑料模具省级技术研发中心，宁波华翔汽车研究设计院
众泰控股集团有限公司	永康	汽车整车及发动机、模具、钣金件、变速器等汽车关键零部件	众泰汽车、江南汽车	中国最早布局新能源汽车产业化的企业之一；2011年度中国汽车售后服务满意度卡思调查（CAACS）自主品牌第一名；浙江省专利示范企业称号；中国优秀创新企业；"2010浙商榜样品牌"奖	集团汽车工程研究院，并在意大利建有海外技术研发中心、浙江省高新技术企业装备制造业重点培育企业拥有永康、杭州、湘潭、长沙等四大生产制造基地和集团汽车工程研究院，并在意大利建有海外技术研发中心

续表

企业名称	地区	主导产业	品牌	商标、名牌	研究院、所
瑞立集团有限公司	温州	汽车零部件	瑞立等十几个	中国名牌产品、浙江省著名商标、浙江省知名商号、中国驰名商标	国家级博士后科研工作站、省级企业技术中心
浙江吉奥汽车有限公司	台州	汽车整车生产及零部件制造	吉奥	2013中国驰名商标、中国皮卡市场十大影响力品牌	3大生产基地、1个汽车研究院、2个营销公司、7家零部件生产厂家
万里扬集团有限公司	金华	汽车变速器	万里扬	中国驰名商标,国家免检产品、浙江名牌产品	省级企业技术中心
亚太机电集团有限公司	萧山	汽车制动系统产品	APG、湘湖	APG为"中国驰名商标",湘湖为"浙江省著名商标"	博士后科研工作站和国家级企业技术中心
万安集团有限公司	诸暨	汽车零部件	万安、VIE	中国名牌产品、浙江省著名商标;万安、VIE为"中国驰名商标"	国家认定企业技术中心、国家认定实验室、国家级博士后科研工作站、北京清华大学科技园区建有北京万安汽车电子研发公司

一、根据各排行榜数据分析

2012年7月9日,《财富》杂志公布了2012年度世界500强企业排行榜,按2011年营业收入进行排名。整车和零部件企业占据其中33席,在各行业中仅次于银行业的54席和炼油业的44席。其中,中国车企为5席,浙江吉利控股集团跃居世界 500 强行列,总排名从 2011 年的第 688 位大幅上升到全球第 475 位,在全球车企的排名也跃升至全球第 31 位;2012 年营收达 233.557 亿美元(含沃尔沃 2011 年营业收入)。浙江吉利控股集团的成绩显示中国汽车业已经登上世界舞台,成为全球车业的重要成员。

在整车生产企业中,2011 年吉利汽车全年实现销售 43.2 万辆,同比增长 4%,其中国内销售 39.4 万辆,国际销售 3.8 万辆,同比增长 70%。继续稳居行业前十位。在"中国企业 500 强"排名中位居 115 位,较 2010 年上升 244 位,逐步树立了全球化跨国企业的形象。青年汽车生产的豪华大客车(130 万元以上)市场占有率约为 70%,众泰汽车的 SUV 系列产品销量达到 88266 辆,在国内同行业排名第四。东风裕隆公司首款自主品牌纳智捷大 7SUV,9 月 30 日上市后,短短三个月,产销量就分别达 7666 辆和 7058 辆,主营业务收入达 14.1 亿元。

作为全国最大的汽车零部件生产企业之一,万向集团经过多年的发展,工业产品产值已达 200 多亿元,"万向制造"的国内和国际品牌的效应也逐渐显现。同时,汽车零部件行业的其他一些优势龙头企业也凭借品牌和实力逐渐在市场竞争中脱颖而出,如亚太集团、鑫田集团、瑞立集团、万丰奥特集团等企业正在发挥行业领头雁的作用。

《中国汽车工业企业竞争力排行榜》是中国汽车技术研究中心的材料,以中国汽车工业企业竞争力评价指标体系(CATARC)为标准,分析自 2009 年起,各气出相关企业上报的数据,得出以下评价结果。2012 年中国汽车工业企业综合竞争力排行榜,从企业规模竞争力、市场控制竞争力、资源能力竞争力、经营财务竞争力、企业成长竞争力五个方面来评价全国 57 家整车企业。浙江省 4 家汽车企业的得分和排名情况如下(表 2):

表2 2012浙江汽车企业竞争力排名汇总表

企业名称	综合竞争力	排名	企业规模竞争力	排名	市场控制竞争力	排名	资源能力竞争力	排名	经营财务竞争力	排名	企业成长竞争力	排名
浙江吉利控股集团有限公司	0.33	25	0.41	11	0.30	23	0.14	50	0.42	41	0.37	23
东风裕隆汽车有限公司	0.32	26	0.05	41	0.18	48	0.66	8	0.45	35	0.29	34
青年汽车集团有限公司	0.24	38	0.05	42	0.20	37	0.04	56	0.48	31	0.46	15
广汽吉奥汽车有限公司	0.19	49	0.03	44	0.13	56	0.18	38	0.44	37	0.17	48

浙江吉利控股集团有限公司、东风裕隆汽车有限公司、青年汽车集团有限公司和广汽吉奥汽车有限公司的企业综合竞争力分别排在第25、26、38和49名。从该表的相关数据来看,浙江省汽车业的综合竞争力仍然有相当的进步空间。

另据2013年《中国500最具品牌价值》排行榜显示,浙江省的汽车品牌均居于行业前列,在品牌知名度、美誉度及市场占有率等方面均处于行业领先位置。具体言之,浙江汽车品牌上榜的为:吉利控股集团,其品牌价值为128.42亿元,排名第141位,钱江摩托的"钱江"品牌价值为28.62亿元,排名为第428位。《中国500最具价值品牌》是由世界品牌实验室(WorldBrand-Lab)主办,每年发布一次的。该实验室是目前全球公认的三大品牌价值评估机构之一,其BVA评估模型得到世界管理学界的一致推崇,具有较高的公信力,足资参考(表3)。

表3　2013年度《中国500最具品牌价值》的浙江上榜品牌

排名	品牌名称	品牌拥有机构	品牌价（亿元）	主营行业	影响力	发源地	上市
141	吉利	浙江吉利控股集团有限公司	128.42	汽车	中国	浙江	是
428	钱江	浙江钱江摩托股份有限公司	28.62	摩托车	中国	浙江	是

二、根据近三年中国汽车工业30强排名数据分析

浙江汽车工业在全国的位置,据中国汽车工业信息网统计,2011年浙江省汽车工业总产值在全国各省市中排名第七位,产值增长率为23.55%,平均各月占全国汽车工业总产值比例为5.65%。另中国机械工业联合会及中国汽车工业协会,会根据"企业主营业务收入"和"企业盈利情况"两项指标,每年评选出中国汽车工业的30强。根据2011、2012、2013年的评比结果,国内汽车产业的30强分布状况如下。

2010年部分见表4。

2010年汽车30强企业,按主营业务收入排名,前6位都在1300亿元以上,其中第一位是上海汽车工业(集团)总公司,主营业务收入达6097亿元,中国第一汽车集团公司(主营业务收入4489亿元)、东风汽车公司(3658亿元)、北京汽车集团有限公司(1507亿元)、广州汽车工业集团有限公司(1464

亿元)和中国长安汽车集团股份有限公司(1354 亿元)。浙江企业的排名情况为:万向集团公司排第 9 位(661 亿元),浙江吉利控股集团有限公司第 15 位(213 亿元)。

从省市分布来看,2010 年的 30 强的分布为重庆 4 家,福建、陕西各 3 家,北京、浙江、湖北、安徽、广东、辽宁各 2 家,上海、吉林、江苏、河北、内蒙古、山东、广西、河南各 1 家。

表 4   2010 年中国汽车工业 30 强名单

序号	企业名称	省市	主导产品	营业收入(万元)
1	上海汽车工业(集团)总公司	上海市	乘用车、商用车、汽车零部件	60965293
2	中国第一汽车集团公司	吉林省	乘用车、商用车、汽车零部件	44886901
3	东风汽车公司	湖北省	乘用车、商用车、汽车零部件	36575027
4	北京汽车集团有限公司	北京市	乘用车、商用车、汽车零部件	15067106
5	广州汽车工业集团有限公司	广东省	乘用车、商用车、汽车零部件、摩托车	14643606
6	中国长安汽车集团股份有限公司	北京市	乘用车、商用车、汽车零部件	13536409
7	中国重型汽车集团有限公司	山东省	商用车、改装车、发动机、汽车零部件	8047567
8	华晨汽车集团控股有限公司	辽宁省	乘用车、商用车、汽车零部件	6793178
9	万向集团公司	浙江省	汽车零部件	6613800
10	奇瑞汽车股份有限公司	安徽省	乘用车、零部件	3537922
11	安徽江淮汽车集团有限公司	安徽省	乘用车、商用车、汽车零部件	3517232
12	陕西汽车集团有限责任公司	陕西省	商用车、汽车零部件	3137042
13	长城汽车股份有限公司	河北省	乘用车、商用车	2897189
14	比亚迪汽车有限公司	陕西省	乘用车、零部件	2143841
15	浙江吉利控股集团有限公司	浙江省	乘用车、零部件	2131690
16	郑州宇通集团有限公司	河南省	商用车	2083575

续表

序号	企业名称	省市	主导产品	营业收入（万元）
17	厦门金龙汽车集团股份有限公司	福建省	商用车、汽车零部件	1710355
18	重庆力帆控股有限公司	重庆市	汽车、摩托车	1605523
19	三环集团公司	湖北省	改装车、汽车零部件	1413319
20	陕西法士特汽车传动集团有限责任公司	陕西省	汽车零部件	1265693
21	宗申产业集团有限公司	重庆市	摩托车	1224677
22	柳州五菱汽车有限责任公司	广西区	专用车、发动机、汽车零部件	1220059
23	江门市大长江集团有限公司	广东省	摩托车、摩托车零部件	1137086
24	辽宁曙光汽车集团股份有限公司	辽宁省	乘用车、商用车、汽车零部件	1123270
25	包头北奔重型汽车有限公司	内蒙古	商用车	1082143
26	重庆隆鑫机车有限公司	重庆市	摩托车、摩托车零部件	1059134
27	庆铃汽车(集团)有限公司	重庆市	乘用车、商用车、汽车零部件	1044949
28	东南(福建)汽车工业有限公司	福建省	乘用车	875836
29	金城集团有限公司	江苏省	改装车、摩托车	771334
30	正兴车轮集团有限公司	福建省	汽车零部件	751662

资料来源：中国机经网。

2011年部分见表5。

2011年汽车30强企业，按主营业务收入排名前6位主营业务收入都在1400亿元以上，其中第一位是上海汽车工业(集团)总公司，主营业务收入达7132亿元；第二至六位依次是：中国第一汽车集团公司(主营业务收入5153亿元)、东风汽车公司(4071亿元)、北京汽车集团有限公司(1788亿元)、中国长安汽车集团股份有限公司(1438亿元)和广州汽车工业集团有限公司

(1408亿元)。汽车30强企业中,盈利最多的是上海汽车工业(集团)总公司,其次是中国第一汽车集团公司,第3位是东风汽车公司,这三家企业盈利均超过500亿元。盈利在100亿元以上的还有北京汽车集团有限公司和广州汽车工业集团有限公司。浙江企业的排名情况为:万向集团公司排第8位(835亿元),浙江吉利控股集团有限公司第15位(228亿元),众泰控股集团有限公司第30位(75亿元)。

从省市分布来看,2011年的30强的分布为重庆4家,浙江、陕西3家,北京、湖北、安徽、广东、福建、辽宁各2家,上海、吉林、江苏、广西、河北、山东、内蒙古、河南各1家。浙江众泰控股集团有限公司为新入榜者。

表5   2011年中国汽车工业30强名单

序号	企业名称	省市	主导产品	营业收入 (万元)
1	上海汽车工业(集团)总公司	上海市	乘用车、商用车、汽车零部件	71316782
2	中国第一汽车集团公司	吉林省	乘用车、商用车、汽车零部件	51530722
3	东风汽车公司	湖北省	乘用车、商用车、汽车零部件	40708679
4	北京汽车集团有限公司	北京市	乘用车、商用车、汽车零部件	17882672
5	中国长安汽车集团股份有限公司	北京市	乘用车、商用车、汽车零部件	14376683
6	广州汽车工业集团有限公司	广东省	乘用车、商用车、汽车零部件、摩托车	14078863
7	华晨汽车集团控股有限公司	辽宁省	乘用车、商用车、汽车零部件	8750507
8	万向集团公司	浙江省	汽车零部件	8354223
9	中国重型汽车集团有限公司	山东省	商用车、改装车、发动机、汽车零部件	7012200
10	长城汽车股份有限公司	河北省	乘用车、商用车	4394714
11	奇瑞汽车股份有限公司	安徽省	乘用车、零部件	4270954
12	安徽江淮汽车集团有限公司	安徽省	乘用车、商用车、汽车零部件	3852202

续表

序号	企业名称	省市	主导产品	营业收入（万元）
13	陕西汽车集团有限责任公司	陕西省	商用车、汽车零部件	3136575
14	郑州宇通集团有限公司	河南省	商用车	2585856
15	浙江吉利控股集团有限公司	浙江省	乘用车、零部件	2279878
16	比亚迪汽车有限公司	陕西省	乘用车、零部件	211969
17	厦门金龙汽车集团股份有限公司	福建省	商用车、汽车零部件	1993921
18	重庆力帆控股有限公司	重庆市	汽车、摩托车	1819978
19	三环集团公司	湖北省	改装车、汽车零部件	1477637
20	庆铃汽车(集团)有限公司	重庆市	乘用车、商用车、汽车零部件	1446642
21	宗申产业集团有限公司	重庆市	摩托车	1306783
22	辽宁曙光汽车集团股份有限公司	辽宁省	乘用车、商用车、汽车零部件	1265439
23	柳州五菱汽车有限责任公司	广西	专用车、发动机、汽车零部件	1240102
24	包头北奔重型汽车有限公司	内蒙古	商用车	1165606
25	重庆隆鑫机车有限公司	重庆市	摩托车、摩托车零部件	1123331
26	陕西法士特汽车传动集团有限责任公司	陕西省	汽车零部件	1089640
27	江门市大长江集团有限公司	广东省	摩托车、摩托车零部件	1060956
28	金城集团有限公司	江苏省	改装车、摩托车	851907
29	东南(福建)汽车工业有限公司	福建省	乘用车	769439
30	众泰控股集团有限公司	浙江省	乘用车	752512

资料来源:中国机经网。

2012 年部分见表 6。

2012 年汽车 30 强企业,排名前 4 位的企业营业收入都在 2000 亿元以上,其中排在第一位的是上海汽车集团股份有限公司,营业收入达 9133 亿元,比上年增长 28.07%;第 2 至 4 位依次是:中国第一汽车集团公司,营业收入 5412 亿元、东风汽车公司,营业收入 3904 亿元、北京汽车集团有限公司,营业收入 2105 亿元。浙江企业的排名情况为:万向集团公司排第 8 位(959亿元),浙江吉利控股集团有限公司第 15 位(256 亿元),众泰控股集团有限公司第 30 位(71 亿元)。

从省市分布来看,2012 年的 30 强的分布为重庆 4 家,浙江、陕西 3 家,北京、湖北、福建、安徽、广东、河北、辽宁各 2 家,上海、吉林、江苏、广西、山东、河南各 1 家。

表6　2012 年中国汽车工业 30 强企业名单

序号	企业名称	省市	主导产品	营业收入（万元）
1	上海汽车集团股份有限公司	上海市	乘用车、商用车、汽车零部件	91333879
2	中国第一汽车集团公司	吉林省	乘用车、商用车、汽车零部件	54117461
3	东风汽车公司	湖北省	乘用车、商用车、汽车零部件	39036811
4	北京汽车集团有限公司	北京市	乘用车、商用车、汽车零部件	21054414
5	中国长安汽车集团股份有限公司	北京市	乘用车、商用车、汽车零部件	15001975
6	广州汽车工业集团有限公司	广东省	乘用车、商用车、汽车零部件、摩托车	13666146
7	华晨汽车集团控股有限公司	辽宁省	乘用车、商用车、汽车零部件	10674739
8	万向集团公司	浙江省	汽车零部件	9587435
9	中国重型汽车集团有限公司	山东省	商用车、改装车、汽车零部件	5500656
10	长城汽车股份有限公司	河北省	乘用车、商用车、汽车零部件	4315997
11	安徽江淮汽车集团有限公司	安徽省	乘用车、商用车、汽车零部件	3599746
12	陕西汽车控股集团有限公司	陕西省	商用车、汽车零部件	3108304
13	奇瑞汽车股份有限公司	安徽省	乘用车、汽车零部件	3057174

序号	企业名称	省市	主导产品	营业收入（万元）
14	郑州宇通集团有限公司	河南省	商用车	3028800
15	浙江吉利控股集团有限公司	浙江省	乘用车、汽车零部件	2561648
16	重庆力帆控股有限公司	重庆市	乘用车、商用车、摩托车	2208780
17	深圳市比亚迪汽车有限公司	陕西省	乘用车、汽车零部件	2135410
18	厦门金龙汽车集团股份有限公司	福建省	商用车、汽车零部件	2025863
19	三环集团公司	湖北省	改装车、汽车零部件	1492519
20	柳州五菱汽车有限责任公司	广西	专用车、发动机、汽车零部件	1392698
21	庆铃汽车（集团）有限公司	重庆市	商用车、汽车零部件	1205277
22	重庆隆鑫机车有限公司	重庆市	摩托车、摩托车零部件	1159232
23	辽宁曙光汽车集团股份有限公司	辽宁省	乘用车、商用车、汽车零部件	1128000
24	宗申产业集团有限公司	重庆市	摩托车	1126818
25	江门市大长江集团有限公司	广东省	摩托车	991366
26	北方凌云工业集团有限公司	河北省	汽车零部件	830792
27	金城集团有限公司	江苏省	摩托车	818508
28	陕西法士特汽车传动集团有限责任公司	陕西省	汽车零部件	816965
29	东南（福建）汽车工业有限公司	福建省	乘用车	726143
30	众泰控股集团有限公司	浙江省	乘用车	708380

资料来源：中国机经网。

从近三年中国汽车工业 30 强排名看，处于第一大阵营的前六位是上海汽车工业（集团）总公司（上海市）、中国第一汽车集团公司（吉林省）、东风汽车公司（湖北省）、北京汽车集团有限公司（北京市）、中国长安汽车集团股份有限公司(北京市)和广州汽车工业集团有限公司(广东省)。虽然浙江汽车企业在数量上稳中有升,但浙江省的三家企业基本保持在第8、第15、第30的位置。这也基本代表了浙江汽车工业在全国所处的位置,也显示浙江省的汽车相关产业仍有进一步发展的空间。

第四节　浙江省汽车工业品牌发展存在的问题

浙江省汽车产业经过多年发展,已具备一定的基础和优势,但从整体来看,在品牌建设方面存在着诸多不容忽视的问题:

一、企业规模偏小,品牌竞争能力不强

这是浙江省汽车工业普遍存在的问题。浙江省汽车及零部件企业虽然数量庞大,但企业规模以中小型居多,真正具有品牌竞争力的企业为数不多。据不完全统计,全省现有汽车及零部件生产企业10000余家。而根据省内汽车及零部件行业协会联席会议的相关统计,2011年全省共有汽车及零部件规模以上企业1635家,其中年产值超过5亿元的企业仅75家,仅占比4.5%;年产值超10亿元企业

仅 39 家,仅占比 2.38%。除了万向集团公司,浙江吉利控股集团有限公司,众泰控股集团有限公司、万丰奥特控股集团、东风裕隆汽车有限公司、青年汽车集团有限公司等企业在各种榜单榜上出现外,其余的中小型汽车企业均无缘入选。从品牌规模看,浙江大多数汽车企业规模偏小,大多数零部件企业生产规模、管理水平、研发能力等相对落后,不少企业缺乏自主产品设计开发能力,以来样加工为主,处于产业价值链的低端。与第一阵营的六大汽车企业相比存在很大差距,国内外竞争能力不强。

二、企业综合竞争力稍显薄弱,品牌建设力度有待加强

2012 年中国汽车工业企业综合竞争力排行榜上,浙江吉利控股集团有限公司、东风裕隆汽车有限公司、青年汽车集团有限公司和广汽吉奥汽车有限公司的企业综合竞争力分别排在第 25、第 26、38 和第 49 名。在 57 家企业中的位置处于中等和中等偏后。除了少数几家龙头汽车企业外,大多数浙江汽车企业的品牌建设观念落后,缺乏先进的品牌持续发展理念,这在一定程度上也阻碍了汽车企业的品牌发展。

三、品牌研发投入力度有限,专利数量在全国不占优势

2013 年 2 月,国家知识产权局在京召开新闻发布会,发布了2012 年我国发明专利授权情况。其中,比亚迪、奇瑞两家汽车企业位列国内企业专利数量前十名。这表明我国汽车行业整体的自主创新能力正在不断加强。

2013 年 10 月 19 日,国家发改委办公厅公布了 2013 年国家认定企业技术中心评价结果。长安汽车以 93.7 的高分,夺得汽车行业第一名。本次国家认定企业技术中心评价工作,是由国家发改委、科技

部等多个政府部门牵头,通过合评比 883 家国家认定企业技术中心,综合技术投入、科技项目数量、科研团队、专利数量、试验设施投入以及新产品产值等多项指标最终得出结果,极具公正性和权威性。

万向集团公司、万丰奥特控股集团、浙江吉利控股集团有限公司分别列于第 6、第 105 和第 164 位。从此次国家认定企业技术中心 2013 年评价结果可以看出,在汽车零部件领域,万向集团在全国的领先地位尚无人能撼动。在汽车整车领域,浙江省汽车工业无论在科研投入还是专利数量上,在全国并不占优势,与长安汽车、上海汽车集团相比还存在一定差距见(表 7)。

表 7　浙江省汽车工业企业情况(国家认定企业技术中心 2013 年评价结果)

序号	企业名称	地区	评价得分
6	万向集团公司	浙江	95.0
105	万丰奥特控股集团	浙江	87.2
164	浙江吉利控股集团有限公司	浙江	84.9
403	今飞控股集团有限公司	浙江	79.5
445	温州瑞明工业股份有限公司	浙江	78.6
807	浙江钱江摩托股份有限公司	浙江	67.8

在科技活动经费支出额前 100 名企业名单中,只有万向集团公司、浙江吉利控股集团有限公司两家企业榜上有名,分别列于第 36 和第 99 位。在发明专利拥有量前 50 名企业名单中,也只有浙江吉利控股集团有限公司一家入围,以 193 项专利数位列第 34 名见(表 8)。

表 8　科技活动经费支出额前 100 名企业(汽车工业)

序号	企业名称	地区	经费支出额(亿元)
5	上海汽车集团股份有限公司	上海	143.95
11	东风汽车公司	湖北	93.11

续表

序号	企业名称	地区	经费支出额（亿元）
12	中国第一汽车股份有限公司	吉林	84.01
13	广州汽车集团股份有限公司	广东	82.13
20	重庆长安汽车股份有限公司	重庆	53.87
36	万向集团公司	浙江	32.12
64	长城汽车股份有限公司	河北	17.78
66	奇瑞汽车股份有限公司	安徽	17.35
70	北汽福田汽车股份有限公司	北京	16.28
75	安徽江淮汽车集团有限公司	安徽	15.56
79	长春轨道客车股份有限公司	吉林	14.93
93	陕西汽车集团有限责任公司	陕西	11.98
99	浙江吉利控股集团有限公司	浙江	11.81

　　在发明专利拥有量前50名企业中，上汽集团以411项位列第一，长安汽车以225项列第二，吉利集团以193项列第三，东风汽车以154项列第四。因此，从整个浙江汽车工业的研发投入和专利数量看，尚有相当的发展空间见（表9）。

表9　汽车工业发明专利拥有量前50名企业

序号	企业名称	地区	拥有发明专利数（项）
19	上海汽车集团股份有限公司	上海	411
32	重庆长安汽车股份有限公司	重庆	225
34	浙江吉利控股集团有限公司	浙江	193
45	东风汽车公司	湖北	154

第五节　浙江省汽车工业品牌发展前景分析

随着越来越多的国际汽车品牌进入中国汽车市场,丰富的车型、先进的技术和强大的品牌理念将对我国汽车工业产生巨大的冲击。同时,国际大汽车制造厂商依托在华的合资公司,加快引入汽车新技术,用全球同步上市的新车型吸引中国消费者,同样对正在崛起的中国自主汽车品牌造成极大的冲击。加之中国汽车消费者对汽车产品的选择更趋理性,关注点已从汽车的价格向科技含量、安全、省油、品牌方面转变,不得不让中国汽车产业重新审视未来的发展机遇。

《浙江工业强省建设"十二五"规划》明确提出今后汽车产业的发展重点。汽车及新能源汽车:进一步壮大汽车整车规模,有效提高零部件产品的系统化、模块化供货能力,重点发展轿车、豪华大客车、

SUV、微型车、皮卡车等五大系列整车产品,以及配套的动力、制动、承载、传动、转向、汽车电子等系统产品着力提升整牢地位和零部件产业竞争优势。以混合动力、纯电动两大系列整车及电池、电机、电控等关键零部件为重点,突破一批关键核心技术,深入开展新能源汽车规模使用的城市试点,加快新能源汽车推广应用,努力形成以"自主创新、自有品牌"为特色的浙江新能源汽车产业。

汽车品牌发展全球化趋势日益明显。浙江汽车企业应积极开展与国内汽车企业、国际汽车巨头的合资与合作,引进先进技术,把新能源汽车技术作为浙江整车产业的技术突破口,完善相关产业链。依托万向集团等优势零部件企业,加快融入国际汽车零部件采购体系;积极创造条件,吸引国内外汽车大企业落户浙江省,发展整车制造。更重要的是,于此同时要引进和学习国内外一流汽车企业的品牌理念,具体举措包括:一是积极打造典型企业,树立品牌标杆。以吉利汽车、吉奥汽车、东风裕隆、青年莲花、众泰汽车等具有一定知名度的本土整车制造集团为依托,打造出具有一定国际影响力的产业集群。二是建立一套品牌联动发展机制。积极引导浙江汽车企业向规模化、品牌化方向发展。

第二章　装备制造工业(机械)

面对复杂严峻的国内外环境,浙江省机械工业基本实现了平稳较快发展的运行态势。在"十二五"机械工业发展总体规划,以及浙江省高端装备制造业发展年度实施计划的引导下,进一步明确全省机械工业转型升级、培育壮大战略性新兴产业、改造提升传统产业、加快发展制造服务业,推进信息化和工业化的深度融合等整体思路。

第一节　浙江省装备制造工业发展基本情况

按浙江省统计和新的规模以上工业企业统计方式,2011年,包括机械工业六大制造业和通信设备制造业在内的全省装备制造业,实现工业增加值3599.1亿元,同比增长12.1%,增长幅度比规模以上工业高1.2个百分点。装备制造业对工业生产增长的贡献率达37.4%,拉动规模以上工业增加值增长4.1个百分点。若不计通信设备制造业产值,2011年,全省机械工业规模以上企业完成销售产值16,168.9亿元,同比增长约19%;利润总额965亿元,增长约4.3%;实现出口交货值4310.2亿元,同比增长约15%。

在产品类型上,浙江省机械工业已发展形成了一批具有较强竞争力优势的产品,其生产总量和质量处于全国领先地位。如:泵、阀、风机、轴承、环保设备、仪器仪表总产量比重居全国第一;纺织服装皮鞋专用设备、塑料工业专用设备的产量居全国第二;汽车仪器仪表、电线电缆、汽车零部件及配件、冷冻设备的产量居全国第三位。除了配件类机械产品在国内具有一定的优势外,浙江省机械装备制造业的成套机械装备业也有了相当的基础,其中一些比较大型的成套机械装备产品在全国处于主导地位,如:空分设备、工业汽轮机、电除尘设备、余热锅炉、塑料加工设备、平面磨床及成形机床等产品,并进入了国家重点项目的装备配套,成为浙江省参与国内国际竞争的优势产品。

在产业布局上,浙江省的机械工业已培育一批具有区域优势的块状经济,并已经建立一批现代产业集群转型升级示范区,同时加快推进现代产业集群转变。这些块状经济多以某种产品品种为导向的区域性产业集群,在相互渗透、彼此促进中,表现出一定的技术、品牌、标准、市场销售、服务等新的集聚优势。这种集群经济既是地域性产业的代表,又占有了一定的市场份额,形成了区域产品竞争力和品牌效应,已在国内具有较强的影响力和竞争力。如:温州的低压电器、阀门,杭州装备制造业,萧山、宁波、金华、玉环等地的汽车零配件,绍兴的纺织机械、制冷设备与配件,永康武义等地的电动工具和五金工具,绍兴慈溪衢州的中小微型轴承等。目前机械业在浙江省产业建设方面的地位是其他产业难以相提并论的。以 2011 年浙江省企业 100 强为例,机械类企业家数就高达 14 家,且产值十分巨大,是应该予以密切关注和积极辅导发展的重点产业见(表 1)。

表 1   浙江机械企业入围 2011 年浙江省企业 100 强名单

排名	企业名称	营业收入（万元）
10	海亮集团有限公司	5258400
20	杭汽轮动力集团有限公司	2745835
24	正泰集团有限公司	2488000
25	人民电器集团有限公司	2485721
32	德力西集团有限公司	2069467
34	盾安控股集团有限公司	2035269
35	天正集团有限公司	2003138
39	精功集团有限公司	1551021
50	华立集团股份有限公司	1357111
55	西子联合控股有限公司	1220000
73	华通机电集团有限公司	981004
74	兴乐集团有限公司	968306
75	海天塑机集团有限公司	957371
79	卧龙控股集团有限公司	917282

浙江省的机械业在全国也占有十分重要的位置。从 2011 年统计数据上看，浙江省机械工业总产值总量处全国第 4，前有江苏、山东和广东三省；增速低于全国平均水平，处全国第 21 位，后有北京、天津、上海、黑龙江、云南、广东、陕西、青海和新疆等省市。浙江省机械工业主营业务收入总量处全国第 4，前有江苏、山东和广东三省；增速低于全国平均水平，处全国第 23 位，后有北京、天津、上海、黑龙江、云南、陕西和青海等省市。浙江省机械工业利润总额处全国第五，前有江苏、山东、上海和广东；增速低于全国平均水平，处全国第 22 位，后有黑龙江、广东、贵州、云南、新疆、宁夏、陕西和青海。2011 年浙江机械工业完成进出口总额高于全国平均水平，总量次于广东、江苏、

上海和北京四省、市,排名全国第五。

目前,浙江省主要的装备制造工业(机械)产制相关的企业包括:杭州汽轮动力集团有限公司、杭州制氧机集团有限公司、浙江菲达机电集团有限公司、浙江三花股份有限公司、宁波海天塑机集团有限公司、盾安控股集团有限公司、正泰集团股份有限公司、华立集团股份有限公司、西子联合控股有限公司、中国重汽集团杭州发动机有限公司、宁波中策动力机电集团有限公司、卧龙控股集团有限公司、浙江万马集团有限公司、华仪电器集团有限公司、德力西集团有限公司、开山集团、天安电气集团有限公司、晋亿实业股份有限公司、浙江晨光电缆股份有限公司、中控科技集团有限公司、浙江诺力机械股份有限公司、浙江一胜特工模具股份有限公司、伯特利阀门集团有限公司、杭州机床集团有限公司、浙江锯力煌锯床股份有限公司、浙江凯达机床股份有限公司、杭申集团有限公司等。其所属品牌商标、所在地、主营项目、创牌成就及研究院所汇整如下(表2)。

表 2　浙江省装备制造工业主要企业品牌创建情况一览表

企业名称	地区	主导产业	品牌	商标、名牌	研究院、所
杭州汽轮动力集团有限公司	杭州	工业制造：工业汽轮机	"工"字牌	浙江省著名商标、中国名牌、第二届中国工业大奖表彰奖	集团"中央研究院"，下辖国家级企业技术中心、博士后工作站各一家，省级院士工作站、工业汽轮机研究院各一家，省级企业技术中心二家，市级企业技术中心五家
杭州制氧机集团有限公司	杭州	成套空气分离设备	杭氧	中国名牌、中国驰名商标	国家级技术中心，国家空气分离设备行业研究所、国家空气分离设备监测中心各一家
浙江菲达机电集团有限公司	诸暨	环境保护机械、压力容器设备等	菲达	中国名牌产品、国家科技进步奖、全国五一劳动奖章、浙江省科学技术奖	五个研究所、一个生产系统、国家级企业技术中心、国家级博士后科研工作站、环保装备研究院、浙江省环保装备科技创新服务平台
浙江三花股份有限公司	新昌	家用和商用空调自动控制件	三花	中国名牌产品，中国驰名商标，全国质量奖	国家认定企业技术中心、国家火炬计划重点高新技术企业、国家级重点高新技术企业、浙江省高新技术企业
宁波海天塑机集团有限公司	宁波	注塑机	海天	中国名牌、中国驰名商标、国家级高新技术企业、塑料加工专用设备制造行业排头兵企业、中国机械 500 强、浙江省百强企业、全国创新型企业	与北京化工大学合作成立海天北化、海天国际（华南）技术中心、海天国际（华东）技术中心、全国首批创新试点企业、国家认定企业（集团）技术中心

续表

企业名称	地区	主导产业	品牌	商标、名牌	研究院、所
盾安控股集团有限公司	杭州	制冷配件	盾安姚生记	盾安是中国驰名品牌、浙江省著名商标。2013 中国民营企业 500 强（47 位）、2013 浙江百强企业第 24 位、全国质量奖、中国大企业集团竞争力百强单位、中国最具市场竞争力品牌、福布斯亚洲顶尖企业 100 强	国家认定企业技术中心、国家级博士后流动工作站各 1 个、省级技术中心 5 个、企业研究院 3 个，高新技术企业 22 家。中国自主创新企业 100 强、中国创新型企业、中国标准创新贡献奖
正泰集团股份有限公司	温州	高低压电器、输配电设备、仪器仪表	正泰	中国驰名商标、4 大中国名牌产品、8 个系列国家免检产品；全国质量管理奖、中国优秀民营科技企业、中国机械工业最具核心竞争力十强企业、中国民营企业自主创新十大领军企业	国家级技术研发中心、理化测试中心、计量中心和低压电器检测中心，形成以温州为基地、上海为中心、北京和美国硅谷为龙头，相关科研院、所为依托的多层次开放式信息网络和技术研发体系。拥有国内外各种专利 1000 多项，并领衔、参与数十项行业标准的制订和修正
华立集团股份有限公司	杭州	仪表及电力自动化	华立昆明制药、华智、武汉健民	三个"中国驰名商标"，"华立牌"电能表被评为"中国名牌"产品，中国企业集团竞争力 500 强、全国民营企业 500 强	拥有三个"博士后工作站"、三个"中国驰名商标"、十一个高新技术企业、四个省级企业技术中心

企业名称	地区	主导产业	品牌	商标、名牌	研究院、所
西子联合控股有限公司	杭州	装备制造、电梯、锅炉	西子联合	中国驰名商标、浙江省名牌产品、浙江省著名商标中国企业500强、中国制造业企业500强、中国机械500强	国家级实验室和检测中心、浙江大学西子研究院、国家火炬计划重点高新技术企业中国信息化500强、全国质量效益型先进企业
中国重汽集团杭州发动机有限公司	杭州	重型高速柴油机	黄河、斯达—斯太尔、豪泺、中国重汽、SITRAK汕德卡、青专	"青专"商标被认定为中国驰名商标,中国汽车零部件百强企业	省级企业技术中心,获得国家科技进步二等奖;公司自行研制开发成功我国第一台6120型高速车用柴油机,填补了国内重型车用柴油机生产的空白;拥有核心技术和自主知识产权;与德国曼公司进行战略
宁波中策动力机电集团有限公司	宁波	大功率船用中速柴油机、发电机组	中策宁动	浙江出口名牌、浙江省工业行业龙头骨干企业	国家高新技术企业、国家科技进步二等奖;课题被列入国家"十二五"科技重点支撑计划首批启动项目;项目被列为2012年国家重大科技成果转化项目
卧龙控股集团有限公司	绍兴	电机	卧龙	中国名牌产品、中国驰名商标、浙江知名商号	卧龙电气设有博士后科研工作站、国家重点实验室、国家级企业技术中心和省级电气研究院;国家火炬计划重点高新技术企业、浙江省高新技术企业

续表

企业名称	地区	主导产业	品牌	商标、名牌	研究院、所
浙江万马集团有限公司	杭州	电气电缆	万马	中国著名品牌称号、浙江省知名商号；中国民营企业500强、中国制造业500强、3A信用等级企业	浙江省企业技术中心、浙江省创新型试点企业
华仪电器集团有限公司	乐清	机械五金	华仪	重点产品荣获浙江省名牌产品；中国民营企业500强、中国机械行业500强、中国电气工业100强，荣获"中国电气产业制造十大领军企业"称号	先后与日本东芝、韩国日进公司、浙大、西高所及诸多电力部门建立了长期密切合作关系，并在集团公司建立清华大学硕士生工作站
德力西集团有限公司	乐清	仪器仪表与自动化	德力西、西子	中国名牌"德力西"、杭州名牌"西子"，荣获"五星级"企业品牌认证证书，是全国低压电器行业唯一获此殊荣的企业、"艾唯奖"十大最具影响力品牌殊荣、天宫一号神舟八号首次交会对接任务贡献单位、杰出品牌竞争力奖	国家认定企业技术中心，在集团研发中心的统辖下分别在上海、杭州、温州三个基地设立研发中心；博士后科研工作站、电气研究院，还拥有全国同行业生产企业首家国家企业技术中心。4家企业被认定为"高新技术企业"，有效专利总数达354项，获得3项国家科技进步奖、杭州市专利示范企业

续表

企业名称	地区	主导产业	品牌	商标、名牌	研究院、所
开山集团	衢州	机械	开山	国内压缩机行业第一家荣获"中国驰名商标"称号企业；浙江名牌产品、浙江省知名商号、浙江省著名商标等；行业首获国家免检产品称号	美国西雅图设立开山北美研发中心，与西安交大压缩机研究所合作成功开发高端产品—精密螺杆副；国家科技进步二等奖
天安电气集团有限公司	象山	电气	天安	中国驰名商标、中国名牌产品、国家免检产品、浙江著名商标、省知名商号、浙江驰名商标；以及ISO 9001质量保证体系、ISO 14001环境管理体系、OH-SAS18001职业健康安全管理体系、计量认证体系以及"CCC"、"PCCC"	国家重点高新技术企业、国家级创新型试点企业、浙江技术创新优秀企业；同时与清华大学、上海大学、浙江大学建立产学研技术合作关系；与东芝、施耐德、西门子、ABB公司建立合作生产关系
晋亿实业股份有限公司	嘉善	标准件	晋亿CYI	中国驰名商标、浙江名牌产品，"CYI"商标被认定为浙江省著名商标、中国机械500强、中国行业排头兵企业、"晋亿"字号被认定为"浙江省知名商号"、紧固件产业系列中国优秀品牌、钢铁制标准件荣获《国家免检产品证书》	晋亿紧固件高新技术研究开发中心，公司拥有国家级紧固件研发中心

续表

企业名称	地区	主导产业	品牌	商标、名牌	研究院、所
浙江晨光电缆股份有限公司	平湖	电力电缆	晨光	驰名商标、浙江省著名商标、知名商号、浙江名牌	浙江省专利示范企业、浙江省企业技术中心、省级企业技术中心、省级院士专家工作站,国家级技能大师工作室
中控科技集团有限公司	杭州	自动化与信息技术	中控、SUPCON	中国驰名商标、SUPCON 集散控制系统是自动化行业首个"中国名牌产品"、中国流程工业卓越品牌奖、浙江省政府质量奖、2012 年度十大系统集成商品牌奖、2012 年中国自动化服务金奖品牌	国家认定企业技术中心、中控智慧城市大型专用软件研究院、国家技术创新示范企业、浙江省院士专家工作站、"轨道交通创新力企业·2012 年度50 强企业"
浙江诺力机械股份有限公司	长兴	工业车辆生产	NOBLIFT诺力	中国驰名商标、中国名牌产品、浙江省著名商标、浙江省名牌产品、浙江省知名商号、浙江省出口名牌。中国民营企业 500 强、中国工程机械 50 强企业、浙江省 100 强企业	2011 年末,公司共取得80 项专利证书(含 3 项发明专利),主持或参与修订 11 项国家或行业标准,掌握 7 项核心技术,开发 70 多个拥有自主知识产权高科技含量的新产品,约 30 项新产品通过省级鉴定,技术水平国内领先或国际先进

企业名称	地区	主导产业	品牌	商标、名牌	研究院、所
浙江一胜特工模具股份有限公司	缙云	工具制造	一胜特工、EST、东工、耐特	东工获得浙江省著名商标，东工"牌工刃具被评为"浙江名牌"产品	国家级高新技术企业，与北京钢铁研究总院、上海交通大学、浙江大学等科研院所建立长期技术合作关系；有 11 个省级新产品、新材料类项目通过鉴定，技术创新及产业化水平行业领先
伯特利阀门集团有限公司	温州	机械铸造	BTL	中国驰名商标、浙江省名牌产品、浙江省著名商标、国家免检产品	国家火炬计划重点技术企业、省级技术研发中心，承担一系列国家重点专项和火炬计划项目，建立了先进的阀门性能检测和试验中心，CAD 阀门设计中心及三维立体模拟制造试验设计系统
杭州机床集团有限公司	杭州	装备制造	杭州牌	"杭州"牌磨床被评为浙江省著名商标、浙江省名牌产品、中国最具市场竞争力品牌、杭州老字号企业	省级研发中心、日本马扎克 FH－8800 卧式加工中心和 FH－10800 加工中心、中国机械行业核心竞争力之星、省装备制造业重点培育企业、浙江省重点技术创新团队
浙江锯力煌锯床股份有限公司	缙云	综合制造	锯力煌	中国驰名商标、浙江省著名商标，"锯力煌"牌带锯床是"国家重点高新技术产品"、"浙江省名牌产品"	拥有自主知识产权；省级高新技术企业研发中心

续表

企业名称	地区	主导产业	品牌	商标、名牌	研究院、所
浙江凯达机床股份有限公司	诸暨	机床	国立	"国立"商标被认定为中国驰名商标、浙江省著名商标、浙江名牌产品、国家免检产品	浙江企业技术中心、"五个一批"企业、重点高新技术企业
杭申集团有限公司	杭州	高低压组件、成套开关设备	杭申华通	中国名牌产品、杭申商标为中国驰名商标、华通商标为上海著名商标	拥有国家认定企业技术中心、国家级博士后科研工作站、省级技术中心、产品技术研发中心、技术服务网络中心、国家级重点高新技术企业、中国机械工业管理进步示范企业

第二节　浙江装备制造工业品牌在全国的位置分析

中国机械工业联合会、中国汽车工业协会每年公布中国机械工业百强名单。从 2010 年、2011 年和 2012 年连续三年的情况来看,浙江机械工业在全国百强中的席位基本保持稳定,2010 年有 19 家浙江企业进入百强,2011 年和 2012 年各 18 家浙江企业进入百强名单。总体而言,浙江机械产业实力强劲,入围行业百强数量全国领先。

按主营业务收入看,2010 年机械工业百强企业居前六位的分别是中国机械工业集团有限公司、潍柴控股集团有限公司、上海电气(集团)总公司、徐州工程机械集团有限公司、长沙中联重工科技发展股份有限公司和三一集团股份有限公司。这六家企业主营业务收入均在 500 亿元以上。从省市分布来看,浙江省最多,占 19 家,江苏 14 家,山东 13 家,辽宁 7 家,北京 4 家见(表 3)。

表 3 浙江机械企业入围 2010 年中国机械工业主营业收入百强名单

序号	企业名称	省市	主要产品	主营业务收入（万元）
12	盾安控股集团有限公司	浙江省	制冷配件,中央空调	2,035,269
30	正泰集团股份有限公司	浙江省	低压电器,仪器仪表	1,201,384
40	华立集团股份有限公司	浙江省	电能表及系统,铜箔板	947,479
42	浙江富春江通信集团有限公司	浙江省	电力电缆,导线,通信电缆,通信光缆,元器件,冷轧钢板	877,823
43	德力西集团有限公司	浙江省	低压电器,高中压输配电设备	860,640
47	富通集团有限公司	浙江省	光缆,光纤,通信电缆	760,393
49	海天塑机集团有限公司	浙江省	注塑机	705,058
51	卧龙控股集团有限公司	浙江省	电机,电源,变压器,电动车	700,186
58	天洁集团有限公司	浙江省	钢材,冷轧薄板,热轧窄钢带（除尘设备,水处理设备）	572,186
59	杭州汽轮动力集团有限公司	浙江省	工业汽轮机	521,871
63	浙江万马集团有限公司	浙江省	电力电缆,高分子材料	464,510
64	天马控股集团有限公司	浙江省	轴承,机床,电梯	461,805
66	浙江杭叉工程机械集团股份有限公司	浙江省	1—25 吨内燃叉车,1—5 吨电动叉车,牵引车,托盘车,堆高车	459,350
67	杭州制氧机集团有限公司	浙江省	气体分离及液化设备,风机,气体压缩机,环保设备	454,297
75	人本集团有限公司	浙江省	轴承产品	373,372
80	开山集团	浙江省	压缩机,凿岩机,空压机	344,528
83	杭州锅炉集团股份有限公司	浙江省	锅炉	331,817
90	天正集团有限公司	浙江省	断路器,电能表	268,541
96	杭州前进齿轮箱集团股份有限公司	浙江省	船用齿轮箱,工程变速箱,汽车变速箱,风电增速箱	220,962

资料来源: 根据中国机经网资料整理

　　按主营业务收入看,2011年机械工业百强企业居前六位的分别是中国机械工业集团有限公司、潍柴控股集团有限公司、上海电气(集团)总公司、徐州工程机械集团有限公司、长沙中联重工科技发展股份有限公司和三一集团股份有限公司。这六家企业主营业务收入均在800亿元以上。其中,浙江的盾安控股集团有限公司(66.23%),杭州制氧机集团有限公司(50.07%)两家企业主营业务收入增速达到50%之上。在59家增速呈两位数增长的企业中名列前茅。从省市分布来看,浙江省最多,占18家,江苏14家,山东14家,辽宁7家,河南5家,北京、安徽、湖南各4家见(表4)。

表4　浙江机械企业入围2011年中国机械工业主营业收入百强名单

序号	企业名称	省市	主要产品	主营业务收入(万元)
9	盾安控股集团有限公司	浙江省	制冷配件,中央空调	3,383,134
22	正泰集团有限公司	浙江省	低压电器,仪器仪表	1,524,880
41	华立集团股份有限公司	浙江省	电能表及系统,铜箔板	945,137
46	富通集团有限公司	浙江省	光缆,光纤,通信电缆	911,989
47	德力西集团有限公司	浙江省	低压电器,高中压输配电设备	904,772
50	卧龙控股集团有限公司	浙江省	电机,电源,变压器,电动车	780,054
52	海天塑机集团有限公司	浙江省	注塑机	702,572
55	杭州制氧机集团有限公司	浙江省	气体分离及液化设备,风机,气体压缩机,环保设备	684,894
56	浙江杭叉工程机械集团股份有限公司	浙江省	1—25吨内燃叉车,1—5吨电动叉车,牵引车,托盘车,堆高车	684,163
63	杭州汽轮动力集团有限公司	浙江省	工业汽轮机	527,769
66	人本集团有限公司	浙江省	轴承	485,710
69	天马控股集团有限公司	浙江省	轴承,机床,电梯	472,150

续表

序号	企业名称	省市	主要产品	主营业务收入（万元）
71	浙江万马集团有限公司	浙江省	电力电缆,高分子材料	467,433
74	开山集团	浙江省	压缩机,凿岩机,空压机	427,369
77	杭州锅炉集团股份有限公司	浙江省	锅炉	396,714
94	杭州前进齿轮箱集团股份有限公司	浙江省	船用齿轮箱,工程变速箱,汽车变速箱,风电增速箱	237152
97	菲达集团有限公司	浙江省	电除尘器设备,脱硫设备,布袋除尘器设备	215,635
100	天正集团有限公司	浙江省	低压电器组件,电度表	200,276

资料来源：根据中国机经网资料整理

2012 年机械工业百强企业居前六位的分别是中国机械工业集团有限公司、徐州工程机械集团有限公司、上海电气（集团）总公司、长沙中联重工科技发展股份有限公司、三一集团股份有限公司和潍柴控股集团有限公司。从省市分布来看,2012 年浙江省仍然保持数量最多,占 18 家,江苏 15 家,山东 13 家,辽宁 7 家。湖南、河南、陕西 5 家,天津、四川、安徽各 4 家,北京、黑龙江各 3 家,上海、福建、重庆、广西、新疆各 2 家,云南、甘肃各 1 家见（表 5）。

表 5　浙江机械企业入围 2012 年中国机械工业百强企业名单

序号	企业名称	省市	主要产品	主营业务收入（万元）
8	盾安控股集团有限公司	浙江省	制冷配件,中央空调	3,895,031
22	正泰集团股份有限公司	浙江省	低压电器,仪器仪表	1,585,948
31	富通集团有限公司	浙江省	光缆,光纤,通信电缆	1,203,012
34	浙江富春江通信集团有限公司	浙江省	电力电缆,导线,通信电缆,通信光缆,元器件,冷轧钢板	1,061,127

续表

序号	企业名称	省市	主要产品	主营业务收入(万元)
36	华立集团股份有限公司	浙江省	电能表及系统,铜箔板	1,023,753
38	德力西集团有限公司	浙江省	低压电器,高中压输配电设备	1,013,227
42	卧龙控股集团有限公司	浙江省	电机	865,049
46	杭州制氧机集团有限公司	浙江省	气体分离及液化设备,风机,气体压缩机,环保设备	817,969
49	浙江杭叉工程机械集团股份有限公司	浙江省	1—25吨内燃叉车,1—5吨电动叉车,牵引车,托盘车,堆高车	748,948
54	海天塑机集团有限公司	浙江省	注塑机	625,789
62	人本集团有限公司	浙江省	轴承	557,252
64	杭州汽轮动力集团有限公司	浙江省	工业汽轮机	515,215
66	万马联合控股集团有限公司	浙江省	电力电缆,高分子材料	496,446
71	天马控股集团有限公司	浙江省	轴承,机床,电梯	450,879
79	开山集团	浙江省	压缩机,凿岩机,空压机	350,969
91	杭州锅炉集团股份有限公司	浙江省	锅炉	244,787
95	菲达集团有限公司	浙江省	电除尘器设备,脱硫设备,布袋除尘器设备	220,453
97	天正集团有限公司	浙江省	低压电器组件,电度表	203,630

资料来源:根据中国机经网资料整理

　　因此从近3年数据统计来看,浙江机械企业入围全国机械工业百强的整体数量一直都处于优势地位。除了江苏、山东以外,其他各省在企业数量上均低于10。这也表明浙江省机械产业在全国处于比较重要的地位,浙江机械整体品牌竞争力在行业内保持较强势头。目前的态势是主要企业入围中国企业500强数量稳定,主营收入逐年递增。

　　此外,从2011、2012年两年的数据统计来看,浙江机械企业入围中国企业 500 强的数量,2011、2012 年均为 8 家。海亮集团有限公司 2011 年主营收入 526 亿元,2012 年为 678 亿元,增幅达 28.9%。杭州汽轮动力集团有限公司 2011 年主营收入 275 亿元,2012 年为 459 亿元,增幅达 66.9%,盾安控股集团有限公司 2011 年主营收入 204 亿元,2012 年为 338 亿元,增幅达 65.7%见(表 6)。

表 6　浙江机械企业入围 2011,2012 年中国企业 500 强名单

2011 年			2012 年		
企业名称	排名	营业收入（万元）	企业名称	排名	营业收入（万元）
海亮集团有限公司	153	5,258,400	海亮集团有限公司	157	6,779,700
杭州汽轮动力集团	274	2,745,835	杭州汽轮动力集团	214	4,592,990
正泰集团有限公司	301	2,488,000	盾安控股集团有限公司	271	3,383,134
人民电器集团有限公司	302	2,485,721	人民电器集团有限公司	343	2,657,124
德力西集团有限公司	361	2,069,467	正泰集团有限公司	364	2,515,732
盾安控股集团有限公司	371	2,035,269	天正集团有限公司	390	2,310,051
天正集团有限公司	380	2,003,138	德力西集团有限公司	406	2,208,842
精功集团有限公司	461	1,551,021	精功集团有限公司	452	2,017,818

　　浙江机械产业里有不少规模大、资金实力雄厚、行业领域涉及广泛的集团公司。经过几十年的打拼,这些公司从一家家小企业逐步发展起来,不仅成为行业内的领导者,而且还成为品牌建设的积极推动者。如杭州汽轮动力集团有限公司是一家以装备制造为核心,集技、工、贸为一体的大型产业集团,拥有成员企业 16 家,产业涉及工业汽轮机制造、发电设备制造、电子真空管制造、进出口贸易、现代服务业等领域。是国内工业汽轮机制造的领军企业,全球最大的工业

汽轮机制造商。工业汽轮机年产量稳居全球首位。"2012 中国企业
500 强"第 214 位。"工"字牌工业汽轮机被评为"中国名牌"。公司
计划在海外注册"杭汽轮"商标；按照国际知名企业的品质和标准，进
一步提升技术水平、产业水平、管理水平，使品牌建设得到提升。

　　如盾安控股集团有限公司，位列"2012 中国企业 500 强"第 271
位，是"中国大企业集团竞争"百强，"中国低碳发展领军企业"。"十
一五"以来，盾安集团有 21 项产品（技术）被评定为国际领先或先进
水平，承担国家、省部级重大科技专项 50 余项，负责及参与制订国家
和行业标准 50 个，并获"浙江省政府质量奖"。又如开山集团，目前
是全球最大的气动凿岩机制造企业，中国最大的钻凿设备制造企业，
亚洲最大、全球第三的空气压缩机制造企业。

　　浙江机械产业中有不少企业获得过中国驰名商标、中国知名商
号、中国名牌产品、国家免检产品、浙江省著名商标等称号，并积极开
发技术，申请国家专利，参与制定行业标准，成为机械行业品牌建设
的积极推动者。综合以上，可知浙江省的机械企业无论在全国还是
在我省都是居于领头地位。在如此良好的条件下，应当百尺竿头，更
进一步，朝向发展更高端的技术和提高更大的产值的方向继续努力。

第三节　浙江省装备制造工业品牌竞争力分析

在日前由世界品牌实验室发布的 2013 年度《中国 500 最具品牌价值》中，浙江机械企业上榜品牌有：人民电器、正泰、万向、德力西和虎牌。具体见表 7：

中国·人民电器集团
PEOPLE-ELE.APPLIANCE GROUP CHINA

虎牌控股集团
Hupai　HUPAI HOLDING GROUP

表7 2013年度《中国500最具品牌价值》的浙江机械上榜品牌

排名	品牌名称	品牌拥有机构	品牌价值(亿元)	主营行业	影响力	发源地	上市
130	人民电器	人民电器集团有限公司	132.76	机械	中国	浙江	否
155	正泰	正泰集团	123.46	机械	中国	浙江	否
157	万向	万向集团公司	123.26	机械	中国	浙江	是
192	德力西	德力西集团有限公司	94.39	机械	中国	浙江	否
487	虎牌	虎牌控股集团	22.39	机械	中国	浙江	否

2013年10月19日,国家发改委办公厅公布的2013年国家认定企业技术中心评价结果,通过综合评比883家国家认定的企业技术中心,以综合技术投入、科技项目数量、科研团队、专利数量、试验设施投入以及新产品产值等多项指标进行评测。浙江机械制造企业的评测排名情况如下:中控科技集团有限公司以90.2分评价得分名列浙江机械企业第1,在883家企业中列39位,80分至90分之间的企业有7家,70分~80分之间的有5家见(表8)。

表8 浙江机械制造企业排名情况(国家认定企业技术中心2013年评价结果)

序号	企业名称	地区	评价得分
39	中控科技集团有限公司	浙江	90.2
64	浙江三花股份有限公司	浙江	88.7
175	菲达集团有限公司	浙江	84.7
186	杭州前进齿轮箱集团股份有限公司	浙江	84.5
196	浙江利欧股份有限公司	浙江	84.2
201	浙江天正电气股份有限公司	浙江	84.1
212	卧龙电气集团股份有限公司	浙江	83.7

续表

序号	企业名称	地区	评价得分
295	杭州杭氧股份有限公司	浙江	81.7
426	正泰集团股份有限公司	浙江	79.1
509	德力西集团有限公司	浙江	77.1
645	浙江亚太机电股份有限公司	浙江	73.8
722	杭申集团有限公司	浙江	71.6
727	杭州汽轮动力集团有限公司	浙江	71.5

　　而在883家企业中,机械制造类的90分以上的有13家,山西的太原重型机械集团有限公司为93.0分;河南的中信重工机械股份有限公司为93.0分;广西的玉柴机器股份有限公司为91.5分;山东的潍柴动力股份有限公司为91.3分;四川的成都飞机工业(集团)有限责任公司为91.1分;天津市的天发重型水电设备制造有限公司为90.8分;江苏的国电南京自动化股份有限公司为90.7分;四川的中国东方电气集团有限公司为90.5分;江苏的徐州工程机械集团有限公司为90.4分;安徽的中鼎控股(集团)股份有限公司为90.2分;浙江的中控科技集团有限公司为90.2分;广东的白云电气集团有限公司为90.1分;江西的洪都航空工业集团有限责任公司为90.0分。浙江仅有1家。得分在90~80分之间的有7家,分别为浙江三花股份有限公司(88.7分)、菲达集团有限公司(84.7分)、杭州前进齿轮箱集团股份有限公司(84.5分)、浙江利欧股份有限公司(84.2分)、浙江天正电气股份有限公司(84.1分)、卧龙电气集团股份有限公司(83.7分)、杭州杭氧股份有限公司(81.7分)。得分在80~70分之间的有5家,分别为正泰集团股份有限公司(79.1分)、德力西集团有限公司(77.1分)、浙江亚太机电股份有限公司(73.8分)、杭申集团有限公司(71.6分)、杭州汽轮动力集团有限公司(71.5分)。

第四节　浙江省装备制造工业品牌发展存在的问题

浙江省机械产业经过多年发展，已具备一定的基础和优势，从一个机械工业在全国处于中间偏后的省，发展成为处于全国前列的机械工业大省。但从整体来看，虽然主要企业品牌意识不断提高，品牌实力逐步显现，但是在品牌建设方面仍然存在着诸多不容忽视的问题。

一、产品技术含量和附加值低，标杆型品牌企业为数不多

浙江省机械产业属于自发式内生型以民营经济为主的发展模式，产业结构处于"低、小、散"的状况，不可避免的造成大量低水平的量的堆积。大多数企业为装备水平不高的中小型企业，上规模上档次的大型、超大型的企业相对较少。因此，在一定程度上影响了浙江省

机械产业向高精度、成套化、规模化方向发展。跟国内外一流的机械企业相比,存在很大差距。虽然从近三年数据统计来看,浙江机械企业入围全国机械工业百强的整体数量一直都处于领先地位,表明浙江机械整体实力不弱。但是浙江机械企业中只有盾安控股集团有限公司一家进入前十名,其余的企业都在二十名之后,行业内标杆型的企业品牌不多。

二、品牌研发资金投入不足,专利数量在全国不占优势

根据国家发改委办公厅公布的 2013 年国家认定企业技术中心评价结果,科技活动经费支出额前 100 名企业中,共有 13 家机械制造企业入围。中国东方电气集团有限公司以 148.85 亿元名列 100 家企业的第 4 名,13 家机械制造企业的第 1 名。浙江机械企业没有一家能够进入前 100 名见(表 9)。

表 9　科技活动经费支出额前 100 名企业(机械工业)

序号	企业名称	地区	经费支出额(亿元)
4	中国东方电气集团有限公司	四川	148.85
38	三一重工股份有限公司	湖南	29.99
40	中联重科股份有限公司	湖南	27.08
48	哈尔滨电气集团公司	黑龙江	22.35
50	中国航天三江集团公司	湖北	21.87
52	西安飞机工业(集团)有限责任公司	陕西	20.69
53	徐州工程机械集团有限公司	江苏	20.60
67	沈阳黎明航空发动机(集团)有限责任公司	辽宁	17.28
69	太原重型机械集团有限公司	山西	16.88
77	沈阳飞机工业(集团)有限公司	辽宁	15.40
94	成都飞机工业(集团)有限责任公司	四川	11.97

续表

序号	企业名称	地区	经费支出额（亿元）
97	白云电气集团有限公司	广东	11.89
100	中国贵州航空工业（集团）有限责任公司	贵州	11.80

发明专利拥有量前50名企业中，有6家机械制造企业入围。其中三一重工股份有限公司以拥有417项发明专利数排在6家企业之首。浙江机械企业也没有一家能够入围前50名。这表明浙江机械产业在品牌研发投入和专利数量上都有待提高见（表10）。

表10　机械制造行业企业排名情况（发明专利拥有量前50名企业）

序号	企业名称	地区	拥有发明专利数（项）
18	三一重工股份有限公司	湖南	417
37	中国江南航天集团	贵州	188
38	中国东方电气集团有限公司	四川	184
47	隆鑫通用动力股份有限公司	重庆	151
48	中国航天三江集团公司	湖北	149
49	北京四方继保自动化股份有限公司	北京	149

第五节　浙江省装备制造工业品牌发展前景分析

浙江省政府《浙江工业强省建设"十二五"规划》明确提出今后装备制造工业的发展重点。一是重大成套装备及部件。二是关键基础件。三是智能制造装备。四是能源装备。浙江省机械制造产业应立足产业基础和比较优势,发展为国家重点建设和重大项目配套、满足国家战略性新兴产业发展和高新技术研发需求的装备产品。

具体的举措包括:一是不断提高产品技术含量,推广先进适用的基础制造工艺,发展现代制造技术。顺应全球装备制造业绿色、智能、超常、融合、服务的技术发展趋势,利用新技术、新材料、新工艺不断提升装备产品水平。二是增加品牌研发资金的投入力度,围绕重点产业领域进行突破,发展几个在全国有一定品牌影响力的超大型机械制造企业。不断提高浙江省装备制造业高端化水平,提升在全国的产业地位和品牌竞争力。

第三章 家电工业

中国家电产业主要集中在珠三角、长三角和山东半岛；广东集聚了美的、格力、科龙等一大批超大规模的上市家电公司和数以千计的中小型企业；山东集聚了海尔、海信、澳柯玛等一批全国知名品牌的上市家电公司；安徽通过招商引资吸引了几乎国内所有的大公司落户，作为新兴的家电大省已经崛起；浙江集聚了点多量大面广的民营家电企业。无论是经济总量、产品门类、产业集聚还是出口贸易依然居于全国前列，是重要的传统家电大省。

第一节　浙江省家电工业发展基本情况

浙江家电行业是以点多量大面广的民营企业为主体,无论是经济总量、产品门类、产业集聚还是出口贸易依然居于全国前列,是重要的传统家电大省。

在浙江,规模以上的民营企业数占家电企业总数的比重在99%以上,工业总产值、销售产值、利润以及利税总额的比重均在90%以上,出口交货值的比重在95%以上。相当部分的民营企业已经从初始的家庭作坊转变成现代化的企业;企业管理水平也达到较高层次,企业规模发展壮大,一些企业已经成为行业的排头兵。

总体上看,浙江家电行业的产品门类齐全、产品覆盖面广、产业层次分明。具有核心技术和品牌溢价的合资企业、品牌企业已在高端市场占有一席之地,可以和来自山东、广东的大品牌竞争;广大中小企业则成为逐鹿三、四级市场的劲旅。目前浙江家电行业已经形成以慈溪、余姚、嘉兴为代表的多个家电制造集聚区,在产业配套和区域聚集上都形成了一定的规模,优势明显。

第二节　浙江省家电工业品牌
发展状况分析

近年来,浙江省家电工业企业品牌创建工作得到极大的发展,在浙江省乃至全国范围的影响力与日俱增。

一、浙江省家电工业企业品牌创建情况分析

目前,浙江省主要的家电工业产制相关的企业包括:宁波方太厨具有限公司、浙江星星电器集团公司、杭州金鱼电器集团有限公司、奥克斯集团有限公司、浙江台州爱仕达电器有限公司、浙江美大实业股份有限公司、加西贝拉压缩机有限公司、浙江盾安人工环境设备股份有限公司、帅康集团有限公司、浙江阳光集团股份有限公司等。其所属品牌商标、所在地、主营项目、创牌成就及研究院所汇整如下(表1):

FOTILE 方太
中国高端厨电专家与领导者

DunAn 盾安环境

ASD 爱仕达

Xing 星星 ®

表 1 浙江省家电工业企业品牌创建情况一览表

企业名称	地区	主导产业	品牌	商标、名牌	研究院、中心
宁波方太厨具有限公司	宁波	高端厨电	方太	中国驰名商标和中国名牌。中国消费者第一理想品牌称号；全国质量奖；浙江省政府质量奖；CCTV 中国年度品牌；工信部 BPI"抽油烟机"和"燃气灶"行业第一品牌；国家工信部"工业品牌培育示范企业"	行业内首个国家级企业技术中心，全球最大、最先进厨电实验室，两个国家级实验室。拥有国家专利数量近 500 项，其中发明专利近 70 项。主导制定吸油烟机的国家标准与国际标准
浙江星星电器集团公司	台州	制冷家电（冰箱）	星星	中国驰名商标，星星冰箱、冷柜获"中国名牌"、"中国出口名牌"和"国家免检产品"	浙江省"五个一批"重点骨干企业
杭州金鱼电器集团有限公司	杭州	洗衣机、冰箱、商用制冷设备	金鱼	中国驰名商标、中国名牌产品、国家免检产品、浙江省著名商标、中国 500 强企业	浙江省首批省级技术中心、金鱼集团和浙江大学联合创新工程中心

续表

企业名称	地区	主导产业	品牌	商标、名牌	研究院、中心
奥克斯集团有限公司	宁波	家电通讯	AUX 奥克斯三星	中国名牌产品、中国驰名商标、中国 500 强企业、出口免检产品	国家工程技术中心和国家级博士后工作站的常设单位，在宁波、上海、深圳、南昌建立了四大研究院
浙江台州爱仕达电器有限公司	温岭	炊具、厨房小家电	爱仕达	中国驰名商标、国家免检产品、浙江省著名商标	浙江省"五个一批"重点骨干企业，拥有 387 项专利。科技部火炬高技术产业开发中心，国家火炬计划重点高新技术企业
浙江美大实业股份有限公司	海宁	集成灶	美大	浙江名牌产品、中国驰名商标	有 80 多项自主知识产权，其中国家发明专利 11 项、国际 PCT 专利 7 项；产品列入国家火炬计划项目
加西贝拉压缩机有限公司	嘉兴	冰箱压缩机	Jiaxipera	中国驰名商标、中国名牌	国内行业中成立首家省级压缩机技术研发中心
浙江盾安人工环境设备股份有限公司	杭州	制冷中央空调	Dunan 盾安环境	中国驰名商标、国家免检产品、浙江省名牌产品、中国名牌产品	浙江大学共建博士后工作站。与合肥通用机械研究院合作成立了"中央空调研究院"
帅康集团有限公司	宁波	厨卫电器	Sacon 帅康	中国名牌、中国驰名商标。中国厨具十大品牌、"中国 500 最具价值品牌"厨卫行业第一品牌	帅康系列产品中有 23 项产品属国际领先水平，35 项居国际先进行列，56 项填补国内空白

续表

企业名称	地区	主导产业	品牌	商标、名牌	研究院、中心
浙江阳光集团股份有限公司	绍兴	节能照明	阳光	中国名牌、中国驰名商标、首家获得"中国出口免验"、浙江省名牌产品	国家级高新技术企业,省"五个一批"重点骨干企业、获国家专利120余项、企业博士后科研工作站、国内照明行业首家国家认定企业技术中心

二、浙江省家电工业企业获得的各项荣誉

2010 年:

根据浙江省工商行政管理局网站数据显示,2010 年共有 20 家企业获得浙江省著名商标称号,分别是:杭州钱江制冷集团有限公司(WANSHENG+图形)、宁波科飞电器有限公司(科飞)、宁波华东机电制造有限公司(华东)、宁波基德电器有限公司(基德)、宁波新乐电器有限公司(新乐)、浙江京马电机有限公司(京马)、超人集团有限公司(超人)、宁波海歌电器有限公司(海歌)、德意控股集团有限公司(DANDY)、奇迪电器集团有限公司(奇迪)、华芝电器集团有限公司

(华芝)、宁波沁园集团有限公司(沁园＋QINYUAN)、浙江康泉电器有限公司(康泉＋图形)、浙江普田电器有限公司(普田)、飞龙家电集团有限公司(飞龙)、宁波市奇精机械有限公司(奇精)、浙江三星机电股份有限公司(SXJD)、浙江月立电器有限公司(月立)、浙江豪杰电器有限公司(HoweJa)、宁波欧琳厨具有限公司(欧琳＋OULIN)。

浙江星星家电股份有限公司获得2010年由浙江省质量奖审定委员会颁发的浙江省质量奖。

加西贝拉压缩机有限公司、浙江美大实业股份有限公司、品格卫厨(浙江)有限公司获得2010年由浙江省质量技术监督局颁发的浙江省标准创新型企业。其中,加西贝拉压缩机有限公司还获得由国家安监总局颁发的全国安全文化建设示范企业。

此外,宁波先锋电器制造有限公司、嘉兴市同济阳光新能源有限公司、宁波海歌电器有限公司获得由浙江省经信委、浙江省环保厅颁发的2010年浙江省绿色企业称号。

2011年:

根据浙江省工商行政管理局网站显示,共有16家企业获得2011年浙江省著名商标称号,分别是:宁波大华电器有限公司(神力与拼音及图形)、浙江金得利电器有限公司(金得利)、宁波赛特勒电子有限公司(SHUNTIAN及图形)、宁波欧琳实业有限公司(欧琳)、宁波好伙伴电器有限公司(伴伴与拼音及图形)、杭州金鱼电器集团有限公司(金鱼)、宁波金帅集团有限公司(金帅)、宁波南方电器制造有限公司(小燕子)、宁波乐士实业有限公司(乐士)、加西贝拉压缩机有限公司(jiaxipera)、浪木电器集团有限公司(浪木)、惠康集团有限公司(HICON)、浙江美多电器有限公司(美多)、浙江美大实业股份有限公司(美大)、浙江来斯奥电气有限公司(来斯奥)、浙江宝兰电气有限公司（宝兰）。

　　根据浙江省企业联合会、浙江省企业家协会通知，奥克斯集团有限公司、盾安控股集团有限公司、杭州金鱼电器集团有限公司、星星集团有限公司四家企业荣获 2011 浙江省百强企业称号。其中，奥克斯集团有限公司、盾安控股集团有限公司还获得由中国企业联合会、中国企业家协会颁布的 2011 中国制造业企业 500 强称号；奥克斯集团有限公司、盾安控股集团有限公司、星星集团有限公司、苏泊尔集团有限公司获得由全国工商联颁布的中国民营企业 500 强称号。

　　根据浙江省名牌战略推进委员会的公告，共有 26 家企业获得 2011 年浙江省名牌产品称号，分别是：宁波韩电电器有限公司（KEG）、宁波奇帅电器有限公司（奇帅）、浙江友邦集成吊顶股份有限公司（友邦＋图形）、宁波市奇精机械有限公司（奇精）、浙江安德电器有限公司（安德 ARDA）、杭州金鱼电器集团有限公司（金鱼）、宁波奥克斯电气有限公司（奥克斯＋图形）、宁波华彩电器有限公司（富贵家）、宁波安佳卫厨电器有限公司（安佳）、帅康集团有限公司（sacon 帅康）、浪木电器集团有限公司（浪木）、奇迪电器集团有限公司（奇迪）、宁波欧琳厨具有限公司（欧琳＋图形）、宁波基德电器有限公司（基德、JIDE）、宁波大华电器有限公司（神力）、飞龙家电集团有限公司（飞龙）、浪木电器集团有限公司（浪木）、宁波新乐电器有限公司（新乐）、赛亿电器集团有限公司（赛亿）、宁波沁园集团有限公司（沁园）、宁波辰佳电器有限公司（辰佳）、浙江三星机电股份有限公司（图形）、浙江美大实业股份有限公司（美大）、加西贝拉压缩机有限公司（Jiaxipera）、浙江京马电机有限公司（京马）、超人集团有限公司（超人）。

　　此外，根据浙江省商务厅公告，共有 7 家企业获得 2011 年浙江出口名牌称号，分别是：德意控股集团有限公司（DANDY）、浙江亚特电器有限公司(YAT)、浙江亿达控股集团有限公司(瑞能)、宁波大华电器有限公司(神力)、浙江月立电器有限公司(月立)、浙江摩尔电器有限公司(摩尔)、宁波佳星电器有限公司(佳星)。

　　浙江家电企业于2013年由国家工商局发布获得中国驰名商标的有:浙江星星电器集团公司(星星)、浙江玉立电器公司(玉立)、浙江星度电器有限公司(星度)、浙江森歌电器有限公司(森歌)、浙江威普生活电器有限公司(WEIPU 威普)、浙江必拓电器有限公司(必拓)、浙江海宝厨具有限公司(大正 DAZHENG)、浙江百利电器有限公司(BYORY)、浙江维卫电子洁具有限公司(VIVI)、浙江科太厨房电器有限公司(科大)、浙江海利士电器有限公司(海利士)、浙江飞科电器有限公司(飞科)、浙江台州爱仕达电器有限公司(爱仕达)。

第三节　浙江省家电工业品牌竞争力分析

近日在北京发布了 2013 年度的《中国 500 最具价值品牌》排行榜，浙江家电企业上榜品牌有：帅康、奥克斯、奥普和苏泊尔。具体见表 2。

表 2　2013 年度《中国 500 最具品牌价值》的浙江家电上榜品牌

排名	品牌名称	品牌拥有机构	品牌价值（亿元）	主营行业	影响力	发源地	上市
158	帅康	帅康集团有限公司	122.85	家电	中国	浙江	否
228	奥克斯	奥克斯集团有限公司	78.74	家电	中国	浙江	否
325	奥普	杭州奥普卫厨科技有限公司	59.45	家电	中国	浙江	是
453	苏泊尔	浙江苏泊尔股份有限公司	24.71	家电	中国	浙江	是

sacon 帅康®

精致生活　源自细节

AUX 奥克斯

"帅康"品牌价值首次突破 100 亿元,以 122.85 亿元再次成为厨电行业最有价值的自主品牌,率先步入厨电行业百亿品牌价值行列,这也标志着帅康从 2008 年开始,已经连续 6 年蝉联中国厨电行业第一品牌桂冠。帅康集团也是厨卫行业第一个步入中国百亿品牌价值行列的企业品牌。

"帅康"品牌价值的快速提升,与帅康集团近年来实施的产品创新、品牌创新、营销创新、文化创新及国际化战略息息相关。在品牌创新上,帅康始终坚持品牌的中高端定位,坚持价值战,不搞恶性竞争。帅康在产品创新上,一直引领行业技术发展的方向,成为中国厨电行业产品创新的典范。目前,帅康已拥有 500 多项厨电产品技术专利,其中 56 项填补国内空白,成为我国家电行业中最具创新力的企业之一。在营销创新上,帅康则启动了渠道多元化战略,推动电商、团购及工程渠道快速发展。帅康在国际化战略上也走在了同行前列。通过国际技术交流与合作,引进国际先进技术与设备,帅康系列产品中已有 23 项产品达到国际领先水平,35 项进入国际先进行列。

奥克斯集团创于 1986 年,现拥有总资产 151 亿元,员工 2.2 万余名,产业涵盖电力、家电、通讯、地产、医疗、投资六大领域,在宁波、南昌、上海、天津、深圳、东莞等地建有七大产业基地。集团为中国信息化标杆企业、国家高新技术企业,并为国家工程技术中心和国家级博士后工作站的常设单位,拥有"三星"和"奥克斯"两项跨行业中国驰名商标和两个中国名牌产品,拥有 1 个国家科技进步二等奖,8 个国家级科技项目,667 项专利。

顺应国家产业扶持政策配置内部资源,奥克斯集团以管理创新、技术创新、产品创新为突破口,保证企业健康成长,2011 年销售收入320 亿元,同比增长 23％,位列中国 500 强第 284 位。

2013 年 9 月 27 日,由工业和信息化部消费品工业司指导、中国家用电器研究院主办的"2012—2013 年度中国家用电器行业品牌评价活动"结果公布,采用了中国家用电器行业"CBES"品牌评价指标体系,评选出电冰箱、洗衣机、空调器、储水式电热水器、吸油烟机、电饭煲、空气净化器、净水机 8 类产品共 70 个优秀品牌。开展此项活动,对于指导家电生产企业制定并实施品牌发展规划,建立科学系统的品牌发展战略和品牌管理体系,引导企业做好优势品牌的创建和培育工作具有重要意义。

其中宁波方太厨具有限公司的"方太"品牌位居吸油烟机十强榜首,宁波沁园集团有限公司的"沁园"品牌位居净水器十强榜首见(表3)。

表3　2012—2013 年中国家用电器"十强品牌"评价结果(加粗斜体为浙江家电企业)

电冰箱	洗衣机	空调器	储水式电热水器	吸油烟机	电饭煲	空气净化器	净水机
海尔	海尔	格力	海尔	**方太**	美的	飞利浦	**沁园**
西门子	小天鹅	美的	A.O.史密斯	**老板**	九阳	松下	安吉尔
美的	西门子	海尔	美的	美的	格兰仕	亚都	美的
美菱	三洋	海信	西门子	华帝	飞利浦	大金	A.O.史密斯
海信	LG	志高	**法罗力**	西门子	奔腾	三星	立升
容声	美的	**奥克斯**	威博	万和	松下	——	——
奥马	松下	大金	**康泉**	**帅康**	海尔	——	——

电冰箱	洗衣机	空调器	储水式 电热水器	吸油烟机	电饭煲	空气 净化器	净水机
索伊	**基德**	格兰仕	本科	万家乐	**爱仕达**	——	——
澳柯玛	**新乐**	长虹	康宝	前锋	松桥	——	——
基德	三星	春兰	澳柯玛	康宝	双喜	——	——

此外,国家发改委办公厅公布的 2013 年国家认定企业技术中心评价结果,浙江家电企业有四家上榜,分别上加西贝拉压缩机有限公司、浙江盾安人工环境股份有限公司、宁波方太厨具有限公司和奥克斯集团有限公司。具体情况如下见(表 4)。

表 4　浙江家电企业情况(国家认定企业技术中心 2013 年评价结果)

序号	企业名称	地区	评价得分
425	加西贝拉压缩机有限公司	浙江	79.1
489	浙江盾安人工环境股份有限公司	浙江	77.4
813	宁波方太厨具有限公司	浙江	67.7
830	奥克斯集团有限公司	浙江	66.8

从以上数据可以看出,浙江家电企业的得分均低于 80 分,与浙江汽车工业企业和机械制造工业企业相比,并不占优势。

第四节　浙江省家电工业品牌发展存在的问题

到目前为止,浙江家电行业已经形成以慈溪、余姚、嘉兴为代表的多个家电制造集聚区,在产业配套和区域聚集上都形成了一定的规模,这方面的优势尤为明显;以外,浙江家电行业还聚集了一大批优秀的创业创新企业家,他们不断地成长为行业发展的中坚力量和宝贵财富。然而,目前浙江家电工业品牌发展存在的一些主要问题,将影响家电品牌的创建和增值。

一、知名度高的品牌较少,产品同质化现象严重

在浙江家电行业,大多数的企业属于中小企业,产品同质化现象非常严重。往往同一类型产品有好几家规模相近的企业在生产,甚至某些产品有超过几十家企业在同时生产。产品没有差异,就会导致利润不足,从而没有更多的资金和实力来进行新产品的研发和品

牌的创建。浙江家电行业除了部分拥有核心技术和品牌溢价的合资企业和品牌企业外，其他知名度高的品牌比较少。这样就容易导致在价格上的恶性竞争，进入一个恶性循环的怪圈。从根本上来看不利于整个浙江省家电工业的品牌创建。

二、大多数企业品牌意识薄弱，缺乏长期规划

浙江家电行业大多是民营企业，部分企业尚处于发展初期，保证利润以提供企业进一步的发展是目前最重要的问题，因此对于品牌的创建只能是遥远的目标。而部分处于发展中期的企业来讲，企业主的价值观往往就代表了整个企业的价值观，而当企业主的认识有一定的偏差，缺乏长远的企业规划时，整个企业就将陷入一个只图眼前利益，不重长远效益的境地。

三、科研投入有限，创新力度不足，专利数量普遍较少

众所周知，要在新技术上进行研发不是一天两天的事，要花大力气进行投入。单个中小企业普遍不愿意花资金和精力进行长期的创新投入。因为既需要企业有足够的资金和实力，也需要企业有勇于创新和勇于承担的毅力。新技术一旦研发后转化为成果，很容易被别人模仿，这也上很多家电企业不愿花大力气去进行科研投入、技术创新的原因。因此浙江家电制造业在专利数量上普遍较少，能够勇于承担创新任务的大企业大集团也相对较少，这也在一定程度上成为影响浙江省拥有全国乃至全球知名家电品牌的一大原因。

第 ⑤ 节　浙江省家电工业品牌发展前景分析

家电行业一直是浙江制造业的重点产业之一，各地政府对家电行业都比较熟悉和重视。如杭州、宁波（余姚、慈溪）、嘉兴（王店）、嵊州、温州等外贸主管部门每年都会组织企业到广交会、香港电子展、德国科隆电器等大型展会参展。各地政府根据不同时期和产业发展的不同状况，适时出台不同的鼓励政策。政府还引导企业进入工业园区，进一步加强集聚优势。在税收、金融等方面，各地方政府也给企业的发展提供了相对宽松的环境。因此，从家电品牌的发展环境而言还是非常有利的。

对于一批已经拥有自主品牌，且在全国乃至国外建立起一定知名度的省内家电企业，应积极主动承担起开发和创新的任务，开拓品牌发展的空间和渠道，通过在国外设立分公司，在国外注册商标，进一步提升企业品牌的国际影响力和品牌竞争力。

而对于一批已经具有一定规模，拥有良好生产基础，但不具备自主品牌或品牌运作能力欠佳的省内家电企业，可以考虑通过与国际家电品牌合作成立合资企业，来进一步提高企业的品牌运作能力，融入跨国集团专业化生产的价值链上游，是未来家电行业发展的趋势之一，这包括加大研发投入，生产中高端产品，从专业做 OEM 过渡到 ODM 环节。

那么，对于为数不少的省内中小家电企业而言，要做到建立地方乃至全国知名品牌还不太现实。针对这些以生存为主要目标的家电企业应切实做好引导，改变传统的思维观念，如传统的营销模式。未来的市场将是细分的市场，因此更讲求"小众营销"和"精准营销"。渠道的改变也将实实在在的影响消费者的消费模式，反过来，消费者的新的消费模式也将给产品带来新的改变。因此充分利用新媒体，包括网络和手机终端，利用各种途径，如微博、社交群体、电子商务等更精准的把握消费者，为不同的消费群体生产充满个性化的家电产品。只要做到定位精准，渠道创新，逐渐在一部分群体圈里创造品牌差异，形成品牌效应，进而建立起品牌忠诚度。

第 四 章　医药工业

医药产业作为高新技术产业的重要组成部分,是浙江省重点培育发展的战略性新兴产业,医药产业又与民生问题直接相关,是社会关注的热点。"十二五"是我省医药产业实现跨越式发展的战略机遇期。——浙江省医药工业"十二五"规划。

第一节　浙江省医药工业发展基本情况

随着国民经济的快速发展,人民群众生活水平的稳步提升,我国对医药卫生事业的投入加大,国家和省各项鼓励扶持政策措施相继出台,我省医药经济总体实现平稳较快增长。从浙江省发展情况看,医药工业已成为杭州、台州、绍兴、金华等市的支柱产业,成为推动地方经济发展的重要力量。

近年来,浙江省医药工业初步建立起以企业为主体,以市场为导向,产学研相结合的创新机制;以企业为主体的工程中心、研发平台、产学研联盟等科技创新实体建设取得重要进展,已建立省新药创制科技服务平台,省化学药制剂产业技术创新战略联盟和省中药现代化产业技术创新战略联盟;科技投入力度不断加大,研发手段、仪器装备逐步更新和提升;研发队伍壮大、素质提高,在推进医药行业科技进步,提升行业整体素质中发挥越来越大作用。

浙江医药产业的整体水平和集中度相对比较高。拥有一批由优秀企业家引领的具有研发、产品、人才、市场、管理优势，并具有强劲发展势头的骨干和创新型企业，如海正、赛诺菲、默沙东、浙江医药、新和成、中美华东、康恩贝、华海、民生、康裕、仙琚、天元、贝达药业等，已成为从医药大省向医药强省迈进的中流砥柱。

2011年底，全省医药行业拥有海正药业、新和成、升华拜克生物、浙药股份、康恩贝制药、华海药业等6家国家级企业技术中心，45家省级企业技术中心。2013年国家认定企业中心评价结果中，又增加了浙江九洲药业股份有限公司。

第二节　浙江医药工业主要企业品牌创建情况

目前,浙江省主要的医药工业产制相关的企业包括:杭州中美华东制药有限公司、浙江医药股份有限公司、浙江新和成股份有限公司、康恩贝集团有限公司、中国(杭州)青春宝集团有限公司、浙江海正医药股份有限公司、杭州民生药业集团有限公司、浙江华海药业股份有限公司、浙江仙琚制药股份有限公司、赛诺菲(杭州)制药有限公司、浙江升华拜克生物股份有限公司、浙江尖峰集团股份有限公司、普洛药业股份有限公司、华方医药科技有限公司、双鸽集团有限公司、回音必集团有限公司等。其所属品牌商标、所在地、主营项目、创牌成就及研究院所汇整见(表1)。

中国（杭州）青春宝集团有限公司

表1　浙江医药工业企业品牌创建情况一览表

企业名称	地区	主导产业	品牌	商标、名牌	研究院、中心
杭州中美华东制药有限公司	杭州	医药：研究开发生物、化学药物及中、西药制剂	百令、新赛斯平、卡博平、泮立苏等	浙江省名牌产品（百令胶囊、新赛斯平、泮立苏）；中国驰名商标（百令）；浙江省著名商标（新赛斯平、卡博平）；浙江省医药工业十强企业	浙江省高新技术企业，杭州华东医药集团有限公司下属6个成员企业通过由科技部评定的国家高新技术企业认证

续表

企业名称	地区	主导产业	品牌	商标、名牌	研究院、中心
浙江医药股份有限公司	杭州	医药:维生素类、抗生素类、激素类、植物提取类、抗肿瘤类等药物	来立信、来益、来佳、赛克星、可信、加立信	中国企业文化建设十大竞争力品牌、中国民营500强、浙江省医药工业十强企业、西药原料出口五强企业、中国企业文化建设十大竞争力品牌等	国家级企业技术中心、绍兴市医药化工工业研究院、医药工业研究院
浙江新和成股份有限公司	新昌	医药:药品、保健品、医药原料药、食品添加剂、饲料添加剂等	新和成	"新和成"被评为浙江省著名商标,新和成商号被认定为著名商号,NHU牌饲料级维生素被评为中国名牌产品、2010年度浙江省医药工业十强企业(第一位),2011年度中国医药工业百强企业(第37位)	国家级企业技术中心,国家级博士后科研工作站,浙江省首批外国专家工作站,成功开发国家级新产品15个,实施国家火炬计划项目13项,国家科技攻关引导项目1项、国家科技支撑计划3项、国家863计划2项,取得授权专利52项
康恩贝集团有限公司	杭州	医药产业,生物农业产业、健康食品和饮料产业	前列康、肠炎宁、金奥康、珍视明、天保宁、元邦、贝贝、希陶、高山铁皮等	中国驰名商标(前列康、珍视明、康恩贝)、省级著名商标(金奥康、天保宁、天保康、元邦、贝贝、金康、希陶)、全国医药工业四十强	国家级企业技术中心、浙江康恩贝药品研究开发有限公司、浙江现代中药与天然药物研究院、云南希康生物科技有限公司

续表

企业名称	地区	主导产业	品牌	商标、名牌	研究院、中心
中国(杭州)青春宝集团有限公司	杭州	医药:中成药、生物制剂、化学药生产、滋补品、中药材种植	胡庆余堂、青春宝、人参蜂王浆、肾康宁等	中国驰名商标(青春宝、胡庆余堂)、国家级文保单位(胡庆余堂中药博物馆)、市级文保单位(叶种德堂药店、胡雪岩墓)、首批国家非物质文化遗产目录(胡庆余堂中药文化)、全国首批"中华老字号"(胡庆余堂)等	中药现代化研究发展中心、浙江省天然药用植物研究中心
浙江海正医药股份有限公司	台州	特色原料药生产:抗肿瘤、抗感染、心血管、内分泌、中枢神经系统等	海正	中国驰名商标、医药企业社会责任优秀奖、中国制药(工业)销售百强、浙江省工业行业龙头骨干企业	国家级企业技术中心、中国医药集团总公司四川抗菌素工业研究所、上海医药工业研究院、生物药物研究联合实验室
杭州民生药业集团有限公司	杭州	医药原料、抗心血管类、抗肿瘤类、消化道类、多维元素类等制剂药	21金维他、普瑞宝等	中国驰名商标(21金维他)、全国医药50强、国家大型骨干制药工业企业及第一批"中华老字号"企业	省级企业技术中心、高效化学原料及各类新型制剂的研究和生产基地的高新技术企业
浙江华海药业股份有限公司	临海	医药:心血管药物、抗抑郁症和抗病毒药物	倍安乐、怡来、乐元、乐友、索乐利等	浙江省知名商号、全国首家荣获"国家环境友好企业"称号的医药企业、浙江省医药工业十强企业、中国民营企业500强	国家级企业技术中心、国家级高新技术企业、国家创新型企业和省政府确认的"五个一批"重点企业,设有国家级企业技术中心、博士后科研工作站

续表

企业名称	地区	主导产业	品牌	商标、名牌	研究院、中心
浙江仙琚制药股份有限公司	台州	医药：甾体原料药和制剂	含珠停、仙林、达卡、先立晓、后定诺等	"含珠停"和"仙林"是浙江名牌产品。浙江省重点化学骨干企业、浙江省五个一批企业，浙江省首批诚信示范企业	中国科学院上海有机所、中国药科大学、浙江仙琚制药技术开发有限公司
赛诺菲（杭州）制药有限公司	杭州	药品、疫苗及创新治疗方案	可达龙、抵克力得、德巴金、安博维、安博诺等	——	在上海设立亚太研发中心和中国研发中心，在北京和成都分别设有研发机构
浙江升华拜克生物股份有限公司	德清	新型农药、兽药	BIOK升华拜克	"BIOK"商标被认定为"中国驰名商标"，"升华拜克"被认定为"浙江省知名商号"，"BIOK"品牌被国家商务部认定为"中国最具竞争力品牌"	国家认定企业技术中心、博士后科研工作站，国家重点扶持的高新技术企业
浙江尖峰集团股份有限公司	金华	医药	舒坦罗、维路宁、伏萨、利欧、萨典力斯得等	全国医药百强企业、浙江省医药工业十强企业、国家火炬计划重点高新技术企业	拥有一个院士专家工作站、两个国家级博士后流动站和省级新药研发中心，并与国内相关科研院所、高校共同搭建医药研发平台

续表

企业名称	地区	主导产业	品牌	商标、名牌	研究院、中心
普洛药业股份有限公司	东阳	医药中间体、化学原料药及制剂、天然药物	百士欣、康迈欣、立安、裕力兴等	羟基苯甘氨酸及其邓钾盐产品被认定为浙江省名牌产品。中心先后承担国家级、省级科技项目20多项,开发自主知识产权的省级、国家级高新技术产品15个,已拥有发明专利9项	下属浙江普洛医药科技有限公司是国家级企业研发中心,与中科院成都有机所共同建立了"手性药物及中间体技术国家工程研究中心";在成都、上海、横店建有三个科技创新基地,国家火炬计划重点高新技术企业",浙江省首批博士后工作站试点单位
华方医药科技有限公司	杭州	医药:植物药、化学药、中药、保健品和医药商业	华方	中国医药工业百强企业	省级企业技术中心、建立国家级博士后科研工作站,杭州药物研究中心、徐州睢宁原料药发酵合成研发基地、重庆酉阳植物提取原料药研发基地
双鸽集团有限公司	台州	医疗器械、制药工业	双鸽	中国名牌、中国驰名商标、浙江名牌、著名商标企业、浙江省知名商号	在浙江、上海建有三个大规模、现代化的工业生产基地,拥有国内外先进的大输液生产流水线

续表

企业名称	地区	主导产业	品牌	商标、名牌	研究院、中心
回音必集团有限公司	杭州	医药：妇产科用药、中成药、化学药	回音必	中国驰名商标、浙江省知名商号、浙江省著名商标、浙江省名牌产品、全国医药工业企业百强	拥有省级高新技术开发研究中心和省重点高新技术企业2家。拥有开放式的产学研合作平台，相继承担了国家"863计划"项目、国家火炬计划项目和省重点科研计划项目

第三节　浙江省医药工业品牌竞争力分析

近日,在北京发布了 2013 年度的《中国 500 最具价值品牌》排行榜,浙江医药企业上榜品牌仅有民生 21 金维他一家见(表 2)。

表2　2013年度《中国500最具品牌价值》的浙江医药工业上榜品牌

排名	品牌名称	品牌拥有机构	品牌价值（亿元）	主营行业	影响力	发源地	上市
372	民生21金维他	杭州民生药业集团有限公司	40.05	医药	中国	浙江	否

　　杭州民生药业集团有限公司作为第一批"中华老字号"企业，目前已形成了保健品、新药、普药、五官科及外用药、大输液系列、维生素及矿物质类产品等多个大类的产品结构。其中，"21金维他"（"中国驰名商标"、国内同类产品中的领军品牌、2010浙商榜样品牌20强）与法国赛诺菲一安万特成功实现合资合作，进一步扩大产品市场份额；2011年，国际化项目通过美国FDA检查具有里程碑式的意义。标志着药业制剂产品取得出口美国的通行证，迈进了制剂产品国际化的门槛。民生药业已拥有较强的产品开发能力和先进的质量保证体系及职业安全卫生体系。目前所拥有的30余只在线原料药产品中，不少产品系国内独家生产。其中五个产品通过美国FDA检查。60%以上的产品远销美、意、法、日等发达国家和地区，在国内外客户中享有较高声誉。公司与美国默克公司、法国赛诺菲一安万特公司等国外大企业建立了良好的合作关系。自2004年始，公司将每年的5月定为品牌月，每年的5月18日定为品牌日，在公司内外开展一系列品牌宣传教育活动，树立"民生"品牌形象，提高员工品牌意识，促进品牌文化的发展。

　　由中国医药工业信息中心主办并承办的"第30届全国医药工业信息年会"于2013年7月17～18日在上海举行，发布了备受业界瞩目的"2012年度中国医药工业百强榜"、"2013年中国医药研发产品线最佳工业企业"以及"2013年中国医药工业最具投资价值企业"见（表3）。

表 3   浙江医药企业在 2012 年度中国医药工业百强企业榜排名情况

排名	企业名称
12	杭州华东医药集团有限公司
23	赛诺菲（杭州）制药有限公司
47	浙江医药股份有限公司
48	新和成控股集团有限公司
52	普洛药业股份有限公司
61	华方医药科技有限公司
65	浙江海正药业股份有限公司
73	康恩贝集团有限公司
79	双鸽集团有限公司
87	回音必集团有限公司
88	浙江仙琚制药股份有限公司
95	浙江华海药业股份有限公司

赛诺菲

APELOA 普洛

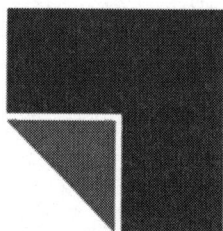

HISUN
海正药业

HOFON
华方医药股份有限公司
HOFO Pharmaceutical Co.,Ltd

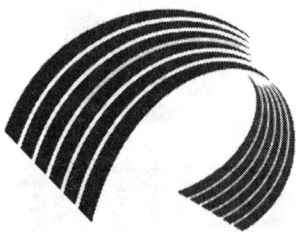

回音必集团
HUIYINBI GROUP

浙江仙琚制药股份有限公司
Zhejiang Xianju Pharmaceutical Co.,Ltd

浙江新和成股份有限公司
ZHEJIANG NHU COMPANY LTD.

双鸽集团
DOUBLE-DOVE

　　浙江海正药业股份有限公司入选 2013 年中国医药研发产品线最佳工业企业第 11 家（共 20 家）。上榜的 20 家企业分别是：江苏恒瑞医药股份有限公司、山东步长制药股份有限公司、扬子江药业集团有限公司、江苏豪森药业股份有限公司、江苏正大天晴药业股份有限公司、珠海联邦制药股份有限公司、鲁南制药集团股份有限公司、先声药业有限公司、山东罗欣药业股份有限公司、江苏奥赛康药业股份有限公司、浙江海正药业股份有限公司、辰欣药业股份有限公司、贵州益佰制药股份有限公司、天津天士力集团有限公司、亚宝药业集团股份有限公司、江苏康缘药业股份有限公司、石家庄以岭药业股份有限公司、北京双鹭药业股份有限公司、长春金赛药业有限责任公司、厦门北大之路生物工程有限公司。

　　浙江永宁药业股份有限公司（排名第 3）和浙江贝达药业有限公司（排名第 6）入选 2013 年中国医药工业最具投资价值企业（共 10 家）。上榜的 10 家企业分别是：齐鲁制药有限公司、山东齐都药业有限公司、浙江永宁药业股份有限公司、常州四药制药有限公司、青岛正大海尔制药有限公司、浙江贝达药业有限公司、青岛黄海制药有限责任公司、山东达因海洋生物制药股份有限公司、福建金山生物制药股份有限公司、迪沙药业集团有限公司。

2012 年 1－12 月浙江医药企业在全国医药工业利润总额排名情况如下见（表 4）：

表 4　2012 年浙江医药企业在全国医药工业利润总额前 100 名排名情况

排名	企业名称
7	新和成控股集团有限公司
10	赛诺菲（杭州）制药有限公司
18	浙江医药股份有限公司
29	杭州华东医药集团有限公司
45	康恩贝集团有限公司
55	浙江华海药业股份有限公司
71	浙江海正药业股份有限公司
95	浙江尖峰集团股份有限公司

2013 年国家认定企业技术中心评价结果中，浙江医药工业有七家企业榜上有名，具体如下见（表 5）：

表 5　浙江医药企业情况（国家认定企业技术中心 2013 年评价结果）

序号	企业名称	地区	评价得分
66	浙江海正药业股份有限公司	浙江	88.6
150	浙江新和成股份有限公司	浙江	85.6
177	浙江升华拜克生物股份有限公司	浙江	84.6
271	浙江医药股份有限公司	浙江	82.4
401	浙江华海药业股份有限公司	浙江	79.5
434	浙江九洲药业股份有限公司	浙江	78.8
816	浙江康恩贝制药股份有限公司	浙江	67.5

如表中所示,评价得分在 80 分到 90 分之间有四家企业,70 分到 80 分之间有两家,60 分到 70 分之间有一家企业。

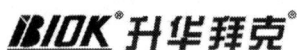

第四节　浙江省医药工业品牌发展存在的问题

随着中国特色社会主义市场经济的全面深入发展,浙江省经济体制改革的先发优势逐渐减弱,本身潜在的生产要素资源不足、能源原材料价格高启、环保和安全生产成本加大、劳动力成本上升等不利因素对产业发展的制约作用将越来越明显。此外,药企之间的竞争日趋白热化,全省医药企业存在的产品同质化、规模偏小等问题更加显露,部分企业甚至面临生存危机。这些,都将对浙江省医药工业品牌的建设与壮大产生极大的影响。总体来说,浙江省医药工业品牌发展存在着以下一些问题:

一、大多数企业品牌意识薄弱,认识比较模糊

很多企业缺乏将产品和品牌结合在一起进行规划,只注重单个产品的质量、销售和利润情况,没有将品牌当做一项提高企业竞争力的

无形资产来进行长期的培养。也有不少企业将品牌建设简单等同于广告，认为只要投入一定资金在媒体发布广告，就能在短期内提升品牌知名度，形成良好的品牌效应。殊不知，广告在一定程度上的确可以提高医药企业和医药产品的知名度，通过电视、报纸、网络广告，通过冠名、节目植入等多种方式的结合，的确可以在短期内达到让消费者认识产品、了解产品，进而购买产品的行为。但是，没有一个大的医药品牌仅仅通过广告来保持品牌知名度，比如品牌做得好的企业，如华北制药、石药集团、哈药集团、扬子江、同仁堂、三九、云南白药等，或者是近些年致力于OTC品牌打造的修正、白云山、江中、宛西、神威、千金、葵花、东阿阿胶、快克，以及中美史克、杨森等药企，他们能成为消费者心目中的品牌王者，是长期品牌建设获得的成果。

二、缺少拥有全国乃至全球知名度的大型医药企业，知名度普遍不高

浙江拥有一批大型的医药企业，如海正、赛诺菲、默沙东、浙江医药、新和成、中美华东、康恩贝、升华拜克生物、华海、民生、康裕、国邦药业、仙琚、天元、贝达药业等等，它们是浙江医药工业的中流砥柱，起到推动浙江医药工业品牌建设的重要作用。然而这样的企业毕竟为数不多。与全国医药企业相比，浙江医药工业具有全国乃至全球知名度的企业更少屈指可数。

三、自主创新能力不强，科研投入有限，专利数量普遍较少

医药企业必须讲产品自主创新，这也是品牌建设中必不可少的一项。浙江有不少大型医药企业承担着产品研发与自主创新的重任。浙江海正药业股份有限公司入选2013年中国医药研发产品线最佳工业企业。浙江永宁药业股份有限公司和浙江贝达药业有限公司入选"2013年中国医药工业最具投资价值企业"。其中浙江贝达药业

国家一类抗癌新药盐酸埃克替尼原料药及片剂获批上市，被誉为"民生领域堪比两弹一星的重大突破"。然而从浙江省医药工业整个形势来看，大多数医药企业自主创新能力很弱，产品缺乏技术含量，同质化程度高。科研经费投入非常有限，专利数量普遍较少。2013年10月19日，国家发改委办公厅公布了2013年国家认定企业技术中心评价结果。科技活动经费支出额前100名企业中，只有吉林的修正药业集团股份有限公司以12.45亿元排在第90名，其他没有一家医药企业进入前100名。而在发明专利拥有量前50名企业中，江苏康缘药业股份有限公司以190项专利排在第36位，河北石药集团有限公司以153项专利排在第46位。

从以上数据说明，科研投入不足不仅仅是浙江省医药工业的问题，也是整个国内医药产业的共同存在的问题。

第五节 浙江省医药工业品牌发展前景分析

品牌竞争是医药企业竞争的高级形式,是市场发展的必然。而品牌建设是中国医药企业发展的不二之路。全球医药巨头,如强生、葛兰素史克、辉瑞、诺华、罗氏,都是品牌导向型企业。因此,争品牌、创品牌,是中国医药健康产业发展的必由之路。

浙江工业强省建设"十二五"规划里明确指出医药工业的发展方向:以增强医药企业自主创新能力为核心,积极推进医药产业结构调整,不断优化产业布局,大力发展生物医药,推动原料药产业转型发展,做强医药制剂,推进中药现代化,加快新型医疗器械及关键制药设备、医用卫生材料、医药包装等领域的研发与产业化,努力建设成为具有较强国际竞争力的、全国重要的医药产业基地。

浙江省医药工业品牌发展应以"十二五"规划的精神为指引,构建浙江省医药工业品牌发展思路和框架,推进浙江省医药工业品牌持续、快速、稳定的发展。

我国医药行业规模将持续扩张，随着国家医药行业结构调整力度的加大，行业集中度将不断提升，龙头企业集聚化效应进一步显现。行业准入门槛进一步提升，有利于大型医药企业扩大产品市场占有率，众多小型企业将面临严峻的考验，势必造成医药企业兼并重组的加剧。

一、加强企业研发能力，努力实现自主创新

浙江省医药行业的现状是，产品同质化现象严重，产品之间没有差异，不少药品除了药厂不同以外，本质上并无多大区别。因此对于消费者而言，选择哪个药厂或公司生产的药品其实无所谓。这种情况下就有可能会考虑购买大企业或品牌知名度较高的企业生产的药品，至少大企业实力雄厚有保障。因此很多中小企业在与大企业的品牌竞争中将处于劣势，如果不进行产品研发和努力实现自主创新，不拥有自己的核心技术，那么总有一天将被市场所淘汰。此外，对于已经建立起一定品牌知名度的大型医药企业，加强企业研发能力同样很重要。持续不断的开发新技术和新产品上企业品牌立于不败之地的根本法宝。因此，增加新药研制投入、加强研发能力、实现自主创新是整个医药产业摆脱创新能力和制剂水平低下，进而摆脱品牌建设水平低下的重要手段。

二、积极做好中小医药企业的并购、重组，推进医药产业结构调整

企业要争创品牌、发展品牌必须发展其规模优势。规模优势将决定企业的盈利能力是否够强，市场占有份额是否够多，研发投入的资金是否充足。这些目标一般的中小企业很难达到。浙江省医药工业绝大多数是中小企业，缺乏在全国拥有很高知名度的品牌，因此要想

打造超级医药巨头、建立享誉国内乃至国际的医药品牌,必须要通过并购、重组等手段,建立规模效应。通过积极推进医药产业结构调整,使整个浙江省的医药工业发展出现质的飞跃。

三、注重品牌营销策略,提高品牌运营能力

品牌建设是一项长期而艰巨的工作。对于医药企业而言,品牌的知名度和美誉度将对企业的发展起到至关重要的作用。因此,在确保产品质量、性能、价格等因素之外,更重要的是要重视品牌营销策略,运用整合营销传播的概念,合理选择营销的渠道,并积极开拓新媒体所带来的传播优势,与企业的产品营销相结合,提高品牌运营能力。

第五章 食品工业

食品工业是国民经济的支柱产业和保障民生的基本产业。"十二五"时期是我国全面建设小康社会的关键时期,为了落实国家经济社会"十二五"规划纲要,加快农业结构调整,并总结"十一五"的成绩和存在的问题。在这样的规划背景下,由发改委和工信部牵头组织制定"十二五"发展规划,对食品工业发展5年做了全面的部署和导向安排,提出方向、目标、任务、措施。同时还制定了粮食加工业、肉类加工业、马铃薯加工业、葡萄酒、制糖的单项规划,与"十二五"发展规划形成一个配套体系。

于浙江而言,食品工业也是重要产业,它对提高居民生活水平、推动相关产业发展、扩大就业、促进农业增效和农民增收,都做出了重大贡献。许多浙江食品企业都已建立了现代企业制度,并以多种所有制形式发展。近年来,浙江的民营食品企业发展较快,在一些地区已成为农产品加工业的龙头和骨干企业。

第一节　浙江省食品工业发展基本情况

浙江地处东南沿海地区，具有良好的区位优势，食文化历史悠久，有发展食品工业良好的食文化背景。浙江又是国内改革开放力度较大、市场发育早、经济发展较快的省份之一，农业和食品生产技术较为先进，基础较好。以上这些因素的存在，都有利于浙江食品工业的快速发展。

按照《国民经济行业分类》标准，食品工业在我国被分为 4 个大类、21 个中类、56 小类。4 个大类名称分别为：农副食品加工业，食品制造业，酒、饮料和精制茶制造业，烟草制品业。截至 2012 年底，浙江省规模以上食品生产企业 1285 家，占全省规模以上企业总数的 3.5%，其中农副食品加工企业 747 家；食品制造企业 316 家；酒、饮料和精制茶制造企业 219 家，烟草制品制造企业 3 家。全省规模以上食品工业从业人员 21.36 万人，资产总计 1994.86 亿元。

平稳发展是食品工业的最大特点，具有工业运行"压舱石"的作用。近年来，尽管经济环境复杂多变，工业经济面临巨大下行压力，但浙江省食品工业一直保持平稳较快增长的势头。2012年全省规模以上食品工业总产值、销售产值、出口交货值、利税和利润增速均达到两位数，增幅分别比规模以上工业高7个、7.2个、9.6个、18.5个和40.9个百分点。食品工业以占工业3.6%的资产和3.0%的从业人员，创造了占比3.9%的产值和5.7%的利润，上缴税金占工业的15.8%，这为全省增加财政收入、实现经济平稳较快发展提供了重要保障。

至2010年，中国食品工业总产值达到了6.03万亿，而2011年，这一数据已经达到7.8万亿元，其中东部、中部、西部、东北地区完成产值分别占同期全国食品工业的42.43%、24.89%、18.90%、13.78%，东部完成额度名列前茅，浙江省贡献出了很大的力量。2013年上半年，食品工业虽然面临着全国性的食品安全问题影响和生产要素成本快速上升等多重压力的考验，但总体运行还是较平稳，食品工业主要经济指标略好于全省工业的增长水平，其中，实现工业总产值1169.77亿元，同比增长8.23%，新产品产值134.71亿元，同比增长12.81%，利税总额258.41亿元，同比增长2.3%，出口交货值139.67亿元，同比增长6.55%。

除去总产值上的增长，浙江省食品工业的产品产量也大幅提高，产品结构不断优化。在列入统计的29种主要产品中，浙江有15种产品产量位居全国前10位，其中黄酒、精制茶、冷冻水产品产量居全国第一，速冻米面食品、软饮料、食品添加剂产量居全国前三。产品细分程度加深，深加工产品比例上升，新产品不断涌现，产品结构向多元化、优质化、功能化、绿色化方向发展。农副食品加工业、食品制造业、饮料制造业、烟草制品业4大类产品产值占食品工业的比重从

2000 年 的 40.0％、16.7％、30.9％、12.4％ 调 整 为 2012 年 的 41.1％、22.1％、21.4％、15.4％,附加值相对较高的食品制造业比重12年间提升了5.47个百分点。另一个衡量食品工业发展水平的重要指标——食品工业总产值与农业总产值之比,也由2000年的0.42:1提高到2012年的0.87:1。

　　浙江省食品工业的创利能力也在逐步增强,盈利水平明显改善。反映出了食品工业较强的盈利能力和优于一般工业行业的经济效益。此外,创新能力不断提升,装备水平日益提高。企业的研发和创新能力不断提升,截至2012年底,浙江省有1家企业建立了国家级技术中心,20家企业建立了省级企业技术中心。

第二节　浙江省食品工业主要企业品牌创建情况分析

目前,浙江省主要的食品工业产制相关的企业包括:杭州娃哈哈集团有限公司、中国绍兴黄酒集团公司、农夫山泉股份有限公司、绍兴女儿红酿酒有限公司、香飘飘食品股份有限公司、浙江蜂之语蜂业集团有限公司、祐康食品集团有限公司、浙江李子园牛奶食品有限公司、浙江洪太生物工程有限公司、浙江五芳斋实业股份有限公司、浙江小王子食品股份有限公司、浙江不老神食品有限公司、浙江老板娘食品集团有限公司、义乌正味食品有限公司、会稽山绍兴酒股份公司、浙江塔牌绍兴酒有限公司、安吉县大山坞茶场、浙江海力生集团有限公司、杭州绿盛食品有限公司、杭州祖名食品有限公司、宁波恒康食品有限公司、杭州华味亨食品有限公司、杭州姚生记食品有限公司、余姚市备得福菜业有限公司、浙江老爸食品有限公司、浙江一鸣食品股份有限公司、杭州市食品酿造有限公司、湖州丁莲芳食品有限公司等。其所属品牌商标、所在地、主营项目、创牌成就及研究院所汇整见(表1)。

表1   浙江食品工业企业品牌创建情况一览表

企业名称	地区	主导产业	品牌	商标、名牌	研究院、所
杭州娃哈哈集团有限公司	杭州	饮料行业	娃哈哈	中国驰名商标、全国五一劳动奖状、连续三年获"中国食品工业科技进步优秀企业"、中国企业500强、国务院520家国家重点企业、2012中国民企500强	国家级企业技术中心、国家级实验室、娃哈哈企业研究院,下设食品饮料研究所、生物工程研究所、模具与包装研究所、机电工程研究所,与英国诺丁汉大学签订了在生物能源、食品技术和电机领域联合研究开发的合作协议

企业名称	地区	主导产业	品牌	商标、名牌	研究院、所
中国绍兴黄酒集团公司	绍兴	食品、饮料行业	古越龙山	中国驰名商标、中国名牌、中华老字号、中国制造行业内最具成长力的自主品牌企业	国家黄酒工程技术研究中心、共建单位江南大学
农夫山泉股份有限公司	杭州	饮用水生产	农夫山泉	中国驰名商标、中国名牌、中国名牌产品、中国民营500强企业、农业产业化国家重点龙头企业	省级企业技术中心
绍兴女儿红酿酒有限公司	上虞	饮料行业	女儿红	中国驰名商标、浙江省老字号、浙江省著名商标、浙江食品工业百强企业	省级高新技术中心、浙江大学生物与食品科学学院本科生教学实践基地
香飘飘食品股份有限公司	湖州	奶茶行业	香飘飘	中国名牌、中国驰名商标、国家级高新技术企业、塑料加工专用设备制造行业排头兵企业、中国机械500强、浙江省百强企业、全国创新型企业	现有各类中高级技术人员百余人,同时拥有国内顶尖的标准化生产、检测、分析等系列的自动化仪器和设备

续表

企业名称	地区	主导产业	品牌	商标、名牌	研究院、所
浙江蜂之语蜂业集团有限公司	杭州桐庐	蜂蜜产业	蜂之语	中国驰名品牌、浙江省名牌、杭州市著名商标、浙江省优秀科技产品	国家级高新技术企业、国家级实验室、杭州市高新技术企业、与浙江大学动物科学院、浙江省中医研究所等科研院所联系与合作、浙江省农业企业科技研发中心、浙江省技术研发中心、杭州技术研发中心、拥有发明专利6项,外观专利1项,申请受理专利8项,荣获浙江省专利示范企业称号
祐康食品集团有限公司	杭州	冷食行业	祐康	中国名牌、中国驰名商标、全国冷食行业五强,连续四年入选"全国民营企业500强"、"2010中国食品物流50强"、浙江省级骨干农业龙头企业、2010浙商全国500强、浙江省名牌产品、浙江省著名商标	省级技术中心、产学研合作平台,以浙江大学、中国食品工业协会等科研院所为技术依托,致力于基于"安全、方便、营养"的新型食品以及具有核心竞争力并拥有自主知识产权的产品的研究开发、现已拥有发明专利1项和实用新型专利7项

续表

企业名称	地区	主导产业	品牌	商标、名牌	研究院、所
浙江李子园牛奶食品有限公司	金华	乳制品	李子园	中国驰名商标、农业产业化国家重点龙头企业、浙江省五个一批重点骨干企业、浙江省首批诚信示范企业、浙江名牌、浙江省著名商标、中国乳制品行业十大优秀企业之一	乳制品研究开发中心
浙江洪太生物工程有限公司	义乌	姜汤、姜糖、红糖	洪太	中国驰名商标、浙江省骨干农业龙头企业、2006年中国最具影响力品牌、浙江省著名商标、浙江名牌产品	拥有姜汤、姜茶两项发明专利及外观专利证书
浙江五芳斋实业股份有限公司	嘉兴	粽子、食品	五芳斋	中国驰名商标、农业产业化国家级重点龙头企业、2009年度中国快餐50强、最有影响力的餐饮企业、商业顾客满意企业、浙江省品牌文化建设优秀企业、2009浙商全国500强、2008年度中国餐饮百强企业、中华老字号企业	与江南大学全面合作，加快裹粽机械化项目的进程、加快连续式生产相关技术和设备的落地、加快米制品的新品开发

续表

企业名称	地区	主导产业	品牌	商标、名牌	研究院、所
浙江小王子食品股份有限公司	杭州临安	休闲食品	小王子	中国驰名商标、浙江省骨干农业龙头企业、浙江省著名商标和浙江省名牌产品、浙江省食品行业双百强企业、全国米果类膨化食品行业排名第三位、中国食品工业（饼干行业）十强企业	中国食品工业科技进步优秀企业、参与国家"膨化食品"标准制定的企业之一、我国大陆首家独立拥有膨化米制品生产设备和生产工艺技术的企业
浙江不老神食品有限公司	衢州	食品	不老神	中国驰名商标、浙江知名商号、浙江名牌产品、浙江省著名商标、省级农业龙头企业、国家级重点农业龙头企业、浙江省第一个鸡类绿色食品,中国第三个鸡类绿色食品	省级农业科技企业
浙江老板娘食品集团有限公司	宁波	食品	老板娘	中国驰名商标、浙江著名商标、浙江名牌、浙江省知名商号、浙江省农业龙头企业	浙江省最大的农副产品深加工基地之一
义乌正味食品有限公司	义乌	调味品	上品鲜	中国驰名商标、浙江省著名商标、浙江名牌产品、农业产业化国家重点龙头企业、浙江省骨干农业龙头企业、浙江省AAA级守合同重信用单位、浙江食品工业百强企业	浙江省高新技术企业、与江南大学、浙江农科院等多家院校及科研单位建立了长期的合作关系、浙江省首家调味食品工程技术研究中心、中国调味品产业中试与孵化中心

企业名称	地区	主导产业	品牌	商标、名牌	研究院、所
会稽山绍兴酒股份公司	绍兴	饮料行业	会稽山	中国驰名商标、中国名牌、中华老字号、绿色食品、国家地理标志保护产品、国家重点保护商标、全国食品行业质量、效益型先进企业称号	省级企业技术中心
浙江塔牌绍兴酒有限公司	绍兴	饮料行业	塔牌	中国驰名商标、浙江省著名商标、中华老字号、浙江省名牌产品、中国食品工业质量效益奖、质量安全诚信品牌、中国食品工业质量效益奖、国家地理标志产品、浙江省非物质文化遗产生产性保护基地	省专利示范企业
安吉县大山坞茶场	安吉	茶	大山坞	中国驰名商标、浙江名牌产品、浙江著名商标、世界佳茗、浙江驰名商标、中国名牌农产品、浙江省龙头企业项目单位、原产地证明商标	省级优秀农业科技示范户、六项国家发明专利，有自己的高级品茶师和高级茶艺师、QS质量安全认证、连续十二年通过中国农科院茶叶研究所有机茶研究与发展中心有机茶园认证
浙江海力生集团有限公司	舟山	食品	海力生	中国驰名商标、浙江省知名商号、浙江省著名商标、浙江省"五个一批"重点骨干企业	省级企业技术中心、海力生海洋生物技术省级高新技术研究开发中心、省高新技术企业

续表

企业名称	地区	主导产业	品牌	商标、名牌	研究院、所
杭州绿盛食品有限公司	杭州	牛肉干	绿盛	杭州市著名商标、杭州名牌产品、中国绿色食品、浙江省优秀侨资企业、全国最大的牛肉干生产与销售品牌之一	开设大学生创业示范项目
杭州祖名食品有限公司	杭州	豆制品	祖名	杭州市名牌产品、浙江省名牌产品、中国驰名商标、浙江省农业龙头企业、浙江省企业技术中心、中国豆制品著名品牌企业20强、浙江省著名商标、杭州市著名商标	浙江省企业技术中心
宁波恒康食品有限公司	宁波	炒货	恒康	中国驰名商标、浙江名牌产品、浙江省知号商号、浙江省诚信企业、国家级农业龙头企业	ISO 9001质量管理体系认证、ISO 14001环境管理体系认证、美国FDA注册认证、英国BRC第三方认证、犹太OK认证及HACCP认证
杭州华味亨食品有限公司	杭州	蜜饯	华味亨	浙江省食品工业百强企业、浙江省农业龙头企业、2002至2012杭州市著名商标	通过ISO 9001:2000质量管理体系认证、通过HACCP食品安全管理体系认证
杭州姚生记食品有限公司	杭州	炒货	姚生记	中国驰名商标、全国坚果炒货行业十强企业、浙江省级骨干农业龙头企业、浙江省林业龙头企业、浙江省老字号企、中国坚果食品全国著名品牌	拥有多位高级食品技术研发人员，并且和各大高校食品学院展开深层次合作

续表

企业名称	地区	主导产业	品牌	商标、名牌	研究院、所
余姚市备得福菜业有限公司	宁波	榨菜	备得福	浙江省著名商标、浙江省名牌产品、中国国际农业博览会名牌产品、国家质量达标食品、中国绿色食品发展中心认定为A级绿色食品,浙江省十大品牌榨菜	通过 ISO 9001:2000 质量管理体系认证、HACCP 食品安全体系认证
浙江老爸食品有限公司	温州	豆制品	老爸	中国质量 3A 信用企业、中国最具生命力民营企业、杭州世界休闲博览会指定产品	通过了 ISO 9000 质量认证
浙江一鸣食品股份有限公司	温州	乳制品	一鸣	全国服务新农村建设百佳民营企业、浙江省消费者信得过单位、浙江省农业科技企业、浙江省著名商标、浙江名牌农产品、浙江省骨干农业龙头企业	第一批国家星火计划龙头企业技术创新中心、省级中小企业技术中心、温州市企业技术中心、拥有二项国家发明专利、七项外观设计专利
杭州市食品酿造有限公司	杭州	酿造	五味和、湖羊、双鱼	中华老字号企业、浙江省著名商标、浙江名牌、杭州市著名商标、浙江食品(调味品、月饼)龙头企业、江食品工业协会"百强企业"	建立了符合 HACCP、ISO 9001 要求的食品质量安全管理体系和日本农林水产省 JAS 生产许可

续表

企业名称	地区	主导产业	品牌	商标、名牌	研究院、所
湖州丁莲芳食品有限公司	湖州	包子、小吃	丁莲芳	中华老字号、中华名小吃、浙江老字号、浙江省知名商号、浙江省省级农业龙头企业、浙江省著名商标	拥有产品研发中心,与国内十多所大专院校、研究所建设了长期广泛合作关系,聘请多名国内外资深食品专家为技术顾问

第三节 浙江省食品工业品牌竞争力分析

随着企业品牌意识的不断增强，各大企业都在食品安全的问题上下足苦功，安全水平显著提升，也随着创新能力的加强，省内涌现出了一批深受消费者欢迎、享誉国内外的产品，截至2012年底，浙江省食品行业荣获"中国名牌"称号31个，荣获"中国驰名商标"称号52个。荣获"浙江名牌"称号205个和"浙江省著名商标"称号234个。同时，全省食品行业大力推进企业诚信体系建设，截至2012年底，浙江省共有18家食品企业通过了工信部诚信管理体系考核评价(全国182家)，还有16家企业完成并正式运行诚信管理体系。品牌意识的提升在一定程度上加强了浙江我省食品工业的品牌竞争力。

品牌竞争力的提升更直接归功于企业规模的不断扩大。浙江省内正逐步形成一批具有自主知识产权、主业突出、核心竞争力强的龙头骨干企业,他们的资产规模和市场竞争力迅速提高。截至 2012 年底,浙江省食品工业共有 3 家企业跻身中国企业 500 强、4 家企业跻身中国制造业 500 强,5 家企业跻身中国民营企业 500 强。规模以上食品企业平均资产规模,从 2000 年的 0.50 亿元 /家,提高到 2012 年的 1.62 亿元 /家。但是,如果我们直观食品工业相关排行榜,我们能够发现浙江省在食品工业上缺乏特别强势、能够起到行业引领作用的品牌。

表 2　浙江食品企业入围 2012 中国食品百强企业

排名	企业名称
2	杭州娃哈哈集团有限公司
39	杭州旺旺食品有限公司
62	农夫山泉股份有限公司
63	杭州中萃食品有限公司
67	徐龙食品(宁波)集团有限公司
78	宁波正大粮油实业有限公司
94	浙江海通食品集团有限公司

表 3　浙江食品企业入围 2013 中国食品百强企业

排名	企业名称
1	杭州娃哈哈集团有限公司
10	杭州旺旺食品有限公司
20	佑康食品集团有限公司(浙江杭州)
35	徐龙食品(宁波)集团有限公司
46	农夫山泉股份有限公司

续表

排名	企业名称
74	杭州中萃食品有限公司
77	杭州顶益国际食品有限公司
84	宁波正大粮油实业有限公司
89	浙江古越龙山绍兴酒股份有限公司
91	中国绍兴黄酒集团有限公司
96	海通食品(宁波)集团股份有限公司
98	浙江舟山兴业有限公司
100	宁波王龙集团有限公司

表 4　浙江食品企业入围 2012 年第 7 届亚洲品牌 500 强排行榜

排名	企业名称
137	杭州娃哈哈集团有限公司

表 5　浙江食品企业入围 2013 年第 8 届亚洲品牌 500 强排行榜

排名	企业名称
126	杭州娃哈哈集团有限公司
479	浙江古越龙山绍兴酒股份有限公司

2012 年浙江食品企业入围中国食品百强企业的有 7 家见(表 2),2013 年入围的有 13 家见(表 3);然而入围的企业当中,2012 年只有杭州娃哈哈集团有限公司(2)一家排进前十名,2013 年有两家,杭州娃哈哈集团有限公司(1)和杭州旺旺食品有限公司(10)排进在前十名。2012 年有 5 家企业排在 60 名之后,2013 年有 8 家企业排在 70 名之后,总体排名情况并不算考前。

入围 2012 年亚洲品牌 500 强的也仅有杭州娃哈哈集团有限公司一家,入围 2013 年亚洲品牌 500 强的除了杭州娃哈哈集团有限公司外,还有浙江古越龙山绍兴酒股份有限公司。不过,浙江古越龙山绍兴酒股份有限公司的排名是479名,总体看比较靠后见(表4、表5)。

2013年6月26日,世界品牌实验室(World Brand Lab)发布了2013年(第十届)《中国500最具价值品牌》排行榜。从地区分布看,北京有98个品牌入选,数量第一;广东和浙江分别有85个和40个品牌入选,位居第二和第三。从行业分布看,食品饮料仍是入选品牌最多的行业,有75个入选,但比2012年时减少5个。

入围2012、2013中国500最具价值品牌的浙江食品企业各为3家,它们是杭州娃哈哈集团有限公司的"娃哈哈"、农夫山泉股份有限公司的"农夫山泉"和中国绍兴黄酒集团公司的"古越龙山"见(表6、表7)。

表6　浙江食品企业入围2012中国500最具价值品牌

排名	品牌	企业名称
68	娃哈哈	杭州娃哈哈集团有限公司
228	农夫山泉	农夫山泉股份有限公司
413	古越龙山	中国绍兴黄酒集团公司

表7　浙江食品企业入围2013中国500最具价值品牌

排名	品牌	企业名称
92	娃哈哈	杭州娃哈哈集团有限公司
332	农夫山泉	农夫山泉股份有限公司
437	古越龙山	中国绍兴黄酒集团公司

　　2013 年 10 月 16 日,《品牌观察》杂志联合中国品牌研究院共同揭晓 2013 年中国驰名商标品牌价值 500 强榜单。500 个上榜中国驰名商标的品牌总值高达 78608 亿元,平均值为 157 亿元。

　　中国驰名商标品牌价值 500 强榜单的评价是从品牌价值管理的角度来进行的。被评价的品牌除了是被行政认定的驰名商标外,还需要同时满足以下三个条件:(1)品牌发源于中国大陆;(2)企业经营的品牌;(3)品牌经营 10 年以上。品牌的销售额和利润额是《品牌观察》杂志评价品牌价值的最主要依据。除了销售额与利润额外,《品牌观察》杂志评价品牌价值考虑的因素还包括:品牌所在行业、品牌行业地位、品牌替代性、品牌历史、品牌稳定性、品牌成长性、品牌影响地域范围等因素。

　　浙江食品企业共有 6 家入围 2013 中国驰名商标品牌价值 500 强。分别是杭州娃哈哈集团有限公司、中国绍兴黄酒集团公司、浙江贝因美科工贸易股份有限公司、农夫山泉股份有限公司、浙江五芳斋实业股份有限公司、佑康食品集团有限公司。其中,品牌价值在平均值157亿元以上的仅有杭州娃哈哈集团有限公司一家企业。具体排名和数据见(表8)。

表8　浙江食品企业入围2013中国驰名商标品牌价值500强

排名	品牌	品牌价值(亿元)	企业名称
19	娃哈哈	672.85	杭州娃哈哈集团有限公司
147	古越龙山	130.26	中国绍兴黄酒集团公司
194	贝因美	106.25	浙江贝因美科工贸易股份有限公司
206	农夫山泉	98.56	农夫山泉股份有限公司
313	五芳斋	72.63	浙江五芳斋实业股份有限公司
441	佑康	37.95	佑康食品集团有限公司

从以上数据和排名可以发现,这些年来在浙江省政府大力支持食品工业发展壮大的举措下,浙江省各地区的食品企业品牌建设有了很大的进步,行业内入围百强的企业数量逐年增加,势头良好。然而,浙江省食品企业品牌在国内、亚洲、乃至全球范围内影响力还比较有限。总体上而言,浙江省食品工业品牌竞争力并不是很强劲,仍有很大的提升空间。

第四节　浙江省食品工业品牌发展存在的问题

近年来,浙江省食品工业品牌建设虽然得到了一定的发展,但发展过程中也存在不少问题,突出表现为以下几个方面:

一、食品安全形势严峻,品牌建设难度急剧上升

地沟油、色素馒头、三聚氰胺奶粉、"一滴香"火锅……这一系列问题食品的相继出现,让老百姓对餐桌安全倍加关注。急功近利,诚信缺失,导致食品安全屡遭信任危机。食品安全事件时有发生,消费者对食品安全仍较担心。目前,由于国家和地方食品质量标准体系尚不完善,食品卫生标准、食品质量标准、农产品质量安全标准和农药残留标准等标准体系还有待进一步整合,不同行业间制定的标准在技术内容上存在交叉矛盾。此外,技术保障能力尚难以满足食品

安全监管需要,食品安全监管机制还不够健全,食品安全责任追溯制度尚不完善,加之一些企业主社会责任感薄弱,自律意识不强,缺乏诚信,使得食品行业品牌建设工程难度巨大。

二、整体水平不高,知名企业数量在全国范围内不占优势

从中国食品百强企业、亚洲品牌 500 强排行榜、世界品牌实验室的中国 500 最具价值品牌、中国驰名商标品牌价值 500 强等一系列的排行榜中我们发现,尽管浙江省内食品企业数目众多,但是整体水平不高,大部分还是存在"小、低、散"的问题,真正能够在国内、亚洲,甚至全球拥有十足竞争力的企业十分稀少。除了像我们经常看到的"娃哈哈"、"农夫山泉"、"古越龙山"等几家知名企业品牌以外,能够成为行业翘楚的企业少之又少。

三、关键技术和装备水平不高,创新能力亟待加强

浙江省很多企业研发力量薄弱,技术创新不足。省内食品企业绝大多数为小企业,规模以上企业仅占 5.5%,导致食品工业技术装备水平普遍不高,管理水平参差不齐。整体技术和装备水平与发达国家相比在产品稳定性、可靠性和安全性等方面均有较大差距。2012 年全省规模以上食品工业科技经费支出占主营业务收入的比重只有 0.74%,比规上工业平均水平低 0.47 个百分点;新产品产值率只有 12.26%,比规上工业平均低 10.77 个百分点。

四、品牌规模偏小,缺乏规范的品牌化运营手段

浙江省内许多食品企业规模小、布局分散,竞争力弱、效益欠佳。到目前为止,省内大部分食品加工企业缺乏稳定的优质原料基地,食品加工与农业之间的联系尚处于简单的初级供给阶段,分散作业提

供的原材料在品种、品质、规格等方面不适应加工业发展的要求,增加了企业生产经营成本和市场风险。原料基地建设滞后,产业链配套能力不强。另一方面,农产品品种的改良和品质的提高与市场消费和食品加工的有机结合不够,以市场需求为导向的食品加工制造、农产品生产与原料基地的产业链尚未形成。这些使得浙江食品行业很难形成一系列规范化的品牌运作机制和手段。

五、品牌传播大多停留在产品层面,品牌文化渗透力不强

通过大量的媒体调研和监测得知,浙江食品行业中比较强势的品牌,通常会用到的传播媒体包括:电视广告,网络,公关,平面媒体,新媒体等其他媒介。而从总体情况来看,浙江食品行业的品牌传播手段相对单一、传播深度不够,同时企业品牌和产品品牌常常混淆,既浪费了大量的资源,还容易分散品牌的凝聚力和影响力,对产品和企业的忠诚度培养事倍功半。

第五节　浙江省食品工业品牌发展前景分析

浙江省具有发展食品工业的诸多有利条件:一是消费优势。浙江是全国收入水平和消费水平最高的地区之一。二是资源优势。浙江素有"鱼米之乡"的美誉,农产品产业门类较齐全,生产水平相对较高,属全国综合性农业区,为食品工业的发展储备了相对丰富的农产品资源。三是区位优势。浙江地处长江三角洲南翼,拥有四通八达的立体交通网络,具有较强的辐射全国乃至全球食品市场的能力。四是资本优势。浙江民营经济活跃,民间资本充裕;电子商务等新型流通业态发展最早、用户数最多、成交量最大,最适合市场化程度最高的食品工业的发展。

食品工业历来是世界各国政府都十分重视发展的产业,在浙江省工业转型升级的新阶段,仍有必要把食品工业发展摆在应有的位置,加大食品产业发展的政策引导力度,强化食品企业品牌意识,积极推进品牌创建活动,培植和发展一批特色突出、辐射面广、带动力强、市场占有率高、经济和社会效益好的知名产品、知名企业、优质产品生产基地(食品工业园)和产业集群,鼓励企业争创省、市名牌和中国驰名商标、省著名商标,积极进行商标国际注册。同时,加强对食品老字号品牌的传承和保护,不断完善和挖掘品牌的文化底蕴,尝试开展中华食文化的旅游观光和产品营销活动。加大对名牌产品、知名企业和著名企业家的宣传力度,建立品牌的保护机制和危机公关机制,加大对侵权和危害企业品牌行为的查处和打击力度。以及加强食品质量安全体系和企业诚信体系建设。

从浙江省食品工业品牌的未来趋势来看,具体可以分为以下几点:

一、企业更加注重产品质量和安全,品质为王时代到来

2008 年乳品危机给整个食品行业都带来了连锁性的打击。产品质量事件后更多消费者不再只注重品牌,而是更关注产品的安全、企业产品控制和营养价值,无疑这会对食品行业本来的发展秩序和速度产生巨大影响。

随着我国食品的发展和人民生活水平的提高,人们的食品消费已经从有东西吃开始向吃好东西的阶段过渡。企业和产品品牌的宣传也将有个新的转型,通过持续科学的规划宣传,传递给消费者企业的责任感、产品监控体系以及产品卓越品质的良好形象。

二、强化产品研发,热衷细分市场的创新

经过乳业食品危机的洗礼,整个浙江乃至中国食品行业会更加珍惜自己的市场份额和消费者的认可,更加热衷产品的研发和细分市场的创新,使消费者可以不断的尝试到新的产品。这种中国特色是

外国市场很难看到的,同时也成就了诸多有创新的食品公司。

三、积极调整品牌战略和策略,扩大品牌的影响力和竞争力

品牌扩张战略。如用逐步推进式的方法,速度缓慢的将强势品牌跨区域拓展,扩强该品牌的覆盖范围。其优点在于单一品牌纵向扩展有利于做成全国性品牌,有利于品牌价值的集中累积,品牌发展后劲较足。

品牌推广策略。包括以下几个方面:一是品牌创新。品牌创新模式是通过市场细分,产品定位实施产品系列化经营达成产品创新从而促进品牌提升。食品行业通过产品创新可以引导消费潮流并引发市场的变革;二是品牌塑造。食品行业的品牌消费特征决定了企业的品牌经营。靠品牌维持的食品市场,尽管正受到外资的强烈冲击,但最终的竞争还是品牌的竞争,因此,提高品牌的含金量是决定企业可持续发展的重要前提;三是品牌传播。广告是品牌传播的主要工具,尤其是对作为快速消费产品、个性消费产品的食品行业而言,广告是品牌传播、产品推广的主要手段。尤其是对新媒体传播手段的应用将提上日程。

第六章　服装产业

- 浙江服装业品牌分布情况
- 浙江服装品牌竞争力与影响力分析
- 浙江服装品牌的发展前景分析

改革开放以来，我国服装产业承接了全球服装产业的国际转移，成为服装制造大国，在代工贴牌的同时，各地也争相创办本土服装品牌。30多年来，浙江纺织、服装类产业链不断完善，聚集效应、辐射能力不断增强，区域影响力不断扩大，经历了"无牌—贴牌—创牌—名牌"的过程。现如今，浙江涌现出大批服装企业和服装名牌，著名的有雅戈尔、杉杉、步森、庄吉、报喜鸟、罗蒙、万事利、浪莎，占据中国高端品牌服装市场半壁江山。"十二五"期间，浙江服装产业转型升级，形成了"宁波男装"、"温州鞋业"、"绍兴轻纺"、"海宁皮革"、"嵊州领带"等几个有重要影响力的现代化产业集群转型升级示范区。政府先后出台《浙江区域名牌评价管理办法》、《关于加快块状经济向现代产业集群转型升级的指导意见》等，为浙江服装产业集群的发展提供了有力的政策保障和产业发展环境。

第一节 浙江服装业品牌分布情况

浙江服装产业经历了群体化、规模化、集约化、系列化的发展历程,初步形成了宁波、温州、金华东阳的西服生产基地;杭州的女装生产基地;诸暨枫桥、义乌大陈、苏溪、温州藤桥的衬衫生产基地;海宁的皮装生产基地;桐乡的羊毛衫生产基地;萧山的羽绒服生产基地;杭嘉湖的丝绸生产基地;湖州织里、上虞汤浦和温州的童装生产基地;嵊州的领带生产基地以及平湖的出口服装生产基地。宁波、温州、杭州、绍兴、嘉兴这五个地市的企业数量占了全省总数的90%,可见,服装区域品牌格局已然形成。宁波、温州已成为中国高端男装的中心,杭州成为中国高端女装的中心。

一、宁波服装板块

宁波服装素以男装闻名。目前,宁波已形成了以西服、衬衫生产为龙头，集针织服装、羊毛羊绒服装、童装、皮革服装之大成的庞大产业集群。宁波拥有一大批知名的服装企业和品牌，综合实力特别是男装综合实力居全国同类城市之首，并呈现出品牌多元化、产业集群化、市场国际化的发展趋势，具有较强的国际竞争力。西服类有杉杉、雅戈尔和罗蒙等中国驰名商标，衬衫类有雅戈尔、杉杉、太平鸟和洛兹等中国名牌产品，以及一些省级和市级名牌产品。现如今，宁波是闻名全国的服装城，有服装产业 3600 多家，服装产量占全国总产量的 13％以上，成为中国最大的服装生产基地、中国服装品牌基地和出口服装品牌基地，是宁波市经济发展的重要支柱产业之一。服装产业链完整，产品结构也比较合理，有明显的产业集群优势。宁波服装企业较早地走出国门，实现了多层次、宽领域、全方位的国际分工合作，迅速形成了较高的产业外向度，具备了较强的国际竞争力，产品畅销日本、美国等 100 多个国家和地区。"宁波国际服装服饰博览会"已成功举办 17 届，成为"IFEA 中国最具国际影响力十大节庆活动"等，对提升和推介宁波服装产业的发展和国内外合作取得显着成效。

宁波著名的服装品牌有：雅戈尔、杉杉、太平鸟、罗蒙、申洲、洛兹、培罗成、唐狮、唐鹰、巨鹰、爱伊美、步云、麦迪莱登、人头鸟、喜丽美狮（罗蒙）、布利杰、康尔、金海乐、吉普宜、伟绅、狮丹努、明光、康楠、侨蒙、老 K、白兰花、富盾、诺布尔等。

杉杉

PEACE BIRD

太 平 鸟

ROMON

ART STYLE

PROGEN

培罗成

洛兹服饰

二、温州服装板块

温州服装起步于 20 世纪 80 年代,温州人抓住改革开放的机遇,开创了"前店后厂"的生产模式,主要进行来料加工,形成了初级的服装产业格局。90 年代,华侨曾旭光回温州创办起服装厂,创建了"华士"西服,带来了欧洲先进的生产设备和基数,最早将国外先进的西服流水设备与管理理念引进温州的西服企业之一,引发了报喜鸟、夏梦、庄吉等服装企业的机器革命。拥有世界一流的男装服装生产线,在我国服装及世界服装产业中有着举足轻重的地位,并开创了形象代言人的先河。2007 年,报喜鸟在深交所挂牌上市,温州现在有 4 家服装企业上市,如报喜鸟、乔顿、法派、东蒙等。经过 20 多年的发展,男装已然成为温州最具优势的产业,形成强势的产业集群。有报道称,世界名牌阿玛尼、杰尼亚、范思哲等全球 10 大顶级男装品牌中,多数在温州下单生产;国内如七匹狼、GXG、海澜之家等上百个国内知名品牌也与温州保持着长期稳定的品牌合作关系。2012 年,温州举办了"温州(全球)高端男装领袖品牌(制造商)"推选活动,充分表现温州高端男装的工艺制造水平,同时为新锐品牌提供了鼓励和展示的平台,形成"高端男装看温州"的格局。

温州著名的服装品牌有:庄吉、报喜鸟、法派、美特斯·邦威、森马、高邦、拜丽德、仕登、邦威、红蜻蜓、康奈、巴拉巴拉(森马童装)、ME&CITY、红黄蓝(童装)、北美风、乔顿、百先得、塞尔曼、美轮美奂、千黛百合、生活秀、雪歌、乔治白、欧陆天使、智升、华士、夏梦、乔夫、Gooddays、挺吉、棵棵树、JJOT、金天、名天、腾旭等。

Meters/bonwe
美特斯·邦威

Semir 森馬

kobron 高邦

BELIDE 拜而德

SITTON
Design Italy

红黄蓝

Balabala

三、杭州服装板块

杭州女装于 1994 年正式起步,那个时候,一批服装专业大学生毕业后开始自己创业,为杭州女装起步奠定了一定的基础。起步时的品牌数量不多,大概有 5、6 个品牌,如浪漫一生、江南布衣等。这时的杭州女装初步形成自己的风格,即江南水乡的淑女风格。杭州女装逐渐走入公众视野,少数企业突破了前期"前店后厂"的发展模式,开始以品牌的方式走入一个新的阶段。

1995—1998 年是杭州女装发展的第二个阶段,女装品牌数量增多,一些品牌完成了原始积累,开始扩大再生产。1998—2005 年,杭州女装进入稳定发展期,2000 年左右,杭州女装开始做大做强,品牌数近 300 个,共有女装企业 1000 多家,同时市场淘汰了一批小企业,一批大企业继续稳定发展。2005 年至今,杭州女装进入成熟期,这一阶段,市场开始细分化,一些品牌进入多品牌发展阶段。江南布衣创立了"速写"男装品牌,秋水伊人开始做 COCOON 高端品牌。同时这一阶段,不同风格的品牌开始出现,一些品牌开始走国际化路线。

杭州女装品牌,一方面借助于杭州丰富的丝绸文化底蕴和发达的丝绸产业,杭州周边的纺织业集聚地、绍兴柯桥的中国轻纺城,四季青等几家大大小小的专业市场等,为杭州女装的起步创造了一个良好的环境。杭州周边的高等院校,如中国美术学院、浙江理工大学等,集中了大量的优秀服装类人才,他们带动并夯实了杭州服装品牌的成长和发展。

杭州的服装品牌有:江南布衣、秋水伊人、三彩、浪漫一身、红袖、坚持我的、富可达、千百惠、B. R. J、芭莱娜、杜安、济民、美珂欧兰、汉帛、梦至超、可可尼、芭布芭卡、玖姿、爱美斯、艾度、北天鹅、喜得宝、迪欧达、菲妮迪、贝贝依依、威芸、采邑、研色、凯莱露喜、木帛、孕美、奔力、鹤舞、华隆、咖帛、茗香流、天堂故事、汉龙威尔、芙瑞丽、曼江利、歌林、乔妮雅、艾诺丝·雅诗、四季青等。

JNBY

秋水伊人

ΞCOLOUR 三彩

浪漫一身®

红袖
Hopeshow

JASONWOOD
DIFFERENT JEANS

FuKoDa

千百惠®

HAILIVES

四、其余服装板块

绍兴的服装品牌有：太子龙、步森、开尔、恒柏、朗莎尔、冠友、情森、神鹰、艾诗雅特、海魄、新兴、意戈、倍斯特、亨哥尔、戴琳娜、斗寒、吉马良斯等。

TEDELON

太子龍

BUSEN®

嘉兴的服装品牌有：诸老大、旭莱、兔皇、浅秋、庄驰、雅莹、兽王、赛兔、依奴咖、银杉、悦莱春、依奴珈、多菱、金三塔、靓妞、华城、臣臣、

美士兰、威克赛、伊思佳、雪球、雪雄、澳洋纯、KINGDOM、米赛等。

裕老大
ZHULAODA

浙江旭莱服饰发展有限公司

HAILIVES

义乌的服装品牌有：能达利、怡婷、傲哥、来诺金、法维特、欧耶、贝克曼、羽翼、金乌、绣锦、山图、波塞顿等。

丽水的服装品牌有：艾莱依、雁皇、飞雁、不知等。

轻装时代看我的
ERAL·艾莱依
时尚羽绒服

湖州的服装品牌有：帕罗、珍贝、米皇、豪得利、奥特、秋露、翔顺、今童王、梅月等。

台州的服装品牌有：唐之恋、绣都、友发等。

金华的服装品牌有：娅茜、浩男、艾恋、维拉德桑、戈枫、程氏、夏尔、野风、情侣鸟等。

海宁的服装品牌有：雪豹、雪羔、蒙努、三星高照等。

雪豹
XUEBAO FASHION

衢州的服装品牌有：尼尔迈特等。

第二节　浙江服装品牌竞争力与影响力分析

浙江服装企业的品牌意识逐渐增强，纷纷打出"创造品牌"的口号，雅戈尔、杉杉、罗蒙、报喜鸟、法派等上规模的浙江企业把"创国际品牌"列入企业的长期发展规划中。

全国工商联在北京发布的 2013 中国民营企业 500 强名单中，民营企业 500 强的入围门槛为 77.72 亿元，其中浙江服装类企业，浙江雅戈尔集团有限公司、浙江法派集团有限公司、浙江万事利集团有限公司榜上有名。

一、规模效应持续攀升

浙江服装产业规模，2006—2010 年的数据来看，服装产量在全国处于第二，仅次于广东省，2011 年，由于规模以上工业企业的起点标准化从主营业务收入 500 万元提高到 2000 万元后，浙江省纳入统计的规模以上服装企业比2010年同期减少了2050家,直接导致了浙江省服装业在全国同行业中的排序变化。2011年,浙江省服装产量由以往位居全国第二位退居第三位见(表1)。

2007—2008年,浙江服装产业创造的经济效益也一直处于全国第二,仅次于江苏省。2009年底,浙江服装行业的经济效益全国第一,该省服装行业已拥有中国名牌产品48个、省名牌产品106个,不少品牌打入国际市场。品牌企业的发展速度明显领先于其他省市,竞争优势明显。2011年1～12月,浙江省服装行业1364家规模以上企业完成工业总产值1423.23亿元,实现销售收入1374.56亿元,实现利润总额97.16亿元,完成出口交货值577.14亿元。浙江省服装行业规模以上企业工业总产值、销售收入、利润总额和出口交货值,分别位居全国各省市服装行业的第3、3、2和3位见(表2)。

表1   2011年全国前10位省市服装行业相关指标完成情况

地区	工业总产值(亿元)	占比(%)	销售收入(亿元)	占比(%)	利润总额(亿元)	占比(%)	出口交货值(亿元)	占比(%)	亏损面(%)
全国	13026.74	100.00	12476.50	100.00	769.29	100.00	3243.35	100.00	9.88
辽宁省	625.23	4.80	527.38	4.23	22.87	2.97	163.83	5.05	7.84
上海市	409.61	3.14	435.34	3.49	44.49	5.78	95.95	2.96	25.45
江苏省	2615.89	20.08	2558.69	20.51	173.10	22.50	618.29	19.06	9.12
浙江省	1423.23	10.93	1374.56	11.02	97.16	12.63	577.14	17.79	14.66
安徽省	396.66	3.04	361.92	2.90	16.17	2.10	65.62	2.02	9.35
福建省	1066.61	8.19	1036.10	8.30	87.38	11.36	290.37	8.95	6.03
山东省	1302.54	10.00	1256.51	10.07	83.60	10.87	302.64	9.33	6.01
河南省	396.67	3.05	391.45	3.14	37.56	4.88	9.99	0.31	1.23
湖北省	529.62	4.07	497.06	3.98	28.63	3.72	96.52	2.98	6.32
广东省	2626.18	20.16	2434.43	19.51	72.69	9.45	730.22	22.51	11.54

表2　2011年全国前10位省市服装行业经济运行情况

地区	企业户数(个)	销售毛利率(%)	销售利润率(%)	销售收入增速(%)	产值增速(%)	出口交货值增速(%)	利润增速(%)	资产负债率(%)	出口占工业总产值比(%)
全国	10451	16.3	6.17	27.33	27.19	15.68	32.92	51.93	24.9
辽宁省	459	13.08	4.34	28.19	38.57	13.2	51.86	39.69	26.2
上海市	389	29.52	10.22	11.72	7.47	—2.79	17.69	55.03	23.42
江苏省	1973	13.77	6.77	18.24	19.14	9.74	33.9	56.5	23.64
浙江省	1364	18.77	7.07	12.83	15.9	8.95	11.89	57.03	40.55
安徽省	449	12.45	4.47	86.85	81.5	50.24	123.42	52.23	16.54
福建省	763	19.48	8.43	26.05	24.95	14.58	38.6	38.81	27.22
山东省	882	16.71	6.65	22.16	22.27	24.64	21.66	46.87	23.23
河南省	325	15.65	9.59	47.77	49.17	39.69	56.69	33.26	2.52
湖北省	380	15.35	5.76	62.38	56.86	25.95	92.33	55.87	18.22
广东省	2261	13.95	2.99	32.01	26.05	17.25	12.4	49.12	27.81

二、品牌竞争力占据半壁江山

中国服装协会公布的2011年全国服装行业百强企业中,浙江占36家,继续领跑各省市同行业。2012年中国服装行业百强企业沿用往年评选方式,根据"会员参与、自愿申报"的原则,分别对"产品销售收入"、"利润总额"和"销售利润率"三项指标进行排序。全国共有143家企业榜上有名,其中:浙江38家,江苏21家,山东18家,广东15家,福建12家,河南、北京各5家,湖南4家,湖北、河北、上海、江西、陕西、四川各3家,辽宁2家,云南、吉林、安徽、重庆、山西各1家。

2013年10月,中国纺织工业联合会发布2012—2013年中国纺织服装企业竞争力500强名单中,其中浙江102家,江苏114家,广东 23 家。

"中国名牌"是国家质检总局授予内地优秀企业的一个奖项,此次活动自 2001 年起,质监总局每年举办一次"中国名牌产品"评选,并于 2005 年推出"中国世界名牌产品"的评选活动,自 2008 年,随着质检总局职能调整,不再直接办理与企业和产品相关的名牌评选活动,名牌标志将于 2012 年期满。"中国名牌"自此成为一种历史。从总体上来看,中国名牌是对产品质量的评价和保证。其中,服装品牌"中国名牌"共 115 家。浙江 32 家,广东、江苏各 16 家,福建 12 家,上海 10 家,山东 8 家,北京 5 家,河北 4 家,内蒙古、湖北各 3 家,大连 2 家,宁夏、新疆、湖南、天津各 1 家。①

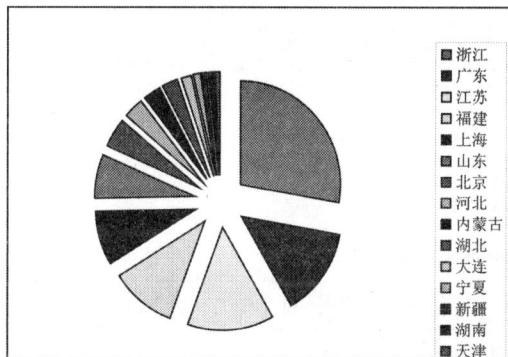

服装类"中国名牌"各省市分布图

榜首"雅戈尔衬衫",连续九年获市场综合占有率第一位,西服也连续五年保持市场综合占有率第一位,连续四年稳居中国服装行业销售和利润总额双百强排行榜首位,是中国服装行业的龙头企业。

中国纺织工业联合会流通分会联合中国服装协会举办的"中国服装成长型品牌"榜单中,2012 年全国推荐名单有 103 个,浙江省推荐

---

① 风口浪尖上的中国名牌服装,服装时报 ttp://www.efu.com.cn/data/2010/
2010-08-09/316027.sh

和被推荐名单共 16 家,占 15.4%(名单见表 3)。

表 3   2012 年中国服装成长型品牌之浙江品牌表

企业名称	品牌名称
浙江贝克曼服饰股份有限公司	berkam
浙江康柔服饰有限公司	康柔
浙江一族服饰有限公司	金袖一族
浙江省奔奔针织有限公司	奔力
义乌市佳田制衣有限公司	佳田
浙江梦森服饰有限公司	梦森
杭州娇气淑女有限公司	娇气淑女
杭州酷芭芭服饰有限公司	酷芭芭
桐乡浩派服饰有限公司	比耶帕克
海宁市锦华美祥服饰有限公司	依儿
嘉兴市金企鹅服饰有限公司	依伊莉
浙江卡地亚服饰有限公司	开开
浙江兰博基尼服饰有限公司	乔治丹
桐乡市濮院针织产业信息有限公司	濮凤
杭州晶钻服饰有限公司	钡禾
桐庐羊绒针织有限责任公司	ZHENZHIXIU

2012 年度中国服装优秀渠道品牌榜单中,推荐和被推荐的榜单共有 49 个品牌,浙江省占 4 个,分别是中外合资·浙江高氏杰服饰有限公司的"高氏杰",杭州凡宇服饰有限公司的"EooENoon",杭州卓亨服饰有限公司的"谷邦"等。

三、品牌工艺创国际新高

2011 年以来,技术改造、科技创新成为全省服装企业的自觉行动,应用先进的高速、智能设备,提高产品质量,减少劳动用工;信息化与工业化的深度融合,提高企业的快速反应能力和市场掌控能力;科学技术的应用和行业运行模式的创新,为品牌发展注入活力;运用大规模定制、单件流、柔性制造等提升服装加工的适应性和生产效率;应用新材料提高产品差异化和附加值的创新活动在行业内不断推陈出新。商业模式、企业机制、产品、设计、品牌、文化和资本等方面的创新均有所尝试和突破,为化解成本上升压力,做出了贡献。

四、数字营销,催生服装品牌新渠道

信息时代,互联网成为服装企业生存发展的又一重要空间,在网上设立网页来宣传企业并销售产品,已经逐成潮流。随着网络技术手段的增强,服装电子商务市场的发展超出了人们的想象,网络销售已成为服装行业促进产品销售的有效渠道之一。浙江服装企业已经积极加盟网购队伍,从开始的销库存,到不断推出满足用户需求的网购产品。网络营销正在成为全省服装产业销售产品的新渠道。

例如,十月妈咪在新媒体营销里面做过很多尝试。出版图文并茂的《十月妈咪驾到》书籍,并且在湖南卫视最近播出的热播剧《夫妻那些事儿》当中植入了大量十月妈咪的信息。还新推出一些 APP 应用——备孕日历、Babyface、网络试衣镜等等,这些数字媒体的应用在整个服装行业都是超前的。

第三节　浙江服装品牌的发展前景分析

浙江服装行业经历 30 多年的高速发展,进入一个重要的转型调整期,行业洗牌时代正在到来。在原材料价格上涨、劳动力成本上升、人民币升值"三高"带来的持续压力下,中小企业的生存越来越难,甚至可能比国际金融危机爆发时更为窘迫。浙江服装产业总体规模虽然有 30000 余家之多,但规模以上企业只有 1364 家,中小企业占主体,90% 以上的企业生产中低档产品或为贴牌产品,在成本压力和产业结构调整的背景下,浙江服装企业的两极分化将进一步加剧,行业可能迈来上演"强者更强,弱者淘汰"的大洗牌时代。产业资源将加速向大企业流动,浙江服装产业未来能在市场竞争中生存的主要有两类企业,一是有自主品牌、创新能力和市场占有率高的企业;二是在国际市场上有议价能力,可以通过提价来转嫁成本压力,平均利润超过 5% 以上的企业。

一、品牌定位与市场细分

浙江服装品牌,以男装为强项,尤以西服和衬衫的竞争力最强。西服有雅戈尔、步森、罗蒙、杉杉、庄吉和报喜鸟六大品牌。但是这些品牌的市场定位非常相似,价格都属于中高档,目标消费群体都是成功男士。如庄吉以"庄重一身,吉祥一生"表达这一定位,罗蒙也认为,ROMON代表成功男人的形象。其次,女装品牌也有重复定位的现象,致使市场竞争激烈,低价位竞争。在重复定位的同时,市场也存在着空挡,过度专注于风险更小的市场使得服装品牌定位集中化现象严重,体现了各企业研发、设计创新能力的不足。在市场开发和品牌传播方面,企业应细分消费者需求,开创符合他们内心需求的个性化产品,满足和创造不同层次文化的消费者需求。品牌是征服,而不是被消费者被动接受,这是许多服装品牌的通病。

二、政府应大力扶持服装产业集群品牌

政府应加大政策扶持力度,完善知名品牌奖励政策,设立品牌培育引导资金,用于实施品牌发展规划,实施十大品牌工程。集合各类资源向品牌企业聚集,推进土地、资本、劳动力、技术、信息等各种要素向重点品牌企业、品牌产业和品牌聚集区倾斜,支持符合条件的知名品牌产品和服务优先进入政府采购目录,对重点培育的标志性产品和领军企业,支持引导其优先进入资本市场,快速做大做强。从浙江服装业的现状看,政府应该加大力度,对中小企业给予明确、肯定、甚至一刀切的硬性支持,让中小企业有更好的生存空间。同时,给予成型的服装产业集群,以优惠的土地、资本、劳动力、技术、信息等政策支持,着力打造和提升区域服装品牌。

三、培养优秀的人才是竞争的根本

　　设计是服装的灵魂,拥有国际一流的设计人才,才能在这个行业获得持续的发展。服装企业要着力打造属于自己的服装品牌,造型设计师,服装版型(结构)设计师和营销人才不可或缺。造型设计师是将服装品牌"从无到有"的第一人,他们除了要懂设计专业技术外,还需要了解整个服装市场的定位,要设计出被市场、被消费者认可的服装。但目前浙江省这三种人才的发展呈现出不平衡的状态。主要是现在中国的服装企业对于设计师的认知还未达到国外的水平,在国外,设计师就是"企业的大脑",而目前中国服装企业并未认识到设计师就是企业的核心这一点。

　　一方面,可以直接引进国外设计师,提升浙江服装企业的研发设计水平,增强服装产品的原创性,跟进国际化的步伐。企业海英大力引进了解国外市场和国外的文化的管理人才。另一方面,政府与企业应搭建良好的平台,选拔优秀的本土人才,由政府出资,送到法国、意大利等国际时尚高地接受培训,提升本土企业竞争力。

四、搭上数字营销的发展快车

　　数字化时代,给服装企业带来不小的冲击,一方面扩大了消费群体,延伸了销售渠道,但同时也使得线下服装行业销售额下滑。目前电子商务发展的比较好的主要是中等品牌的服装,国际知名品牌特别是高档品牌,考虑到信誉方面的问题,在电商方面还比较慎重。

　　服装品牌应跟上数字营销的快车,积极建立并维护官方微博、微信与 RSS 订阅系统,传播品牌文化、服装流程介绍、公益咨询话题等,介绍产品知识,传达品牌理念、解析工艺、绿色营销等。产品理念说明能使受众在阅读相关信息时不知不觉地吸收与学习品牌文化理念,透明的开发流程介绍则有助于提升品牌营销说服力及购物安心感,而结合时事的公益资讯话题则是有助于品牌正面形象建立的绿色营销手段。

五、加强服装品牌文化的积淀,走国际化道路

品牌的背后是文化,服装品牌的价值90%来源于设计和品牌文化。浙江品牌虽然已走出国门,但与国际大品牌相比,服装品牌缺少文化内涵,缺少世界级的文化效应和影响力。服装文化底蕴贫乏是浙江服装品牌发展的短板,无论是雅戈尔的品牌理念,"装点人生,服务社会",还是罗蒙的"服装艺术家"等,其文化相对直白,肤浅。品牌的建立需要文化的沉淀,世界知名的服装品牌大都有上百年的发展历史,例如路易·威登有150多年的文化积淀,阿玛尼有一流设计师奠定品牌根基,这些服装品牌都沉淀了自己独特的文化内涵,拥有忠实的消费群体,从而能占据各自的国际市场份额。反观浙江服装业,工业化历史短在文化的积淀上还没有达到一定程度,国外的消费者对中国的文化和来自中国的服装品牌缺乏认知。

中国服装品牌与世界品牌的差距主要在于文化内涵。浙江服装业要争取世界品牌的席位,必须大力弘扬创新中国民族传统文化。浙江服装品牌应以本土文化作为品牌发展的基石,形成自己独特的品牌文化,并不断丰富其内涵,同时融入现代时尚,不断创造流行,具有并保持自己独特的工业文明,并在设计、文化、创意等方面形成独特的风格。

第七章 老字号

"老字号"是指历史悠久，拥有世代传承的产品、技艺或服务，具有鲜明的中华民族传统文化背景和深厚的文化底蕴，取得社会广泛认同，形成良好信誉的品牌。老字号承载着优秀的中华民族文化，具有不可估量的品牌价值、经济价值和文化价值。解放初期，全国老字号有一万多家，到了1991年，由原国内贸易部授牌的中华老字号企业只有1600余家，老字号的生存面临危机。商务部于2006年4月下发通知，决定从2006年起，在全国范围内实施"振兴老字号工程"，关注老字号发展，发掘和提升老字号的品牌价值。

　　浙江为文化大省，有一大批历史悠久、知名度高、美誉度好的"老字号"，承载着城市发展的科技文化脉搏和浙商的经营之道。浙江省保护"老字号"开始得较早，2003年9月在全国率先成立老字号协会，致力于研究和振兴浙江老字号企业，连续举办中国中华老字号精品博览会和百年品牌高峰论坛，推动浙江经济发展。

第一节　浙江老字号的品牌分布情况

在2006年,商务部认定430家企业为"中华老字号",浙江省有38家位居北京、上海之后,居全国第三。2011年商务部认定的第二批"中华老字号",浙江省有53家企业。至此,我省共有91家中华老字号企业(品牌),位居全国各省市区前列。其中杭州38家、绍兴13家、温州8家、宁波7家、湖州7家、嘉兴5家、丽水4家、金华3家、衢州2家、台州2家、舟山1家、义乌1家。浙江老字号(含中华老字号)共298家见(表1),其中杭州109家、绍兴32家、湖州31家、宁波27家、温州21家、嘉兴18家、金华15家、台州13家、丽水12家、衢州8家、舟山7家、义乌5家。

表 1　就行业分布来看,浙江老字号(含中华老字号)298 家品牌分布如下表

医药保健	餐饮	工艺美术	日用品	食品加工	服务业	制造业	文化艺术	外贸	丝绸	轻工	食品	烟草	化妆品
51	17	27	15	125	35	6	8	1	2	1	8	1	1

其中,食品加工最多为 125 家,占 42%,著名者有五芳斋、致中和、老大昌、女儿红、咸亨、古越龙山等;其次为医药保健类,共 51 家,占 17%,著名者有胡庆余堂、保和堂等;服务业 35 家,占 12%,有解百、亨达利、小吕宋等;工美 27 家,占 9%,有王星记、南宋哥、湖笔等;餐饮 17 家,占 6%,著名者有楼外楼、知味观、状元楼等;日用品15 家,占 5%,著名者有张小泉、船牌等;文化艺术和食品类各 8 家,占 6%,著名者有西泠印社、浣花斋等;制造业 6 家,占 2%,有利民、大桥牌油漆、王一品斋笔庄等;丝绸 2 家,分别是都锦生、永昌;外贸、轻工、烟草、化妆品各 1 家,分别是塔牌、富泉牌、利群、孔凤春。

食品加工类

医 药 保 健 类

服 务 业

工美

餐饮

知味观
ZHIWEIGUAN

楼元�'

日用品

張小泉
ZHANG XIAO QUAN

船牌

文化艺术和食品类

西泠印社
XILINGYINSHE

浣花斋

制造业

利民中式

大桥
GREAT BRIDGE

王一品斋笔庄
中华老字号

丝绸

化妆品

2006 年《首届中华老字号品牌价值百强榜》，浙江省有 13 个企业上榜，其中食品加工 4 个，分别是"雪舫蒋"、"三珍斋"、"老大昌"、"丁莲芳"；餐饮业 3 个，分别是"咸亨"、"楼外楼"、"五芳斋"；医药业 2 个，分别是"胡庆余堂"、"震元"、；酿酒行业 2 个，"塔牌"、"沈永和"；其他有"张小泉"、"解百"。2007 年，第二届《中华老字号品牌价值百强榜》中，浙江省有 11 个企业上榜，分别是：利群、震元堂、会稽山、咸亨、胡庆余堂、民生、五芳斋、张小泉、解百、女儿红、雪舫蒋。2013 年，浙江有 8 个中华老字号入围《中华老字号品牌价值百强榜》，在全国排第 5 位，这 8 个老字号分别是利群、古越龙山、西冷印社、震元堂、会稽山、咸亨、解百、胡庆余堂。

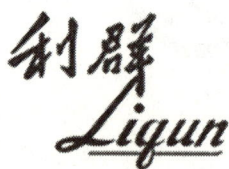

第二节　浙江老字号的传承与创新

浙江老字号在"振兴老字号"的大背景下,品牌运营良好,2010年总销售额7777185.87万元,其中中华老字号企业4855036.82万元,占62.4%;总税收实现424449.48万元,其中中华老字号企业296767.54万元。2011年总销售额9017054.07万元,其中中华老字号企业5483771.85万元,占60.82%;总税收实现518127.21万元,其中中华老字号371317.95万元。杭州解百、绍兴震元股份、古越龙山等3家中华老字号和杭州天目山药业、华东医药、九洲大药房,嘉兴民丰特纸、嘉欣丝绸等5家浙江老字号在资本市场上成功运作,杭州楼外楼、致中和等老字号企业,也正在筹谋上市;此外,致中和、张小泉等企业通过强强联合方式,重新焕发老字号活力。

在浙江"文化强省"的战略指导下,浙江"老字号"企业开拓创新,不断进取,采取多种措施进行品牌建设,从国内走向世界,传播老字号的产品和品牌文化,适应全球化和数字化时代的需求。

一、拍摄老字号纪录片微电影

2011年胡庆余堂、王星记、朱府铜艺、咸亨、龙泉宝剑、老恒和、南宋哥窑7家企业拍摄了《中华老字号》纪录片,真实记录老字号的经营理念、文化内涵、产品技艺、诚信服务等,增强全社会对老字号的认知和了解。引导老字号企业注重品牌形象,不断提高品牌核心竞争力,加快创新与发展。《中华老字号》在中央电视台12频道播出,通过央视媒体扩大传播范围。2012年五芳斋、叶同仁、丁莲芳等也加入了老字号纪录片拍摄。古越龙山还拍摄了微电影,第一部《bye,旧时光》、《记忆DNA》、《邂逅 MissRight》在各大视频网站投放,点击率已突破五百万以上。古越龙山通过微电影的形式,向消费者传达"品黄酒、品青春、品时尚"的概念,将黄酒与青春时尚连接起来,吸引年轻消费者。

二、举办老字号品牌文化节

近几年,浙江省老字号企业纷纷举办各具特色的品牌文化节,提升品牌价值。浙江塔牌绍兴酒有限公司的绍兴黄酒开酿节(2008)、湖州王一品斋的"百年一品"湖笔文化节(2001)、衢州市邵永丰的衢州胡麻饼中秋文化节(2011)、舟山德顺坊的中国酒文化论坛(2009);胡庆余堂、方回春堂、万承志堂等医药类老字号企业的膏方节、中医端午节送香袋。老字号还通过各种文化节的形式,集体造势,如2004年以来开办的"中华老字号精品博览会","中华老字号休闲文化节"等,每年都有"塔牌"黄酒文化节、中华扇子文化节、"吉祥三宝"丝绸文化节、"十里红妆"婚嫁节、铜雕与行为艺术节等老字号品牌文化展演。

塔牌绍兴酒开酿节

第一届中华老字号休闲文化节暨第三届中华老字号精品展览会

三、建产业园区博物馆拓展新空间

2010 年,杭州王星记建立了浙江省第一个中华老字号文化创意产业园,实现了制扇表演、参观体验、购扇交流等功能的全方位结合,在中华老字号与文化创意产业中找到一个对接的契合点,探索一条以中华老字号资源带动文化创意产业发展的新路径。张小泉在富阳东洲工业园征地 271 亩,拟建立一座集研发、制造、物流、展示与一体的五金科技园,一期工程已于 2011 年动工。许多老字号企业还建立了自己的博物馆,胡庆余堂中药博物馆、都锦生织锦博物馆、浙江朱炳仁铜雕艺术馆等,更好的传承和传播老字号品牌文化。

四、加强老字号非遗保护力度

老字号所拥有的专有品牌、传统技艺、经营理念和文化内涵都是非物质文化遗产的组成部分,这几年我省老字号加大了非遗的保护力度,积极进行各类申报和保护工作,许多老字号历史建筑被列入文保单位,一大批老字号非物质文化遗产被列为保护项目,截至 2011 年底,我省老字号企业非遗项目共 104 个,其中国家级 28 个,省级 37 个,地市级 39 个。另外,对老字号集聚地的商业街区也加大了保护力度,杭州河坊街被列为中华老字号第一街,温州五马街、嘉兴月河北街等也成为当地老字号商业的集聚地,在老百姓中得到肯定。2009 年湖州"王一品斋笔庄"被列入"浙江省非物质文化遗产中华老字号保护传承基地"。

五、开展电子商务,积极触"网"

电子商务的发展已是大势所趋,许多老字号企业中也纷纷触网,拓宽销售平台和渠道,实现良好的经济效益。据悉,有 61 家老字号企业开展了电子商务,销售额达到31493.94万元的经济效益。浙江五芳斋实业股份有限公司从2009年3月开始,在淘宝商城创建五芳斋官方旗舰店。从开始的6人分工协作,到现在30多人的经营团队,从最初的200多万销售额,到现在的2000多万,五芳斋官方旗舰店的成功,向世人展示传统老字号品牌遇到最新兴的电子商务,也有足够强大的品牌威力占领线上市场。张小泉建立专属的官方商城,在淘宝商城开出首家网上旗舰店,根据网购的特点,为网购群体量身定制产品。同时,在价格上体现网购的优势。据称,张小泉的部分产品在网上促销,曾创下过一天卖出1000多件的好成绩。西泠印社在2009年有了自己的网站,网友通过网站能看到最新的拍卖信息,鉴赏大师级的作品。与此同时,西泠印社的品牌知名度就得到了更大的传播。

六、加大连锁经营力度,拓展营销

连锁经营可以为企业带来规模效应,目前全省有90余家老字号企业开展连锁经营,如杭州李宝赢堂在全国开设了100余家连锁经营店,张小泉在全国建立9个省级业务部,80余家连锁店。知味观已在上海及杭城周边地区开设各类连锁店近80家,并拥有一个建筑面积4000余平方米的连锁配送中心以及一个建筑面积达28000多平方米的现代化大型食品工厂。绍兴越王珠宝开设80余家家连锁店、震元医药75家,嘉兴五芳斋开设270余家家连锁店等,连锁经营已成为老字号规模化经营,扩大市场的佳径。

知味观各类连锁店

七、增加科研投入，推陈出新

老字号要开创新局面，获得市场认可，需要在技术、经营、市场、文化等方面不断创新，我省老字号企业在传承手工艺的同时，注重科技创新，研发新优产品。金华寿仙谷药业有限公司近两年投入1400万元科研经费，承担"灵芝新品种栽培及精深加工产业化研究"、"灵芝孢子破壁新工艺研究和开发"、"精加工灵芝优良品种选育及栽培技术研究"等40多项国家级、省、市重大科技攻关项目，先后获得了8项国家发明专利，10多项国家、省、市科技进步奖，同时也研发出30余种新产品。杭州胡庆余堂国药号有限公司、湖州永昌丝绸有限公司、绍兴市百岁堂酒业有限公司等老字号积极与各大高校建立科研合作关系,加大产品的科技含量。

八、从境内走向境外,拓展国际市场

浙江老字号不仅在杭州、北京等地举办展会,还将展会地点延伸到境外,延伸到有亚洲人在的地方,不仅扩大了老字号的境外市场,还通过老字号展演凝聚中华民族的爱国情感。2007 年以来,浙江省成功举办"2007 浙江省中华老字号日本展"、"2009 浙江省中华老字号台湾展"、"2010 浙江中华老字号暨浙澳名优商品展销会"等三个境外展会,建立了台湾、澳门浙江名品中心,推动部分老字号企业在台湾、澳门开设连锁店或建立加盟店。截至 2010 年底,共有 10 多家老字号企业走出国门,在境外设点门。

2009 中华老字号台北精品展

第三节　浙江老字号的发展前景分析

老"字号"具有重大的历史和文化价值,承载着中华民族的传统技艺和商道灵魂。但"老字号"作为市场经济活动的主体,必然要接受市场竞争的洗礼,优胜劣汰。浙江老字号经过长期的经营磨砺,有不少已形成了特殊的工艺、严格的质量控制方法、良好的诚信传统和独树一帜的经营文化特色。如胡庆余堂的"戒欺"匾等,都是老字号的看家法宝。但是,多数老字号生产不规范,传统工艺不能与现代技术对接;经营超稳定,目标市场狭小;传播手段落后;形象老化,缺少活力与尊贵感,不能产生现代品牌应有的市场效应。在新形势下,要使"老字号"的历史价值和文化价值转化为市场价值,必然促使其传承创新,向现代品牌的管理传播发展。

一、增强老字号知识产权保护意识

目前我省老字号企业在商标注册、保护方面都有了长足的进步,但仍存在一定的差距。如富阳湖源三元书纸厂原本是明朝"裕"字号元书纸,本想注册商标"裕"结果被广东一家企业抢注,现只能注册"冠形",给企业带来无形的损失。政府、协会应积极开展相关业务的培训、讲座、并联合其他相关部门在政策上给予老字号评定省市著名商标时给予优先考虑,保护老字号的品牌文化,防止恶性注册等。

二、拓展销售渠道、扩大市场占有率

积极鼓励支持企业拓展销售渠道,如开办网上商城、参加食博会、中国中华老字号精品博览会等国内知名展会,进一步提高老字号的品牌知名度。利用主要商贸企业连锁专卖店和大型超市设立专柜,支持老字号企业走出本省,走向全国。与世纪联华、乐购等大型卖场达成长期购销协议,缩短资金结款周期,提高资金回笼速度,确保企业资金周转顺畅。

三、寻找合理路径,向现代品牌转型

老字号向现代品牌的转型,需要根据自身业已形成的优势资源和短板,寻求合理的路径,以扬长避短,在与新兴品牌的竞争中获得文化优势。品牌方面,应坚持品牌文化的内核,同时创新品牌价值,在传承的基础上实现创新。在品牌传播方面,要体现对社会和人类的终极关怀,拉近品牌与年轻消费者的情感距离。一些有着传统技艺、秘方的老字号,要积极创造并积累其特殊的技艺、独特的生产流程和服务技巧,形成独特的品牌个性,树立独一无二的品牌形象,提高品牌的文化魅力和消费者对品牌的忠诚度。在传承和创新方面,通过多渠道整合传播,扩大老字号的品牌影响力。在品牌营销方面,应开展多渠道的营销方式,通过线下和线上的方式,在规模化发展和个性化服务方面做到双赢。

　　老字号在"倚老卖老"的同时,应注重年轻化的趋势,在品牌战略和服务方面,以创新化的思维和运作模式,吸引年轻人的参与和互动,使得品牌形象年轻化。

　　政府和老字号协会应加强对老字号的管理和沟通工作,设立专项资金,支持老字号发展,对有一定基础、社会知名度、特色突出、有市场前景的老字号企业进行项目改造、技术科研等资金支持;对我省弱小落后的老字号企业进行扶持、补助,确保我省老字号资源的完整性、丰富性。政府其他部门,在政策上也要给予老字号企业一定的倾斜,从而推动老字号企业的发展。

地区篇
DI QU PIAN

引　言

　　块状经济是浙江经济的特色和优势,改革开放 30 多年来,浙江省块状经济生成、发展和转型升级的过程,支撑和推动着区域经济的发展,是浙江省区域经济发展的重要产业组织形态。以制造业为主的块状经济已占浙江省全部工业总产值的 50％以上,在强化专业化分工协作、优化资源要素配置、吸纳劳动力就业、提高产业竞争力等方面发挥了重要作用。

　　然而在新的时期,站在全球产业价值链的高度,审视浙江省块状经济,一些区域正面临着产业层次低、组织结构散、创新能力弱,且向产业集群提升发展的动力支撑不足、转型升级缓慢,存在低端化锁定的倾向。如何采取有效措施，突破低端化锁定倾向，适应未来消费需求趋势变化，实现块状经济向现代产业集群转型升级，是浙江工业转型升级的重中之重。

产业集群化是当今世界产业发展的总体趋势，是产业发展的内在要求。加快块状经济向现代产业集群转型升级，有利于培育区域和产业国际竞争力，有利于形成工业化、市场化、城市化联动发展的新模式，对于转变经济发展方式，提高中小企业创新发展水平，走新型工业化的道路，推进经济转型升级都具有十分重要的现实意义。

2009年7月，浙江省政府出台《关于加快块状经济向现代产业集群转型升级的指导意见》，确定了第一批21个块状经济向现代产业集群转型升级的示范区，之后又公布了第二批20个块状经济向现代产业集群转型升级的示范区，这为浙江经济未来发展实现新的突破规划了新路径。2013年11月，根据《浙江省人民政府关于进一步加快块状经济向现代产业集群转型升级示范区建设的若干意见》（浙政发〔2010〕44号），浙江省经信委会同省级有关部门对原有42个试点单位和新申报试点的块状经济进行综合评价，在此基础上按照"总量稳定、动态调整"的原则，重新确定了42个块状经济向现代产业集群转型升级示范区试点。

具体示范区试点名单如下：杭州地区5个（杭州装备制造业产业集群、萧山化纤纺织产业集群、余杭家纺产业集群、富阳造纸产业集群、建德精细化工产业集群），宁波地区2个（慈溪家电产业集群、余姚节能照明及新光源产业集群），温州地区5个（温州鞋业产业集群、温州服装产业集群、乐清工业电气产业集群、瑞安汽摩配产业集群、永嘉泵阀产业集群），嘉兴地区6个（海宁皮革产业集群、平湖光机电产业集群、桐乡濮院秀洲洪合针织产业集群、嘉兴港区化工新材料产业集群、嘉善电子信息产业集群、嘉兴光伏产业集群），湖州地区5个

（长兴蓄电池产业集群、南浔木地板产业集群、安吉椅业产业集群、德清生物医药产业集群、湖州织里童装产业集群），绍兴地区4个（柯桥纺织产业集群、嵊州领带产业集群、诸暨大唐袜业产业集群、新昌轴承产业集群），金华地区4个（金华汽车和零部件产业集群、永康五金产业集群、兰溪棉纺织产业集群、武义特色装备制造产业集群），衢州地区1个（衢州氟硅产业集群），舟山地区2个（舟山海洋生物与海产品深加工产业集群、舟山船舶修造产业集群），台州地区6个（台州医化产业集群、黄岩模具产业集群、温岭泵业产业集群、路桥金属资源再生产业集群、临海休闲用品产业集群、玉环汽摩配产业集群），丽水地区2个（缙云机床产业集群、遂昌金属制品产业集群）。

在这些产业集群示范区内，对于企业品牌建设和推进方面，主要做了以下工作：第一，充分实施了品牌带动战略，以提升块状经济内企业质量和品牌意识。第二，积极引导和支持块状经济内企业创立品牌，实现从无牌、贴牌到有牌、自主品牌的转变，鼓励支持企业积极争创省级和国家级品牌。第三，推动生产要素向品牌企业和优势企业流动，形成集聚效应，培育形成区域品牌。第四，加大宣传推介力度，积极探索不同产业集群区域品牌建设的路径和方式，着力将企业品牌、产业品牌、区域品牌升级为城市品牌，从而形成浓厚的区域产业文化。第五，抓好品牌保护，促进品牌企业自我保护，强化行政执法力度，形成打假工作合力，切实维护品牌形象。经过几年、甚至几十年的培育和发展，在42个产业集群示范区内涌现出了一大批"中国名牌"、"中国著名商标"、"中国驰名商标"、"浙江省著名商标"、"浙江省知名商号"、"浙江省名牌产品"等企业和商品，品牌建设初具成效和规模。

第一章 杭州地区省级产业集群示范区品牌建设

杭州是浙江省省会、副省级市,浙江省第一大城市,长三角副中心城市、华东地区中心城市之一,长三角南翼金融中心,浙江省的政治、经济、文化、科教、交通、传媒、通信和金融中心,华东地区重要的经济、科教、文化、金融中心及交通、通信枢纽,杭州都市经济圈核心城市。杭州是中国七大古都,首批国家历史文化名城和全国重点风景旅游城市,位于中国东南沿海、浙江省北部、钱塘江下游北岸、京杭大运河南端,自古有"人间天堂"的美誉。

杭州地区共有五个省级产业集群示范区,分别是:杭州装备制造业产业集群示范区、萧山化纤纺织产业集群示范区、余杭家纺产业集群示范区、富阳造纸产业集群示范区、建德精细化工产业集群示范区。

一、杭州装备制造业产业集群示范区

装备制造业是为国民经济各领域和国防建设提供技术装备的基础性、战略性产业,是国民经济发展特别是工业发展的基石。从遨游太空的神舟飞船,巡航大洋的海监船,到百姓出行的地铁、轿车,都离不开装备制造业。经过几十年的发展,杭州装备制造业取得了显著的成绩,已经成为杭州工业经济重要的支柱产业,初步形成了门类较全、规模较大、产品涵盖了金属制品、通用设备、专用设备、交通运输设备、电器装备及器材、电子及通信设备、仪器仪表等7大类的产业体系。据不完全统计,2008年杭州市规模以上装备制造企业共完成工业总产值2404.14亿元,装备制造业经济总量约占杭州市工业的1/4左右。目前,杭州装备制造业有许多在国内叫得响的"第一",从行业龙头杭氧、杭汽轮、杭叉、杭锅,到快速崛起的新能源汽车、轨道交通、重型动力、航空部件,各路军团正大步融入全球市场。

根据杭州市先进装备制造业创新发展三年行动计划(2013—

2015)，到 2015 年，初步建成产业链完善、创新体系完整、公共服务体系完备、经济效益和社会效益相统一的现代装备制造产业集群。全市先进装备制造产业规模以上企业实现销售产值超过 6000 亿元，装备制造服务业收入占销售收入的比重达到 10％。在全市国民经济中的产业支柱地位进一步巩固。年销售收入超过 100 亿元的大企业大集团力争达到 10 家，以龙头骨干企业为核心、大中小企业紧密配合、专业分工与协作完善的产业组织体系更趋完善，形成一批为重大装备配套的专业化零部件企业。

杭汽轮集团是一家以装备制造为核心的大型国有企业，是国家520 家重点国有企业，其前身是杭州汽轮机厂，成立于 1958 年。杭汽轮集团共有全资和控股企业 10 余家，产业涉及装备制造业、进出口贸易、服务业、房地产等领域。装备制造产业门类包括：汽轮机、燃气轮机、压缩机、水轮机、发电机等一系列重大装备产品。公司几乎囊括了国内工业汽轮机首台套的设计和制造，成为工业汽轮机产品的标准制定者和价格主导者。主打产品工业汽轮机获得"中国工业大奖表彰奖"的殊荣，公司被授予"全国两化融合示范企业"、"全国 50家质量标杆企业"、"全国文明单位"、"全国工业品牌培育示范企业"、"中国最具竞争力百强企业"、"浙江省政府质量奖"等荣誉，连续 7 年获得"杭州市功勋企业"称号。

盾安控股集团创建于 1987 年，现已发展成为一家以制冷产业为主体，人工环境设备（中央空调）、精密制造业（制冷配件）、民用阀门、特种化工（民爆器材）、房产开发、食品加工等产业并行发展，集科、工、贸于一体的现代无区域企业集团，是中国"500 强"民营企业、浙江省"百强企业"、浙江省首批"诚信示范企业"和"经营管理示范单位"。其中盾安冷配是中国驰名品牌，盾安商标是浙江省著名商标。

华立集团创立于 1970 年，主要投身于发展医药、仪表及电力自动化、生物质燃料、新材料、国际电力工程及贸易、海外资源型农业等产业。华立位列中国企业集团竞争力500强、全国民营企业500强，拥有三个"博士后工作站"、三个"中国驰名商标"、十一个高新技术企业、四个省级企业技术中心。从2005年开始，华立的总资产与年营业收入双双超过百亿元人民币。

西子联合是一家以装备制造为主，跨行业经营的综合型企业集团，旗下产业涵盖电梯及电梯部件、锅炉、立体车库、起重机、钢构、房产、商业、投资等多个领域，是中国500强企业之一，员工近万人。"XIZI"商标被认定为中国驰名商标，"西子"字号被认定为浙江省知名商号、著名商标，"西子牌"电梯被认定为浙江省名牌产品。

二、萧山化纤纺织产业集群示范区

萧山是中国乃至全球重要的化纤纺织业基地。特别是近十多年来，萧山地区产业规模和集群优势更加突出，技术装备水平和自主创新能力不断提升，形成上下游一体化的产业链竞争优势，已成为中国化纤纺织行业区域发展的先进典范。

工业是萧山的"金名片"。化纤纺织产业作为萧山工业的主导产业，经过改革开放三十多年的发展，已形成了从原料、织造、印染、服装以及针织、经编、绣花、家纺等较为完整和具有特色的产业链结构，具有较强的产业集聚优势和国际竞争实力。继"中国纺织产业基地"、"中国花边之都"、"中国羽绒之都"等国家级区域品牌花落萧山之后，2011年，萧山化纤纺织产业集群被商务部认定为"国家外贸转型升级示范基地"，同时也被列入浙江省现代产业集群打造区域国际品牌试点区、浙江省"两化深度融合"和"产学研合作"试点示范区。到2011年底，萧山化纤实际产能达到578.38万吨，占全国的18.27%。2011年化纤纺织产业实现规模以上工业总产值1752亿元,占全区规模以上工业总产值的38%,拥有销售收入亿元以上企业244家,其中10亿元以上企业21家,50亿元以上企业9家,百亿元以上企业2家。2012年,萧山化纤纺织产业实施规上工业销售产值1879亿元,占全区工业经济总量的38%。根据《萧山工业强区建设规划(2012—2016)》提出的目标,到2016年,萧山化纤纺织产业实现工业总产值超4000亿,成为常规产品优质化、差别化产品规模化、引领全球化纤创新应用的国际一流产业,力争企业入围世界500强实现零的突破。

恒逸集团其前身为创办于1974年的萧山县衙前公社针织厂,于1994年正式成立集团公司,现已发展成为一家专业从事化纤与化纤原料生产的现代大型民营企业,连续多年跻身中国企业500强和浙江百强企业行列。集团现有总资产320多亿元、员工8000余名,旗下控(参)股企业具备年产精对苯二甲酸(PTA)1100万吨、聚酯(PET)370万吨、涤纶低弹丝(DTY)30万吨和己内酰胺(CPL)20万吨的生产能力,系全球最大的经营PTA、PET的石油化工企业和中国首家掌握大容量聚酯直纺技术及200万吨级PTA工艺、工程技术企业。

富丽达集团主要从事粘胶短纤维及差别化、功能化粘胶短纤维的生产、销售及技术开发,是一家专业生产粘胶短纤维的中外合资企业。公司是目前中国最大的粘胶短纤维生产企业之一和行业龙头企业,产品被授予"中国名牌"产品称号,"富丽达"品牌分别被授予"中国驰名商标"和"浙江省著名商标",是国家《黏胶纤维标准》起草单位之一和浙江省地方标准《粘胶(长、短)纤维单位综合能耗限额及计算方法》主要起草单位。产量及市场占有率在全国同行业均排名第一。

振亚集团创始于1990年,是一家集纺织、纤维、贸易、房地产、绿化、投资、数据软件开发、生物科技、商业展具于一体的大型企业,现有员工 1500 余人,形成了"轻纺为主,多元经营,涉足高科技产业"的发展格局。集团以"创新、更优、合作、共享"为经营理念,以顾客为中心,在信息、技术、产品上不断创新,与时俱进。集团致力于素质提升,通过了质量、环境和职业安全健康管理体系认证。"振亚"商标被评为中国驰名商标。

三、余杭家纺产业集群示范区

家纺产业是余杭的传统优势产业和支柱产业,经过多年的发展,产业规模持续增长,已经初具产业集群特点,2002 年余杭区成为中国纺织工业协会首批产业集群试点地区之一,并被授予"中国布艺名城"、"中国丝绸织造基地"称号;2006 年被浙江省工商局授予"浙江省家纺产业商标品牌基地";2009 年被列入全省 21 个产业集群转型升级示范区之一。

余杭家纺业极具特色和发展潜力,以"新、特、精"著称于世。目前家纺产品主要有窗帘、沙发布艺、床上用品、静电植绒、花式纱线等,2009 年共有规模以上家纺企业 328 家,拥有各类织机 2 万余台,从业人余超过 3.5 万人,实现家纺规模以上工业产值 101.67 亿元,占全区规模工业 9.7%。2010 年,全区家纺行业规模以上企业(500 万元以上)338 家,拥有各类织机 2 万余台,从业人员超过 2.6 万人,完成规模产值 118.11 亿元,同比增长 18.8%,占全区规模以上工业企业产值总量的 9.11%。余杭区计划用 10 年时间实现总量翻 3 番,即到 2014 年总量达到 800 亿元,成为现代化的极具竞争力的家纺业基地。

目前,余杭家纺产业已形成了纱线、织造、印染、成品及纺织机械、纺织软件等门类较全、配套协作的产业体系,并形成了专业化分工协作。产业链的逐步延伸带动家纺产品由窗帘、沙发装饰面料向上游原线与下游成品发展。产业的发展也带动了原料市场及终端卖家的发展,余杭临平轻纺原料市场已成为全国最大的人造纤维集散地。

奥坦斯布艺是一家专业生产家用纺织面料的制造企业,主要产品为沙发布、窗帘布、床品布以及其它装饰用布。目前已通过 ISO 9001 国际质量管理体系认证,ISO 14000 国际环境管理体系认证和 OSHAS 18000 职业健康管理体系。公司是国内《纺织品 装饰织物》国家级标准起草单位之一,获得"全国纺织工业先进集体"称号,公司生产的"澳坦斯"牌装饰面料被评为"国家免检"、"中国名牌"、"中国驰名商标"、"浙江省著名商标"、"浙江名牌产品"等称号。

众望布艺成立于 1995 年,专业生产经营各类纺织装饰面料及制品。公司生产各种中高档家纺布艺和工程面料,还有特种化纤原料、床上用品、窗帘及沙发套。通过 10 余年的努力,公司已经成为中国布艺行业中最具有核心竞争力的企业。2002 年"众望"被评为杭州市著名商标,2003 年又获"浙江省名牌"荣誉称号。近年公司产值超亿元,综合经济实力在全国同行中名列前茅,目前众望产品是国家免检产品;众望商标是中国优秀品牌等。

中亚布艺创立于 1999 年,以研发生产高科技含量纺织品而著名的行业翘楚,一直在业界享有盛誉。专业从事尼龙、涤纶、绵纱等各类高档长纤织物的织造业务。公司建成后可年产高档面料 7000 万米。产品 90% 以上出口,行销美洲、欧洲等世界 30 多个国家和地区,在同行业界跻身领先地位,中裕实业集团公司在美国、欧洲、台湾、中国大陆均设有分支机构。

柯力达家纺创建于 1998 年,是一家专业从事装饰布的开发、生产、销售为主的家纺企业,是国家纺织产品开发中心、"沙发布面料开发基地"、"中国美院教学实验基地"。"柯力达"品牌先后被评为浙江省名牌产品、杭州市出口名牌，并成为中国纺织服装企业竞争力500强领先企业，形成了年生产能力达近1400万米高档装饰布的大型家纺企业。

四、富阳造纸产业集群示范区

富阳是著名的"造纸之乡"，其造纸史可追溯到2000年前的汉明帝时代。史书记载："邑人率造纸为业，老小勤作，昼夜不休"。一脉相传的富阳造纸业，在改革开放后获得了前所未有的发展。目前已成为中国最大的白板纸生产基地，400多家造纸企业年产文化用纸、医药用纸、包装用纸、特种纸等30多类100多个品种，年生产总量300万吨左右。造纸业已成为今天富阳的支柱产业。

随着时代的变迁，富阳的造纸业的继承传统工艺，恢复名特优传统产品的同时，改进工艺设备，由传统的手工生产发展到现在的大规模机械化生产；调整原料结构，开发新产品，从原来单一的土纸产品发展到现在的包装用纸，文化用纸、纺织用纸、医学用纸、生活用纸、特种用纸、烟花爆竹用纸等8大类100余个品种，产品行销全国，并远涉重洋进入拉美、非洲、东南亚等国际市场。产品质量不断提高，象富阳的涂布白板纸可以替代进口白板纸，宣纸、古籍印刷用纸被评为金奖。还涌现了象永泰纸业股份有限公司等一大批国家级大中型造纸企业。

今后富阳的造纸行业不再单一，延伸拓展造纸及纸制品产业链，开发技术含量和附加值较高的纸制品，同时向先进造纸装备制造业和其他关联产业发展。如废纸制浆关键技术和设备、纸机关键技术和设备及节水、节能技术和设备，或者延伸产业生态链，发展造纸精细化工、包装印刷及物流产业。

永泰纸业集团始创于1973年，是一家以造纸为核心，集发电、供热、污水处理、化工、科研为一体的集团公司。集团下属 11 家子公司,现有 5 条白纸板生产线和 1 条特种纸生产线,年造纸生产能力 60 万吨;拥有 36 MW 自备电站和 10 万吨/日二级生化污水处理站各一座;浙江省造纸行业首个博士后科研工作站、杭州市、浙江省院士工作站先后在我公司正式挂牌成立。经过 40 余年的发展,永泰集团已发展成为国家重点造纸骨干企业、浙江省工业行业龙头骨干企业、中国民营企业 500 强。

正大控股集团是浙江省造纸行业的骨干企业,现已发展成为以造纸为核心、集贸易、化工等业务于一体的企业集团,在同业中享有较高的声誉。集团资产总额达 10 多亿元,年生产能力 40 万吨,拥有多条在国内领先的自动化生产线,同时采用了国内先进的 DCS、QCS 系统,并通过了 ISO 9000、ISO 14000、ISO 18000 体系认证,从硬件和软件上保证了公司的产品品质。集团主要产品有灰底涂布白板、白底涂布白板、白卡纸、扑克牌纸等各类高中低档板纸,产品质量稳定,行销全国,部分产品还出口到欧洲、中东等国家和地区。

五、建德精细化工产业集群示范区

有机硅技术领先全球、产能居国内前列;异丙胺生产规模居世界第一;草甘膦产能居全球第二、亚洲第一;碳酸钾产能国内第二;低碳脂肪胺系列产品国内市场占有量达 80% 左右;质量达全球最高水平,具有自主知识产权……以上世界排名,讲的是建德特色工业独领风骚走在全球尖端。精细化工产业经过 50 多年的发展,目前已成为建德市第一支柱产业,不但拥有国际国内同行业领跑地位的企业,产品也覆盖了精细化工的重要领域。拥有新安化工、新化化工、IFF 杭州公司、建业有机、格林香化、大洋化工、友邦香料、福斯特等一批科技含量高、技术装备先进、市场竞争能力强的行业龙头骨干企业,建德市精细化工产业集群已成为省块状经济向现代产业集群转型升级示范区，马目—南峰高新技术产业园已成为国家级高技术产业基地拓展区。

新安化工集团创建于1965年，连续多年进入"中国最具价值上市公司"之列，中国制造业500强、全球农化销售20强企业。集团主营农用化学品、有机硅材料两大产业，两大系列产品被广泛应用于农业生产、生物科技、航空航天、医疗卫生、建筑材料、电子电气、新能源开发等多个领域，主导产品先后荣获中国名牌、最具市场竞争力品牌等荣誉称号。集团拥有国家认定企业技术中心、博士后科研工作站、省级企业研究院和杭州市院士工作站，是国家创新型企业、重点高新技术企业和全国知识产权示范创建单位。

新化化工创建于1967年，是国家重点高新技术企业、全国石化行业先进集体、全国氮肥行业50强、首批"浙江省诚信示范企业"、"浙江省劳动保障诚信企业"、杭州市百强民营企业。公司拥有无机化工、高级有机胺、香精香料、医药化工、化肥等五大系列上百个品种的产品，其中高级有机胺生产能力达60000吨/年，香料生产能力达5000吨/年，均为亚洲之最，产品畅销国内外。

格林香化成立于1999年，是一家按国际最高技术标准设计和建设的新兴高科技单体香料生产企业，年生产能力1000—2000吨香料。公司在氢化、还原、氧化、裂解、缩合、酯化、傅克、D-A、格氏等反应和精馏等技术方面都具有相当的实力。公司主要产品包括柏木油、黄樟油、松节油三大系列产品和其它一些产品，松节油衍生物产品是公司主要发展方向。

第二章 宁波地区省级产业集群示范区品牌建设

宁波是浙江省第二大城市,副省级市、计划单列市,长三角五大区域中心之一,长三角南翼经济中心,浙江省经济中心,现代化国际港口城市,地处东南沿海,位于中国大陆海岸线中段,长江三角洲南翼,东有舟山群岛为天然屏障,北濒杭州湾,西接绍兴市的嵊州、新昌、上虞,南临三门湾,并与台州的三门、天台相连。宁波人文积淀丰厚,属于典型的江南水乡兼海港城市,是国家历史文化名城、中国大运河最南端出海口、"海上丝绸之路"东方始发港、中国优秀旅游城市,公众首选宜居城市之一。

宁波地区共有两个省级产业集群示范区,分别是:慈溪家电产业集群示范区、余姚节能照明及新光源产业集群示范区。

一、慈溪家电产业集群示范区

宁波家电产业起源于 20 世纪 70 年代,历经 50 多年的发展,宁波家电产业形成了从零配件加工到整机组装、从完全仿制到自主开发、从国内市场到国际、国内两个市场、从单一品种向多品种系列的过渡。宁波家电业拥有整机企业 3000 余家,配件企业万余家,产品主要有厨房家电(吸油烟机、消毒柜、煤气灶、电磁炉等)、空调器、吸尘器、冰箱、洗衣机、小家电等三十余类,主要分布在三市一区(宁波市区、余姚市区、慈溪市、鄞洲区)形成了两个集聚区:一是以慈溪、余姚为中心的家电集聚区,主要产品有冰箱、洗衣机、饮水机、电熨斗、电吹风、吸油烟机、吸尘器、消毒柜、电热水器、灶具、电磁炉、电源线……等,该集聚区家电企业约占全市家电企业的 75% 左右;二是以鄞洲为中心的宁波市区家电集聚区。主要以洗衣机、空调整机及配件企业为主。鄞洲区内的国家重点火炬高新技术企业——奥克斯集团,已有总资产 55 亿元,是目前宁波家电行业的规模最大企业,主要产品空调机 2004 年销量进入全国前三强。市区内的"新乐"洗衣机企业也是家具有较长历史的家电企业,"新乐"品牌具有良好信誉。

宁波家电业拥有玉立、方太、奥克斯、帅康等四个中国驰名商标,拥有帅康电热水器、吸油烟机、煤气灶、方太吸油烟机等多个中国名牌产品,拥有富达、先锋、奇迪、卓力、凯波、惠康多个省著名商标及省名牌产品。宁波家电产品已远销五大洲150多个国家和地区。与此同时,宁波家电业抓住国内外二个市场,一大批小家电企业和以电线、插座为主的配件企业出口不断增长,余姚的西摩、富佳、富达、云环、盛事达、亿达、金源和慈溪的浪木、公牛、卓力、奇迪、沁园、华裕、惠康、先锋等企业都是宁波市的出口大户。宁波已成为国内继顺德、青岛之后的三大家电出口基地之一,饮水机、电暖器、电熨斗、电热水壶、电风扇等多种小家电产品出口居国内前列。

方太电器成立于1996年,始终坚持"专业、高端、负责"的战略性定位,品牌实力不断提升。2010年,方太蝉联"2010中国消费者第一理想品牌"称号。2011年,方太荣膺厨电行业首个"全国质量奖"及"浙江省政府质量奖";同年,方太集团以独特的创新模式、优越的品牌价值获得"2011CCTV中国年度品牌"荣誉。2012年获得工信部BPI"抽油烟机"和"燃气灶"行业第一品牌称号。2013年获国家工信部"工业品牌培育示范企业"称号。2013年,方太连续5届蝉联公司人品牌调查第一名。2014年,方太获颁"万科集团A级供应商"荣誉。

奥克斯集团创建于1986年,是一家致力于智能电力设备、家用电器、移动智能终端等现代制造业、地产、医疗健康、投资等现代服务业综合发展的企业集团,连续多年位列"中国企业500强",中国大企业集团竞争力25强。在宁波、上海、深圳、南昌建立了四大研究院；在宁波、南昌、天津、上海、东莞等地建有七大制造基地。持有奥克斯、三星、BFB、联能等多个品牌及商标。拥有"三星"和"奥克斯"两项跨行业的中国驰名商标和2个中国名牌产品。

先锋电器集团创建于1993年，主要生产取暖器、电风扇、饮水机等三大主导系列产品，先后荣获"国家免检产品"、"中国名牌产品"、"驰名商标"、"最具市场竞争力品牌"等荣誉称号，是全国家用电器标准化技术委员会室内加热器标准化工作组组长单位。自2002年起，先锋取暖器已经连续九年取得国内市场销售量第一，电风扇位居小家电行业前三，先锋——已经成为中国小家电行业的主导品牌，为众多消费者所喜爱。

华裕电器也十分重视质量诚信建设，公司不仅建立质量管理体系，对产品实现过程进行有效控制，还不断创新产品种类，不断开发出适合人类生活发展所需家电新品，"华裕"电熨斗荣获中国驰名商标称号。目前公司产品不仅全部通过了CCC认证，大部分产品还通过了VDE、GS、CE等国外认证，自主品牌出口占60％以上，出口达到100个国家以上。

2013年，"中国质量诚信企业"评比中，慈溪宁波新海电气股份有限公司和华裕电器集团有限公司等2家出口产品生产企业榜上有名。新海公司是目前亚洲最大的打火机研发制造生产基地，产品80％以上出口到欧盟、美国、日本等80多个国家和地区，连续13年蝉联中国打火机行业销售收入和出口额第一位。"新海"拍打火机，被评为"中国名牌产品"，"新海"商标被评为"中国驰名商标。"

二、余姚节能照明及新光源产业集群示范区

余姚是浙江省重要的灯具照明及新光源产业基地，全市有灯

具企业 500 余家，其中规模以上企业（年销售 2000 万元以上）50 余家，5000 万元以上企业 30 余家，1 亿元以上企业 18 家。2011 年，全市灯具企业总产值为 90 亿元，2012 年达到 120 亿元，2013 年产值超 3 亿美元。余姚灯具产品涵盖道路灯具、隧道灯具、庭院灯具、景观亮化灯具以及室内球泡灯、筒灯、射灯、日光灯等 30 大类系列产品，产品远销美洲、欧洲、澳洲、中东、东南亚等地区。余姚灯具在产品的设计开发中大打"节能"牌，不断应用新型节能环保技术开发产品以适应市场需求，依托本地产业优势，充分借力"节能环保"特色。余姚灯具在海内外享有盛誉，2001 年，余姚市梁弄镇被农业部命名为"中国灯具之乡"。2005 年 4 月，梁弄镇被中国轻工业联合会、中国照明电器协会命名为"中国灯具制造基地。"据统计，余姚市灯具产品中现有中国名牌产品 1 个，浙江名牌产品 1 个，宁波名牌产品 3 个，中国驰名商标 3 个，浙江省著名商标 1 个，宁波知名商标 4 个。

宁波市政府大力推进产业集群建设，建设示范区。2013 年余姚市政府分别安排 9100 万元和 5300 万元用于提升产业发展水平和推进科技创新，并专门设立了每年额度为 5000 万元的"千人计划"产业发展专项资金，为新兴产业项目提供政策支持。政府积极为企业产销搭台唱戏，2008 年起举办中国（宁波）节能环保技术与产品博览会，目前已举办 4 届。通过举办节能环保技术与产品的展示与交易、节能环保高层论坛、节能环保产业与项目的合作交流、节能环保新技术新产品推介、区域投资合作项目推介洽谈等系列主题活动，努力打造国内外先进节能环保技术与产品的展示、交易和合作的专业性平台，促进节能环保装备产业基地、中介服务基地和示范应用基地的建设。余姚市参展的企业主要涉及工业节能装备、新能源、绿色照明、建筑节能、交通节能、节能家电、综合节能、环保产业和节能中介服务机构九个类型。

燎原灯具为国家级高新技术企业，拥有 78 项发明、外观和实用新型等国家专利。公司现已研发出第三代大功率 LED 照明灯具，整灯光效达到 90 流明/瓦以上。燎原 LED 路灯以节能、高效、长寿命等特点，获得中国半导体照明应用创新大赛产品创新奖。"燎原"灯具获得"中国名牌产品"、"中国驰名商标"和"中国行业标志性品牌"等称号，产品远销欧美、澳洲、中东、东南亚等 60 多个国家和地区。

耀泰电器是专业从事生产、经营铝合金压铸出口灯具、出口压铸品和塑料灯具的企业，主要系列产品有防潮灯、庭院灯、高杆灯等。灯具产品已经通过了德国 GS、欧共体 CE、美国 UL、加拿大 CUL、沙特阿拉伯 SASO、中国"长城"的安全认证，1996 年通过 ISO 9000 质量体系认证。目前，公司的产品已经销往美国、西欧、澳大利亚、中东、非洲等国家及地区。

和惠照明创立于 2000 年，是国内最早从事 LED 照明研发、生产、销售一体化的公司，产品产销规模已进入了全国五强。2010 年，公司被评为"中国 LED 行业百强企业"，被福布斯评为"2010 中国最具潜力中小企业"。历年来还荣获"浙江名牌产品"、"浙江省著名商标"和"浙江省专利示范企业"等荣誉称号。通过多年努力公司已在国内外申请专利 50 多项。

亿鑫诚电器成立于 2003 年，专业生产各类太阳能灯具、太阳能户外灯、庭院灯、LED 路灯。公司以"技术革新"推动"转型升级"，新建"全自动电泳漆生产流水线"。公司在发展初期创立了"E－SINCER"品牌，中文品牌"亿鑫诚"先后获得"浙江省著名商标"和"中国驰名商标"等荣誉称号。

帅康灯具隶属中国帅康集团，成立于 2000 年，是目前国内道路照明行业实力较强、名列前茅的企业之一。公司主要产品有道路灯、场馆灯、庭院灯、草坪灯、地埋灯及中杆灯、高杆灯等十几个大类近百个品种,产品覆盖全国各省、市,并远销西班牙、希腊、意大利、伊朗、马来西亚、澳大利亚等国家和地区,享誉海内、外市场。

第三章 温州地区省级产业集群示范区品牌建设

温州是中国首批 14 个沿海开放城市之一，海峡西岸经济区五大中心城市之一。浙江省省级历史文化名城，浙江的经济中心之一，浙南第一大都市，浙南经济、文化、交通中心，位于中国东部海岸线中段，东濒东海，南接福建宁德市，西与丽水市相连，北与台州市毗邻。

温州地区共有五个省级产业集群示范区，分别是：温州鞋业产业集群示范区、温州服装产业集群示范区、乐清工业电气产业集群示范区、瑞安汽摩配产业集群示范区、永嘉泵阀产业集群。

一、温州鞋业产业集群示范区

温州鞋业产业聚集了如奥康、康奈、红蜻蜓等国内知名皮鞋品牌，也汇集了蒙拉妮鞋业、吉尔达、雅浪鞋业、金帝鞋业、日泰集团、巨一集团、泰马等鞋业企业。2010 年温州鞋业产业被确定为全省第二批 21 个块状经济向现代产业集群转型升级的产业之一。"转型升级"成为温州鞋业行业内最热门的词汇。

近年来，不少温州名牌鞋企不断地推进科技制鞋。2011 年 8 月 21 日，国内制鞋行业首家企业院士工作站正式落户红蜻蜓集团，该工作站将在清洁生产、提高鞋的舒适性、制鞋工艺自动化及流程优化等方面进行深入研究，为制鞋行业的转型升级提供技术支撑和服务；2011 年 9 月，由蒙拉妮鞋业有限公司承担的"基于圆盘注塑系统的自动化制鞋配套设备研发"块状经济转型升级项目，被列入省重大科技转型计划，研发成功后，将大大提高温州制鞋业的机械化程度和自动化水平。科技制鞋的成果也逐渐显现。比如，吉尔达公司依托其 28 项国家专利，成功研制出新型的"升级 A＋型"纳米功能空调鞋，填补了国内空调鞋市场的空白；雅浪鞋业开发的"保健"皮鞋，获得国家环保局颁发的"中国环境标志优秀奖"。这些科技成果稳固了温州鞋在国内外市场不可替代的地位。

为了改造提升传统产业，温州鞋企坚持注重自主创新，在鞋子的内涵、样式、功能方面不断推陈出新。红蜻蜓与意大利百年名企、国内名校共建科技实验室，完成10多项皮鞋技术改进，申请国家专利16项，国内制鞋行业首家企业院士工作站正式落户红蜻蜓；奥康集团在意大利成立鞋样设计中心和信息中心，聘请意大利制鞋大师和设计大师常驻温州总部指导开发设计，每年开发3000多个新品种，并成立奥康"高科技数字化研发基地"；康奈集团加入世界最大的鞋类研究机构英国SATRA组织，投资1000万元，在中国设立符合SATRA要求的世界级鞋类设计研发中心；巨一集团、金帝鞋业的实验室，获得由浙江出入境检验检疫局颁发的企业实验室认可证书，成为温州地区首批被浙江检验检疫系统官方认可的企业实验室。康奈、奥康还荣获由中国检验检疫协会颁发的"中国质量诚信奖"。

截止2011年底，温州鞋业产业拥有中国出口名牌3个，中国名牌产品7个，中国驰名商标76枚，还有浙江名牌45个，浙江出口名牌9个，温州品牌52个，中国出口商品免验2个。获全国质量奖的行业企业增至三家。

二、温州服装产业集群示范区

服装是温州的重要支柱产业和重点出口商品。经过20多年的发展，男装已然成为温州最具优势的产业，形成强势的产业集群。目前，温州服装产业集群拥有1700多家服装企业，服装工业总产值超600亿元。2013年，温州成为全国首个"中国纺织品服装品牌中心"试点城市。

温州服装产业集群主要集中在瓯海区、鹿城区、平阳、苍南、瑞安乐清等地。主城区的产业集群主要有瓯海的仙岩工业区、经济开发区、梧田工业区、南白象工业区；鹿城区的沙裕工业区、石板桥工业区、藤桥出口服饰工业园等。除了主城区的产业集群之外，周边的平阳、苍南、瑞安、乐清等地的服装产业集群以中小服装加工型企业为主。瑞安的服装产业集群主要分布在瑞安市区、莘塍镇、飞云镇等，数量超过 1000 家，其中有 80% 生产男装。瑞安的服装生产企业陆续引进了大量的德国、日本、美国、意大利等地的先进缝纫整烫设备，生产技术达到了国际先进水平，瑞安市获得了"中国男装名城"的荣誉称号。乐清的服装产业集群以生产休闲男装为主，该市被列入我国服装产业集群化发展的试点城市之一，被中国纺织工业协会授予"中国休闲服装名城"称号。

温州服装聚集了如森马集团、报喜鸟集团、庄吉集团、法派集团、夏蒙服饰、美特斯邦威、华士等一大批国内知名品牌。截至到 2011 年底为止，温州服装产业已拥有中国驰名商标 17 枚，中国名牌 9 个，国家免检产品达到 17 个。

森马集团有限公司以"创大众服饰名牌"为发展宗旨，积极推行特许经营发展模式，休闲装和童装品牌连锁网点遍布全国 29 个省、市、自治区、直辖市，形成了完整的市场网络格局。集团公司现有休闲装"semir"及童装"balabala"等两个知名服装品牌。森马集团有限公司是一家以虚拟经营模式为特色，以系列休闲服饰为主导产业的无区域集团。公司注册资本为人民币 2.38 亿元，总资产达 10 多亿元，是温州市大企业大集团之一。

报喜鸟集团有限公司组建于 1996 年，以服装为主业，弘扬民族服饰文化为己任，在一五期间实施"名牌发展"战略，二五期间实施"多品牌经营、跨行业发展"战略，相继建设了温州、上海两大工业园区，创立报喜鸟高级男装品牌、宝鸟职业装品牌，同时控股中楠房地产开发公司进入房地产业。报喜鸟集团组建 10 多年来，先后荣获中国驰名商标、中国名牌产品、最受消费者欢迎的男品牌等一系列荣誉称号,2004 年首批荣获中国服装品质大奖。凭借积聚优势,突破障碍,高标准打造国际品牌战略,报喜鸟迈出了从优秀到卓越企业发展的稳健一步。

庄吉集团是一家无区域服装服饰企业集团。现有成员企业 12 家,员工 2000 多人,在全国大中城市建成有 400 余家成员加盟的特许经营、连锁专卖网络。主导产品"JUDGER 庄吉"牌西服及高级成衣定位于中高档消费群体,荣膺中国驰名商标、中国名牌产品和国家免检产品等荣誉;同时生产经营女装、休闲装、衬衫、领带、皮鞋等系列服饰产品。现已具备年产高档西服及高级成衣 100 万套(件)、高级衬衫 130 万件、其它各类服饰产品 180 万套(件)的能力。

中国法派集团在意大利、法国、德国、美国、中国香港等十几个国家和地区注册了商标,拥有 20 多个子公司、30 多个销售分公司和 500 多家专卖店,集团公司服装产业年销售收入超过 25 亿元。法派集团现辖六大品牌:法派、法派 e 时代、圣利·亚兰、FRANCEPAL、suitexpress、Café Costume。新型法派春夏季用凉爽西服,成为中国首个服装专利产品;无衬半里西服属省科技鉴定产品,填补了国内市场空白,生态环保西服被列为"星火计划"项目。同时法派还推出了用料、工艺、制作、质量与法派品牌完全一致的专用职业装品牌法派 e 时代,引导了职业装的市场潮流。被誉为"中国的乔治·阿玛尼"的法派集团,囊括了中国国际服装服饰博览会"质量优秀金奖"、"设计金奖"和"制作工艺金奖"、"中国男装最佳设计奖";先后被授予"国家免检产品"、"中国名牌产品"、"中国驰名商标"等称号。

三、乐清工业电气产业集群示范区

工业电气产业是乐清市工业经济的重要支柱产业,近年来,工业电气产业向集群化方向快速发展,被省政府列入全省 21 个产业集群转型升级示范区试点之一。乐清市工业电气聚集了如正泰、人民、德力西、天正、长城、环宇、兴乐、虎牌控股、华通机电、华仪电器等诸多入围中国民企500强的集团。乐清市也先后荣获"中国电器之都"、"中国防爆电器生产基地"、"中国断路器生产基地"、"中国低压电器出口基地"、"装备制造(电工电气)国家新型工业化示范基地"等五张国家级金名片。产业标准基本与IEC标准接轨,标准总体水平已接近国际先进水平,拥有的生产许可证、CCC认证、UL、欧盟CE认证等国内外证书在全国电气产业基地中最多。100多家建立了产品试验中心,建成国家和省级产品检验、测试中心各1家,国家工业电器质检中心也已开工建设。

近年来,乐清市工业电气龙头骨干企业对于技术创新力度不断加大。2家企业建立了国家级企业技术中心,建立博士后科研站6家,拥有省市级企业技术(研发)中心100多家、高新技术企业51家。乐清电气产业集群已具有冲击国家高科技领域的能力。从2001年至今,德力西、正泰、人民电器、东方防腐设备和飞策防爆电器等企业连续10年服务于国家"神五"、"神六"、"神七"、"嫦娥一号"、"天宫一号"等航天工程,并协助"神八"飞天。截止2011年,乐清电气产业集群共获得中国驰名商标42个,浙江著名商标35个,中国名牌产品12个,浙江名牌产品41个。

正泰集团是中国工业电器行业产销量最大的企业之一,综合实力连续多年名列中国民营企业500强前十位。"正泰"商标被认定为中国驰名商标,四大系列产品跻身"中国名牌",部分产品被列入"国家免检产品"。正泰在全国同行业中率先通过了ISO 9001质量体系认证、ISO 14001环境体系认证和OHSAS18001职业健康安全管理体系认证,通过了中国强制性认证(简称"CCC"认证),并通过了国际CB安全认证、美国UL认证、芬兰FI认证、比利时CEBEC认证、荷兰

KEMA 认证、德国 VDE 认证等。目前拥有国内外各种专利数百项，并领衔、参与了 30 多项行业标准的制订和修订。

人民电器已成为中国最具价值品牌之一，经世界品牌实验室测评，品牌价值达 62.33 亿元，是中国工业电器领域价值第一品牌。该公司系列产品相继通过 CCC 认证和欧共体 CE、美国 UL、英国 KEMA 等认证，并荣获中国驰名商标、中国名牌产品、全国质量奖等称号。公司先后被授予浙江省高新技术企业、浙江省三星级企业、中国电气工业 100 强、浙江省"五个一"重点骨干企业等荣誉，先后获得国家科技进步二等奖并入选"863"计划、"火矩计划"重点项目。

天正电器集团是中国工业电器行业规模最大的企业之一。先后荣获"国家大型企业、国家级企业集团、中国电气百强企业"等荣誉称号。天正品牌荣登中国品牌 500 强排行榜，并入选代表中国企业最高品牌荣誉的"首届中国标志性品牌"。"天正"商标被国家工商行政管理总局认定为"中国驰名商标"。天正集团"低压电器测试中心"是国内首家与国际接轨的第一方实验室，"天正科技研发中心"是经浙江省政府确认的"省级技术中心"。

四、瑞安汽摩配产业集群示范区

瑞安汽摩配产业从 20 世纪 60 年代末起步，已经有 50 多年的发展历程，是瑞安最具区域特色的产业集群，享有"中国汽摩配之都"和"中国汽车零部件出口基地"称号，是中国汽车和摩托车零部件制造的重要基地。实现模块化生产，重点打造以瑞立集团为龙头的制动系统模块、胜华波集团为龙头的汽车天窗总成模块、力邦集团为龙头的变速箱系统模块等八大总成模块。整车项目，以云顶控股集团和中欧等整车生产能力的大公司通过产学研合作来实施计划项目，推动整车制造能力的提高，实现零部件配套本地化，带动瑞安零部件产业规模升级。2009 年瑞安汽摩配产业集群被省政府确定为第一批 21 个产业集群转型升级示范区之一，为产业加快转型发展提供了新的契机。

目前，瑞安汽摩配行业有浙江省汽摩配质量检测中心和浙江省汽车及零部件产业科技创新等 2 个科技服务平台，有国家"863"计划对接项目 4 项、国家火炬计划 45 项，省级技术中心企业 14 家、市级技术中心企业 10 家，高新技术企业 16 家，有 9 家企业参与制定 3 个国家标准和 12 个行业标准。同时，大力培育瑞安汽摩配产业大力培育企业品牌、行业品牌、区域品牌。截止 2011 年底，全行业拥有中国名牌 1 个、浙江品牌 17 个，中国驰名商标 4 个、浙江著名商标 10 个。拥有瑞立集团、胜华波集团、云顶控股集团有限公司、中欧公司、力邦、浙江迅达、温州天和、瑞明集团、南洋集团等实力雄厚的企业。

瑞立集团已经发展成为温州地区汽摩配行业龙头企业、中国气制动气阀类产品最大的生产基地、中国汽车零部件百强企业、国家汽车零部件出口基地企业、国家火炬计划重点高新技术企业、全国知识产权试点企业、中国大企业集团竞争力 500 强、全国民营企业 500 强、浙江省制造业百强、浙江省工业行业龙头骨干企业。近年来，瑞立集团荣获"全国五一劳动奖状"荣誉称号，其产品、商标、商号分别被评为"中国名牌产品"、"中国驰名商标"、"中国汽摩配行业产品创新奖"、"浙江省知名商号"、"浙江省首批出口名牌"、"2005 年度汽车配件行业十大知名品牌"、"中国汽配行业十大民族品牌"、"中国机电产品出口推荐品牌"、"中国城市公交协会物资工作委推荐品牌"。

瑞明集团是目前国内汽车行业铝产品产销量最大的企业之一，公司在全国同行中率先通过 ISO/TS 16949 体系认证、ISO 14001 环境管理体系认证、OHSAS 18001 职业健康安全管理体系认证。瑞明拥有 38 项国家专利技术，荣获"国家火炬计划项目"、"国家星火计划项目"、"国家级重点新产品计划项目"。瑞明先后被授"国家级企业技术中心"、"省级企业研究院"、"重点高新技术企业"、"国家级汽车零部件出口基地企业"、"省级高新技术企业研发中心"等称号。

云顶控股集团长期为一汽集团、美国约翰迪尔、三一重工、中国重汽、北汽福田、广西玉柴、陕西重型汽车、吉利汽车、陕汽汉德等60多家单位产品配套;先后荣获"瑞安市五十强企业第四位"、"AAA级信用企业"、"浙江省三优企业"、"浙江省高新技术企业"、"温州市AAA级纳税信誉企业"、"温州市打造国际性轻工城市集体功企业"、"中国汽摩配之功勋企业"、"温州市名牌产品"、"浙江省著名商品"、"中国著名商标"、"中国驰名商标"等荣誉称号。并陆续通过了ISO 9002、QS 9000、VDA6.1、ISO 9001、ISO/TS 16949质量管理体系认证。

胜华波集团先后被评为中国汽摩配之都功勋企业,国家高新技术企业,国家汽车零部件出口基地企业,国家100强出口培育基地,浙江省质量诚信、明星企业,浙江省"三优企业",浙江省最具成长性中型企业,温州百强企业,温州市大企业大集团培育单位,瑞安市五星企业。其中"胜华波"、"胜奔"等品牌获得国家免检产品,浙江名牌产品,浙江省著名商标,浙江省知名商号。集团总部的技术中心被认定为省级技术中心,省级企业研发中心。

力邦集团经过12年制动器的持续研发、制造,目前已经建有瑞安塘下、平阳2个研发、制造基地。基于这两个平台,力邦轻卡四轮液压盘刹研发团队和OEM整车工厂及专业设计公司进行同步设计研发,加强新产品开发能力,取得了良好进展。集团非常重视新技术,新工艺的研究开发,集团现有专利30多项,其中整体型铝合金制动钳被授权发明专利,轻卡液压盘式制动器被授权实用新型专利,轻卡液压盘式制动器通过鉴定评为省级新产品。

五、永嘉泵阀产业集群示范区

永嘉是"中国泵阀之乡",泵阀产业是永嘉的传统产业,诞生于20世纪60年代末,经历了高速增长之后,也曾经增速放缓的低谷。近年来,永嘉通过泵阀区域品牌创建、推进标准化建设、研发和检测等公共平台搭建的"引擎"作用,有力地助推了永嘉泵阀产业的振兴,使泵阀产业成为约占永嘉县工业总产值和税收总收入的1/5的全县第一大支柱产业。2011年度,永嘉县7家阀门企业,共牵头参与国家标准制定19项,行业标准制定2项,其中主导起草国家标准9项,行业标准1项。

永嘉县拥有"国家火炬计划特种泵阀产业基地"、"浙江省泵阀商标品牌基地"等多张金名片。为进一步加强对品牌工作的服务和指导,大力推进品牌国际化建设,永嘉县在瓯北成立了首个品牌工作指导站,为泵阀产业集群内企业开展国内外商标申请注册提供更加高效、便捷的服务。并专门针对"永嘉阀门"浙江区域名牌的推广使用,制定了一系列监管办法和相配套的推广使用准入条件,建立"永嘉阀门"浙江区域名牌标识获准使用条件联盟标准,强化品牌效益。截至2013年11月,永嘉泵阀行业协会会员企业年产值5000万元以上26家,省级名牌产品11个,省级著名商标16枚,市级名牌20多个,司法认定的国家驰名商标9枚。涌现了像"伯特利"、"良精"、"超达"、"方正"、"冠力"、"宣达"、"大众"、"南方"、"环球"等一大批在国内具有影响力的龙头企业和知名品牌。

伯特利阀门集团经过十多年三个阶段的创新发展,组建了省级技术研发中心,承担一系列国家重点专项和火炬计划项目,并率先通过ISO 9001:2000国际质量体系认证、ISO 14001环境体系认证、OHSAS 18001职业健康安全认证、美国石油协会API 6A/6D体系认证、韩国标准化协会 KS 认证、CE 欧盟安全认证、国家质量监督检验检疫总局（TS）认证，美国船级社 ABS 认证。现拥有锻钢阀门、铸造阀门、特种阀门三大生产中心，成为温州阀门领军企业，综合实力位居全国阀门行业前列。集团先后荣获温州市百强企业、温州市工业百龙企业、国家高新技术企业、中国成长型 30 强企业、2008 年中国最具成长性民营企业、浙江省工业行业龙头骨干企业，"BTL"商标获浙江省著名商标、浙江省名牌产品、中国驰名商标。

　　方正阀门集团已有近三十年丰富的阀门制造经验，旗下拥有全资、控股 7 家子公司，其中 5 家制造实体公司，2 家贸易公司，是国家高新技术企业，荣获过纳税大户、功勋企业等光荣称号，并连续十年雄踞温州阀门行业出口排行第一名。从公司成立之初，方正公司就致力于技术创新，先后多次获得科技部创新基金和技术进步成果奖。

　　超达阀门集团现为国家高新技术企业，中石化、中石油和中海油集团高中压阀门一级供应网络成员单位，中国阀门协会副理事长单位，浙江省纳税信用 AAA 级企业，温州市重点骨干企业，"超达"荣获浙江省著名商标和浙江省名牌产品称号。公司积极参与全国阀门标准化工作，先后负责和起草制定了 35 项国家和 17 项机械行业标准，公司负责起草制订了 JB/T 8937－1999《对夹式止回阀》产品标准，这是国内民营企业起草的第一个阀门标准，参与制订的 GB/T 9112～9124－2000《钢制管法兰》等 13 项国家标准获得了机械科学研究院科技进步一等奖。

　　中国良精集团阀门有限公司先后通过 ISO 9001：2000 质量管理体系认证、ISO 14001 环境管理体系认证、OHSAS 18001：1999 职业健康安全管理体系等认证、美国石油学会 API－6D 认证、欧盟 CE 认证、国家压力容器元件安全注册（AZ）认证；荣获全国诚信守法乡镇企业、浙江省科技先导型企业等荣誉；"良精"产品被认定为国家首批阀门免检产品和浙江省名牌产品；"良精"商标被认定为浙江省著名商标；良精商号被评为浙江省知名商号；产、销、利税均排名全国阀门行业前列。

浙江冠力阀门有限公司率先通过 ISO 9001:2000 国际质量体系认证、已取得中华人民共和国特种设备制造许可证 AZ 认证和美国石油学会 API 6D 认证、并是国家化工装备总公司定点生产单位，中国石油天然气集团公司一级网络成员单位、中国消防协会、中国城市燃气协会、中国通用机械阀门行业协会会员单位，荣获"中国名优品牌"称号。

第四章 嘉兴地区省级产业集群示范区品牌建设

嘉兴市位于浙江省东北部、长江三角洲杭嘉湖平原腹心地带,处于江、海、湖、河交会之位,是长江三角洲重要城市之一。嘉兴自古为富庶繁华之地,素有"鱼米之乡"、"丝绸之府"之美誉,是国家历史文化名城、中国文明城市、全中国双拥模范城市、中国绿化模范城市、中国优秀旅游城市和国家园林城市。

嘉兴地区共有六个省级产业集群示范区,分别是:海宁皮革产业集群示范区、平湖光机电产业集群示范区、桐乡濮院秀洲洪合针织产业集群示范区、嘉兴港区化工新材料产业集群示范区、嘉善电子信息产业集群示范区、嘉兴光伏产业集群。

一、海宁皮革产业集群示范区

皮革工业是海宁市具有竞争优势的特色产业,也是重要的出口行业。改革开放以来,皮革工业快速发展,形成了以沙发套和成品沙发、皮件服装、制革为主体,以皮革票夹、箱包、皮革化工、箱包用五金配件和皮革手套等小制品的较为完整的产业体系,成为全国重要的皮革制造基地之一,成为闻名中外的"中国皮都"。2011年,海宁皮革行业2000万元规模以上皮革企业达77家,销售收入127.4亿元,同比增长23.9%,利税总额5.4亿元,净利润2.1亿元,同比减少35.3%,皮革类累计出口额2.58亿美元,较去年同期下降1.58%,占全市总额的7.06%。

目前,海宁皮革工业的产业规模、工艺技术、主要经济指标和知名品牌数量居国内前列。2007年"雪豹"、"蒙努"、"三星"牌皮衣被授予"中国十大真皮衣王","圣丹丽"、"白领氏"被评为中国驰名商标。"圣丹丽"、"银杉"、"依奴珈"、"三星"被授予"中国免检产品"称号;"银杉""依奴珈"皮衣被评为中国名牌产品,"三星"、"奥王"被评为浙江省著名商标。"雪球"皮衣获得"浙江名牌"称号;浙江中辉皮草有限公司还荣获"浙江知名商号"。为加强皮革特色产业的保护,维护皮革创牌企业在商标品牌、企业字号名称等方面的合法权益,海宁市30多家皮革企业成立了"反不正当竞争协会",品(名)牌产品的创建,将进一步提高嘉兴皮革产业人全国有影响力,提升产品竞争能力,实现皮革产业新的跨跃。主要的皮革企业包括雪豹集团、宏洋集团、蒙努集团、卡森集团等当地知名的龙头企业。

雪豹集团始创于1984年,是一家以皮革服装为主业,涉足箱包、皮革家居等领域的综合性现代化企业集团,先后荣获"中国驰名商标"、"国家免检产品"、"中国名牌"、"最具市场竞争力品牌"、"中国十大真皮衣王"等殊荣。雪豹集团旗下拥有一个原创服饰品牌、多个国际代理品牌和遍及全国的销售网点,已连续20年进入全国皮革服装行业销售收入及利税百强前列。

宏洋集团始建于1989年,以家具、家纺为主业,广泛涉及针织、商贸、进出口、矿产开发、奢侈品专营等众多行业,是中国皮革家具行业的龙头企业,是中国家具协会、浙江省家具行业协会理事单位。集团主营家具、沙发、袜业、矿产、奢侈品等产品,宏洋是国家外贸出口重点企业,浙江省重合同守信用企业,浙江省家具行业先进企业,嘉兴和海宁市行业龙头企业。

蒙努集团创建于1993年7月,是一家集沙发、沙发套、皮革、皮衣、食用油脂及进出口贸易于一体的全国大型企业。曾荣获"中国最具市场竞争力品牌"、"中国民营企业品牌竞争力50强"、"中国驰名商标"、"中国名牌产品"、"中国民营企业500强"、"浙江省工业行业龙头骨干企业"等多项荣誉称号。"蒙努"被认为定"中国驰名商标",这是中国皮革服装行业和嘉兴市首件经行政和司法双重认定的驰名商标。

卡森集团创立于1995年,是一家主要从事皮革及家具生产、地产开发的大型企业集团。根据中国皮革协会的统计,卡森的皮革产品工业总产值和销售收入多年来均稳居国内制革企业首位。公司先后被国家和浙江省有关部门授予国家火炬计划重点高新技术企业、全国轻工行业先进集体、全国首批佩挂生态皮革标志企业、浙江省重点高新技术企业、浙江省工业龙头骨干企业、浙江省皮革/家具行业先进企业等诸多荣誉。

二、平湖光机电产业集群示范区

平湖市光机电产业起始于 20 世纪 80 年代,是平湖通过招商引资培育起来的具有地方特色和区位优势的新兴产业,从上世纪末,日本电产芝浦(浙江)有限公司、关东辰美电子(平湖)有限公司等外资企业落户平湖并获得成功以来,通过"以外引外"形成了"葡萄串效应",引来一连串上下游配套企业,以数码光学镜头、光电投影、微电机、精密机械、智能化仪器仪表为主的光机电产业快速发展,年均增速 40%以上。工业总产值从 2000 年的 9 亿元上升到了 2010 年的 199 亿元,已连续多年成为该市第一大支柱产业。2004 年 9 月,平湖市光机电特色产业被科技部批准为国家火炬计划高新技术特色产业基地,2009 年被列入浙江省首批 21 个块状经济向现代产业集群转型升级示范区之一。平湖市光机电产业集群发展取得明显成效,至 2010 年底,全市已有光机电企业 808 家,其中规上企业 176 家,其规上总产值占全市规上工业总产值比重达 23.87%,利税和产值的占比分别达到 24.3%和 22.3%。2011 年,在宏观发展环境制约的因素下,该市规模以上(按年销售收入 2000 万元以上统计)光机电企业总产值仍达到 155.09 亿元,增长 20.0%,占规模以上工业总产值的 22.5%;完成出口交货值 83.37 亿元,增长 12.9%;实现利税 9.96 亿元,增长 5.4%,占全市利税比重达到 21.6%。

平湖光机电企业主要集聚于光机电基地核心区——经济开发区内。通过引进、共建、孵化等多种形式组建成立,2007年底,基地内拥有嘉兴市级以上光机电高新技术企业40家,其中国家火炬计划重点高新技术企业2家、省高新技术企业15家,嘉兴市级高新技术企业23家,形成了以"日本电产"系列为龙头的光机电工业区,带动和培育了一批光机电龙头企业,创造形成了"浙江光谷"。

日本电产(简称NCCP)是由国际著名的跨国企业日本电产株式会社于2002年投资设立。NCCP的主要产品为用于电脑硬盘驱动装置的微型马达为主的精密马达。这些产品被广泛应用于台式电脑、笔记本电脑机、HDDVD、高端音乐播放器、汽车导航设备、游戏机等办公自动化设备及家用电器中。

晨光电缆创立于1984年,是一家集研发、生产和销售"晨光"牌电力电缆专业企业。企业被认定为国家重点高新技术企业、全国机械行业先进集体、全国守合同重信用单位、省工业行业龙头骨干企业等。"晨光"商标被认定为"驰名商标","晨光"牌产品蝉联"浙江省名牌产品"称号,被省消费者协会评为消费者信得过产品,获得平湖市市长质量奖。

科菲亚重型装备成立于2003年,是由美国L&V有限公司和平湖市神力机械有限公司共同组成,具有世界领先水平的工程阀门制造商,同时公司还生产大型铸铁件,焊接结构件,大型模具等。公司拥有"二次密封球阀"、"高压时无扭矩球阀"等6项发明和实用新型专利,是国家高新技术企业,并通过美国API认证,德国TUV认证以及ISO 9000质量体系认证。

三、桐乡濮院秀洲洪合针织(毛衫)产业集群示范区

针织(毛衫)产业是桐乡市主要传统特色产业,产业的悠久传统和

先发优势,催生了众多的中小型民营企业,形成了以濮院镇为中心,辐射梧桐、屠甸、龙翔等周边镇、街道的毛衫产业集群。2010年,共有毛衫生产企业6000余家。在濮院,几乎家家户户都有人从事与羊毛衫相关的工作,濮院农民收入的70%来自毛衫产业。自2007年以来,每年从濮院羊毛衫市场流向全国各地的毛衫服装达到7亿件,年交易额超百亿,其产销量已经占了全国总量的60%以上。濮院正逐步成为集国际化、专业化、市场化为一体的世界羊毛衫研发设计、信息服务、办公展示、批零销售、标准检测、仓储转运的现代化集散中心。近年来,濮院镇和濮院羊毛衫市场先后被授予、"中国羊毛衫名镇"、"中国大型品牌市场"、"全国百佳产业集群"和"中国十大服装专业市场"等。

濮院毛衫产业强大的集群效应吸引了包括皮尔卡丹、金利来、鳄鱼以及鄂尔多斯、恒源祥、鹿王、雪莲等许多国内外知名服装品牌落户濮院市场经销或设立生产基地。多年的产业积累和市场运作经验,激发了企业的自主创牌意识,不少有条件的企业开始注册自己的商标,从贴牌生产向自创品牌转变,致力于创建自己的"品牌王国",涌现出了浅秋、褚老大、澳洋纯、圣地欧、雀屏和纯爱等一批在市场上具有较高知名度和竞争力的品牌。到2010年,濮院现有注册商标781件,驰名商标5件,浙江省知名商标2件,嘉兴市著名商标8件,2007年濮院镇被浙江省工商局命名为省级专业商标品牌基地。

浅秋针织是一家集产品开发、生产、营销于一体的针织休闲服饰企业,是中国纺织企业社会管理责任体系CSC 9000T,执行企业ISO 9001:2000国际质量体系的认证企业。公司现已拥有400多家品牌终端连锁店。浅秋产品同时还被国家纤维局认证为绿色环保产品,2004年浅秋先后赢得了"著名商标"、十佳规模企业、2006年强劲品牌等诸多荣誉。

　　兰生羊绒服饰于 1988 年创建,是一家集研发、设计、生产和销售为一体,以中高档针织服饰产品为主的专业品牌企业。在全国驰名商标"褚老大"品牌的带动之下,兰生公司也成为浙江省羊毛、针织行业的龙头企业之一。产品营销网络覆盖中国、香港、欧美等多个国家和地区。

　　澳洋纯服饰自 1998 年创立以来,依托深厚的澳大利亚文化背景,结合源远流长的中国传统服饰文化,从小型的作坊型企业发展成为现今拥有数百员工的庞大队伍,成为毛衫行业的佼佼者。公司严格执行 ISO 9001 国际质量认证体系,从制片到成衣的所有生产流程都有专职技术人员进行严格全程监控,形成年产量 60 万件的庞大生产规模。

　　雀屏纺织化工是浙江省高新技术企业、浙江省创新型试点企业、桐乡先进毛针织材料及制品省级高新技术特色产业基地骨干企业。荣获浙江省知名商号、嘉兴市著名商标称号,并相继成为"中国纤检"生态纤维制品配套生产企业、国际羊毛局纯羊毛标志特许权企业。

四、嘉兴港区化工新材料产业集群示范区

　　中国化工新材料(嘉兴)园区位于浙江省乍浦经济开发区内。2008 年 7 月,中国石油化工协会为中国化工新材料(嘉兴)园区授牌,该园区是国内唯一的国家级化工新材料园区。园区重点发展以聚碳酸脂、硅材料、合成橡胶、环氧乙烷等为主导的化工新材料产业。目前,嘉兴港区化工新材料产业集群,已经聚集了英荷壳牌、日本帝人、以色列化工、韩国晓星等国际知名企业投资,三江化工、嘉化、鸿基石化等一大批国内外知名化工企业也已相继落户,打造出"中国化工新材料(嘉兴)园区"。2011 年规模以上工业企业 70 家,工业总产值达到 334 亿,同比增长 33.4%,其中化工新材料行业产值为 165

亿,占全行业的 49.5%,同比增长 44.5%,化工新材料行业成为了嘉兴港区的第一支柱产业,形成了较为完善的产业链和循环经济。中国化工新材料(嘉兴)园区无论从产能产量、市场占有、销售收入,还是技术水平、自主创新等方面,已经成为中国最有影响力的化工新材料基地。根据规划,到 2015 年末,嘉兴港区化工新材料产业园区将培育化工新材料产业产值超过 1000 亿元,其中,实现年产值超 10 亿元的企业将达 25 家、超 100 亿元的企业 4 家、超 200 亿元的企业 2 家,形成国内具有一定影响力的化工新材料产业集群,积极创建国家新型工业化产业示范基地。

信汇合成新材料是由北京信汇科技有限公司联合其他股东共同出资组建的一家有限责任公司,发展合成橡胶产业。按照公司发展规划,目标是把浙江信汇建设成为以碳四资源综合加工利用为主,年产 60 万吨,技术领先的合成橡胶生产基地。

三江化工成立于 2003 年,是一家外商独资企业。公司环氧乙烷及表面活性剂的产能分别为 180000 吨和 200000 万吨。公司继续拓展现有核心业务,建立更为完善的环氧乙烷及表面活性剂生产体系,将三江化工打造成为一个股权结构优化、产业结构合理、管理模式科学、企业文化先进、核心竞争力突出的行业一流、国际知名的安全、节能、环保的大型化工企业。

壳牌沥青和壳牌化工石油成立于 1995 年,由壳牌控股有限公司、壳牌(中国)有限公司等共同投资成立。目前,浙江壳牌化工石油有限公司总投资为 3580 万美元,注册资本 1552 万美元。总生产能力为 20 万吨/年润滑油。重点建设的 20 万吨/年润滑油二期扩产项目于 2011 年初开工建设,2012 年初建成投产,形成 20 万吨/年润滑油的生产能力。

嘉化集团是 2003 年为配合嘉兴市政府招商引资日本帝人而第一

家落户乍浦开发区的企业,是园区内整个循环经济产业链的基础化工和省环保厅唯一允许的热供联产企业。其中,硫酸系列产品产能38万吨/年,是浙北地区唯一的精制硫酸生产商;氯碱系列产品产能19.5万吨/年,为浙北地区最大生产商;邻对位系列产品产能3万吨/年,拥有了国内最先进的连续化生产技术专利,为全球最大的邻对位产品生产商。

五、嘉善电子信息产业集群示范区

2011年以来,作为嘉善县四大特色产业之一的电子信息产业(光伏+电子),全年25家规模以上企业实现销售收入104.31亿元,实现利税8.16亿元,其中利润7.49亿元。全县拥有4家上市公司,其中电子信息产业2家。目前在建的大项目有28个,总投资18.5亿元,代表项目浙江晶兆莱绿色能源有限公司的太阳能电池片100兆瓦和太阳能电池组件150兆瓦项目和富鼎电子科技(嘉善)有限公司的电子产品项目,累计将完成投资5.07亿元。随着昱辉阳光能源、富士康、英鑫达、华瑞赛晶和东菱电子等龙头企业逐步壮大,嘉善电子信息产业又上新台阶。目前嘉善已形成光伏单晶、多晶硅棒、太阳能电池组件;汽车音响、电脑多媒体音箱、通信电声类产品、电子线路板和电力电子生产等五大类具有相对优势的电子信息产业。

华瑞赛晶电气成立于2002年,是嘉善县"十佳转型升级示范企业",是中国铁道运输装备重要的生产配套厂商之一,也是中国电网输配电领域中,节能增效电力电子部件及系统的领先制造商之一。公司主要从事IGBT功率模块及驱动器、阳极饱和电抗器、高压电力装置水冷却系统及其他电力电子部件的设计、生产及销售业务。

新嘉联电子是一家从事高性能通讯受话器、微型扬声器等微电声器件产品的研发、生产、销售的股份制企业,成立于2000年5月。公司先后被授予"国家级火炬计划高新技术企业"、"浙江省高新技术企业"、"浙江省高新技术特色产业基地骨干企业"、"首批浙江省绿色企业"等荣誉称号,是目前国内最大的受话器生产厂家。

恒科实业注册于 2001 年,是一家外商独资企业。主要从事多媒体音箱、迷你家庭影院和笔记本电脑喇叭的设计,生产。制造和出口已有 10 余年历史,2005 年公司申请外观专利保护达 20 余项,国际专利 2 项,实用新型和发明专利 2 项,被评为市级专利示范性企业。

宝狮电子创建于 1996 年,专业生产各类汽车功放、音箱、扬声器、汽车装饰等电子产品。公司先后获得国家级高新技术企业、浙江省高新技术企业、浙江省技术创新优秀企业等荣誉。汽车用单体高档扬声器已连续多年在美国拉斯维加斯 CES 展览会获得"工程与设计奖";"SPL"汽车音响产品自 2002 年以来的国内大赛中先后获得了"最佳创意奖"、"最佳声压奖"、"最佳音质奖"、"最大声压奖"、"SPL 终级专家组冠军"等奖项。

豪声电子成立于 2000 年,是下属于兴惠集团专业从事受话器、微型扬声器等微型电声器件研发、生产、销售之企业,主要为通讯终端产品及可携式数码电子产品等行业的知名制造商提供微电声器件。到目前为止,公司已获得发明专利 2 项、外观设计专利授权 3 项、实用新型专利 6 项,国家火炬 1 项。

六、嘉兴光伏产业集群示范区

因为罕见的平坦地势,嘉兴地区年光照时间在 1300 小时左右,太阳能资源在浙江省内相对较为丰富。嘉兴也是中国光伏产业发展较早、较快的地区,目前基本形成了涵盖电池片生产、电池组件封装、光伏发电系统集成及配套辅料生产、装备制造等环节的光伏产业链体系,在太阳能薄膜电池、聚焦太阳能电池等领域也形成了一定的基础。据此,嘉兴发展光伏产业具有了更多的人为优势。

在技术优势上,嘉兴市在光伏产业中,发明和实用新型专利有200项以上,已获得市、省、国家三级项目约50项,并拥有浙江中科院应用技术研究院、中国电科集团公司36所、浙江清华长三角研究院、嘉兴学院等众多研究机构。在规模优势上,2011年嘉兴市光伏产业实现产值近200亿元,占全省光伏总产值的1/3,年生产能力电池片为3000兆瓦、组件为2000兆瓦、逆变器为50兆瓦。该市已累计实施光伏发电示范应用项目15个,累计装机容量达到32.2兆瓦,年发电量达到3100万千瓦左右,节省标煤约9900吨。2012年嘉兴市23家规模以上光伏企业实现产值169亿元,占全省光伏产业产值的35%。2013年前5个月,嘉兴市24家规模以上光伏企业实现主营业务收入58亿元,同比增长5%;实现出口交货值14.5亿元,同比增长近五成。2014年第一季度,光伏产业完成销售47亿元,同比增长15%。嘉兴市光伏产业力争到2016年,全产业链总产值超过1000亿元,全市分布式光伏发电总装机容量达到500兆瓦。

昱辉阳光集团成立于2005年,是全球领先的高效太阳能光伏组件和晶片制造商。以自己的专利技术、规模经济和技术优势为基础,使用自主研发的原生多晶硅和垂直一体化商业模式,为客户提供高质量、低成本的产品。根据加利福尼亚能源委员会(CEC)的数据,昱辉阳光太阳能光伏组件在PTC测试中的得分名列前茅,具有极高的年发电量输出。在美国、德国、意大利、比利时、中国、希腊、西班牙和澳大利亚等全球市场上,从千瓦级至兆瓦级等不同规模的项目中,都可以发现昱辉阳光太阳能光伏组件的身影。

晶科能源成立于2006年,是全球为数不多的拥有垂直一体化产业链的光伏制造商,迅速成为硅锭、硅片的领先制造商,业务涵盖了优质的硅锭、硅片、电池片生产以及高效单多晶光伏组件制造,晶科能源生产的单晶多晶组件获得了 UL，CSA，CEC，TÜV，VDE，MCS，CE，ISO 9001：2008，ISO 14001：2004 等多项国际专业认证。

第五章 湖州地区省级产业集群示范区品牌建设

湖州市地处浙江省北部，东邻嘉兴，南接杭州，西依天目山，北濒太湖，与无锡、苏州隔湖相望，是环太湖地区唯一因湖而得名的城市。湖州自古以来素有丝绸之府，鱼米之乡，文化之邦的美誉，且有南太湖明珠之称，有优美的自然景观和众多历史人文景观。湖州是以上海浦东开发开放为龙头的长江三角洲地区"先行规划、先行发展"的14个重点城市之一。

湖州地区共有五个省级产业集群示范区，分别是：长兴蓄电池产业集群示范区、南浔木地板产业集群示范区、安吉椅业产业集群示范区、德清生物医药产业集群示范区、湖州织里童装产业集群。

一、长兴蓄电池产业集群示范区

长兴县蓄电池产业起步于20世纪70年代，至今生产已经有30多年的历史，随着我国电动自行车的兴起而迅速发展壮大，现已成长为该县的重要支柱产业之一。2009年，被省政府列为省产业集群转型升级新能源产业示范区，并拥有"中国绿色动力能源中心"等称号。通过2005年和2011年的两次行业专项整治，长兴县蓄电池行业终于实现了"浴火重生"后的完美转型和华丽转身，走上了一条适合长兴实际的绿色可持续发展之路，同时也形成了以动力电池为主，光伏、生物质能、垃圾焚烧发电等新兴的新能源支柱产业。2012年上半年，全县蓄电池行业实现产值97.27亿元，同比增长93.9％。其产品在全国市场的占有率达到65％，近年来长兴县蓄电池产业通过"凤凰涅槃"式的改造提升促进了蓄电池产业的集群发展。长兴县也提出到2015年，全县蓄电池产业实现年营业收入1000亿元以上，年入库税收20亿元以上，力争营业收入超100亿元企业3家以上，50亿元企业2家以上；新能源产业力争实现产值300亿元，培育年产值超20亿元企业1～2家，超10亿元的企业7～8家。

目前,该县已获得"中国产业集群品牌50强、中国绿色动力能源中心、中国新能源产业百强县、国家绿色动力能源高新技术产业化基地、浙江省现代产业集群转型升级示范区、浙江省蓄电池专业商标品牌基地"等诸多称号。其中"天能"、"超威"作为百亿企业、上市企业,成为该行业的领军企业和标杆企业。

天能集团是中国最大的动力电池生产商,成立于1986年,主要从事铅酸、镍氢及锂离子等动力电池、电动车用电子电器及风能及太阳能储能电池的研发、制造和销售。目前,集团已发展成为拥有20家国内全资子公司,3家境外公司,2011年销售收入达152亿,员工15000余名的大型国际化集团公司。公司主导产品电动车动力电池的产销量连续15年位居全国同行业首位。"天能"牌蓄电池被评为国家重点新产品、浙江省高新技术产品、浙江省名牌产品。"天能"品牌被评为中国最具价值品牌500强、亚洲品牌500强,2008中国动力电池最佳品牌,"天能"商标被认定为中国驰名商标、浙江省著名商标。

超威集团创立于1998年,为国家重点高新技术企业、产品质量国家免检企业、湖州市重点工业企业、市制造业龙头企业及《福布斯》2005年度"中国潜力100"榜、2005年至2007年蝉联三届"中国成长企业百强"。2003年以来电动助力车用蓄电池产销量连续保持同类产品全国行业第二位的记录。公司拥有发明专利8项、实用新型及外观专利39项,先后参与制定国家及行业产品标准4项,为浙江省蓄电池行业首家"循环经济试点企业",先后取得了产品质量国家免检、全国十大行业名牌、浙江省著名商标、浙江名牌产品、湖州市诚信企业、16项专利发明、3项市县政府科技进步奖等荣誉。"超威"品牌荣膺"公众满意中国十大行业名牌","超威"电池获"浙江名牌产品"、"浙江省知名商号"等荣誉。

二、南浔木地板产业集群示范区

中国木地板之都——南浔,与木业产业结缘于上世纪 80 年代初,至 80 年代中后期,已经形成了初具规模的产业小集群。30 多年的快速发展,南浔从当时仅有 100 余家的小产业链发展到了现如今拥有各类木地板年产量 6000 万平方米以上,年产值超百亿元的规模化木地板产业集群。据 2011 年相关统计资料显示,由南浔生产的木地板占全国总量的 35%,实木地板更是达到了 60% 以上的比重,而其拥有地板企业 470 余家,更包括了一批年产 100 万平方米以上的强势品牌企业。2011 年,南浔木地板产业主营业务收入 128.5 亿元,同比增长 16.4%,实现利税 6 亿余元,同比增长 6%。到 2013 年,木地板产业规模以上销售收入达到 280 亿元,实木地板产量占全国 60% 以上,实木复合地板产销量占全国 25% 以上。

2011 年以来,南浔区整合各类金融资源,在全省率先构建起了产业集群融资平台并预计三年内可为南浔木地板产业集群新增 10 亿元融资规模;新建占地 600 亩的中国南浔国际建材城;此外南浔区还排定了九个"十二五"期间木地板产业重点项目,力争在实木地板、实木复合地板、强化地板、延伸产品等 4 个重点领域实现突破,促使产业链横向拓展和纵向衍生,进一步提高产品附加值;同时加快交通基础设施和"六中心"(即产品交易中心、仓储物流配送中心、科创中心、金融服务中心、信息中心、价格中心)建设,空间布局优化领域,使南浔木地板产业集群实现更快、更高质量的发展。

2010 年南浔区木地板企业中有 20 多家企业的产品获得"中国驰名商标"称号,有 9 家企业的产品获得"浙江省名牌"称号,有 6 家企业的商标获得"浙江省著名商标"。2010 年度中国实木地板行业市场影响力十大品牌中,南浔的永吉、久盛、世友、方圆 4 家企业名列其中,"贝亚克"也入选了十大实木复合地板品牌。

永吉木业始建于 2000 年,是一家集国家高新技术的企业、"中国驰名商标"、中国品牌 500 强"、"中国地板行业科技创新的一等奖"、中国地板行业市场的影响力"十大品牌"、"浙江省名牌产品"、"浙江省著名商标"和"浙江省知名商号"等称号于一体的单位;是目前国内领先的木地板生产企业,开发的品种达 100 多个品种,200 多个规格,年产地板达 800 多万平方米;企业还被评为消费者信得过单位、争创品牌先进单位等。

久盛木业是木地板国家标准起草单位,公司被评为中国最具品牌竞争潜力的 100 家民营企业,产销量位列国内同行三甲。其实木地板年生产能力达 300 多万平方米,是国内目前规模最大的木地板制造基地之一。"久盛地板"被评为中国实木地板十大品牌、国家级高新技术企业、中国优秀诚信企业等,连续四年被评为全国 30 家实木地板"双承诺"单位,浙江省消费者信得过单位。"久盛"品牌为中国驰名商标、浙江省著名商标、浙江名牌、浙江知名商号等。

世友木业成立于 2001 年,据世界品牌实验室发布的 2012 年第九届《中国 500 最具价值品牌》排行榜,世友品牌价值达到 94.97 亿元。目前世友共有 2000 多家门店,年产能达到 2000 万平方,可为百万家庭提供高品质地板产品。企业先后获得"中国驰名商标"、"国家高新技术企业"、"全国质量奖"、"浙江省政府质量奖"、"浙江省名牌产品"等荣誉;其"世友地板"品牌获得"中国地板实木十大品牌"和"中国地板诚信十大品牌"荣誉。

方圆木业创建于 1993 年,作为地板行业的领军企业,先后获得中国地板十大品牌、最受消费者喜爱的中国地板十大品牌,浙江省名牌产品、浙江省知名商号、十大领袖品牌、"中国 500 最具价值品牌"、中国地板行业科技创新一等奖等众多荣誉,参与起草多个行业标准。

"方圆地板"以 68.69 亿元的品牌价值,再次荣登世界品牌实验室,发布的 2013 年《中国 500 最具价值品牌》排行榜中,名列地板行业前列。

三、安吉椅业产业集群示范区

安吉县素有"一把椅子打天下"的美誉。2003 年 8 月,中国轻工业联合会、中国家具协会授予安吉"中国椅业之乡"荣誉称号。安吉是中国重要的椅业生产基地,也是全国重要的椅业贸易集散中心。安吉的椅业最早起步于 20 世纪 80 年代,1982 年安吉科教设备厂与上海同济大学、北京大学等高校联手合作,研制开发出第一把五轮转椅,成为全国最早生产五轮转椅的企业之一。1992 年邓小平南方讲话后,安吉民营经济纷纷加盟转椅行业,使得生产要素进一步集聚,转椅业开始进入快速发展时期,产品由原来单一的转椅生产向椅子系列化方向发展,目前已形成办公椅、按摩椅、排椅、休闲椅、沙发及各类配件六大系列。可以说,在国内凡是有城市的地方,就有安吉人经营转椅;凡是有城市的地方,就有安吉的椅业产品,椅业成为安吉的一张黄金名片。

到 2009 年,安吉县从事椅业生产、销售的企业 600 多家,其中规模以上近百家,亿元以上 16 家;从业人员达 3 万多人;近 5 年的生产总值、外贸出口值年均增长率在 50%以上;2010 年,安吉椅业列入浙江省块状经济向现代产业集群转型升级示范区,"安吉椅业"正式获得浙江区域名牌称号,椅业全年规上企业实现产值 91.92 亿元,同比增长 32.2%;力争到 2015 年,椅业产业集群产值规模达到 500 亿元,年销售收入超 20 亿元、10 亿元、1 亿元的企业分别达到 2 家、5 家、50 家。截止到 2010 年,安吉椅业已获中国驰名商标 6 个、省著名商标 7 个、省名牌产品 5 个,9 家企业在 71 个国家和地区注册国际商标 321 件,呈现出一大批竞争力强、品牌影响力大的领军企业,如利豪、恒林、大康、永艺、超亚等。

利豪家具成立于 1999 年,经过数年来的高速发展,已成为办公椅、休闲椅、沙发等家具产品的全球最大供应商之一,为中国家具协会主席单位、中国家具协会沙发专业委员会执行主席单位、浙江家具协会副理事长单位。公司先后被授予"中国家具十大影响力品牌"、"中国家具十大沙发品牌"、"浙江省名牌产品",并通过了 ISO 9001、ISO 14001 等管理体系论证。

恒林椅业成立于 1998 年,目前是中国最大的办公椅生产和出口基地。2002 年开始涉足外贸,2004 年外贸销售额首次突破 1000 千万美元,2008—2013 年公司连续六年位居全国办公椅行业出口额第一,2013 年产值超过 12 亿元。公司已获得"浙江省重合同守信用单位"、"中国轻工工艺品进出口商会会员"、"消费者信得过单位"、"湖州市诚信企业"、"湖州市名牌产品"、"浙江省家具行业省级先进企业"等多项荣誉。

大康家具创建于 1992 年,目前已形成转椅系列、按摩椅系列、办公台系列、沙发系列、后成型系列、酒店套房等七大系列 1000 多个款式,并有七项国家专利,2003 年大康牌转椅获得省级名牌称号等。

强龙家具创建于 1997 年,先后获得国家级专利 50 余项,荣获"浙江省专利示范企业"称号。公司的"民友"牌转椅获得"浙江省著名商标"、"浙江省名牌产品"等荣誉称号。公司自行研发的"强龙风暴"钢塑转椅、塑料成型等系列产品,在第六届中国国际家具展览会上被评为"优秀家具设计奖",并在第十一届中国国际家具展览会上被评为金奖。

四、德清生物医药产业集群示范区

生物产业是国家和省重点培育的战略性产业之一。加快生物技术和生物产业的发展,是我国在新世纪把握新科技革命战略机遇,全面建设创新型国家的重大举措。依托"德清模式"产学研合作运行的先发优势,经过多年努力,德清生物医药产业已形成一定规模和特色的产业集群,并成为该县主导产业。拥有升华拜克、佐力药业两家生物医药上市企业。以升华拜克、佐力药业、欧诗漫、我武生物、东立控股等为代表的生物医药企业坚持创新、加大投入,得到快速发展,在同行业占居重要位置。在这些企业中,国家重点支持的高新技术企业3家,国家级火炬计划高新技术企业3家,国家农业产业化重点龙头企业1家;特色优势主导产品有32项处于国际先进水平,国内首创和填补国内空白的有18项,国家一类新药有2项、国家二类新药有3项,获得省级以上科技进步奖的有21项。"BIOK"商标、"佐力"商标、"欧诗漫"和"OSM"商标被认定为中国驰名商标。

2008年8月和2009年9月,该县生物医药特色产业分别被国家科技部和商务部命名为"国家火炬计划德清县生物与医药特色产业基地"和"生物与医药国家科技兴贸创新基地"。2010年9月,该县生物医药产业集群被被省政府列为浙江省块状经济向现代产业集群转型升级示范区第二批试点之一,这为该县生物医药产业集群的转型升级和大发展提供良好了的机遇。2011年前三季度,德清生物医药产业实现规模产值74.5亿元,同比增长16.9%;销售收入73亿元,同比增长19.4%。其中,升华拜克、佐力药业、我武药业、拓普药业、欧诗漫、东力公司6家龙头骨干企业实现销售收入21.8亿元,增长33.8%,占到该行业的29.9%。在2013年实现销售收入200亿元,年销售额30亿元以上的企业达到3~4家,培育上市企业3~4家,形成特色优势明显、竞争力强的产业集群。

升华拜克成立于1993年,主要生产经营阿维菌素、伊维菌素、马杜霉素、盐霉素、迪克拉苏(地克珠利),麦草畏等高科技产品。公司先后获得"中国化工行业技术创新示范企业"、"浙江省技术创新优秀企业"、"浙江省首批创新型试点企业"和"浙江省首批企业重点创新团队"等荣誉称号。"BIOK"商标被认定为"中国驰名商标","升华拜克"被认定为"浙江省知名商号","BIOK"品牌被国家商务部认定为"中国最具竞争力品牌"。

佐力药业设立于2000年,拥有现代的原料药、片剂、胶囊剂、颗粒剂、冻干粉针等生产流水线和省级研发中心、质量测试中心等品保体系。企业被认定为"国家级火炬高新技术企业"、国家"高新技术企业"、"全国模范劳动关系和谐企业"、浙江省"绿色企业";研发中心被评为为省级技术中心;"佐力"商标先后被认定为"中国驰名商标"、"浙江省著名商标"、"浙江省知名商号",乌灵胶囊被授予"浙江名牌产品"。

我武生物科技创建于2002年,是一家专业从事过敏诊断及治疗产品的研发、生产和销售的高科技生物制药企业,目前国内首家也是唯一一家经过GMP认证并且具备生产标准化免疫疫苗能力的厂家。公司主营创新药物,拥有国际领先水平的生物制药技术,是亚洲最大的变应原药物开发基地和中国最大的脱敏药物生产商。

欧诗漫是集珍珠科研、养殖、生产、销售为一体,并形成珍珠化妆品、珍珠健康养颜品、珠宝首饰三大产业的公司。欧诗漫是国家农业部等八部委行认定的首批农业产业化国家重点龙头企业,中国农学会指定珍珠生产加工基地,浙江省淡水珍珠深加工唯一指定研究中心。它成功培育出中国近代第一颗人工淡水养殖珍珠,成功打造出中国范本式珍珠产业链,被誉为"珍珠世家"。

五、湖州织里童装产业集群示范区

湖州织里童装起步于20世纪80年代初,发展于20世纪90年代，2002 年 12 月被中国纺织协会授予第一批中国纺织产业特色城（镇）——"中国童装名镇"称号。2003 年湖州市委、市政府提出打造品牌童装全国先进制造中心，童装产业进入快速提升发展阶段，童装产业已经成为全国知名，全省最具特色和活力的产业集群之一。2006 年童装产量为 3.2 亿件（套），产品以中低挡为主，销售收入为 75.08 亿元，企业达 6516 家，从业人员 72850 人。到 2012 年底，织里童装生产企业已达 8700 多家，年销售收入超过 350 亿元，并成为全国童装产业集群。

全行业具有服装、面料、辅料、绣花等完整的产业链，与生产相关的检测、信息、设计中心、商标注册等服务平台，并建有国内有较大影响与成熟的中国织里国际童装交易市场和中国织里商城童装城两大市场。目前，湖州市已制定出台了加快推进织里童装产业转型升级的相关意见，并计划实施"332"工程，即建设"三大中心"、实施"三个试点"、出台"两项政策"，立体式推进织里童装产业的提档升级，力争在未来几年内进一步提升织里童装产业的产业竞争力和区域品牌影响力。织里，这一全国童装第一名镇，正朝着"中国童装之都、浙北经济雄镇、太湖魅力新城"迈进。

"今童王服饰"是湖州市重点企业，是一家集设计、生产和销售为一体的实体企业，其主导产品大男童茄克、风衣自成一派，深受广大少年儿童的喜爱。公司拥有一流的来自日本和西欧等国家的专业童装制造设备，在产品的开发设计和品牌经营理念上与国际接轨，品牌产品在市场上久负盛名。"今童王"品牌自上世纪九十年代投放市场以来，先后被评为"中国十大童装品牌"、"2000 年上海国际服装文化节全国童装大奖赛银奖"、"2001 年上海国际服装文化节国际童装大奖赛金奖"、"2003 年通过了 ISO 9001：2000 国际质量管理体系认证"、"2005 年获得了生态制品标志证明商标准用证"、"2006 年通过了 ISO 14001:2004 环境管理体系认证"、"2008 年荣获中国驰名商标"等特殊荣誉;旗下的"芝麻开门"获浙江省著名商标、浙江省名牌产品称号。

第六章 绍兴地区省级产业
集群示范区品牌建设

　　绍兴位于浙江省中北部、杭州湾南岸。东连宁波市,南临台州市和金华市,西接杭州市,北隔钱塘江与嘉兴市相望。绍兴已有2500多年建城史,是首批中国历史文化名城、联合国人居奖城市,也是著名的水乡、桥乡、酒乡、书法之乡、名士之乡,绍兴境内桥的数量是威尼斯的5.5倍,平均每1000平方米就有6.3座桥。绍兴素称"文物之邦、鱼米之乡"。

　　绍兴地区共有四个省级产业集群示范区,分别是:柯桥纺织产业集群示范区、嵊州领带产业集群示范区、诸暨大唐袜业产业集群示范区、新昌轴承产业集群示范区。

一、柯桥纺织产业集群示范区

　　绍兴县是"全国纺织产业基地县"及全国规模最大的纺织产业集群地,纺织产业是绍兴的支柱产业。现拥有杨汛桥、马鞍、齐贤、夏履、钱清、兰亭、漓渚7大纺织名镇及全球最大的轻纺产品集散中心——柯桥·中国轻纺城。近年来,绍兴县积极推进纺织产业集群升级,狠抓滨海工业区建设,打造中国新型化纤研发生产基地和中国绿色印染研发生产基地,推动马鞍化纤、杨汛桥经编、齐贤纺机、夏履非织造布、钱清纺织原料市场、兰亭和漓渚针织等七镇的特色纺织产业建设。进一步整合延伸纺织产业链,优化纤维产品结构,增加高档纺织品比重,提高印染技术水平,提升服装家纺品牌,推动纺织产业链向高端攀升、向终端延伸。

　　截止"十一五"末,绍兴县纺织产业规模以上企业1027家,其中,化纤企业63家,织造企业699家,印染企业197家,服装企业95家。固定资产545.33亿元,产值1538.74亿元,销售1518.76亿元(占全县工业销售的63.1%),实现利润60.72亿元,上交税金38.90亿元,纺织品出口73.32亿美元。尤其是化纤、面料和印染在全省乃至全国,均占有一定比重。化纤年产达 256.85 万吨,约占全国的 8%;各类面料年产 53.6 亿米,约占全国的 10%;印染年产量达到 187 亿米,占到全国的 1/3 左右,是中国纺织产业基地和绿色印染研发生产基地。根据《绍兴县纺织产业"十二五"发展规划》,争到"十二五"末,纺织原料、印染、服装家纺面料三大产业产值和中国轻纺城市场群成交额实现"4 个千亿元";纺织产业产值达 3000 亿元,年均增长 14% 以上;自营出口达到 110 亿美元,年均增长 10% 以上。

步森集团自创立以来,一直坚持以质量为基础,以市场为核心,以品牌为向导的方针。2000 年,"步森"商标获得诸暨市首个"中国驰名商标"称号。2001 年,步森衬衫被评为诸暨市首个"中国名牌产品";2005 年,步森西裤又被评为"中国名牌产品"。2007 年,步森获得国家商务部"最具市场竞争力品牌"称号;步森系列产品连续多次被国家商务部认定为国家重点支持的发展的名牌出口产品;步森集团连续多年被评为中国服装行业双百强企业;步森品牌已连续九年入选"中国最具价值品牌 500 强"。

太子龙服饰曾荣获"绍兴名牌"、"浙江名牌"、"绍兴市著名商标"、"浙江省著名商标"、"全国服装行业双百强企业"、浙江省"AAA级信用等级单位"、"浙江省质量信得过产品","全国茄克销量前 10位"、"全国最具竞争力 100 家名牌"、"中国保护消费者基金会诚信产品"、"重合同守信用单位"、"浙江市场消费者喜爱的品牌"、"江苏市场用户满意商品"、"浙江省行业最佳经济效益"企业、"浙江优秀宣传品牌"等。

裕鑫集团全面使用企业资源管理(ERP)系统,通过了 ISO 9001、ISO14001、OHSAS 18001 整合型管理体系认证,锦纶色纱通过了Oeko-Tex100 生态纺织品认证。集团公司荣获"化纤行业'十一五'新产品贡献奖"、"高新技术企业"、浙江省"守合同重信用单位"、"绍

兴市环境友好企业"、"绍兴市清洁生产企业"、绍兴市、诸暨市"劳动
关系和谐企业"、诸暨市"市长质量奖"等荣誉称号。裕鑫商标先后被
认定为"浙江省著名商标"、"中国驰名商标"。裕鑫牌锦纶弹力丝被
评为"浙江省名牌产品"。

二、嵊州领带产业集群示范区

嵊州领带产业集群开始于1984年,形成于1990年代。目前嵊州
领带产业集群产值超百亿元,共有1308家领带织造企业,是全国乃
至群求最大的领带生产加工基地,领带产量占全国的90%,世界的
40%。嵊州市现有领带企业1200多家,产值超100亿元。拥有进口
高档电脑提花剑杆织机1300多台,中国驰名商标5只,中国名牌2
只,国家免检11只,浙江名牌9只,浙江著名商标8只,绍兴名牌10
只,"嵊州领带"被首批认定为浙江区域名牌。

嵊州建有国内最大的领带交易市场——"中国领带城"和最权威
的检测机构——"全国领带服饰质量检测中心",中国服装协会服饰专
业委员会秘书处设在嵊州。现有国家重点高新技术企业1家,浙江省
高新技术企业1家,省级企业技术中心1家,生产力促进中心1家,省
级专利示范企业3家,绍兴市级专利示范企业5家;326只产品外观
设计获国家知识产权局专利授权;"增重染色真丝"获国家重点新产
品,"数码仿真彩色织物"获浙江省高新技术产品,"高密度全显像丝
织技术"获国家技术发明二等奖。嵊州市已获得"中国领带名城"、
"国际合作基地"、"最具产业影响力纺织之都"和"21世纪国际性领
带都市"等称号。

巴贝集团是一家民营股份制领带生产企业,创建于1993年,是全
球生产规模最大的高档领带生产企业。巴贝集团主要产品高档真丝
领带70%出口美国、欧洲、日本等发达国家,而在中国国内市场已建

立 500 多个零售网点,其核心产品"巴贝"领带是中国名牌产品,国家免检产品,"巴贝"商标是中国驰名商标,同时浙江巴贝领带有限公司又是法国"皮尔卡丹"领带的中国唯一代理商。

麦地郎集团生产各式领带、围巾、丝巾、家纺面料等为主的现代化企业。企业已通过 ISO 9001 国际质量管理体系认证和 ISO 14001 环境管理体系认证。"麦地郎"商标已荣获"浙江省著名商标","麦地郎"领带 2005 年 9 月被评为"中国名牌产品"、"国家免检产品",2007 年 9 月,麦地郎商标被认定为国家商标局注册商标。公司商号已被认定为浙江省知名商号,公司连续多年被评为消费者信得过单位、守合同重信用单位、AAA 级企业信用等级。

宏达制衣创建于 1993 年,现已成为目前国内最大的针织服装生产基地和出口基地,是浙江省丝绸集团针织打样设计基地,公司主要生产经营中高档针织服装。产品远销欧洲、美国、中国香港等二十多个国家和地区。宏达公司的"意戈"品牌被国家质量监督检验检疫总局评为"国家免检产品";被浙江省质量技术监督局评为"浙江名牌产品"。

三、诸暨大唐袜业产业集群示范区

诸暨大唐袜业是全国最大的袜子生产基地和浙江省 21 世纪最具有成长性的十大国际性产业集聚区之一。"大唐袜机响,天下一双袜",是对 21 世纪初期大唐袜业生产经营规模的真实写照。以大唐为代表的织袜业起步于 20 世纪 70 年代,发展于 80 年代至 90 年代中期,到 90 年代后期开始出现繁荣景象,目前正处于高速发展阶段。2011 年,大唐生产各类袜子 82 亿双,实现工业总产值 235 亿元、销售收入 214 亿元和利润 17 亿元,产量占了全国的 65%、全球的 1/3;2012 年,生产袜子约 206 亿双,产量占全国的 70% 以上,全球的

40％左右,是名符其实的"中国袜业之乡"、"国际袜都"、"中国袜子名镇"。目前,大唐工业产值的 70％、农民收入的 70％、农村就业的 70％都来自这一产业。

大唐袜业经过多年发展,已经成为区域性整体品牌,在国际国内拥有了一定知名度,引起了国内外广泛关注。2003 年,大唐镇被省政府命名为浙江省袜业商标品牌基地;2007 年,大唐袜业又被授予浙江省首批区域名牌;2011 年,"大唐袜业区域品牌"荣获首批"苏浙皖赣沪名牌产品 50 佳"荣誉称号。截至 2013 年底,"大唐袜业"旗下共拥有中国驰名商标 17 个、省名牌产品 20 个、省著名商标 17 个、省出口名牌产品 4 个。此外,还集聚了国际国内一大批知名品牌,如皮尔卡丹、老人头、老爷车、登喜路等。大唐袜业已成为一个产业链较为完整、产品格局丰富、技术配套齐全,拥有自主品牌和创新研发能力及一定整合度的大型专业化产业集群。

丹吉娅集团组建于 2005 年,是一家以针纺织业、房产业、矿业为一体的生产、经营性大型综合企业。集团下属的针纺织企业在针织行业中具有十分重要的地位,是国家《袜子》行业标准起草单位,是国内外系列最全、品种最齐、质量最稳定的专业袜子生产企业,中国袜业行业的领军企业,生产的"丹吉娅"系列产品被授予"中国名牌产品"、"出口名牌产品","丹吉娅"商标被国家工商行政管理总局认定授予"中国驰名商标"。

步人袜业多年来先后被评为诸暨市首批信用示范企业;创名牌优胜企业;诸暨市袜业龙头企业;年度企业信用等级 AAA 级称号;"步人"商标被评为浙江省著名商标;"步人"牌袜子被评为浙江省名牌产品,行业首家 AAA 级"守合同重信用"单位,荣获 2006 年度中国针织服装(袜子)十强;2007 年"步人"商标被评为中国驰名商标,"步人"牌袜子被评为中国名牌产品。

锦裕针织创建于 1997 年,"锦裕"牌袜子已被评为绍兴名牌和诸暨名牌。公司一直坚持"创新、品牌、质量、诚信"的经营方针,先后通过企业标准化体系认证、通过了 ISO 9001 质量管理体系认证、ISO 14001 环境管理体系认证、瑞士 Oeko－Tex 生态纺织环保认证,并且通过 BSCI 等第三方认证。"锦裕"商标及产品已获得"浙江著名商标","浙江名牌",并于 2007 年获得"中国驰名商标"称号。

美邦纺织创建于 2003 年,总投资 10 亿,下设无缝内衣厂、锦纶丝厂、色纱厂、织袜厂、染整厂和进出口公司等机构,已从意大利引进先进的无缝内衣设备 400 多台,是目前国内最大的无缝内衣生产基地之一。公司主要生产男女系列无缝内衣、T 恤、游泳衣、睡衣、运动衣、童装等以及男女棉袜、丝袜、连裤袜、运动袜、童袜等,产品远销欧美、日本等地区。拥有 UnnO、M&B 及浙江名牌"美邦"等品牌。

四、新昌轴承产业集群示范区

"新昌轴承"很早就名气在外,大小上千家轴承生产企业更是对轴承之乡的最好诠释。2010 年 3 月,新昌正式被中国机械工业联合会授予"中国轴承之乡"称号。轴承产业是新昌的重要支柱产业。早在上世纪八九十年代,新昌轴承之乡的名气就享誉国内外,不仅形成了成品轴承企业、配套企业和轴承装备生产企业分工协作,企业、政府、中介服务组织良性互动,充满活力、特色鲜明的产业集群,而且也形成了自己的集聚规模特色和优势,即具有底蕴深厚与产业规模的结合优势,专业化分工与产业链完善的整合优势,技术创新与管理创新的双轮驱动优势,轴承制造业与装备制造业的互动优势,国内市场与国际市场的互补优势,企业主体与政府扶持的联动优势,培育了五洲新春、皮尔、新轴、开源、三雄等一批有较强实力的骨干企业。经过 40 年的发展,全县现有轴承企业 1000 多家,生产各种系列品种达 1000

多个,年产销 100 多亿元,在全县工业中的比重超过 20%,产品不但满足国内市场需求,还远销美国、瑞典、日本、韩国、法国、意大利等国家,五洲新春、皮尔等企业已被世界着名轴承公司认定为合格供应商。

五洲新春集团是新昌轴承行业的龙头企业,是一家拥有十五家下属企业、3000 多名员工、年销售额超 12 亿元的民营企业集团。建成了亚洲最大的轴承套圈生产基地、中国领先的高端轴承钢管生产基地和轴承套圈车、辗设备制造基地,成品轴承配套于世界知名公司。注册商标"XCC"被认定为中国驰名商标。

新昌皮尔轴承创建于 1995 年,专业生产各类深沟球轴承、外球面球轴承、双列角接触球轴承、汽车及农机轴承等特殊非标轴承,广泛应用于电机、家用电器、汽车、食品机械及农机等行业。大批量为国际著名公司主机配套。在持续改进和发展中,获得国家级高新技术企业,全国轴承行业管理先进企业,"全国诚信单位光荣榜"上榜单位,全国机械 500 强,全国轴承行业 20 强单位等多项荣誉。

新昌新轴实业主要生产汽车水泵轴连轴承,圆锥(圆柱)滚子轴承,汽车轮毂轴承,深沟球轴承、推力球(滚子)轴承,汽车离合器轴承以及英制与非标准轴承,品种 3000 余种。公司为省名牌产品企业、省高新技术企业,已通过 ISO 9001:2000;ISO/TS 16949:2002 等质量体系认证。

第七章　金华地区省级产业
集群示范区品牌建设

金华市地处浙江省中部,东邻台州;南毗丽水,西连衢州,北接绍兴、杭州。自秦王政二十五年(公元前222)建县,已有2200多年的历史,因其"地处金星与婺女两星争华之处"得名金华,简称金,古称婺州。连续三届被评为"中国十佳宜居城市",并获得了"国家级历史文化名城"荣称。

金华地区共有四个省级产业集群示范区,分别是:金华汽车及零部件产业集群示范区、永康五金产业集群示范区、兰溪棉纺织产业集群示范区、武义特色装备制造产业集群示范区。

一、金华汽车及零部件产业集群示范区

汽车及零部件产业是金华市第一优势主导产业,目前现有列入国家车辆公告目录产品10多只,已形成包括整车、零部件和关联产品三大板块在内的完整产业体系。其中,整车系列有豪华大客车、校车、重型卡车、低地板城市公交车、SUV轿车、轿跑车、电动汽车、特种车、轻型卡车、微型皮卡等近百种车型;零部件系列有汽车发动机、大功率柴油发动机、变速箱、齿轮、轮毂、汽车电机等数百种产品,配套能力不断增强。部分产品的市场占有率较高,在行业中有一定的话语权,其中豪华大客车国内市场占有率达80%以上;重卡变速器国内市场占有率达40%;汽车轮毂市场占有率25%以上。

近几年来,金华市汽车产业产值平均增长幅度在25%以上,到2010年底,金华市已有各类整车及零部件生产企业1700余家,其中规模以上企业270余家,亿元以上企业近40家,形成总产值约200亿元。汽车产业的快速发展还带动了冶金、机械、电器、电子、塑料制品等相关行业的投资和发展,金华市现有关联企业2000多家,关联产值600多亿。金华市被国家有关部门授予"中国汽车摩托车产业基地"称号。据金华发改委公布的"十二五"发展规划纲要指出,"十

二五"期末,金华汽车产值将提高到 1800 亿元,从业人员从 20 万人增加到 50 万人。

青年汽车集团下设商用车集团、乘用车集团和汽车部件集团三大集团,生产德国 NEOPLAN 豪华大客车、德国 MAN 豪华重型卡车、荷兰世爵奢侈豪华轿车、英国莲花轿车、汽车零部件。集团先后被认定为中国机械 500 强、中国民营企业自主创新优秀企业、中国客车工业十佳企业、"AAA"级中国信用安全企业、浙江省百强民营企业,被浙江省树立为"典型促转型"典型样本单位,旗下有"莲花"、"世爵"等知名品牌。

众泰控股集团始建于 2003 年,是一家以汽车整车及发动机、模具、钣金件、变速器等汽车关键零部件的研发制造为核心业务和发展方向的现代化民营企业集团。现有浙江、湖南两大整车生产基地,形成"众泰"、"江南"两大汽车整车自主品牌,是目前国内拥有轿车、轻型客车、轻型货车和纯电动汽车等完整汽车生产资质的民营汽车专业制造商之一。

今飞集团始建于 1959 年,原为国家机械部和轻工部重点骨干企业,1998 年改制为股份合作制企业,是国家汽车零部件出口基地企业,包括汽车轮毂、摩托车轮毂和电动车车轮三大生产基地。旗下的"今飞"牌摩托车、汽车铝合金轮毂产品规模分别列全国第二位和第五位,"金蜂"牌机动喷雾机获中国农机博览会"名牌产品"称号,"今飞"牌铝合金车轮其产品和商标分别被认定为浙江省名牌产品和中国驰名商标。

万里扬集团始创于 1996 年,前身为金华清华实业有限公司,于 2003 年组建为集团公司。公司是金华市重点优势企业,也是汽车变速器行业近年来崛起的明星企业。公司的"万里扬"商标被认定为"中国驰名商标",产品荣获"国家免检产品"、"浙江名牌产品"、"省高新技术产品"、"省工业新产品"、"2009年度中国机械500强"等。

二、永康五金产业集群示范区

永康是全国闻名的"五金之都"。永康亦称"中国门都"、"中国杯都"、"中国休闲车之都"。五金产业是永康的支柱产业,全市有五金机械企业1万余家,产品涵盖机械五金、装潢五金、日用五金、建筑五金、工具五金、小家电等2万多种品种,五金工业产值占全市工业总产值的90%左右,上缴税收占全市财政收入的90%左右。永康的杯类产品年产4亿只,占全国90%。休闲车年产450万辆,占全国80%。安全门日产3万扇,占全国80%。不锈钢餐具系列用品占全国62%,日用衡器产量占全国55%,电动工具产量占全国43%。这里有中国最大的科技五金城,市场年交易额达400亿,日诞民企17家。

传统五金的历史,造就了永康以五金机械产业为主导的区域特色经济:衡器集中在胡库,锉刀、剪刀集中在古山,刨刀、菜刀集中在方岩,绣品集中在四路,电动工具集中在古丽,有色金属冶炼主要在芝英,滑板车、防盗门、保温杯等新兴产业遍布全市。

永康五金涵盖了金属冶炼与压延、不锈钢制品、普通机械、专用设备、交通运输设备、电子器材、仪器仪表等七个行业,门类齐全,已成为包括冶金、机电工业在内的五金大产业。在激烈的竞争中,一个接一个的市场"新宠"横空出世:滑板车最多时日产15万台,列世界第一;电动工具与日本、德国并称"全球三强";包装钢桶、建筑用防滑条、案秤、度秤等产品占国内市场的90%以上;防盗门占全国市场的70%;滑板车、煤气灶炉头占全国出口总量的90%;气筒占全国出口总量的50%;锯条占全国出口总量的1/3;衡器生产企业数占全国1/3,产量占2/3等。

　　王力集团先后荣获 370 多项国家专利,并获国家专利示范企业荣誉。从 2001 年起,王力集团先后荣获全国质量稳定合格产品、中国名牌产品、绿色环保首选品牌、国家免检产品、国家高新技术企业、中国驰名商标、中国诚信企业、防盗门行业十大最具影响力品牌、全国保障性住房建设用材优秀供应商、中国门业十大白金奖、中国方程式大奖赛用油产品、中国汽车、摩托车越野锦标赛指定用油、中国机械润滑油十大畅销等几十项国家级殊荣。2005 年,王力防盗门、防火门、钢木室内门、木质门获得"中国环境标志认证"。2009 年,"王力品牌"入选"中国 500 最具价值品牌",雄踞全国门业之首。2010 年荣获金华市长质量奖,2012 年,王力防盗安全门荣获同行首家 2011年度"苏浙皖赣沪名牌产品 50 佳"称号。

　　哈尔斯股份公司致力于不锈钢真空保温器皿的创新和发展,配备了十条全自动真空瓶生产流水线,并拥有行业领先的静电喷涂、热转印、丝网印、水转印等先进的表面处理优势技术及设备。具备了年产1000 万只真空保温器皿的生产能力,产品有 20 多个系列 200 多个品种。企业先后获得"国家出口产品免验企业"、"浙江名牌产品"、"浙江省著名商标"、"浙江省专利示范企业"、"省级高新技术企业"、"浙江省出口名牌"、"驰名商标"等荣誉。

　　弘盛工贸是中国最大的专业从事儿童滑板车设计、制造和销售的企业集团,具有年生产 400 万台各类儿童滑板车的能力,是中国玩具协会五星级会员、行业龙头企业、纳税百强单位,拥有中国专利 7 项,国际专利 7 项。目前生产儿童滑板车、滑板,手推车,儿童自行车等四大门类的 150 余个品种。公司"伟超""snail"品牌的产品远销欧美等 30 多个国家和地区。2010 年度滑板车行业出口排名第一。

　　星月集团是一家集科、工、贸为一体的国家大型工业企业。产业涉足汽油机、柴油机、发电机、摩托车及摩配、电动(汽油机)助力车、门业、电动(汽油机)工具等。新近开发成功的新型助力车,将逐步取代电动车成为新型代步工具。集团先后跻身于全国500强民营企业、浙江省百强非公(民营)企业的行列。曾荣获全国诚信守法乡镇企业、全国首批摩托车制造行业效益十佳企业、浙江省百强科技型私营企业、浙江省专利示范企业、浙江省优秀诚信企业、全国诚信守法企业、浙江省星火示范企业等荣誉。

三、兰溪棉纺织产业集群示范区

棉纺织产业是兰溪的传统优势产业。从2006年起,兰溪先后被授予"浙江省棉纺织精加工先进制造业基地"、"中国织造名城"和"中国纺织产业基地"。作为兰溪的支柱产业,纺织行业自2005年开始一直保持每年20%以上的增幅。2011年,兰溪纺织业完成销售收入200多亿元,上缴税金5亿多元,实现利润总额10亿多元。2012年上半年,规模以上纺织企业实现总产值101.9亿元,同比增长32.5%,实现新产品产值22.5亿元,同比增长95%,成为工业经济增长的主引擎。

据统计,目前兰溪全市有纺、织、染、服装等企业近1300家,规模以上企业210家,产值超亿元企业45家,纺织产业经济总量已占全市工业经济的1/3强;年产布10亿米、标准巾6亿条、棉纱10万吨,休闲织物面料总量居全省第一,各类毛巾生产总量列全国第二,织机无梭化全国第一。

兰溪纺织产业主要以棉织品为主。涌现了一批云山纺织、立马云山、裕华纺织、龙马制衣等一批超亿元的骨干企业,拥有"双灯"毛巾、"兰江"全棉弹力布等10余个中国名牌、浙江省名牌。完整的产业链和合理的企业梯队结构为纺织业发展构筑了较好的发展基础,多个乡镇已建立纺织块状经济,龙头带动与块状联动初显成效。兰溪的纺织企业在全国乃至全球都有自己的销售点,已建立了一张立足兰溪、遍布全球的纺织国际营销网络图,中国织造名城在国内外轻纺产品市场初露头角。

云山纺织是在原兰溪市棉纺织总厂的基础上改制而来的,原厂创建于 1965 年,是浙江省纺织系统的重点骨干企业。拥有纱锭 28000 枚,日本丰田喷气织机 120 台,并有与之相配套的整经和浆纱设备。年产各类高档纯棉布、绦棉布 1200 万米。特别是在生产弹力织物系列产品方面,有着多年的生产经验和稳定可靠的产品质量。

立马云山是一家专业生产高档纯棉弹力面料的纺织企业,属兰溪市重点纺织企业,国内最大的全棉弹力布生产织造企业。公司引进国外先进的日本丰田织机 570 多台,德国祖克浆纱机,瑞士贝宁格整经机,国产整经机,可形成年产 1 亿万米的生产能力,开发研制国内外市场各类时尚的弹力纱卡、直贡、府绸、纺真竹节、高支高密双层弹力布,仿麻弹力布等。

龙马制衣创建于 1994 年,具有领导时尚、引导潮流的男女时装衬衫、休闲衫、裙子、裤子、茄克等系列服饰,目前年生产能力 600 万件,年产值达 3000 万美元。公司是"金华知名商号"、"纳税大户"、"重合同守信用单位"、"双五"企业,连续几年来评为 AA＋级企业,是一个自营出口超千万美元的企业。公司拥有自主品牌"Arco iris"商标,已获得"金华市名牌产品"及"金华市著名商标"。

裕华纺织成立于 1996 年,目前拥有 2 万纱锭的氨纶包芯纱,500 多台剑杆机及印染分厂,已具备了不同风格织物的开发能力及相当规模的生产能力,主营"全棉布"、"弹力布"等产品。

四、武义特色装备制造产业集群示范区

武义县装备制造业起步较早,距今已有 50 多年的专业机械制造

历史。到 2013 年末,该县规模以上装备制造业企业 311 家,产值超亿元企业 52 家,实现工业总产值 252 亿元,产业经济总量占全县工业经济总量的近 1/2。经过多年的发展与调整,武义县特色装备制造块状经济凸显,已初步形成交通运输设备制造业、通用及专用设备制造业、电动工具制造业和农业机械制造业四大现代装备制造业体系。2013 年,武义大型数控专用机床特色基地被省经信委确定为浙江省高端设备制造业特色基地;特色装备产业集群被省政府确定为浙江省块状经济向现代产业集群转型升级示范区试点。

武义机床成立于 1958 年,是一家专业生产机床出口外向型企业,1998 年被批准为自营出口企业,2000 年通过 ISO 9001:2000 质量体系认证,连续多年被省、市、县评为科技明星企业;重合同、守信用企业;优秀私营企业;百家质量信得过单位及纳税大户。公司产品主要有普通车床、精密车床、数控车床、数控铣床、立卧加工中心、龙门加工中心等 24 个品种规格的机床,具有年产 5000 台机床生产能力。

恒友机电创立于 1988 年,是一家以生产电锤电镐为主及其他电动工具的机电制造企业,现已成为中国电动工具行业重点骨干企业,自 2001 年起,电锤产量、销售额和出口额已连续多年位居国内同行首位,市场占有率达 50% 以上,被称为国内"电锤大王",是目前亚洲最大的电锤生产和出口基地。具有年产电锤电镐和其他电动工具 500 万台的生产能力,是中国电器工业协会电动工具分会副理事长单位和全国电动工具标准化技术委员会副主任委员单位。公司主导产品被评为"中国名牌产品"、"国家免检产品"、浙江省著名商标等。

汉力士成立于 2008 年,一直致力于向国内乃至全球提供优化合理的船用推进系统解决方案。公司通过 CCS、BV 等船级社的工厂认证及 ISO 9001 质量体系认证,与国内著名研究机构共同开展了螺旋桨的研究,成立了电力推进试验室,拥有带负荷试验水池等先进设备。汉力士，以成为中国最大最先进的船用推进系统集成商为目标，着力创建技术优势，掌握核心技术，做大做强中国的船用推进系统产业。

武义周一机电成立于2004年，是集研发、生产、销售为一体的国家高新技术企业。主要生产扫雪机、扫地机、旋耕机等农林和环卫机械产品，产品远销欧美及北京、上海、哈尔滨、长春等地区，目前是亚洲最大的扫雪机出口制造商。

第八章　台州地区省级产业集群示范区品牌建设

台州,浙江省辖地级市;地理位于浙江省中部沿海,东濒东海,南邻温州市,西与金华和丽水市毗邻。台州以"佛、山、海、城、洞"五景最具特色,拥有国家重点风景名胜区天台山、长屿硐天和国家级历史文化名城临海。自古以"海上名山"著称。台州被评为2013年度全国科技进步先进市,被列入浙江省首批创新型试点城市。

台州地区共有六个省级产业集群示范区,分别是:台州医化产业集群示范区、黄岩模具产业集群示范区、温岭泵业产业集群示范区、路桥金属资源再生产业集群示范区、临海休闲用品产业集群示范区、玉环汽摩配产业集群示范区。

一、台州医化产业集群示范区

台州医化产业至今已有50余年的发展历史。进入新世纪以来,依靠科技进步,不断加大研发投入,加快产品结构调整,加强企业管理,积极开拓国内外市场,台州医化产业取得了较好较快的发展。目前已形成批量生产的化学原料药及其中间体有500多个品种,整个行业已形成分工协作、相互关联、配套能力较强的产业链,台州已成为世界化学原料药及其中间体的全球"超市"。建有台州医化产业园区,目前是国内唯一一家经国家批准的国家级化学原料药基地,也是重点培育的全国化学原料药制造中心和浙东南化学原料药出口基地。截止2011年,园区有医化企业59家,其中国家级高新技术企业19家,上市公司6家,产值超亿元企业14家。

台州医化产业的国际认证水平处于国内领先地位,"台州医药"的区域品牌已初步形成。到2009年,已有55个产品通过美国FDA注册认证,获得欧盟COS注册认证的产品有57个,澳大利亚TGA注册认证产品16个,日本注册认证产品21个,韩国注册认证产品9个,印度注册认证产品40个。其中海正药业是国内通过FDA认证最多的企业,华海药业的奈韦拉平片剂是国内首个通过 FDA 认证的制剂产品。

海正集团始建于 1956 年,现已发展成为国家 520 强重点骨干企业之一,主要从事生物、化学合成、制剂等领域的技术研发,是浙江省化学原料药重点骨干企业和出口创汇企业,是国家科技部和中国科学院认定的国家重点高新技术企业,是全国最大的抗生素抗肿瘤药物生产基地和主要的化学原料药生产出口基地,是中国医药行业唯一一家由世界卫生组织(WHO)指定的全球抗结核病药物的生产企业。目前,公司有 8 个产品填补国内空白,4 个国家级新产品,阿霉素、依维菌素、柔红霉素等 5 个产品通过了美国 FDA 认证(食品与药品管理局),产品 75% 以上远销欧美等 30 多个国家和地区。

华海药业创立于 1989 年,是一家集医药制剂和原料药为一体的制药企业。公司是国家重点高新技术企业,国家创新型企业,浙江省医药工业十强企业,中国民营 500 强企业,"十一五"期间中国医药行业国际化先导企业,是中国首家荣获"国家环境友好企业"称号的医药企业。在国内首家制剂通过美国 FDA 认证,并自主拥有 ANDA 制剂文号,是目前国内通过 FDA、WHO、欧盟、墨西哥等国际主流市场官方认证最多的制药企业之一,在制剂出口以及国际化发展领域走在了国内医药行业的前列,是目前中国唯一一家能够进行大规模、商业化制剂生产及出口欧美市场的制药企业。公司生产的心血管药物卡托普利的产量居世界第二。

二、黄岩模具产业集群示范区

黄岩模具产业发端于 20 世纪 50 年代,至今已成为该区支柱产业。至 2011 年底,全区有模具、配件及相应装备企业 3000 多家,从业人员近 10 万人,2011 年实现产值 220 亿元,年模具出口额 3 亿美元以上。新世纪以来,黄岩区先后被批准为"黄岩塑料模具省级高新技术产业基地"、"国家火炬计划黄岩塑料模具产业基地"、"中国(黄岩)模具产业升级示范基地"。2009 年 6 月,省政府批准黄岩模具产业集群为全省 21 个产业集群转型升级示范区之一。2011 年,黄岩模具产业基地入选中国产业集群品牌 50 强。以黄岩冲模厂、赛豪实业、伟基模业、陶氏模具等企业为依托,重点发展中高档汽车钣金覆盖件模具和大中型汽车内饰件模具,为家电配套的大型注塑模具和为集成电路配套的精密塑封模具,塑料板、片、膜挤出模头及配套生产设备,为新型建材及节水农业配套的塑料异型材挤出模等日用塑料模具、汽摩配件、家用电器配件和建筑材料塑料模具;加快发展金属制品的冲压模、压铸模等。

美多模具始建于 1980 年,是一家专业制造空调、冰箱、洗衣机等白色家电,高档办公用品,汽车内外饰件和管件等的注塑模具厂家,年产值 8000 万元以上,先后获得了"中国首批 50 家大型注塑模具重点骨干企业"、"浙江省科技型企业"、"台州市文明单位"、"台州名牌"等荣誉称号。

凯华模具成立于 2000 年,是中国大型注塑模具重点骨干企业,国家级高新技术企业,全球最大的塑胶模具制造商之一,中国最大的汽车模具制造企业之一。公司 2007 年推行 TS16949 质量管理体系认证,2008 年获得德国莱茵公司颁发的 ISO 9001 质量管理体系认证证书。

赛豪实业创立于 1975 年,是一家专业制造精密汽车塑件模具、塑件加工的民营企业,是中国塑料模/压铸模骨干企业联合体成员,浙江省高新技术企业、浙江省知名商号、浙江省制造业信息化示范企业。

三、温岭泵与电机产业集群示范区

温岭泵与电机产业经过 30 多年发展,已经成为国内小型水泵、气泵(微型空压机)、真空泵的主要制造和出口基地,形成了聚集度较高的特色产业,是温岭市四大支柱产业之一。目前温岭市泵与电机产业链相关企业达 3000 家左右,从业人员总数约 8 万人(其中生产工人 2.8 万人,经销人员 5.2 万人),已形成分工专业化、生产规模化、管理科学化、营销网络化的良好格局。温岭市泵业先后获得"全国水泵产业知名品牌创建示范区"、"省现代产业集群转型升级示范区"、"浙江区域名牌"等殊荣。

以利欧股份、新界泵业、中山泵业等企业为依托,重点发展感应式自动控制潜泵、高精度油扩散泵、石化油泵、耐腐蚀泵、食品饮料用泵、工业螺杆泵、多级离心泵、机电仪一体化多用途微型、家用水泵、磁力泵、屏蔽潜水泵、计量泵、隔膜泵、滑片泵等泵产品;加快发展泵用交流、调速电机、泵用直流配套电机等关键部件和水处理设备、节能节水型排灌机械、无油压缩机、电动喷枪等关联产品。

利欧集团主营业务领域涵盖了水务用泵、水利用泵、常规电站泵、核电用泵、石油化工用泵、矿山冶金泵等核心领域,并先后为国内五大发电公司、武汉钢铁、中国水利电力、中国寰球、中国石化、中国石油、南水北调工程淮河治理工程、引黄济青工程、引滦入津工程、苏丹尼罗河泵站、印度尼西亚南望热电厂等服务。其公司及产品获得中国驰名商标、中国出口品牌、浙江省著名商标、浙江名牌产品、国家认定企业技术中心、国家火炬计划重点高新技术企业、浙江知名商号等荣誉。

新界泵业具有较强的品牌营销意识,在全球 100 多个国家地区注册了"SHIMGE"商标,销往全球的产品 90% 以上为自主品牌。此外,公司还获得了 2011 品牌中国大奖——最佳科技奖,中国标准创新贡献奖,中国创新设计红星奖,浙江名牌产品,浙江省出口名牌等品牌相关荣誉。

四、路桥金属资源再生产业集群示范区

路桥金属资源再生产业发轫于 20 世纪 70 年代的拆解业,相继走过了从以拆解国内固废为主到拆解进口固废为主、从手工作坊式拆解到先进技术设备拆解、从定点企业加工到归场基地生产、从单纯的原材料拆解到下游产品的深度开发,产业链不断延伸的发展历程。经过 30 多年的发展,现在该产业基地已成为全国最大的再生金属产业基地之一。截止 2008 年,路桥区的再生金属产业基地涌现了一大批规模大、技术装备比较先进的企业,其中 18 家为中外合作合资企业,共吸收外资 2782 万美元。基地年可综合加工各类废旧电器 150 多万吨,按当前市场价格,可创销售收入 50 多亿元,利税 2 亿多元。2006 年被中国有色金属工业协会命名为"中国再生金属之都"。

2007 年,台州市委、市政府和路桥区委、区政府共同决定,并报国家环保部批准,将金属资源再生产业整体东迁,在路桥东部的三山涂围垦区新建台州市金属资源再生产业基地。基地总用地 6633 亩,拟投入 21.65 亿元(不含企业生产性投资),努力成为国家级现代产业集群示范区。以齐合天地、中环物资、巨科等企业为依托,重点推进废杂金属分选分类、表面洁净及再生金属冶炼,从汽车、摩托车、废旧机电、电池、电线电缆、易拉罐等产品中回收铝、铜、铁等再生金属。海洋废弃物利用领域,以玉环海洋生物化学有限公司、金壳公司、丰润生物等企业为依托,重点发展以废弃蟹壳、虾壳为原料的甲壳素。不断推进资源再生产业向深加工方向发展,不断延伸完善产业链,提高产品附加值。到 2014 年底产业基地将完成全部 43 家企业建设,

最终将形成年综合拆解能力 300 万吨、销售收入达 500 亿元的国家级金属再生产业园区。

齐合天地集团一直是中国最大铜混合废料进口商。集团的主要业务是将各类废马达、废电机以及废电线和电缆等混合金属进行分解、拆解加工并归集成规格单一、可重复利用的再生金属,这样即提高了资源的利用、又减少了对环境的破坏。在 2012 年获得中国对外贸易 500 强企业。

中环物资创建于 1998 年,是一家集内、外贸一体经营的物资再生企业,公司专业从事生产废有色金属、黑色金属回收经营,报废汽车回收拆解;目前公司已发展成为集国内废旧回收、国外自营进口、产品代理出口为一体的较大规模的物资再生企业。

巨科铝业目前是华东地区规模最大、发展速度最快的铝板带箔加工企业,主要从事铝板、带、箔产品的研发、生产、销售,主导产品有空调铝箔、电子箔、包装箔、电缆箔带、防盗瓶盖带材、装饰板带、幕墙装饰铝板、汽车铝合金板、高档 PS 铝板基、制罐料、铝圆片、铝—不锈钢复合板材、铝—铜复合管材等。为我国航空航天、汽车制造、包装印刷、建筑装饰、电器电子等行业的发展提供强有力的原材料支持。

五、临海休闲用品产业集群示范区

临海休闲用品产业发源于临海的工艺品企业。1989 年,部分企业家通过样本引用与技术创新,首次成功制造出木制太阳伞。1990 年,该太阳伞通过春季广州交易会推向国际市场,获得认可。受此影响和带动,从 20 世纪 90 年代初开始承接外贸小订单起步,逐渐形成了户外家具、花园用品、庭院用品、遮阳伞篷、野营用品、各类户外运动用品、工艺礼品和节日灯饰等多种类别的休闲产品体系。2003 年被中国轻工业联合会授予"中国休闲用品礼品生产基地"称号;2009

年被中国轻工工艺品进出口商会授予"中国户外家具及庭院休闲用品出口基地"称号；2010 年被列入浙江省第二批块状经济向现代产业集群转型升级示范区；2011 年被列入第一批"浙江省出口基地"；2012 年 9 月被列入浙江省产业集群示范区区域国际品牌第二批试点名单，同年 10 月 26 日～28 日临海市成功举办了"2012·浙江临海首届户外家具及庭院休闲用品展览会"。

临海的休闲用品产业已在国内外市场具有一定的品牌知名度与美誉度，先后荣获 4 个中国驰名商标、8 个浙江省著名商标及名牌产品，3 个浙江省出口名牌。境内商标注册企业有 27 家，境外商标注册企业超过 20 家，注册国达到 135 个国家和地区。

正特集团拥有 200 多项专利，其中 20 余项专利已被美国、欧盟等专利机构受理或授权。30 多种产品通过了国外专业机构安全认证，自行设计的"罗马吊伞"、"太阳能电动伞"荣获德国科隆休闲用品博览会创新设计奖；"带篷顶刚朵拉吊床"荣获"2013 年德国红点产品设计大奖"，"西西里吊伞"荣获"2014 年德国红点产品设计大奖"。公司"建筑遮阳技术"与"全环保合成木"被建设部评为国家重点推广技术。公司成为建设部归口工业行业标准"建筑曲臂遮阳篷"的主编单位，并于 2008 年获通过。

永强集团是国内最大的户外休闲家具及用品 ODM 制造商。公司产品主要有户外休闲家具、遮阳伞、帐篷等三大系列，用于家庭庭院和露台、户外休闲场所（餐馆、酒吧、海滩、公园）及酒店等场所，产品主要销售往欧美等发达国家。先后获临海市"实力企业"、台州市十五期间突出贡献企业、浙江省"五个一批"重点企业、浙江省外贸出口 50 强企业、中华人民共和国海关"AA 类企业"等荣誉称号。

六、玉环汽摩配产业集群示范区

曾被业内誉为"中国南方最大的汽车零部件生产基地"的玉环汽

摩配产业,自1966年创建以来,已经走过40余年历史。上世纪90年代初,是玉环汽摩配产业高歌猛进之时,产值一度达到全国汽摩配产业总量的10%。而作为全国首家"中国汽车零部件产业基地",汽摩配是玉环支柱产业之一,2011年实现产值404.74亿元,同比增长11.34%。

玉环汽摩配产品由国内整车配套、售后维修和国外整车配套、售后维修四块市场组成。2002年以后玉环汽摩配的国外售后市场逐渐做强,2011年出口达到6.5亿美元,增幅34.72%。玉环的汽摩配产品品种之多、规格之全,几乎涵盖国内所有车型,除整车外壳的所有部件和配件。在玉环的汽车部件和配件中,发动机减震器、球笼式等速万向节、方向盘、齿轮、皮带轮、变速器、刹车泵、水泵、高强度螺栓、推杆等产品,都已经形成了一定的规模,与捷达、奥迪、红旗、大众、东汽、重汽、天汽、通用、昌河、哈飞、富康、五菱、长安、江铃、五十铃等众多主机厂配套。在玉环的摩托车部件和配件中,除发动机外其余的部件和配件都能生产;其中蝶刹制动盘、气门挺杆、齿轮、起动电机、发电机、鞍座、摇臂、离合器、油箱、车架、前后轴、点火器等,生产规模都相当巨大;主要配套厂家有:轻骑、新大洲、嘉陵、金城、建设、钱江、五羊、捷达、北易、南方、大长江、吉利、华日、春兰、林海、扬子、上易、隆鑫、宗申等几十个主机厂。

骆氏企业成立于1988年,是国家火炬计划重点高新技术企业,是浙江省的高新技术企业,主要生产汽车用悬挂衬套、液压和机械式发动机支承,减震衬套、控制臂衬套和其他橡胶、塑料零件。企业连续多年荣获中国银行省级AAA级企业称号,拥有省级研发中心,年总生产能力是8000万件,产品与一汽、上汽、金杯、奇瑞等众多厂家定点配套,并且远销美国、德国、中国台湾、中国香港等多个国家和地区。

凯凌集团创建于1995年,是中国最大的摩托车液压盘式制动器集开发、生产和销售为一体的技术密集型专业化企业。公司的产品被认定为浙江名牌产品,产品有摩托车制动器、自行车制动器、微型汽车制动器和风力发电机组制动器。在中国主要为豪爵铃木、轻骑铃木、金城铃木、建设雅马哈、林海雅马哈、轻骑标致、宗申比亚乔、宗申、力帆、隆鑫、洛阳北易等重点摩托车厂提供配套。

第九章 其他地区省级产业集群示范区品牌建设

第一节　衢州地区省级产业集群示范区品牌建设

衢州位于浙江省西部,钱塘江上游,金(华)衢(州)盆地西端,历史上一直是闽浙赣皖四省边际交通枢纽和物资集散地,素有"四省通衢、五路总头"之称。衢州旅游资源丰富,有"神奇山水,名城衢州"之称。1994 年被国务院命名为国家级历史文化名城。2012 年、2013 年连续两年入选中国十大宜居城市。2013 年国家首批国家循环经济示范城市,成为浙江省惟一上榜的地级市。

衢州地区共有一个省级产业集群示范区:衢州氟硅产业集群示范区。

一、衢州氟硅产业集群示范区

在近几年里,衢州市凭借巨化氟化工产业基地和开化县硅材料的有力支撑,衢州市的氟硅高科技产业集群正在迅速崛起。在国家和浙江省"十一五"产业政策的推动下,衢州市充分利用完善的公用工程设施和基础化工原材料配套条件,以衢州地区现有的氟化工产业为基础,积极开展对外合作,发展氟材料、氟精细化学品等下游氟化工产业,引导资本集聚氟硅产业,提出培育超百亿的产业目标,截至2011年工业投资规模已达143亿元。目前,该市已聚集36家以生产有机硅和单晶硅等高新技术产品为主的企业,成为浙江省最大的硅材料生产基地。巨化的氟化工、氯碱化工、煤化工三大产业,以及其集研发、设计、生产、经营于一体化的综合优势,为衢州市发展氟硅产业奠定了基础。

目前,衢州的氟硅产业链越拉越长。上游,氟产业从氢氟酸、含氟单体、ODS(消耗臭氧层物质)替代品到含氟树脂,硅产业从硅粉、有机硅单体、多晶硅到单晶硅;下游,氟硅高新材料、太阳能产业和电子信息产业。不断拉长的产业链,优化了内部资源配置,增强了整体竞争能力,使衢州氟硅产业集群的"蛋糕"越做越大。据介绍,未来几年,衢州市将在已有氟硅产业基础上投资55亿元,使氟硅产品的实物总量增加近40万吨,氟硅产业的总销售收入将超过135亿元,带动衢州经济快速增长。

巨化集团创建于1958年,公司主要产业有氟化工、氯碱化工、石油化工、精细化工等化工业务以及公用工程、物流、商贸、装备制造、金融投资等生产性服务业。其中氟化工产业综合实力处于国内龙头地位,国内市场占有率排名第一;氯碱化工中的PVDC规模位居国内前列;石油化工、精细化工等在技术和细分领域处于国内领先。公司为浙江省行业领军企业,多次入选中国500强。"巨化牌"为"中国驰名商标",品牌价值101.37亿元。公司力争到"十二五"末,进入全国化工企业十强,实现氟化工领域综合竞争力国内领先,跻身全球氟化工强企行列。

第二节　舟山地区省级产业集群示范区品牌建设

舟山市位于浙江省舟山群岛。地处我国东南沿海,长江口南侧,杭州湾外缘的东海洋面上,背靠上海、杭州、宁波大城市和长江三角洲辽阔腹地,是长江流域和长江三角洲对外开放的海上门户和通道。舟山是中国最大的海水产品生产、加工、销售基地,素有"东海鱼仓"和"中国渔都"之称。全市港湾众多、航道纵横、水深浪平,是中国屈指可数的天然深水良港,有"中国海鲜之都、海洋经济强市、海洋文化名城、海上花园城市"之称。

舟山地区共有两个省级产业集群示范区,分别是:舟山海洋生物与海产品深加工产业集群示范区、舟山船舶修造产业集群示范区。

一、舟山海洋生物与海产品深加工产业集群示范区

舟山市海洋生物和海产品深加工产业发展历史悠久,特别是改革

开放以来,经历了产业化发展、产业链发展和块状经济发展三个阶段。2011年,舟山市水产加工业实现产值165亿元,其中规模以上企业实现产值122.2亿元,实现主营业务收入114.7亿元,利税总额3.7亿元,其中利润总额为2.8亿元。舟山市已形成以沈家门海洋生物园区、浦西工业园区、干石览水产品加工园区、岱山高亭水产加工企业集聚区、嵊泗枸杞·嵊山水产加工企业集聚区为主的五个产业集聚区块。

把舟山市海洋生物和海产品深加工产业集群发展成为全球化、品牌化、专业化、集约化的产业集群,使舟山成为国内外著名的水产品精深加工基地、国内主要的水产品贸易集散基地、国内主要的水产品出口基地。到2013年,全市水产加工业实现产值185亿元,占全国海水产加工业产值8%以上,精深加工产值比例达55%以上,加工技术达到国际先进、国内领先水平。

依据舟山市海洋生物和海产品深加工产业集群结构,及舟山市海洋生物和海产品深加工产业链各领域关系,针对舟山市海洋生物和海产品深加工产业集群发展中存在的主要问题,今后舟山市海洋生物和海产品深加工产业集群将重点发展远洋捕捞、原料进口、海洋药物及生物制品生产、产成品交易、国内市场、科研、人才、物流运输和仓储、信息、金融等十大领域。

海力生集团是以海洋药物、海洋生物、海洋精深加工食品为主导产业的公司,前身是创建于1954年的舟山水产食品厂,拥有十余家子公司。公司系省"五个一批"重点骨干企业、省医药行业重点骨干企业、省高新技术企业、省创新型试点企业和舟山市重点扶持的骨干企业,公司产品多次荣获国家、部、省、厅的优质产品、科技进步奖、全国发明奖、浙江省名牌产品、浙江省高新技术产品和高质量医药产品等称号。其中"海力生"商标为中国驰名商标,"海力生"商号为浙江知名商号。

中国水产舟山海洋渔业隶属于中国农业发展集团总公司,创建于1962年,公司年产各类海水鱼3万余吨,年处理水产品原料4万余吨,年产值13亿元,出口创汇2000万美元,是一家由远洋渔业、海洋食品加工贸易业、渔业服务业以及房地产开发为主的多种经营四大板块组成的综合性多元化大型企业。曾进入"中国的脊梁国有企业500强"行列,"明珠"商标荣膺中国驰名商标称号,十几年来连续保持浙江省著名商标,"明珠"牌水产食品系列为浙江省名牌产品。

二、舟山船舶修造产业集群示范区

从20世纪五六十年代开始,世界船舶制造中心经历了多次转移。随着全球制造业的东移,世界造船中心从欧洲向东亚转移的趋势进一步显现。我国明确提出建设世界第一造船大国的目标,船舶工业在国家总体产业格局中的战略地位更加突出。舟山拥有得天独厚的深水港湾和四通八达的深水航道,浙江省提出把船舶工业作为全省建设先进制造业基地的重点发展产业,并明确船舶工业主要向舟山集中布局,把舟山打造成国际知名的现代化船舶工业基地。

舟山及时抓住了世界船舶工业产业转移的机遇,成功实现了船舶工业的崛起。在"十一五"的短短5年间,舟山临港工业的发展全面超越渔业和水产加工业,船舶工业连续5年增长率在80%以上,成为经济发展"新龙头"。"十一五"期间,船舶工业产值达到548.85亿元,造船能力超过800万载重吨,造船三大指标占全国份额的10%以上。2010年船舶工业总产值达到548.9亿元,是2005年的9.44倍,一跃成为舟山市举足轻重的支柱产业。

目前,舟山船舶工业一般贸易与加工、租赁贸易并存的格局已基本定型,舟山船舶出口到包括挪威、德国、美国、英国等世界前9个航运大国在内的 60 多个国家和地区,舟山制造的各种船舶已经航行于全球的洋面上,得到了世界市场的广泛认可。舟山市也提出了要以打造"世界一流船舶产业基地",构建"布局合理、要素齐全、优势明显、规模千亿"的产业集群格局为中长期发展目标;形成"3 个发展重点、4 个服务平台、5 个集聚区块、6 个船型品牌、10 家龙头企业",实现舟山船舶产业又好又快发展见(表 1)。

表 1　舟山船舶产业集群总体布局

项目	内容
3 个发展重点	造船、修船和配套
4 个服务平台	研发平台、培训平台、信息平台和交易平台
5 个集聚区块	舟山本岛北部及西北部周边岛屿、盘峙及周边岛屿、小干一马峙岛、六横岛、秀山一岱西一长涂岛
6 个船型品牌	VLCC、汽车运输船(PCTC)、5300TEU 集装箱船、17.6 万吨散货船、5.8 万吨散货船、5 万吨多用途船
10 家龙头企业	金海重工、扬帆集团、欧华造船、常石集团(舟山)、五洲船舶、舟山中远船务、鑫亚船舶、万邦永跃、海舟修造、东邦修造

金海重工创建于 2005 年,2007 年投入造船生产,目前已发展成为大型现代化造船企业,属国家高新技术企业和浙江省工业行业龙头骨干企业;2009 年成为舟山首个产值超百亿企业,并连续四年保持百亿以上产值;公司先后获得中国船级社颁发的"修造 40 万吨级船舶"质量管理体系认证、HSE 体系认证,通过一级 I 类船舶生产条件评价;公司获评"2010 年度最具成长性企业",荣获国际权威组织 seatrade 颁发的"造船厂奖",获评"中国造船企业 10 强",荣列 2012 年度浙江省百强高新技术企业之首等。

第三节　丽水地区省级产业集群示范区品牌建设

丽水古称处州,位于浙江省西南浙闽两省结合部。东南与温州市接壤,西南与福建省宁德市、南平市毗邻,西北与衢州市相接,北部与金华市交界,东北与台州市相连。丽水被誉为"浙江绿谷",生态环境质量浙江省第一、中国前列,生态环境质量公众满意度继续位居浙江省首位。2005 年 1 月,丽水市被命名为第三批国家级生态示范区;2009 年 12 月,相继被命名为"中国优秀旅游城市"、"中国优秀生态旅游城市"。

丽水地区共有两个省级产业集群示范区,分别是:缙云带锯床产业集群示范区、遂昌金属制品产业集群示范区。

一、缙云带锯床产业集群示范区

缙云带锯床和特色机械装备产业集群是全省首批 21 个向现代产

业集群转型升级试点的块状产业之一,主要是以生产锯床为主的企业构成。经过十多年的发展,机床已经成为缙云县的支柱产业之一,2008年该县锯床行业实现工业总产值约10亿元;2010年,该县带锯床和特色机械装备行业实现产值143.25亿元,销售收入达12亿元,约占全国市场份额的70%以上,产品质量监督抽查合格率为86.8%;力争到"十二五"期末,带锯床和特色机械装备行业实现工业总产值300亿元。

2011年9月起,联盟标准Q/JCLM001、Q/JCLM002在该县13家带锯床企业首批推广实施。通过标准的实施,标准推广企业积极加强锯床生产的软硬件设施建设,制定工艺控制标准,做好企业内部标准化培训,提高了锯床的质量,在锯床精度保持性上有所提高,锯床故障率较高明显降低。实施联盟标准后,经济效益、社会效益明显增加。2011年销售产值达到18亿元、实现利税24285万元,较2009年增长200%以上,行业内万元产值耗电量已经下降到47kW以下,生产加工的锯切效率上升到97%以上,废气、废水、费油以及边角料降耗环保指标均有明显改善,为产业可持续发展提供了良好基础。

晨龙锯床成立于2000年,由原来缙云县锯床总厂变更,公司通过了ISO 9001:2000标准质量体系认证、ISO 14001:2004环境管理体系认证、OHSAS 18001职业健康安全管理体系认证,是"中国机床工具工业协会锯床分会副理事长单位"、"国家高新技术企业"、"全国企事业知识产权试点单位","浙江省装备制造业重点领域龙头企业"、"中国机械优秀工业企业"、"浙江省文明单位"、"浙江省安全示范单位"。"晨龙"牌商标被评为"浙江省著名商标"、"中国驰名商标","晨龙"牌金属带锯床被评为"浙江名牌"产品。

二、遂昌金属制品产业集群示范区

经过多年拼搏,遂昌的工业得到了长足的发展,特别是金属制品产业已成为该县工业经济的支柱产业。2005年10月,遂昌县被中国五金制品协会授予"中国建筑五金产业基地"荣誉称号,2011年4月再次复评通过,并被浙江省政府列为第二批块状经济向现代产业集群转型升级示范区。全县有各类金属制品企业近百家,其中规模以上企业二十余家,2010年实现工业产值75亿元,占该县工业总产值的60%以上。2012年,金属制品产业产值逾百亿元,占该县工业总产值的70%以上。

根据遂昌县制定的《金属制品产业集群转型升级示范区实施方案》,努力将遂昌打造成为集研发、设计、生产和销售为一体的国内外知名的"金属制品生态产业园"和"国家新型工业化产业示范基地",进一步确立遂昌金属制品产业在国内外金属制品产业格局中的主导地位。到2013年,遂昌金属制品总产值达到155亿元,年均增长率超过27.5%,工业增加值达到28亿元,规模以上企业产值占总产值比例达85%以上。

元立集团始建于1991年,是一家集炼钢、连铸、轧材、金属制品加工于一体的工贸结合的外向型企业,公司从炼钢、轧材再深度加工各种规格金属制品,产业链之长为国内之最,也是国内钉、丝类生产总量最大的企业之一,是国家大型工业企业、全国民营企业500强之一、浙江省"五个一批"重点骨干企业、浙江省百强企业、省百强民营企业、省诚信示范企业、省级文明单位等。其中元立牌镀锌铁丝荣获"浙江名牌产品"和"浙江省著名商标"称号,钢钉系列产品荣获"国家免检产品"称号,2009年荣获"浙江省知名商号"。

案例篇

AN LI PIAN

引　言

　　本篇精选了二十个浙江省工业品牌作具体深入的案例分析,以期通过对不同地区和不同行业品牌发展过程的详细梳理,更加深层次的展现浙江省工业品牌建设的现状,为进一步提高浙江省工业品牌建设水平提供实际指导和借鉴作用。这二十个工业品牌分别为:(杭州地区)娃哈哈集团、万向集团、杭汽轮集团、吉利控股集团,(宁波地区)雅戈尔、奥克斯,(温州地区)奥康集团、正泰集团,(台州地区)爱仕达、钱江摩托,(湖州地区)天能集团、欧诗漫集团,(绍兴地区)菲达环保、古越龙山,(金华地区)浪莎集团、康恩贝集团,(嘉兴地区)民丰特种纸,(舟山地区)金鹰股份,(丽水地区)纳爱斯集团和(衢州地区)开山集团。

第一章 杭州地区

一、娃哈哈集团——打造有质感的商业品牌

在浙江众多高知名度的优秀民族品牌中,娃哈哈无疑是其中的佼佼者。2006 年以来,娃哈哈的品牌价值在国内极具权威性的胡润品牌榜中,始终在民营企业中名列前茅。在最新公布的 2013 年胡润民营企业品牌榜中,娃哈哈更以 220 亿元的品牌价值,排名第五。

（一）树立正确的品牌架构策略

纵观娃哈哈的发展,可以说就是一部不断调整品牌架构与策略的企业发展史。从起初的单品牌单产品初创阶段,到单品牌多产品高度发展阶段,继而到多品牌多产品的再续辉煌阶段,娃哈哈始终将如何更好的进行品牌塑造放在首位。总体而言,娃哈哈的品牌战略历程就是从单品牌单产品—单品牌多产品—多品牌多产品的转型历程。

1. 单品牌单产品策略

1987 年推出儿童营养液。娃哈哈只生产和销售一种产品,那就是儿童营养液。1991 年兼并了杭州罐头食品厂,组建成立了杭州娃哈哈集团公司,才步入规模经营之路。这个阶段,娃哈哈的品牌架构属于单品牌单产品阶段。1991 年销售额达到 4 亿元,可以说为娃哈哈集团挖到第一桶金。随着保健品浪潮的逐渐衰退,娃哈哈公司开始认识到儿童营养液的生命周期将会很短,保健品本身也难以有更大的发展,于是就开始开发新的产品。

2. 单品牌多产品策略

1991 年,娃哈哈推出了娃哈哈果奶。通过口味的差异化,电视媒体的大力宣传及大规模免费赠饮活动等营销手段,娃哈哈果奶成长为果奶第二品牌,仅次于乐百氏。娃哈哈果奶推出之后,娃哈哈已经逐渐将产品重心放到食品饮料方面而不是保健品方面了。1992 年,娃哈哈在兼并了杭州罐头厂之后又推出八宝粥、银耳燕窝、红豆沙、绿豆沙等方便食品,娃哈哈的目标市场开始涉入成人市场。1995 年娃哈哈矿泉水和纯净水的推出在娃哈哈发展史上有着极其重要的意义,它标志着娃哈哈已经大张旗鼓的进军成人市场。和第一阶段的单位品牌单产品架构相比,单品牌多产品架构有利于满足不同消费群体的需求,有利于细分和扩大市场,从而提高市场占有率,增强公司的竞争力,与此同时,公司的品牌知名度也大大的提高了。

3. 多品牌多产品策略

1998 年,非常可乐的横空出世,在可口可乐和百事可乐中国市场划开了一个大大的缺口。由于非常可乐的发展,娃哈哈将非常品牌作为公司品牌下的一个家族品牌,非常品牌下的产品也已经由刚开始的非常可乐发展到非常柠檬、非常甜橙、儿童可乐、非常茶,非常品牌也成为除了在非常可乐这个家族品牌下扩充了产品品牌。现在,娃哈哈品牌下已经有了饮料的大多数品类,包括含乳饮料、饮用水、果汁饮料、茶饮料、植物饮料等,并且还开发了系列的产品品牌如HELLO-C 等,在这两个家族品牌中,非常品牌的定位非常的明确,主要是针对那些喜欢喝碳酸饮料的消费者,同时,因为价格相对低,它的目标市场主要针对农村市场。在娃哈哈这个家族品牌中,它的品牌覆盖面非常广,产品也众多。

从单一品牌单一产品,到多品牌多产品,娃哈哈集团饮料产品的品牌架构发生了很大的变化,品牌架构更趋合理,更有利于公司内各品牌调协发展,提升娃哈哈的整体品牌形象。

(二)创新是娃哈哈品牌保鲜的动力

在保证娃哈哈产品符合市场预期的同时,娃哈哈集团在产品质量上也下了不少苦工。为了科学保障产品质量,娃哈哈采取了一系列保障措施:引进先进的技术设备确保产品的质量;运用科学的生产方法,严格操作;通过组建"公司分厂车间"三级质量监督网路等。正是在严格的技术控制、技术创新下,娃哈哈才得以不断提高产品质量,提升品牌质感。25年来,娃哈哈以一流的技术、一流的设备,一流的服务,打造出一流的品质,先后投资100多亿元从美国、法国、德国、日本、意大利等国引进360余条世界一流的自动化生产线。

进入新世纪后,娃哈哈已拥有了雄厚的产品自主研发能力和技术创新能力,在雄厚的资金保障下,通过引进国际最先进的生产设备技术,进行消化、吸收、再创新,使公司拥有强大的核心竞争能力。同时,通过自主开发营养快线等系列创新产品,广开销路,实现科学发展,行业龙头地位日益稳固。

在创新产品研发能力的同时,娃哈哈在营销方面也不落后。早在2008年娃哈哈集团就展开了全新的网络营销,在技术、质量更好的基础上,对在创新营销形式上与时俱进展现了品牌魅力。2008年3月,娃哈哈集团邀请了9家全国大型主流网站高层领导在北京召开了"春天里的约会"网络媒体联谊会,翻开了娃哈哈与网络媒体合作的新篇章。2008年4月网络营销正式启动以来,娃哈哈借助网易、腾讯、搜狐、TOM等强势门户网站的技术和传播优势,大规模地进行了网络营销尝试,并取得了良好的效果。在开展网络促销活动的同时,娃哈哈还利用各大网络媒体的优势,开展了一系列网络公关活动,并结合公司21周年厂庆及改革开放30周年设立了人民网、网易、搜狐三大门户专题,有效地提升了公司整体的外部形象。

（三）独创"联销体"模式的营销网络

在提升公司品牌的策略上，娃哈哈总结出目前在中国饮料市场上，饮料企业销售网络主要有以下三种典型模式：（1）可口可乐、百事可乐、统一和康师傅的直营体系，主要做终端，虽然市场基础扎实，控制力强，但成本太高，难以辐射到广大农村地区；（2）健力宝的批发市场模式；（3）娃哈哈的联销体模式。与可口可乐、百事可乐相比，娃哈哈更好地整合了社会资源，企业成本低，可以转化为价格优势，并且市场推广速度快，另外非常容易实施农村路线，形成局部优势。

娃哈哈集团独创的"联销体"模式的营销网络被业界大为称颂"娃哈哈联销体"基本构架为：总部——各省区分公司——特约一级批发商——特约二级批发商——二级批发商——三级批发商——零售终端。要求经销商按年度先行缴纳保证金，作为相应的回报，娃哈哈承诺给予更多的优惠政策，并按高于同期银行利率对经销商保证金支付利息，实行"保证金制度"，使得娃哈哈在整个模式中占据了主动，也使得经销商变为主动经营，同时淘汰了一批信用不良的经销商。这种营销模式使娃哈哈的触角伸入到全国的每个角落，尤其它比较容易易实施农村路线，形成局部优势。现在，娃哈哈集团进一步推进营销网络建设工程即"蜘蛛战役"，计划在三年内构筑一个全封闭的全国营销网络。有了好的营销网络，娃哈哈很容易就实现规模经济，一方面降低了运营成本，增加了企业的利润，另一方面也让公司品牌为众多经销商和消费者所知，也增加了公司的品牌资本。

（四）授之以渔的企业责任感

品牌的塑造过程从来不是一蹴而就，除了在质量上对产品层层把关，在技术上不断实现创新，更重要的是企业要在与社会持续不断地进行"沟通"，以真诚、坦率的面貌承担起一定的社会责任，在这一点上娃哈哈可谓是最好的例子。

1. 致力公益事业,奉献企业价值

娃哈哈除了以创新的技术不断保证产品的质量外,它还在生产过程中尽量的注意节能减排,并且还把这作为企业运行的一项基本内容进。娃哈哈集团成立以来一直致力于社会公益事业,已累计为慈善事业捐赠 3.7 亿元。2003 年 SARS 横行的时候,娃哈哈捐赠价值 900 万元的康有利电解质饮品到 29 个省市的卫生部门,支援抗击"非典";2004 年,印度海啸震惊世界,娃哈哈通过中国红十字会向东南亚捐赠了价值 900 万元的纯净水和童装;2008 年汉川地震发生,在地震当晚,娃哈哈集团老总宗庆后就指挥娃哈哈分厂向灾区捐款和送娃哈哈水送饮料,并随后领养了一些孤儿,在那次地震中,娃哈哈累计捐款捐物 1500 多万元等等。

2. 对口支援,点燃西部之光

对于娃哈哈而言,慈善不仅仅是简单的现金捐赠,而更应该在一些困难的地方做投资,带动就业,上缴税收,带动当地经济的成长,促进当地人观念的转变。

早在 1994 年,娃哈哈就投身对口支援三峡库区移民建设,兼并涪陵三家特困企业,组建了娃哈哈涪陵分公司,以成熟的产品、成熟的技术、成熟的市场,辅以雄厚的资金实力及娃哈哈固有的品牌优势,使涪陵公司一举打开了局面,产值利税连年快速增长,成为三峡库区最大的对口支持企业之一,跻身重庆市工业企业 50 强。1997 年以来,在西进涪陵的成功基础上,娃哈哈再接再厉,在三峡坝区湖北宜昌、国家级贫困区湖北红安、四川广元、吉林靖宇及沈阳、长沙、天津、河北高碑店、安徽巢湖等 26 省市建立了 40 余家控股子公司,均取得了较好的经济效益,外地分公司的产值占到整个集团公司的近一半,不仅成为带动当地经济发展的"火车头",同时也使娃哈哈实现了销地产,发展成为中国最大、最强的饮料企业,取得了"双赢"。

3."家文化"营造品牌归属感

娃哈哈一直倡导"家文化"的品牌内涵,它涵盖一个完整的文化系统,在物质、行为、制度、精神四个层面上都有着丰富的展现,处处体现着娃哈哈健康、欢乐的宗旨和内涵。娃哈哈的"家文化"解决了企业的分配问题,在公司内,几乎是全员持股,同时又是按照贡献来按照业绩来进行分配。娃哈哈曾经也有过困难的时期,但并没有一个员工因此而背叛和离开娃哈哈,不得不说娃哈哈的"家文化"提升了娃哈哈集团的品牌形象和价值。

娃哈哈的发展是浙江中小企业的一个缩影,也是中国中小企业的一个缩影。众多埋头苦干的中小企业要想全方位地增强企业竞争力,就必须像娃哈哈一样打造有品质感的商业品牌。现在娃哈哈开始涉足现代商业和白酒业。这种跨界发展是否能够进一步提升娃哈哈的品牌价值,我们拭目以待。

二、万向集团——战略制胜,做世界品牌常青树

万向集团

改革开放初崭露头角的企业大部分已难觅踪迹。但从一家铁匠铺发展起来的万向集团,却以年均40%左右的速度保持十几年稳健快速的增长。到底有什么长盛不衰的秘诀而被誉为中国品牌的常青树?

（一）战略转型强化品牌优势

万向集团公司始创于 1969 年，现为国家 120 家试点企业集团和 520 户重点企业之一。万向主业为汽车零部件业，经历了从零件到部件，再到系统模块供应的发展轨迹，已在全球市场建立了服务网络，为全球主机及大众客户提供仓储、配送等服务。万向在发展的历程中面临多次重大的战略转型，根据所处的外部环境，万向结合自身优势，制定了正确的发展战略，为万向品牌的成功塑造奠定了坚实的基础。

1. 实行专一化生产，做"小型巨人"

1979 年，万向进行了产品结构的重大调整，削减了占当时一半产值的多角产品。虽然万向经过十年的发展，已经小有规模，但在当时进行多元化生产还是不现实的。万向抓住了国家选择定点生产企业的机会，大力整顿企业，与青岛和广州的两家国营企业一同，被列为全国万向节定点生产专业厂。万向通过在产品质量和成本上下功夫，一举成名，被誉为"小型巨人"，市场占有率也迅速扩大。万向节作为一个技术含量并不高，利润也薄的产品，当时并不是众多任务厂愿意生产的理想产品，但万向节的市场巨大。万向正是抓住了这一市场空档，集中全部力量生产一个产品。严格管理和大规模生产降低成本，专业生产的技术经验保证产品质量，最终在市场的缝隙中生存和发展壮大起来。

2. 实现成本领先战略和专一化战略的结合

万向在实施专业化生产的同时，不断降低成本增强自身的竞争优势。通过严格的内部管理，不仅提高了劳动生产率，而且降低了产品成本。在这九年里，全国汽车零部件涨价幅度在 50％ 到数倍不等。厂里使用的钢材提价 1.3 倍，煤提价 5 倍，职工工资收入提高 3.6 倍。对于万向在生产费用连年上涨的条件下，产品销价始终低于同行厂家,经济效益却直线上升的情况,《人民日报》以及中央人民广播电台等媒体,先后对之作了报道,称之为"万向节现象"。由于这一战略的成功实施,使得万向从1980年到到1989年9年间,已经占据了全国市场份额的50%。这一策略对于万向在八十年代的崛起,关系重大,企业从而获得了强大的竞争优势。

3. 实施国际化战略

随着万向在国内的规模不断发展壮大,生产万向节技术的成熟,以及国内市场竞争日益激烈,万向将目光对准国际市场。1984年,万向第一次产品出口美国,开始同海外市场打交道,中国汽车零部件产品首次进入汽车王国,引起了国外新闻界的极大关注;90年代初,万向海外市场不断扩展人员交流也日益频繁,1994年,万向美国公司在美国芝加哥成立。除了进行零部件产业的市场拓展外,万向美国公司还在产业扩张、资本运作方面进行了成功的尝试。2000年,美国公司与芝加哥霍顿保险集团合资,控股成立万向—霍顿保险经纪公司并进军中国市场;继而又成功收购了在美国纳斯达克上市的Universal Automotive Industries公司,为万向制造资源优势的国际优化配置提供了平台。万向集团一系列的成功收购,进一步巩固了万向在国际上的地位和水平。

万向集团首开中国民营企业收购海外上市公司的先河,率先成为福特、通用等汽车巨头的战略合作伙伴。一次次成功的海外并购,使万向在汽车零部件领域进一步得到了先进技术的支撑,并叩开了国际汽车领域之门,打开了产品的世界市场渠道,也使万向成为了一家真正意义上的跨国公司,有效促进了万向集团的品牌传播。

(二)不空谈企业文化,为员工切实谋发展

万向集团自诞生之日至今30余年,已形成了特有的理念与精神,塑造了具有自身特色的万向文化,这是万向集团赖以生存与发展

的灵魂与环境。

1. 兑现"奋斗十年添个零"

回顾万向40年的发展历程,可以看到它克难攻坚取得一个个新突破。上世纪70年代,企业日创利润1万元,员工的最高年收入为1万元;80年代,企业日创利润10万元,员工的最高年收入为10万元;90年代,企业日创利润100万元,员工的最高年收入超过了100万元;而在去年7月8日,也就是万向集团创业40周年的纪念日上,万向再次宣布企业已提前实现日创利润1000万元,员工最高年收入1000万元,这意味着10年前许下的一个承诺再次兑现了。而面对下一个十年,万向集团毅然坚持"十年添个零"的目标,这意味着到2019年,万向集团日创利润将达1亿元,员工最高年收入1亿元。从1万到1000万这些数字的变化是万向创业40年来持续发展的写照,更是激励万向勇攀高峰的动员令。

2. 重视人才,培养职业经理人

万向对人才的重视有目共睹。万向引进与培养并重,同时更注重引进之后的培养,每个时期都能看到万向招聘人才的重大举措。1999年,国家人事部批准万向建立企业博士后工作站,为万向吸引高层次人才创造了条件。

万向十分注重对职业经理人的培养工作。万向最初招用的员工经过十几年的锻炼,大都走上了总经理岗位。他们实践经验丰富,聪明能干,为万向的发展做出了贡献。但是,他们理论知识不足,没有系统的学习过经济和经营管理知识。为了提高他们的素质,应对日趋激烈的竞争,万向把他们分期分批送到清华大学脱产进修;安排、鼓励他们参加各大学的在职 MBA 课程进修班;在对他们的考核条款中,有专门要求订阅管理、经济期刊,每天坚持学习 1—2 小时,每年发表 1 篇专业文章等要求。

3. 因材施教,完善员工福利体系

浙江万向集团创立 40 多年来,始终视员工为企业最宝贵的资源,为他们提供广阔的发展平台,促进员工全面发展,形成员工与企业和谐发展的良好氛围。2008 年国际金融危机中,万向集团提出"不裁员、不减薪、不降福利",不仅维护了员工利益,也增强了企业向心力。万向集团通过完善薪酬和福利保障体系建设,在提高员工物质报酬的同时,促进员工思想文化素质和技术水平提高。同时,万向集团针对员工具体情况,制定不同的人才规划,引导员工成长成才、全面发展,也保障了企业发展所需人才储备。重视人才培养,对新员工大力推行"师傅带徒弟"的"传帮带"方式,做到用优秀员工培养优秀员工。近几年,每年用于员工培养方面的经费支出均在 1500 万元以上。还专门设立基金,为参加本科以上学历教育的员工提供学习贷款,鼓励员工学习提升。

(三)创新贯穿始终,争做行业"第一"

敢于创新,鼓励创新,是万向品牌竞争取胜的法宝。敢于第一个在全县提出承包而且在企业内部也进行了层层承包;敢于放弃计划包销自主、面向市场;90 年代实行股份制改造并在乡镇企业中第一个上市,推行集团化管理模式,不断地推出适应企业发展的管理模式;扩展产品线,由单一的万向节产品扩展到等速万向节、传动轴、轴承、减震器等八大系列;调整产业结构,大力发展贸易、金融、投资业务,使之成为新的利润增长点;大力拓展海外业务,成为第一家向美国出口汽车零部件的中国企业,第一个向通用、福特配套;激活智慧、分配未来的经营者基金;第一家提出西进;第一家乡镇企业收购美国纳斯达克上市公司;成立第一家民营企业主导的创业投资公司等。创新贯穿了万向的发展历程,创新成就了万向的辉煌业绩。

另外值得一提的是万向基于汽车零部件及系统的"三位一体"创

新体系,致力于打造产业共性技术的创新平台。在企业层面,建立以万向研究院为创新核心,以全员、全要素、全时空创新为根本,以资源配置、人才激励、组织保证、产业孵化、文化激活、知识管理、产学研合作等七大机制为支撑的全面协同创新。在产业布局上,打造集聚上下游企业的产业创新要素平台,吸引客户与供应商技术创新要素集聚到平台中,与客户实现同步开发,对供应商进行培育与优化,实现产业链合互动创新,整体提升产业链创新水平。在国际环境中,打造全球创新网络平台,以并购和消化、融入相结合,实现外部创新资源内生化,整合全球科技资源,重构产业创新平台,主导产业国际分工,实现资源整合创新。

（四）专利战略提升品牌竞争力

从一家乡间小厂,到第一个进入美国通用汽车配套的中国零部件企业,万向集团坚定地实施专利战略,促进企业技术创新,提升品牌竞争力。目前,万向集团在美、英等 8 个国家拥有 31 家公司。为了积极参与国际竞争,万向适时提出淘汰落后的设备、产品,走高起点投入、高精尖设备、高层次人才、高档次产品之路。万向集团的专利竞争战略围绕合作开发专利、技术改进和二次专利开发、专利引进和收购等方向展开。万向与科研院所合作,由企业出资金,科研单位和企业技术人员共同开发,开发出的专利技术双方共同享有。目前,万向是世界上万向节专利最多、规模最大的专业制造企业,在美国制造的汽车中,每 3 辆就有一辆使用万向制造的零部件。凭借强劲的技术研发实力和能力,万向不断向高技术、高附加值方向迈进,还将向整车制造等方向延伸,跟踪世界汽车技术发展最新趋势,把握先进制造业发展方向。

万向集团的发展历史就是一部战略制胜的历史,一部品牌塑造的典范,万向集团始终在履行品牌塑造与发展的三部曲:定战略、重执行、看结果；始终在追求把企业品牌做大做强做长的战略目标；始终在领域、地域、位域、时域四维战略地图里摸索、研究与定位，也因为如此，万向集团才被国内外誉为"品牌常青树"。

三、杭汽轮集团——科技创新让品牌之树根深叶茂

杭州汽轮动力集团有限公司的前身为杭州汽轮机厂，成立于1958年。1995年6月作为国务院百家现代企业制度试点单位，首批改制为政府授权经营的国有独资企业；是国家520家重点国有企业和杭州市六家国有资产授权经营大集团之一。本集团位居中国500强企业行列，下属的杭州汽轮机股份有限公司也跻身上市公司竞争力百强。2012年，我们全年完成主营业务收入466.8亿元，实现利润14.7亿元。

杭汽轮的主打产品是工业汽轮机，具有"大产品、小市场"和"区域、行业内影响大"的特点，我们的优质产品和优质服务就是"杭汽轮"最好的品牌载体。半个多世纪以来，"杭汽轮"在用户中口碑相传，不仅在国内深受用户信任，在国际市场也逐渐打开局面，产品远销各大洲。

杭汽轮的竞争对手主要是西门子、GE等国际知名公司，因此，杭汽轮在制定企业发展战略时将"创国际品质集团，树全球知名品牌"确立为企业愿景，并把"做得好"作为"争创一流"的核心。在企业工作过程中树立全员品牌意识，让每位员工认识到自己做的工作都和品牌建设有关，每一道工序、每一个节点都是品牌工作的一部分，并把"引进、消化、吸收、再创新"和"为客户提供一流服务"视为企业工

作的重中之重。科技创新一直是杭汽轮企业发展的灵魂,技术领先是"杭汽轮"品牌的亮点。

企业要发展,必须通过自主创新,提高中国企业的国际化能力,树立"中国制造"的新标杆,改变世界对中国产品的观念,从而才能与国际上那些老牌一流强手展开同台竞争。如果不能在重要领域占据技术制高点,规模做得再大,都是为别人打工。

这几年,杭汽轮开发了大量新产品,获得了包括授权专利在内的87项国家专利技术。其中,百万等级乙烯装置用汽轮机、全球最大的220万吨/年 PTA 装置用汽轮机、大型电站驱动锅炉引风机用汽轮机系列,都是科技创新的成果。

杭汽轮目前建立了设计一代、开发一代和储备一代的三层次创新体系,拥有国家级技术中心、博士后工作站、院士工作站、中国机械科学研究院 - 杭汽轮集团联合研究院、企业中央研究院、透平机械研究院等多个研究开发平台,每年的技术研发投入达到销售额5%以上;集团每两年召开一次科技大会,每次拿出300万元奖励重大创新项目和优秀科技工作者;集团曾获国家科技进步一等奖两次、二等奖两次及数十项省部级科技和新产品奖励,创造了五十多项国内工业汽轮机的首台(套)业绩。

杭汽轮开发了十万千瓦(100MW)等级超大型工业汽轮机系列关键技术,该项目综合了国内外汽轮机领域最先进的气动技术、控制技术及结构技术,形成了覆盖范围广泛、技术领先、具有自主知识产权的中国超大型工业汽轮机系列技术,使其为日益大型化的各类工业流程,提供高效率工业驱动装置成为可能。该项目的开发成功,使该公司成为除西门子外,能向全球市场提供功率在十万千瓦及以上的系列化产品的公司(目前,日本三菱重工的工业汽轮机只达到七万千瓦,美国 GE 的工业汽轮机功率也在十万千瓦以下)。

应急给水泵汽轮机组是核电站最后一道安全防线,日本福岛核事故的爆发,关键败在应急给水泵的电机驱动模式。之前我国百万千瓦等级压水堆核电站应急给水泵汽轮机均为进口,全世界只有英国克莱德公司一家生产,是我国核电站建设"卡脖子"设备。为了实现核电装备国产化,公司与国家核电工程总公司等单位合作,成功开发出国内首台百万千瓦等级压水堆核电站应急给水汽动泵样机,该样机已通过国家技术鉴定。该汽轮机组的研制成功,是我国核电站倒数第二个国产化的关键设备(最后只剩下核主泵了)。并于 2011 年 10 月获得福建福清核电站 3 号、4 号反应堆共四套机组合同,目前还确定了江苏连云港"田湾"和辽宁"红沿河"核电站机组的技术合同。该汽轮机组的开发成功,使公司成为进入全球对汽轮机质量和标准要求最苛刻、最严格的核电领域的国内唯一汽轮机制造商。国内其他汽轮机制造企业生产的核电站汽轮发电机组都是在非核区,其产品只需要按核电质量体系制造,不需要按核级标准生产;而该公司生产的应急给水泵汽轮机是核岛的安全设备,不仅要按照核电质量体系,而且要严格按照核级标准生产,因此,它是目前全球核级要求最高的汽轮机组。

2012 年公司还先后通过了海装部组织的海军装备承制单位资格认证、国家核工业总公司组织的核质保体系二方审核,并通过了沙特阿美供方入网认证。这意味着公司的产品获取了进入国内最尖端的国防、核电领域的"通行证",取得了进入沙特这个全球对工业汽轮机品位要求最高的市场"入场券"。杭汽轮还实施系统的、全面覆盖的品牌宣传和推广,通过品牌建设强化企业管理,提升市场竞争力。

2012 年集团被工信部列为"全国百家品牌培育试点"之一;主干子公司杭州汽轮机股份有限公司被工信部列为"全国五十家质量标杆"之一,还以总分第一的成绩被授予"浙江省政府质量奖"。

　　杭汽轮实施了"精品工程"，使质量"零缺陷"成为广大员工的自觉行动；推行了"精细化管理"，使制造成本得到有效控制，工作效率大幅度提升；强化了"产销衔接"，使库存和应收帐款增长势头得以抑制；企业的内生动力显得更加强劲。

　　为追求卓越绩效管理，平衡企业内外部生产能力，进一步缩短制造周期，精准对接用户的实际交货期，杭州汽轮机股份有限公司生产管理处和计算机应用研究所联合开发并推广应用了《商品生产动态管理系统》，通过智能型、策划型管理，提高了柔性化制造能力，实现生产与销售的无缝对接，减少了无效产出，从而大大提高了企业效益。

　　公司加强了员工队伍建设，使员工素质不断提高，截至2012年底拥有各类高级职称人才185人，其中教授级高工5人，拥有高级技师280名，技师505人，拥有省级"技能大师工作室"两个，市级"技能大师工作室"一个，并成为全省高端"蓝领"培育示范企业。

　　2012年，公司有效开展了集团安委会年初制定的安全生产十项工作，认真开展了高频次大力度的安全生产大检查，加强班组安全管理又有新举措，完成创建安全生产标准化企业基本任务，安全培训工作获得创新发展，从而使安全生产再次保持了"零事故"的记录。

　　正是依据企业和产品自身特点制定的品牌培育、传播的思路，使杭汽轮在激烈的市场竞争中成为技术的先导者、市场的开拓者、产业的引领者，不断提高客户信任度、社会美誉度和国际知名度。

四、吉利控股集团——从姗姗学步到健步世界

GEELY

吉利控股集团
GEELY HOLDING GROUP

　　吉利汽车即浙江吉利控股集团有限公司,是中国国内汽车行业十强中唯一一家民营轿车生产经营企业,1997年进入轿车领域以来,凭借灵活的经营机制、持续的自主创新和正确的品牌发展战略,取得了快速的发展,连续四年进入全国企业500强,被评为"中国汽车工业50年发展速度最快、成长最好"的企业,2012年进入世界500强,成为唯一入围的中国民营汽车企业。

　　(一)入市:打造老百姓买的起的好车

　　一直以来,"轿车"在中国往往代表着身份、地位乃至"官位",同时,外资、合资企业垄断着轿车的价格,使其居高不下。作为汽车产业的"鲶鱼",吉利汽车用创新思维在重新阐释"轿车":"要像卖西瓜一样卖轿车"。1997年到2003年这一阶段,吉利汽车以"低档低价"走进市场,是吉利汽车以价格取胜的第一个战略阶段,战略目标是"造老百姓买得起的车"。

　　当吉利轿车问市,第一款车市场价为4万多元,成为当时中国最便宜的轿车。吉利轿车的诞生,终结了轿车"仅限特权阶层"使用的奢侈品时代,让普通人拥有轿车不再是梦,圆了吉利为老百姓造车的梦。这种定位既迎合了消费者实现"轿车梦"的需求与渴望。也使自

己迅速找到了细分市场的缝隙，在当时被外资和合资厂家占据轿车市场中赢得了发展的空间。

吉利汽车在搅动了中国轿车市场，初步站稳脚跟后，针对同行的不屑、媒体的疑惑和消费者的微词，在2003年提出要"造老百姓买得起的好车"，认为吉利汽车的整体定位是"创造超值生活"，目标是"价格最优、性价比最高、同级车中最好"。

在这一阶段，吉利汽车重点进行了三大体系的建设，即：产品开发体系、技术管理体系和产品验证确认体系，这使得吉利汽车形成了国际主流汽车厂商所推崇的平台化开发模式，实现了轿车生产的"同步工程"和"一体化设计"。2005年上市的吉利自由舰，是其第一个完全按照国际通行的开发流程和开发模式所做的正向开发项目，也是第一款具有完全的数模图纸的车型，它是对吉利汽车掌握现代汽车开发技术的一次检阅。吉利自由舰从最初设计到最终下线耗时3年，它首次应用了计算机虚拟化设计、并行开发模式、完整的技术管理体系等开发手段和管理方式，从整车车身到卡扣、螺钉、螺帽等都具有完整的计算机数模。吉利自由舰上士后，不仅受到消费者的热烈追捧，仅半年就实现销售3万辆的良好成绩，成为经济型轿车市场的主力车型，并得到了业界的肯定，获得2006年第48届北美国际汽车展组委会颁发的特别奖——"银钻奖"。

吉利汽车从一开始以低价进入市场，有信心"造老百姓买得起的好车"，是因为吉利进入轿车行业后，一直以发展、振兴民族汽车产业为企业发展定位，坚定地选择了自主创新谋生存求发展的企业战略：走"自主创新、自主品牌、自主知识产权"的道路。中国车价高的主要原因是受制于人：技术上受制于人，设备装备上受制于人，零部件采购受制于人，市场营销受制于人。吉利首先开始的是自主研发，然后是零部件全面国产化，吉利没有同世界上的任何汽车公司合资；但是,吉利已经同世界上几十家汽车技术及相关专业公司进行了技术合作。事实上,全世界的所有汽车公司在开发一些专有技术时,也往往采取同专业公司合作的方式。吉利与这些技术专业公司的合作不同于合资,拥有100%的自主权,具有充分的话语权。这样可以把中国的制造业成本优势充分地发挥出来。吉利的实践已经证明,坚持自主品牌更是吉利竞争力所在。

(二)战略转型:造最安全、最环保、最节能的好车,让吉利汽车走遍全世界

安全、节能和环保,是世界汽车工业发展的趋势,也是主要汽车企业的努力方向和社会责任。与此同时,近年来,在外资、合资汽车企业的大举合围中,中国自主品牌汽车企业压力普遍加大,发展到达"节点"期。基于这种激烈的市场竞争形势和企业自身发展的内在需要,2007年,吉利汽车借助于"360万元全球征集新车标"活动,又开始新一轮的发展定位和战略的转型,即,"造最安全、最环保、最节能的好车,让吉利汽车走遍全世界"。吉利汽车提出从"成本领先到品牌创新"转变,从"低价取胜向技术领先、品质领先、客户满意、全面领先"转变,从"以效益为中心向以用户为中心"转变,从"企业利益高于一切向追求整体利益最大化"转变,实现品牌内涵的高技术化,用吉利汽车独特的技术提供占领市场,走向世界。这个战略转型阶段主要有开拓海外市场和海外并购,分三步走。

第一步,2006年进驻英国锰铜控股,持有其19.97%的股份,一同合资生产英国经典出租车。并在2007年6月合作,在中国建立了合资工厂即现在生产英伦TX4车型的生产基地。后来因为全球金融危机和欧债危机,以及锰铜经营遇到困难,最终,锰铜控股进入了托管程序。而在锰铜控股宣告被托管后,吉利成为锰铜控股最大的单一债权人。吉利按"零现金/零债务"模式以1104万英镑收购英国锰

铜控股的业务与核心资产,同时解除该公司 2012 年 10 月启动的托管程序。

此次收购是通过浙江吉利控股集团的子公司吉利英国集团有限公司完成,收购英国锰铜控股的资产包括厂房(考文垂工厂)、设备、不动产、全部无形资产(包括知识产权、商标、商誉等)、锰铜公司与吉利在中国设立合资工厂中 48％ 的股份以及库存车辆。收购完成后,吉利的重心是将锰铜控股现有产品和新产品的生产、销售以及售后服务恢复到托管之前的水平,这包括继续在锰铜控股考文垂工厂进行 TX4 车型的组装。此外,吉利也制定了锰铜公司未来的发展计划,凭借其在汽车行业的经验,最大限度为伦敦出租车带来协同发展效应并提供商业机会。与此同时吉利还会研究伦敦出租车未来的市场发展需求,在 TX4 车型的基础上开发新的车型,提升伦敦出租车的能源效率和环保性能,并探讨进入私人租赁市场的潜在可能性。

第二步,并购全球第二大自动变速器厂商。在金融危机最严重的时候,吉利并购了澳大利亚 DSI 公司。这家企业具有很强的研发能力,制造能力也很强,在澳大利亚为福特和双龙配套。吉利花了两个月的时间并购了这家企业,解决了困扰吉利汽车的重大技术问题,即自动变速箱的研发和制造。通过海外并购,可以用较低的成本,获取梦寐以求的汽车国际品牌、核心技术和国际营销渠道。较之国有车企,吉利决策机制迅速敏捷,更有利于瞬息万变的并购谈判。

2009 年 2 月 14 日,DSI 公司破产,同年 3 月 27 日吉利签约收购全球第二大汽车自动变速箱公司——DSI 公司,此举被称为国际金融危机后国内企业的"海外抄底第一单"。吉利一直在瞄准世界上先进技术。在 DSI 因为金融危机而即将倒下时,吉利抓住了机会,果断进行了收购,并在不到半年时间内实现扭亏为盈。

第三步,2010 年收购沃尔沃,这是充满战略意义的一步,是巩固吉利在汽车业地位的重要一步,具有里程碑意义。一方是中国民营草根汽车企业,一方是有86年历史、享誉全球的欧洲豪华汽车制造商,这两者的结合,引起了世界的关注。

2009年12月23日,吉利控股宣布,已与福特汽车公司就收购沃尔沃轿车公司的所有重要商业条款达成一致,2010年签署股权收购协议。在2012年3月9日,吉利汽车与沃尔沃汽车签署了技术转让协议,联合开发小排量、高性能、绿色环保系列发动机,环保型的小型车平台,及电动车、油电混合车及插入式混合动力等新能源汽车总成系统技术。2012年11月,吉利汽车又与沃尔沃汽车在GMC(中级车型)平台、汽车室内空气污染治理、GX7的安全体系三个方面展开合作。2013年2月,吉利在歌德堡成立了欧洲研发中心。这是一个隶属于吉利控股集团、独立于吉利研发中心和沃尔沃研发中心的联合研发中心,目的在于打造新一代中级车模块化架构及相关部件。

从吉利的动力来源来看,造最安全、最环保、最节能的好车,让吉利汽车走遍全世界是吉利管理层的愿景。吉利汽车从低端入手,逐步掌握轿车核心零部件和整车研发技术,逐渐发展成为能够全面研发初、中、高级轿车的大型汽车企业。从2007年推进战略转型,不甘于"低质低价"的产品形象,致力于打造技术领先、品质优秀、服务周到的全新品牌形象,如何在更广阔的空间中发展,成为吉利转型的关键。对于日后吉利与沃尔沃的文化整合和发展,吉利负责人李书福曾多次公开承诺,"吉利是吉利,沃尔沃是沃尔沃"。吉利和沃尔沃是兄弟关系,不是父子关系。沃尔沃与吉利的理想关系就像奥迪之于大众。二者能够共享动力总成、车型平台等多项技术,利用模块化概念将各自的优势结合起来,同时,各品牌依然能保持独立运作。

此次并购案的成功,吉利以"蛇吞象"式的并购,标志着首家中国汽车跨国公司就此诞生,吉利将成为中国拥有的唯一豪华车生产商,实现调整产品结构和升级,从"中国制造"走向"中国智造"。

　　"让中国的汽车走向全世界,而不是让全世界的汽车跑遍全中国。"吉利汽车从无到有,从制造出第一辆到现在满世界的跑,离不开它锐意进取的自主创新精神,也离不开它正确的品牌发展战略。16年的风雨历程一路走来,吉利汽车所迈出的只是万里长城的第一步,在新的起点、新的高度上,有更多的挑战和机遇在等着吉利,相信吉利会乘风破浪,带来更多的奇迹!

第二章 宁波地区

五、雅戈尔集团——世界有你，更加精彩

雅戈尔是中国服装业一位谦卑的巨人，他从改革开放走来，经过34年的风雨历程，现在正以坚实的步伐走向国际，走向世界，走向服装品牌的新时代。

（一）今日雅戈尔

雅戈尔集团经过34年的发展，逐步确立了以品牌服装为核心，同时涉足地产开发、金融投资两个领域的经营格局。2012年集团实现销售收入444亿元，利润总额25.88亿元，进出口总额21.78亿美元，上缴税收30.16亿元。总资产近620亿元，净资产168亿元。位列2012中国企业五百强第252位，中国民企五百强第39位。

品牌服装是雅戈尔集团的基础产业，现已形成了一条从棉花种植、纺纱织布、成衣制造到零售终端的垂直产业链，可年产衬衫1500万件，西服250万套，休闲服饰1500万件的生产能力，年产衬衫面料1亿米，毛纺500万米，被服装协会认定为中国最大的先进服装生产基地。世界服装大师皮尔·卡丹在参观雅戈尔之后曾连声赞叹："我走遍了各大知名服装企业，你们的规模在世界上绝无仅有"。

自诞生之日起，雅戈尔就以塑造品牌企业为己任，对此，雅戈尔集团总裁李如成感受颇深："如果中国在服装行业没有自己的品牌，那么中国服装永远只能跟在人家后面，永远只能赚一点劳务费"。雅戈尔十分注重品牌形象塑造和品牌价值提升，近年来更是瞄准塑造国际品牌形象，立足品牌国际化发展道路，在提升品牌价值和核心竞争力上积极谋求突破，并取得了不俗成绩。"世界有你，更加精彩"是雅戈尔最新宣传大片的广告语。短短 8 字，道出了一个民族品牌的雄心。

（二）品牌优势

1. 创新，品牌的生命

面对市场的激烈竞争，雅戈尔在品牌建设中始终坚持技术创新、产品创新、管理创新和品牌创新，以创新驱动，带动企业发展，提升品牌价值。以博士后工作站、国家级企业技术中心、全国服装标准化委员会衬衫分技术委员会为创新平台，注重发明专利和研发成果转化工作，研发的衬衫 DP 后整理处理技术、抗皱西服面料后整理处理技术、全棉高支高密面料等产业化项目，均取得了较好的经营业绩，4 年来为公司新增效益 10 亿多元，被国家服装协会评定为"中国服装高新技术成果应用奖"；并参与多项国内、国际标准的制定，拥有行业话语权，连续 4 年被全国服装标准化技术委员会授予标准化特殊贡献奖；公司研发团队被浙江省委、省政府认定为"浙江省重点创新团队"；公司被国家科技部认定为"全国创新型试点企业"。

雅戈尔现已建成完整的技术创新体系，拥有 1 家国家级企业技术中心和 4 家省市级技术中心，专利 51 项，国家火炬计划和国家重点新产品项目 20 项。并先后成为衬衫、毛料抗皱西服和西裤、汉麻产品的行业标准制定者，其中《汉麻标准》也是国际上首部关于汉麻产品研制的标准。

2. 设计，品牌的发动机

设计是服装的基础和生命。品牌提升是雅戈尔未来发展的动力内源之一，基于此，雅戈尔在服装设计方面也是下了很大的功夫。五大品牌工作室积极培育优秀设计人才,与日本、欧洲等一流设计师团队合作,在意大利等国筹建了设计中心,采集行业时尚前沿信息,吸收最新设计理念。五大设计团队,用最前沿的理念设计出最符合市场发展的服装。

3.渠道,让品牌更有效到达

搭建营销网络建设一直是雅戈尔品牌建设中的首要任务。从1995年至今,已投入近50亿元,在全国范围内构建了一条独具特色的自营营销网络体系,设立了10大营销公司、51个区域、2757个销售网点,其中自营专卖店806家,商场自营专厅1497家,总营业面积达310100平方米,网点遍布全国31个省市。

雅戈尔还加大了服装渠道拓展的投入,先后在杭州、西安、上海等城市建设大型旗舰店,迎接新消费时代的来临。大店的设立,是雅戈尔集团服装的重要转折点,这意味着雅戈尔从服装销售向服装品牌运营的重要转变。

4.客户,品牌的土壤

在35年里,雅戈尔凭借过硬的质量和贴心的服务拥有了一个庞大的忠实客户群,5年以上的固定客户达700万人。以朝气、活力为支撑点的雅戈尔服饰,使不同年龄人群都能寻找到自己满意的定位。

不断提高客户满意度,是雅戈尔客户关系管理理念的核心,如今包括FA时尚顾问服务、VIP权益拓展、团购量体定制以及售后服务在内的体系化建设也有了新的内涵,即:强化与消费者的互动。增加与消费者的互动,急顾客之所急,想顾客之所想,是雅戈尔正在做也将要做得更好的事情。雅戈尔下一步的目标是通过信息集成,将顾客年龄层、消费周期、选购服装的尺码、风格偏好、价格定位等进行整合,为每个顾客提供个性化服务。

（三）品牌定位

1.品牌标识

一个企业的 LOGO,就像一个企业的眼睛,透过品牌 LOGO 可以准确的解读企业的诉求和目标。雅戈尔自 1991 年至今,共投入千万元,对主品牌"YOUNGOR"经过了 4 次 VI 导入和 3 次 VI 修订。现使用的 LOGO,以中国传统文化为本,用中国古代传说中执掌天下衣饰的东海蛟龙"狻猊"为创作元素,建构标识图案,较好地寄寓了"以厚德载物为念,以龙马精神为事"的理念。每一次变化,都是对品牌视觉形象的重塑和对品牌文化的升华。

关于"雅戈尔"名字的由来,就必须提到中国古代第一部词典《尔雅》,它也是中国最早的一部解释词义的书,是儒家十三经之一。"尔"意为"近","雅"意为"正"。雅戈尔,意指"质量为正"的行业标准,也指"为人之正"的做人标准,即"一身正气,终身成就"的品牌形象。而英文"YOUNGOR",意为青春和活力,代表着雅戈尔的国际化;最上面是龙之五子狻猊的形象,它是专门执掌天下衣饰的灵物,代表着雅戈尔浓厚的传统文化情结。

（四）品牌传播

雅戈尔自 2000 年至今共投入 2000 余万元拍摄了 22 部广告片,累计投入广告 10 多亿元。在核心品牌的广告企划中,雅戈尔经历了三个阶段:品牌推介、品牌故事、品牌文化。在不同阶段,围绕品牌建设主题,从倡导"男性的魅力"、"神剪雅戈尔"到"世界有你更加精彩",不断注入品牌文化新的内涵,使原有的消费群体不断明晰品牌内涵,也唤醒潜在消费群体对品牌的认知,对品牌知名度和影响力的提升发挥了重要的作用。

另外,雅戈尔还积极参与国内外大型服装展会,展示品牌整体形象。从1997年至今投入1亿多元参展30余次,其中参展北京国际服装博览会12次、宁波国际服装节16次,并在美国、德国、日本等国家也进行了展会推广。通过这些展会展示,不但提高了品牌在国内外的知名度,而且进一步推进了品牌建设。

(五)品牌规划及愿景

雅戈尔执行多品牌战略。从制造者转变为品牌创造者,自主创意、创新构建出五大品牌方阵,风格各异,定位明确,丰富了服饰文化内涵。主打品牌 YOUNGOR 突出功能性,以"时尚、经典、科技"的特性瞄准中高端商务男装品牌;高端品牌 MAYOR 旨在打造中国的量身定制品牌,内涵低调奢华;GY 品牌以时尚风格构筑年轻人的概念世界,其"时尚、阳光、舒适"的特性迎接年轻群体;HANP 健康、环保,清新淡雅源自天成;Hart Schaffner Marx 则传承美式休闲风。

雅戈尔希望中国男人在雅戈尔可以挑选到最适宜的衣服。雅戈尔生产的不仅是服装,更是在打造一种品质生活。这几年雅戈尔于内培育自主设计师,于外整合国际资源,不断提升产品的时尚度。"全世界都在看中国,要做就做最好!"传递着雅戈尔做品牌的理念和夙愿。

"创国际品牌,铸百年企业"是雅戈尔的奋斗目标,其品牌定位为"中国的世界品牌",其目的是让中国人穿上国际品牌,而且是自主品牌,让中国人感到骄傲,让世界人也穿上顶级的中国制造。正如雅戈尔集团总裁李如刚所说："服装，最重要的是品牌和渠道"。雅戈尔将各阶段的发展目标和任务与品牌建设紧密结合，积极实施核心品牌战略，在提升现有主要品牌市场份额的基础上，面向高端市场，培育具有自己特色的高端服装品牌。

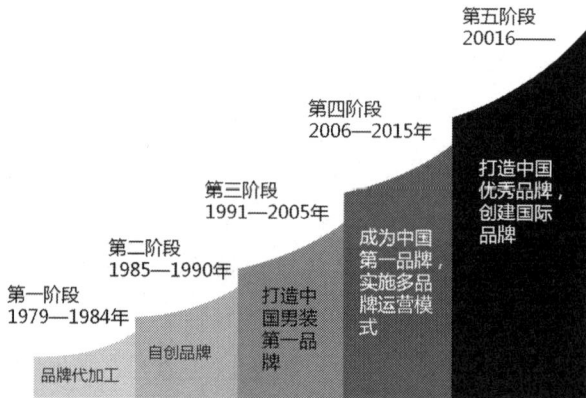

雅戈尔服装品牌发展及规划图

目前，雅戈尔在确立品牌发展规划的基础上，坚持产品品质与品牌文化塑造，打造"一身正气，终生成就"的品牌形象，和"时尚、经典、简约、精致、自然、科技"的品牌内涵。在品牌定位上，雅戈尔确立了以 YOUNGOR 品牌为核心，带动其它品牌积极向高端市场延伸的战略。以多品牌细分国内市场，借全产业链协同科技创新强化核心竞争力，整合国际化设计资源，丰富品牌"时尚、科技、文化"的内涵，勾画出雅戈尔从经典向时尚延伸的品牌发展之路。

雅戈尔通过渠道建设、品牌推广、设计研发、三条链建设和客户服务等方面的不断努力，提高了品牌的美誉度，实现了雅戈尔品牌的价值提升，为打造"时尚雅戈尔、科技雅戈尔、文化雅戈尔"的品牌发展战略保驾护航。

（六）品牌价值

经过多年的品牌运作，公司品牌价值迅速提升。2012 年在中国标准化研究院首次品牌价值测算中，YOUNGOR 品牌价值 166.66 亿元，位居中国服装行业首位（行业平均品牌价值为 24.96 亿元）；YOUNGOR 品牌衬衫、西服、茄克、裤子、T 恤、领带 6 个产品获得中国名牌。

"创国际品牌"是雅戈尔的发展目标。2007 年，世界品牌实验室发布 2006 年度"中国 500 最具价值品牌排行榜"。"雅戈尔"商标品牌价值 91.81 亿元，位列 500 强第 52 位。

雅戈尔作为中国服装行业龙头企业，已经成为国内男装第一品牌。多次获评最受消费者喜爱品牌和行业标志品牌，连续获得中国服装协会颁发的公众大奖、成就大奖、营销大奖，是首届浙江省十大品牌创新先锋之一，被中国品牌研究院评为行业标志品牌。经世界品牌实验室评估，雅戈尔品牌价值从 2004 年的 89.61 亿元提升至 2012 年的 141.67 亿元，平均每年品牌价值绝对额增加 7.5 亿元。

雅戈尔主打产品衬衫为全国衬衫行业第一个国家出口免验产品，连续 18 年获得市场综合占有率第一位，西服连续 13 年保持市场综合占有率第一位。雅戈尔连续 11 年稳居中国服装行业销售和利润"双百强"排行榜首位。

六、奥克斯集团——从挑战者到领导者的品牌发展之路

AUX 奥克斯

（一）以破坏的方式，建立行业的规则

奥克斯集团使创于 1986 年，生产"三星"牌电表。1994 年，与美国奥克斯电器合作，成立宁波 AUX 电器有限公司，进入空调制造业。这一阶段准确的说还没有真正意义上的品牌定位，但是毕竟在打造品牌的道路上迈出了重要一步，为以后其在行业的发展壮大奠定了基础。

2001 年，奥克斯在北京发起以"免检是爹、平价是娘"为主题的降价联盟，之后又聘请当时的国家队主教练米卢充任品牌代言，开始利用事件营销的影响力，迅速扩大品牌知名度，书写行业新的游戏规则，这是奥克斯迅速成长壮大的最强利器，奥克斯的空调营销案例获得中国杰出营销奖并入选哈佛教案。

2003 年的价格战中，奥克斯是最大的赢家，凭借着这场"血与火"的洗礼，奥克斯完成了从挑战者到领导者的转变，伴随着市场的变化和产品行业的整体成熟，纯粹的炒作和价格战提高销售的业绩已不复存在。奥克斯要实现品牌化突围，2004 年，奥克斯企业 LOGO 变更，此外成功举办"中国杰出营销奖走进企业"等重大活动，当年，奥克斯空调被评为中国名牌产品，品牌的影响力逐步提高。

2007 年至 2009 年，奥克斯完成了从"价格战时代"向"价值战时代"的完美蜕变，2007 年，花费 8000 万元巨资投央视广告、与国家奥林匹克体育中心结盟成为独家战略合作伙伴、与国内顶级广告公司强强联合等轰动业内的大动作迎来了品牌的成功转型，多次获得"市场最具有竞争力品牌"称号。2010 年 8 月，奥克斯空调高调签约国际功夫巨星李连杰，借助其健康、有真功夫的良好形象，全力打造奥克斯空调"健康真功夫"的核心价值理念，"变频真功夫，我选奥克斯'的广告词也妇孺皆知，至此奥克斯健康空调的形象开始深入人心。

如今，奥克斯在中国品牌 500 强中，跻身家电十强。奥克斯集团已拥有一个"中国驰名商标"和两个跨行业"中国名牌产品"，这在中国民营企业中是非常少见的。奥克斯空调与海尔、美的、格力三大传统空调品牌分庭抗礼，占据中国空调前四强席位。十二五期间，奥克斯将实施全球品牌战略，这将会更加有力地推动中国空调产业的竞争与发展之路，并且有望跻身国内家电千亿元企业。

（二）以消费者的名义，构建品牌价值

奥克斯的发展壮大，其品牌由影响力向号召力升级，是因为奥克斯始终坚持以消费者利益为导向，始终坚持以产品技术创新力引领行业未来发展，始终坚持强烈的社会责任感，最终促成了品牌文化内涵的充实和影响力的快速提升。

以效率换速度、以时间换空间，这是产品在营销之路重的重要一条准则。作为后来者，要想在市场上立足，必须高速的发展，跟上市场前进的步伐。奥克斯起源于电表、但兴于空调，当奥克斯开始涉足电能表时，全国最大的电表企业年产能是奥克斯的500倍。奥克斯开始造空调时，全国最大的空调企业年产能则是奥克斯的1000倍。面对这些实力上的差距，奥克斯没有胆怯，反而迸发了斗志与勇气。1989年，奥克斯的"三星牌"电能表问世，到2000年三星电能表年产能首次突破2500万只，从此就一直牢牢占据全球第一的位置，国内市场占有率多年来稳定在30％左右。1994年，奥克斯挟三星电能表大胜之势进军空调业，用8年时间超越1000倍的发展速度，跻身国内四强之列。奥克斯在空调领域，以15年的时间走过了同行30年发展的道路。最终，奥克斯以自身的发展速度推动了奥克斯品牌在行业的影响力，也直接推动了空调业的洗牌与重组。

坚持以消费者利益为导向。在任何时候，任何环境下，奥克斯这一初衷都未改变。为了大众利益，奥克斯敢站到所有空调企业的对面，向公众披露行业最讳莫如深的成本秘密；为了大众利益，奥克斯敢不惜以一己之力，推动行业由暴利时代向品质化、理性化时代的转变；为了大众利益，奥克斯敢轻松放下屡战屡胜的价格战利器，在忙不迭跟风的对手一片错愕中重塑品牌回归价值竞争。特别是在全球空调市场上，奥克斯通过积极构建产品驱动力，充分把握行业未来发展主流趋势，将品牌的核心价值定位为"健康"，成为健康产品的代言人。成为不仅可以帮助人们调节温度，更能以领先的科技，提供湿度调节、空气净化、除菌滤尘等更多健康功能，为消费者创造身体最为适宜的健康生活空间的空调。有人说，奥克斯的发展速度与综合实力，在家电业是一个奇迹。但创造这个奇迹的并不只是奥克斯人，还有更多的奥克斯用户和消费者。正因为奥克斯始终关注他们利益，他们也在为推动奥克斯的发展不断回报。

坚持以产品技术创新力。李连杰的加盟固然让奥克斯的品牌美誉度有了巨大的提升，但能让李连杰放心的喊出"变频真功夫，我选奥克斯"的真正原因还在于奥克斯空调在品质上过硬的真功夫。在产品技术方面，奥克斯不惜花费数亿巨资高薪聘请海外技术专家、设立工程技术中心、引进国际领先生产设备，这让奥克斯空调拥有行业最顶尖专家、工程师，整个研发团队有 50 多人，同时还拥有风道技术为研究主题的国家级博士后科研工作站，奥克斯每年的科研开发费用投入均在销售收入的 2% 以上。2011 年，奥克斯推出了专注于改善空调冬季制热效果的"双涡旋—热霸"空调，悄然拉开了 2011 年度空调市场竞争的主战场：产品技术战。热霸空调是奥克斯技术与品质创新的首个亮相产品，标志着奥克斯从单一运营到系统整合经营。奥克斯的《空调技术白皮书》，也颠覆了空调行业的以"概念"取胜的时代，使其成为空调知识的普及者和空调消费的指导者，也树立了奥克斯品牌在消费者心目中领导者形象。

坚持强烈的社会责任感。正是这种敢于担当、舍我其谁的社会责任感，加速了奥克斯品牌形象的完美蜕变。强烈的社会责任感使奥克斯的品牌形象更具亲和力、更有内涵。每年不间断的大规模的植树活动、已成为奥克斯文化一部分。除此之外，从援助汶川、玉树地震，到参与鄞州森林环保项目，从赞助残运会，到与浙江电视台联合举办的"彩虹助学计划"，奥克斯创业至今，在慈善领域已支出近

5000 余万元,范围几乎涉及农业、教育、医疗卫生、基础建设、残疾人、老年人和山区儿童等全部慈善领域。这些包含社会责任感的行为让奥克斯的品牌更加立体,在未来的发展道路上攀得更高、走的更远,也极大提升了奥克斯的品牌美誉度。

（三）以颠覆的形式有效传播品牌形象

奥克斯在历次商战中保持着胜利者的姿态,深谙颠覆之道是成功的重要原因之一。这种颠覆并非空穴来风,背后是以市场为依据的冷静思考和科学决策;它要求企业把所有已知的答案甚至循规蹈矩的做法撇到一边,寻找新的解决方法。

奥克斯颠覆行业规则,激进价格玩家。奥克斯作为空调行业的后来者,以低价的非常规方法切入市场,并且发布《空调成本白皮书》,将 4000 多价格的空调降到 1500 元左右,与此同时,奥克斯声名大噪。低价策略也让奥克斯的销售规模大增,奥克斯的品牌也与其他的传统品牌空调分庭抗礼。低价不是廉价,是实实在在地建立在优质的服务基础上;低价不是降低标准,而是站在消费者立场更贴心的服务;低价不是低质,是在较低价格的基础上,提供更高质量的产品体验。所以在服务体系上,奥克斯能率先提出了"6 年保修 10 年包检"的口号,让消费者放心消费,维护奥克斯的品牌形象。

颠覆消费体验,创造营销定位。奥克斯通过市场分析和对消费者的研究,将品牌定位为"健康空调",这一差异化定位,既强调了同类产品本质,为消费者改善生活条件,帮助消费者打造良好的健康生活,又是一种品类创新的竞争方式,以品牌的体验为突破点,打破消费者对空调产品的刻板印象,让消费者对奥克斯品牌有了全新认识。由此奥克斯开创了"健康空调"品类,闯出行业的一片蓝海。

颠覆行业界限,以娱乐化精神开拓品牌传播边界。数年前奥克斯就首开空调业的跨界营销先河,进行事件营销。先是牵头组织空调免检企业质量峰会,提出质量过硬口号;紧接着又发动"爹娘革命",高姿态宣布产品降价;随后在中国国家足球队冲击世界杯的关键时刻聘请当时的国家队主教练米卢充任品牌代言人,利用米卢当时在全国的名气宣扬品牌。此后,奥克斯又牵手强档娱乐节目。奥克斯空调主要目标受众是25~35岁的年轻一族,他们对时尚及娱乐的关注度较高,奥克斯用娱乐化色彩为品牌注入情感的因素,营造一种欢愉的氛围,让消费者在得到快乐的同时,主动去购买产品。奥克斯先后大手笔与湖南卫视的《一呼百应》,浙江卫视的《转身遇到TA》、《中国星跳跃》等强档娱乐节目等合作,随着节目的火爆,奥克斯品牌也得到了广泛的传播。

奥克斯的成功还得益于有效的传播策略。传播是品牌的翅膀。传播的好,销量会得到迅速的提升,让更多的老百姓知道这个好产品。

对于靠"后发制人"屹立于行业的奥克斯空调来说,品牌与传播的科学运用是至关重要的。既然不能总做市场的跟随者,就要在传播上主动出击,以期拥有行业的话语权和市场的主导权。在实施品牌传播的初期,奥克斯广告投放上坚持以电视为主要投放媒体前提下的"大中央小地方"的媒介策略,使得电视媒体占到整个广告宣传的75%~80%。同时,充分利用中央台的权威性和高密度的覆盖,保证和拉升渠道对品牌的信心。

未来的奥克斯集团,将以"稳健、平和、诚信、可靠"为行动指南,依托智能化、全球化、卓越化的发展战略,积极寻找机遇,完成从国内品牌到国际品牌的飞跃。

第三章 温州地区

七、奥康集团——中国男鞋第一品牌是怎样炼成的

AOKANG

奥康集团

2013 年 9 月，第 19 届中国最有价值品牌研究报告正式揭晓，奥康以 147.85 亿元（人民币）的品牌价值成为国内鞋革行业最"值钱"品牌，继续稳坐中国男鞋第一品牌的头把交椅。奥康究竟是怎么做到的？

（一）多维度、全方位开展品牌建设

为了"百年奥康，全球品牌"的愿景，摆脱国内鞋业"同质化"和"同款化"的严重竞争，奥康从品牌战略、产品品质、营销模式、渠道建设、宣传推广、终端服务等多个维度全方位推进了品牌建设工作，不断提高品牌知名度和美誉度。

1. 遵循企业发展战略，制定品牌建设策略

（1）实施差异化产品品牌定位，推动多品牌发展

奥康主要从事男女皮鞋及皮具产品的研发、生产、分销及零售业务。公司采取纵向一体化的经营模式，以自有品牌运营为核心，研发设计与渠道经营为两翼，为消费者提供科技、时尚、舒适的皮鞋及皮具品。为了成为中国领先皮鞋品牌运营商，公司做出差异化品牌定位决策，实施多品牌战略。通过差异化品牌定位的策略执行，奥康旗下五大品牌各具特色。

（2）收购国际知名品牌，实施高端品牌战略

2010 年 5 月 18 日，奥康收购了 VALLEVERDE（万利威德）在大

中华区域的品牌所有权,奥康探索出的是一条全新国际合作模式。创办于 1969 年的 VALLEVERDE 主要生产"呼吸式"功能鞋,是"世界鞋都"意大利鞋业第一品牌,在全球拥有超过 2300 家专卖店。

市场唯一不变的就是变化! MeiRie'S(美丽佳人)沉淀十年之后的"蝶变"以及 2012 年 4 月启动的 VALLEVERDE"名人堂"计划,都是品牌在探求自身的创新思考与蜕变方式。作为中国最领先皮鞋品牌运营商的领头人,奥康董事长王振滔在谈到公司旗下的高端品牌 MeiRie'S 和 VALLEVERDE 时这样说道。他还表示,品牌的产业升级就是要改变"卖产品"的短线盈利模式,在保证产品质量的基础上全方位提升服务质量以及品牌价值,使企业能更好地体现差异化竞争,创造利润并锁定顾客。

2.不断开展销售模式创新,提升品牌知名度和美誉度

(1)率先开展终端模式变革,抢占市场先机

20 世纪 80 年代末,在"前厂后店"风靡中国民间经济的时代,奥康率先突破,承租国营商场柜台,实施厂商联营,打响了"引厂进店"的第一炮,温州鞋地摊货的印象也逐步改变。1998 年,奥康再开先河,大胆导入连锁专卖模式。短短 5 年,发展迅速。奥康探索的成功,也成为了温州鞋业品牌突围的榜样,许多品牌通过连锁专卖在较短时间内风起云涌。当今,放眼华夏,温州鞋品牌专卖店可谓遍地开花。但是,创新是无止境的,变是市场永恒的主题,只有顺应或引领变局,才能握住市场的主动权。连锁专卖成就了奥康跳越式大发展。后奥康对其进行战略升级,2003 年 3 月,奥康推出"名品空间"店,再次震惊业界。它既有商场所具备的环境宽大舒适、品牌资源组合丰富等特点外,还有专卖店统一和专业的特征,奥康、康龙等代表不同风格消费体验的产品尽展英姿。2013 年 1 月,奥康再度推出全新商业模式——国际馆,创新地将不同层次消费群体的品牌整合到一个区

域内,为消费者提供更便捷、时尚、更国际化的消费体验。同年 9 月,奥康又一次为业界带来惊喜:推出无鞋体验店,将鞋服行业 O2O 营销模式从构想变为现实。

(2)大力拓展商场渠道,提升产品档次

2009 年,奥康与上海百联、法国欧尚、大连大商等五家国内主流商场结成"奥康·商场战略联盟",这不仅是进一步探索与落实"温州名购"历史进程中最具典型意义的举措之一,也被认为是民族品牌拓展国内市场的创新之举。目前,奥康及旗下万利威德、美丽佳人已进驻部分高档商场,取得了一定的成绩。同时,奥康已经组建新的国际化运营团队,拟以新品牌结合奥康旗下品牌,创新商场渠道模式,大力拓展商场渠道,进一步拓展与商场的合作深度。为了有效支持商场渠道的拓展,奥康结合"黄金十年"战略进行了一系列研产销的整合提升,以真正达到信息快、研发快、生产快、物流快、上柜快。

(3)积极借助电子商务,开展网络销售

2008 年,奥康组建电子商务部门,创建官方网购平台,开辟网络销售新渠道。2010 年,奥康与淘宝网合作,大大促进了其网络销售的发展。经过数年的发展,奥康电子商务已经渐具规模,2012 年双十一期间,奥康天猫一天的销售额就突破了 5500 万元,摘得当天"天猫全国男鞋销量第一"的桂冠。未来,公司计划通过改造将位于永嘉的一处建筑物,将其升级为集电子商务运营中心、语音呼叫中心、现代化仓储配送中心、品牌直销厅等为一体的多功能电子商务综合园区。奥康将通过信息化系统的改造和自动化设备的购置,加快物流中转环节,缩短产品运输周期,加快产品和资金的周转速度,完善奥康电子商务运营体系,以更快、更好地树立奥康电子商务形象,促进奥康品牌快速稳健发展,实现公司战略目标。

3.着力强化全员参与创牌和终端形象统一,实现多方共赢

(1)启动第一品牌工程,激励经销商稳健发展

2006年3月,奥康迎来了奥康营销K计划——"第一品牌工程"启动仪式,出资5000万元成立第一品牌专项奖励基金,用于表彰在工程中表现优秀的经销商,激发士气,建立健全全国营销网络,打造区域垄断市场,争创第一品牌。"第一品牌工程"奖励基金主要用于表彰在此工程中业绩突出的代理商,即市场占有率、市场覆盖率、市场满意率、市场盈利率、市场发展率等"五率"在某一区域内做到鞋业行业第一即可获得奖励,此项基金项目主要是为了进一步建立健全营销网络、打造区域垄断市场、争创第一品牌而设立的。同时,也有利于做好人才的培训与培养工作,提升公司人才的整体素质和水平。

(2)完善终端管理体系,促进品牌终端形象统一化

2010年6月,奥康举行第五代新形象全球战略启动仪式。第五代新形象系统是奥康斥资两百万,面向全球进行为期一年的招标后取得的成果。该系统包括品牌形象提升、终端形象展示系统、商场店中店系统等。随后,根据公司对各品牌的精准定位,完善终端管理体系,按照各品牌各类直营店和加盟店的面积以及店铺所处的市场、商圈等情况,对店铺的门面、室内装潢、主题橱窗、宣传海报及店铺视频等进行精心设计,使所有店铺都能清晰而一致地表达奥康鞋业旗下各品牌和各品牌产品的形象,及时而准确地配合所陈列的新款系列风格和故事主题。

4.整合多方媒介资源,全方位推广产品品牌

(1)加强宣传推广策略指导,实现广告传播效益最大化

通过对自身和竞争对手的广告投放情况的搜集与分析,制定最佳的广告内容策略和广告渠道策略,通过电视、网络、户外、平面及新媒体等方式进行品牌及产品的宣传,整合资源促进传播效益最大化。如湖南卫视《快乐大本营》栏目广告投放:康龙品牌聘请湖南卫视"快乐家族"为时尚顾问,同时启用《快乐大本营》主题曲《快乐你懂的》为

康龙广告主题曲,并在其栏目中植入康龙品牌广告,广告歌曲与栏目主题曲捆绑传播,康龙广告曲人人皆知。

(2)明确阶段传播策略,实行明星代言推广

公司在品牌不同的发展阶段,推广不同系列的产品,有针对性的启用明星代言。

(3)开展全方位、多层次营销推广,提升品牌形象和影响力

公司紧密围绕品牌的定位、价值观以及品牌调性的呈现,借助目标消费群体所关注的国内外各类公众、时尚事件,进行高频率、多层次的整合营销推广活动,不断创新营销策划,推行事件营销,通过奥运营销推广、体育营销推广、娱乐营销推广等系列品牌活动,不断提升品牌和产品形象。

5.积极承担社会责任,树立企业良好社会形象

在发展教育方面,多年来,奥康在经营好企业的同时,还积极回报社会,参与公益事业,开展捐资助学、扶贫、赈灾等各项公益活动。2007年4月6日,经国务院和民政部批准,国内第一个以民营企业家名字命名的个人非公募慈善基金会——"王振滔慈善基金会"在北京人民大会堂正式启动。该基金会在资助贫困大学生的运作上采用全新的理念:慈善不是施舍,而是爱心传递。截止2013年8月,"王振滔慈善基金会爱心接力计划"已在重庆、浙江、湖北、四川、贵州、安徽、山东、内蒙古等地成功传递了27站,受助学生达7900多人。

在行业发展方面,2006年10月,欧盟决定对中国皮鞋征收为期两年的16.5%的高额反倾销税。同年10月,奥康率五家中国鞋企就此上诉至欧盟初级法院。2010年5月,在其他鞋企宣布放弃上诉的情况下,奥康继续上诉至欧盟高院。时至2011年3月16日,欧盟委员会正式发出公告宣布从2011年3月31日起,正式停止对中国皮鞋征收反倾销税。

在体育事业方面,作为"2008 北京奥运会皮具产品供应商",公司加大了公益支持在体育事业方面的关注力度。2008 年出资近千万支持冠军"圆梦行动",建立"杨凌·奥康儿童复明病房";"田亮爱心病房——先天性心脏病儿童康复";高敏·奥康·北京体育大学"贫困地区体育支教奖学金"等。2013 年独家出资 100 万元用于资助中国青少年发展基金会成立"红舞鞋百万梦想公益基金",帮助贫困家庭的儿童学习舞蹈。

（二）奥康品牌建设的成果

1. 奥康品牌价值持续增长,成为中国男鞋第一品牌

奥康通过全方位品牌建设,不断提高产品质量和附加值,品牌价值不断增长,从 2004 年的 16.98 亿元上升到 2013 年的 147.85 亿元。公司先后荣获"中国真皮领先鞋王"、"中国名牌产品"、"中国驰名商标"、首批"全国重点保护品牌"、"全国质量奖"、"浙江省政府质量奖"、"温州市市长质量奖"、"浙江省高新技术企业"、"浙江省专利示范企业"、"浙江省绿色企业"、"浙江省首届绿色低碳经济标兵企业"等称号。

2. 企业保持了持续稳定发展,成为浙江省第一家鞋业上市公司

公司从 2003 年实施多品牌战略以来,从三个品牌发展到五个品牌,公司发展速度很快。尤其是 2008 年,公司利用北京奥运会的品牌推广及收购国际品牌万利威德大中华区品牌所有权,奥康保持了快速稳定发展。2012 年 4 月 26 日,公司在上海证券交易所挂牌上市,成为浙江省第一家鞋业上市公司。

八、正泰集团——争创世界名牌，实现产业报国

（一）以温州精神，为温州正名

1984年，正泰集团的前身求精开关厂在温州柳市镇成立，那时温州电器成为了假冒伪劣产品的代名词，在这样的背景下，作为创始人的南存辉决定走一条与众不同的发展道路，即重视产品的质量，打造自己的品牌。也正是如此，当假货受到在市场和国家的严格打压下，正泰的前身——求精开关却越做越大，并成为了政府的重点扶持对象。

后来南存辉创办了正泰电器有限公司，正泰也迎来了它快速增长阶段，但是重视品牌建设的思路仍然没有改变。创业之初的经历，更使他感受到品牌的重要性。正泰利用政策空间与挖掘内部潜力同时并举，通过不断提升产品质量和建立营销网络打造"正泰"品牌，1994年，正泰全面导入 CI 形象设计系统，在世界20多个国家和地区注册CHINT正泰商标，并在国际互联网上注册自己的网页。正泰也再次感受到品牌的力量，1995年，正泰产品销售额迅速扩大至8.6亿元，比上年增长32％。同年11月，国家工商总局核准正泰集团公司为低压电器第一个全国性无区域集团。正泰多项产品相继通过国家新技术、新产品鉴定，三大产品跻身"中国名牌"之列，"正泰"商标被国家工商总局认定为中国驰名商标。

　　1996 年至今，正泰面对当时国内外多元化经营的浪潮，公司基于进一步做大、做强、走全球化经营的思路，正泰明确提出了"创世界名牌，树百年老店"的经营目标，同时喊出了"争创世界名牌，实现产业报国"的口号，这既反映了正泰人的自信，也让正泰品牌全球化的传播运作迈出了坚实的一步。正泰电器之主打广告语——"用其智，尽其能"，用正泰直面国际竞争市场、建立中国电气行业标杆品牌的战略"智"思维，用正泰所有员工的"智"处理每一个客户的需求，发挥自己潜能；并用其智慧的创意，将正泰电器的品牌形象正确的传播到全国乃至世界各地，扩大正泰的品牌影响力。

　　进入新世纪，正泰依靠依托强大的品牌优势突出核心产业，在产业链条上持续延伸，并组建了高压产品和低压产品两大主业的一系列新型的专业化电器生产公司。2008 年，正泰为了构建全球营销体系，开始实施双品牌战略，除正泰外，打造诺雅克，进一步开拓光伏市场。

　　如今，正泰商标已成为"中国驰名商标"，正泰牌低压开关柜、万能式断路器、塑壳式断路器、电能表被评为四大中国名牌产品，高低压电器产品被评为"中国出口名牌产品"，畅销世界 70 多个国家和地区，正泰最近一次品牌价值评估是 90 多亿元，居电器行业之首。被赋予丰富内涵的正泰品牌，成为了正泰员工驰骋国内外市场的强大动力，这也必然会推动正泰在"十二五"期间上升到一个更高的层次。

　　（二）小产品成就大品牌

　　正泰构建的品牌金字塔从战略高度规划了正泰的品牌发展之路。确立了以精工品质为核心的品牌定位，提炼出其品牌及产品的核心竞争优势是"大技术平台"。质量创牌、科技立牌、文化塑牌，这是正泰打造品牌的"三大法宝"，并将此深化到正泰电工未来的整体传播运动中，传达着正泰电工稳重、大气而且富有科技感的品牌形象。

质量创牌。正泰从初始创业时起步,形成质量第一的经营文化。创办伊始,就采取了与众不同的产品定位,将企业命名为"求精开关厂"。取名"求精",意味精益求精,坚持质量第一,重塑温州电器新形象。正泰提出了"宁可少做亿元产值,不让一件不合格产品出厂!"的质量宣言,郑重承诺"争创世界名牌,持久地为国内外顾客提供满意的产品",使"质量就是生命,质量就是效益"成为员工的共识。正是这种"质量就是企业生命"的观念,夯实了正泰品牌的基础,使正泰成为行业的"领头雁":首批领取了国家机电部颁发的生产许可证,首批通过 ISO 9001 质量体系认证、ISO 14001 环境体系认证、OHSAS 18001 职业健康管理体系认证和国际 CB 安全认证、美国 UL 认证、德国 VFE 认证等。并拿到了全国低压电器首张国家强制性认证(简称"CCC")证书。2004 年 9 月,正泰获得中国企业经营管理领域最高荣誉——"全国质量管理奖"。这些奖项大大地提高了正泰品牌的知名度和美誉度。

科技立牌。真正核心的技术是买不来的,必须依靠自己创新。正泰深深体会到这一点。只有掌握了核心技术,创世界品牌才有可能。为此,正泰每年拿出销售额的 3% 至 5% 用于科技开发。从海内外引进中高级人才 1000 多人,并且定期举办科技奖励大会,通过重奖甚至股份的方式,激发员工的技术创新的积极性。斥巨资从国内外引进先进设备、自动化生产技术、现代化仓储管理技术等,正泰集团主要生产工艺装备、检测设备、模具加工设备、仓储设备、试验站等均达到国内领先水平。同时建起了国际一流的理化测试中心、计量中心、低压电器检测中心和高低压电气科研开发基地。通过人才、设备以及基地的建设,正泰精心构建了一个三级研发机构。现在正泰技术研发已形成了以集团技术开发中心、专业技术处为主体的多层次开放式技术开发网络和集科研、教育、培训、开发为一体的"科技链",使产品开发从"跟随型"向"领先型"发展，也确立了正泰行业内领导品牌的地位。

文化塑牌。品牌的背后是文化，没有文化的企业，发展就没有主心骨。有了健康向上的企业文化，企业就有了源源不断的发展动力和灵魂。正泰的文化力不仅仅是概念的扩张，而是方方面面工作的综合。正泰关爱员工，坚持"以人为本"，注重员工的生活和成长，正泰提出了"财聚人散，财散人聚"的观点，建立协调劳资关系、处理劳资纠纷的机构和队伍，健全平等协商的集体劳动合同制度，并在浙江省民营企业中率先推出了全员社会养老保险和工伤保险，解除了员工们的后顾之忧。由于正泰建立起新型劳资关系，在沿海发达地区闹民工荒的情况下，正泰员工队伍稳定率却达到了98%以上。同时不定期聘请经济学家、大学教授及各类知名人士前来授课，形成全员学习、全程学习、团队学习和工作学习化、学习工作化的氛围和机制，帮助员工成长。正泰回馈社会，肩负"实现产业报国"的使命，把关注弱势群体、关心公益事业作为自己义不容辞的社会责任。先后设立"浙江省大学生助学基金"、乐清市民营企业扶贫济困总会"、设立"中华红丝带基金会"等，创业至今，已累计捐资捐物1亿多元，用于扶贫济困、光彩事业、希望工程等社会公益事业，成为一支积极活跃的公益力量，这些在无形中大大的提高了正泰的品牌形象。

（三）创新与专注，成为正泰品牌成功的钥匙

国内外激烈的竞争环境，使民营企业的生存难上加难，但正泰创业至今，越做越大，越做越强，品牌的知名度和美誉度越来越高，这与正泰对品牌的专注和创新是密不可分的。

创新，是正泰品牌兴业之魂。正泰品牌创新，关键在四个方面：一是产品创新，单就正泰电器的产品涉及配电电器、控制电器、终端电器、电源电器和电力电子等100多个系列、10000多种规格的低压电

器产品。或许看起来,这些只是生活中无关紧要的小小零件,但是正泰就是将分众文化细微到这些小小的开关,不断进行产品创新,分析其产品的特点以及它主要针对的受众群体,针对不同的人群研发研发多元化的系类,满足不同受众的需求,确保品牌的市场占有率。二是技术创新。正泰在民营企业中率先建立了国家级技术开发中心、理化测试中心、计量中心和低压电器检测中心,形成了以温州为基地、上海为中心、美国硅谷为龙头、相关科研院所为依托的多层次开放式的技术开发体系。先后开发研制了30多个系列、100多个基型的具有正泰自主知识产权的新产品,确保品牌具有竞争力。三是管理创新。正泰从1994年开始推行集团化经营,随后又推行控股集团公司制,将集团变为投资决策层、利润增长层和成本控制层三个层次,初步形成了以母子公司为基本构架的企业管理体制。并导入卓越绩效管理模式,引进国际最先进的SAP管理软件,信息化管理手段深入企业经营的各个领域,让品牌有了持续创新的动力。四是制度创新。从1991年开始,正泰着力进行股份制改造,股东人数已由当初的几个人发展到数百人,并实现企业所有权与经营权的适度分离,成功地迈向了现代企业制度的轨道,改变了正泰是一个传统的"家族企业"的品牌印象,逐渐转型为一个投资主体多元化的"企业家族"。不断的创新,让正泰越做越强,品牌影响力越来越大。

专注,是正泰品牌的又一法宝。创牌难,守牌更难,面对诸多诱惑,专注不仅需要定力,更需要勇气。当然专注并不意味着固步自封,而是要发展,如何加快发展,这是所有企业绕不开的问题,正泰也曾走过弯路。正泰先后进入过服饰、物流、饮用水、IT软件等多个行业,打的都是正泰这块牌子,但是在这些行业正泰品牌却不太灵验。市场的检验告诉了正泰和南存辉,正泰需要突出主业,以专业化战略,做大做强品牌。正泰的创始人南存辉也坚信着"一壶水"理论:不烧多壶水,只烧一壶水,一定可以将这壶水烧开。专心致志做产业,一心一意卖电器,把正泰打造为电器行业内的第一品牌。也正是这种信念,正泰果断确立了自己的产业定位,用减法把企业做强,就是要减掉和主业不相关的多元化经营业务,把精力集中到主业上来,走专业化经营道路,顺着电器产业链延伸,牢牢抓住低压电器、成套电器、仪器仪表三个支柱产业,同时大力发展通信、汽配、建筑电器、电力变压器等主要产业做精、做强,进而做大、做久,不断提高正泰品牌的影响力,努力打造正泰品牌在消费者心目中的明确定位——电器行业的领导者。正是这种专注的精神,大大提高了正泰的品牌价值。

展望未来,正泰集团树立了成为全球领先的清洁能源及能效管理系列解决方案提供商的品牌愿景。同时,正泰会进一步发挥品牌等资源优势,积极开展资本经营,加快"走出去"的步伐。

第四章 台州地区

九、爱仕达集团——创世界一流炊具品牌，制造厨房健康产品

ASD 爱仕达

（一）从贴牌生产到自创品牌

90年代，爱仕达创始人陈合林在一次偶然的机会，凭借自己的商业敏感，决定生产不粘锅产品，1991年，陈合林的厂里诞生了中国民营企业的第一口不粘锅。企业规模也随着不粘锅销量的增加逐步扩大。不粘锅产品也成为爱仕达品牌日后驰骋炊具市场的拳头产品。考虑到自身的技术、资金以及竞争对手的实力等因素，爱仕达开始进入贴牌生产阶段，1994年10月，爱仕达与世界最大的不粘涂料生产商——美国杜邦公司建立战略合作关系，开始使用"特富龙"商标，成为杜邦公司的特许制造商。爱仕达抓住机遇，在与外企合作过程中，消化吸收、借鉴国外炊具行业先进的产品质量、技术和款式的基础上，不断实现自主创新和超越，为日后发展爱仕达自主品牌发挥了重要作用，通过贴牌生产、出口，在积累资本的同时，把产品做精做细。

爱仕达的自创品牌是从导入CI开始的。爱仕达标志是由"ASD"三个英文字母和"爱仕达"三个中文字并列组成。整体简洁、明了，特别是爱仕达三个中文字以红色为底，产生了强烈的视觉效果，突出了爱仕达是中国人自主品牌这一形象。1998年爱仕达进入自主品牌阶段，推出了自主品牌和独特技术的六保险压力锅，并且进行内销和出口。将"厨具制造专家"作为的品牌诉求，爱仕达开始迎来了快速发展时期，据权威调查机构调查统计，2003年爱仕达集团不粘锅和压力锅市场销售量均居国内之首，出口总量也领先于苏泊尔等竞争对手。2004年爱仕达商标被国家工商总局认定为中国驰名商标，据中

国品牌研究院评估,爱仕达品牌进入中国100最具价值驰名商标排行榜。所生产的不粘锅压力锅为中国名牌产品,公司为海关总署进出口"红名单"企业,中国机电产品进出口商会推荐出口品牌中炊具行业唯一上榜品牌。

2007年,爱仕达集团明确了"创百年民族品牌"的目标,描绘了新的发展蓝图。之后推出了"七点回家吃饭"的广告,由于表达了家庭和谐的良好诉求而使公众产生共鸣,这则看似公益广告的爱仕达品牌形象广告,既把"爱仕达,爱万家"的企业理念具体化,也把爱仕达诚信品牌建设生动化。2010年5月11日公司在深圳成功上市,是中国炊具行业的龙头企业,产能和经营规模排位行业第二。现在,爱仕达拥有中国驰名商标1个、中国名牌产品2个、国家免检产品2个等多项国家级荣誉。"十二五"期间,相信爱仕达再接再励,品牌影响力必然会再上一个新台阶。

（二）诚信仁爱,助推品牌成长

爱仕达经过三十多年的发展,缔造了自身的品牌文化。确立了以"制造厨房健康产品,提升人类生活品质"为崇高历史使命,树立了"创百年民族品牌"目标,强调博爱:爱社会、爱员工、爱顾客、爱生活,使爱仕达品牌取信于社会、取信于员工、取信于顾客。

取信于社会。社会是企业品牌获得发展的土壤,品牌如果想获得长期发展,必须要获得社会的认可。爱仕达积极响应国家提倡节能减排的号召,花巨资在环保设施上,没有止于地方三级就达标的标准的排污要求,并且根据国家的最高标准来要求自己,达到国际一级标准并且要做到稳定排放。此外,"制造厨房健康产品,提升人类生活品质"的企业使命,在国内率先推广无油烟锅,这为改善环境和提高人们的生活品质创造了条件。做好环保工作的同时,积极投身于公益事业,爱仕达自成立之日起,已累计向慈善机构、希望工程、灾区群众、新农村建设捐款 1000 多万元，与央视等新闻媒体联手开展公益宣传活动，支持、赞助当地党委、政府、工青妇文艺演出及参与新农村建设等各种社会活动投入 500 多万元。在 5·12 汶川大地震发生后，爱仕达公司为灾区捐款 77 万余元。爱仕达发起"7 点回家"的倡议，也是秉承"爱仕达，爱万家"的理念，让更多家庭重拾全家共桌用餐，畅快沟通的美好生活，使家庭更幸福，社会更和谐。爱仕达取信于社会，极大的提高了品牌的美誉度。

　　取信于员工。品牌建立的背后离不开员工的汗水，21 世纪人才最宝贵，爱仕达清楚的明白这一点，不能取信于员工，品牌也只是空中楼阁。爱仕达本身就体现了对员工的重视，"爱"字体现了公司为广大员工创造美好生活的殷切关爱；"仕"指有才能的人，体现了公司广纳世界贤才以实现企业愿景的途径。爱仕达坚持"以人文本"，形成平等信任、共同发展的亲情文化。公司营造公平竞争环境，能者居之，打破地域、身份、资历限制。积极帮助员工成长，和地方高校合作，给予员工培训，同时每年给予一定名额，对员工进行本科到硕士、MBA 等多层次的系统培养。同时，爱仕达还在物质方面给予员工激励，对于聘用期满的管理干部和技术人员根据接可得到不同的奖励，对于有创新和技术改进做出贡献的员工，按实际效益的 20% 给予奖励。此外，爱仕达为员工提供优厚的福利待遇，斥资建立爱仕达公寓，配套设施完备，给员工提供良好的生活环境。正是爱仕达取信于员工，将员工的个人追求融入到了爱仕达企业和品牌发展之中，爱仕达越做越大，品牌也越来越响亮。

　　取信于顾客。取信于顾客，质量和服务是关键。由于爱仕达品牌的主打产品，和普通老百姓的日常生活紧密相关，真正的品牌效应由老百姓的口碑创造。而要赢得老百姓的口碑，就必须不断提高质量、创新产品、降低成本。爱仕达先后经过多次努力，从国外引进先进的生产线,并学习国外先进的质量管理经验,通过质量体系不断融合改进,确保产品质量的持续提升。一个好的品牌,除了拥有好的产品之外,还要建立完善的售后服务体系。售后服务是品牌落地后是否能够平稳过渡的基本保障。随着爱仕达国内外市场培育的不断成熟,销售渠道的上不断有新的拓展,品牌的知名度也不断的提高,爱仕达公司对售后服务体系进行了不断的完善,形成了一套具有爱仕达企业特色的服务体系,不断的扩大和深化服务的内容,赢得了广大消费者的赞誉。多年以来,爱仕达凭借过硬的产品质量,优良的售后服务,在品牌建设方面有了卓越表现,爱仕达逐步成长为中国炊具行业的龙头企业。

(三)清晰的品牌定位和不断创新成就爱仕达品牌

清晰的品牌定位。品牌建设无止境,企业往往需要根据不同时期确定不同的定位,从而选择有利于自身发展的品牌定位。爱仕达从创立至今就经历了紧跟和超越两种品牌定位。在品牌建设早期,爱仕达向品牌领导者学习,以产品为突破口,这种跟随者的品牌定位在产品、价格、市场推广等方面都有表现。竞争对手现在生产什么产品,爱仕达也会紧接着研发一些类似的新产品,不能落后于竞争对手,这样就比较好的实现了在产品上同步的品牌要素。根据4P理论,价格是一个非常关键的因素,爱仕达多年在市场上以略低于竞争对手的价格策略,凭借着残酷的价格战,在市场上获得了消费者的青睐,从而扩大了品牌的知名度。在市场推广上,爱仕达较少在媒体上做广告宣传,而是采取了集中火力的方法,把有限的资源用在重点关注的销售渠道和零售终端,把品牌宣传放在卖场零售终端上,用促销、换购、买赠等方式直接与消费者点对点、面对面交流。营销专家都知道:"世界上没有降价两美元不能抵消的品牌忠诚度",爱仕达凭借价格策略以及对终端渠道的重视,品牌的影响力不断的获得了提升。随着时间推移，爱仕达已经成长为行业内的龙头企业，整个行业格局发生了变化，爱仕达的品牌定位由跟随者向领导者转变。角色的转变，让爱仕达成为和谐社会建设和人们健康的生活方式倡导者。爱仕达提出了"7点回家，和谐家庭"的倡议引起社会关注，爱仕达作为厨具行业品牌领导者的地位逐渐形成。

不断创新。品牌并不是凭空创建的，而是需要强有力的产品作为基础，如果想保持品牌在行业内的领先地位，就需要不断的对产品进行创新。爱仕达自创立以来，在创新方面的投入从不吝啬，每年会拿出销售额的4％来支持产品创新，中国第一口六保险压力锅、第一口陶瓷无油烟锅、第一口采用不锈技术的铁锅、第一口采用储热节能专利底炒锅、第一个复合铜内胆电压力锅等等，爱仕达的产品研发始终走在业内前沿。生产出优质产品之后，需要进行不断的营销创新，打造品牌传播之路。爱仕达不断进行营销创新，拓展各种营销渠道，构筑立体营销体系，运用一切可运用的社会及企业资源，采用创新的营销手法，将营销的效果做到极致，以最小的成本产生最大的效益，目的是让利给渠道客户和终端消费者，同时也避开了其他竞争对手在传播渠道上的强大攻势。爱仕达在全国有效销售销售终端高达8000多个，形象专柜逐日增加，将竞争对手远远甩在后面。随着时间的推移，爱仕达努力开创的直营或自营渠道，在市场中的竞争优势越来越获得显性展示，这也确立了爱仕达无法撼动的营销优势。这些都极大的提高了爱仕达的品牌形象。

展望未来，爱仕达的愿景是创世界一流炊具品牌，制造厨房健康产品，提升人类生活品质，跻身世界炊具行业前三甲。

十、钱江摩托——钱江潮头闯巨浪

　　品牌会衰老，品牌会老化，品牌也会失去活力！若是墨守成规，品牌终将被市场抛弃。因此，品牌创立20余年来，钱江摩托始终不断深思，不断创新，尽最大的努力让自己的招牌历久弥新。

　　（一）品质——品牌创新的基石

　　从1985年生产出的第一辆250-B摩托车至今年整车生产150万辆的规模；从一个只有百余人、资产仅百万元的县属小企业，到拥有上万员工、总资产达百亿元的上市大型企业集团。20余年来，钱江摩托从"婴儿"长成为敢于挑战世界品牌的"青壮年"。钱江这个当初籍籍无名的"无名氏"，如今已经茁壮为广为人知的"优质品牌"。20年时间，钱江摩托奋斗为国务院批准的520家国家重点企业之一、也位列浙江省政府的"五个一批"工程重点企业。20年时间，"钱江摩托"成为"台州第一股"，也是中国摩托车行业中，第一个荣获上市的摩托车生产企业。今天，"钱江"商标已被认定为"中国驰名商标"，所生产的100CC以上系列摩托车被评为"中国名牌产品"，并被商务部确定为"重点培育和发展出口名牌"。20年间，钱江摩托后来居上，成为全国摩托车同行的领头羊，产量和综合经济效益连续五年位居全国同行业前列。

　　"钱江奇迹"的成功秘诀就在坚定不移地注重品质管理。几乎在每一个钱江摩托的车间的入口，都架设了一个巨大的电子屏幕，不断地投放"我们要造出比本田更好的摩托车"这样掷地有声的精神标语。让每位钱江的工作人员都如同是一丝不苟的严肃警官般,严密监督着所有的生产细节。每周六天,钱江的工厂都充满了热火朝天的热情。即便在周日,设备维护者们也是争分赶秒,但是却巨细靡遗地将那些已经疯狂运转近百个小时的设备进行仔细的维护和检修。这些林林总总的设备从成千上万个机床到一个简单的散热风扇。在这里,钱江制定了极其详细的管理标准,只有正确和错误,没有通融的模糊地带。钱江摩托的质检人员,眼光辛辣而挑剔,不论是那些难以发现的毛病,或只是发动机油箱盖有油污,清洗机械没有摆放在特定的区域内,散热片内机油没有清理干净等,他们都绝不放过。

　　质量保证的范围更包含卓越的售后服务。为用户提供高品质产品的同时,钱江摩托也率先在行业内推行"555服务标准",即凡使用钱江耐磨二代的用户,5万公里免费使用专用机油;5万公里免费上门换油保养;5万公里两年内发动机包换。钱江秉承"为用户创造价值"的企业宗旨,始终站在消费者的立场上,力求让用户的使用和维护保养费用降低到同行业的最低水平,最大限度地保全顾客的利益。

　　(二)变化——品牌创新的动力

　　消费者永远是喜新厌旧的,他们总是不断追求更好、更新的产品,期待着更好、更强、能满足更多选择的品牌。

　　"钱江摩托"却怎能以超乎常人想象的速度发展,赢得国内外越来越多消费者的信任,并迅速崛起!董事长林华中道出了成功的奥秘:"钱江摩托的成功就在于敢与世界顶尖级企业挑战,永无止境地超越自我。"要在中国和日本的摩托车品牌中,让消费者选择我们,唯一出路就是产品创新。

　　"耐磨",是"钱江摩托"自主创新的首攻目标。1998年起,林华中开始引进美国航天减磨技术,并全面投入到产品的应用之中。2004年又成功推出了钱江二代产品,将"耐磨"指标进一步提升,这在国内所有本土及合资品牌中是绝无仅有的。"耐磨"是二代钱江产品独有的自主创新优势,它运用了美国高科技技术,生产的摩托车5000公里不换机油、5万公里接近零磨损,及在无机油的状况下行驶2000公里不会故障。

摩托电喷技术的自主创新也是从钱江开始的。2005年10月,钱江FAI电喷产品隆重上市。FAI电喷技术,即改化油器为电喷,用集成系统来控制油量,也就是用电脑来控制发动机的工作。FAI是专门应用于中小排量发动机的电子燃油喷射技术体系,它成功地解决了电喷系统应用于摩托车领域的技术、成本、安全和维护等几大难题。钱江FAI开启了中国摩托电喷时代。

钱江耐磨二代产品的形成,是林华中和他的钱江人"耐磨"精神的一次完美演绎;FAI电喷技术的应用,是林华中和钱江人具有划时代意义的技术创新。

在汽摩界,流传着这么一句话:"不创新等死,创新找死"。避免这种悲剧出现,关键是目光精准,找准创新突破口,避免率性而为。"你比对手少犯错,你就能跑在别人前面,赢得胜利。"钱江摩托从粗放型发展走向精细型发展,关键是选准突破口,切实提高创新效率。从生产到销售,从总经理到每个工人,钱摩上下每个班组每个时间段都会有不同的创新重点。钱江摩托董事长林华中的办公室,一张巨大的办公桌面已经有数不胜数的磕痕,即使现在身居高位,依然习惯亲自在自己的办公桌上拆卸发动机。自从在1985年艰难地敲打出第一辆摩托车以来,在长达20余年的机油味道的生涯里,林华中一直保持着自己动手实践创新的习惯。而正是通过钱江所有人各个创新重点的突破,钱摩才不断超越自我,走向成功。

(三)走出去——品牌创新的东风

"微笑曲线"中,"中国制造"往往处于世界产业链分工中的底端。

即使无数国人有了创新意识，但由于起步晚及社会大环境等因素，还是不得不承认自身创新力不足。创新并不是关门搞科研，需要国际视野。向领先者学习，站在巨人的肩膀上，无疑是通往成功的捷径。钱江早期在国内已小有成就，但离世界品质依然差距甚远。2005年10月，由于研发能力有限和国外对技术转移的封锁，钱江不得不开始将眼光投向国外，成功收购了意大利百年摩企贝纳利（Benelli），建立钱江摩托在欧洲面向世界的前沿阵地，标志着钱江摩托已开始实施国际化发展战略。

贝纳利自诞生以来，生产的250cc以上大排量摩托车的公司一直被认为是世界上最年轻、最新锐的顶级摩托车生产厂家之一，它代表着意大利人对机械设计的顶级偏好，并以高贵的血统和高昂的售价而闻名——一辆贝纳利的价格往往可以购买三辆本田或两辆哈雷。然而在钱江入主前的十余年间，这家公司的前东家梅洛尼集团，以狂飙突进的姿态和粗放型的管理来运营这家公司，曾对其大量投资，但从未设法扭亏为盈，在不计后果投入一亿欧元进行研发之后，梅洛尼发现仅仅3000台的年产量以及微薄利润已经无法支撑公司的正常运作，贝纳利不得不陷入破产边缘。

在2005年发出竞拍通告之后，钱江摩托第一个提交并购请求，紧随其后的两家抢食者分别来自英国和俄罗斯。但英国人只希望购买其品牌，而俄罗斯人则希望将其工厂完全转移出意大利。钱江的算盘则与之不同，在谈判中，钱江提出了一个让意大利人出乎意料但非常认可的方案：不需要迁移和关闭意大利工厂，而是依靠本地的强势研发和设计的能力，结合低成本高效率的制造产能，挽救贝纳利。钱江还耐心说服意大利人将零部件制造转移到成本更低的中国去。四个月后，并购成功。贝纳利确实没有让钱江失望，90多年不间断的堆满了几个大大的仓库的研发资料和测试报告，其中一些历史悠久的关于整车和零部件的测试方法,使钱江如虎添翼。利用贝纳利钱江借船出海,乘风破浪。

钱江摩托入主贝纳利的第一个动作就是竭力挽留以往的设计工程师和技术工人。董事长林华中辗转找到贝纳利前技术总监马可尼(Marconi),希望他一个一个地收罗旧部,并许诺钱江将重整旗鼓,尽管这位赛车手出身、见多识广的摩托技术专家对钱江闻所未闻,但他还是被林的热情和雄心打动。在林和马可尼的极力邀请和说服之下,100多名工人重返贝纳利,其中包括多达30人的世界上最顶级的设计团队,工厂也开始以每天18辆的速度恢复生产。

这是钱江国际化战略的关键一步,也是林华中布局钱江走向世界的重要一着。通过这一平台,吸收国外著名的摩托车设计专家,缩短了钱江与世界级企业的距离。同时也向中国企业展示了如何进一步拓展国际市场,整合和利用全世界优势资源提升本企业科技、创新能力的可行之路。

随着钱江国际化战略的转移,国际市场更是"钱江摩托"挑战世界名牌的大舞台,显然,藉此收购,钱江摩托在获得顶级技术之称的同时也成功为品牌造了势。

"钱江准备再花20年,通过全球化战略,使钱江摩托成为世界摩托市场一'极',然后使钱江成为引领行业的创新企业,也使钱江摩托真正成为世界级企业。"虽然年过半百,林华中却依然踌躇满志。沧海横流,方显本色;唯有创新,方使钱江摩托屹立不倒。钱江潮头闯巨浪,钱江摩托不断完善自我,以更高品质的产品和服务奉献社会,参与国际竞争,树立中国摩托车品牌在全世界顾客心目中的光辉形象,为中华民族的伟大复兴贡献力量。

第五章　湖州地区

十一、天能集团——绿色品牌构建可持续发展大厦

品牌的一个重要内涵是社会责任。因此,企业要注重社会意识,把履行社会责任视为企业己任。天能电池很好地顺应了时代的潮流,坚持绿色品牌并不断进行科技创新,为绿色品牌的可持续发展作了支撑。

（一）依托国家政策 抓住时代机遇

在能源可持续发展领域,新能源日益受到重视,有关新能源的研究也开始成为热点。它涉及国家能源结构与安全、环境保护、科技创新等多方面。鼓励发展新能源已成为国际社会共识,在政策方面,制定了新能源的发展目标或相关政策的国家与地区,从 2005 年初的 55 个增加到 2010 年初的 100 多个,大多数国家采取了多种激励政策。中国早已将新能源列为战略新兴产业加以扶持和推动。2009 年,中国在新能源领域投资达 346 亿美元,居世界第一位。2005 年 2 月 28 日,十届全国人大常委会第 14 次会议通过的《可再生能源法》;2009 年 12 月 26 日第十一届全国人民代表大会常务委员会第十二次会议通过《关于修改〈中华人民共和国可再生能源法〉的决定》;同年,国家出台了《新能源产业振兴和发展规划》规划期限是 2009 年至 2020 年。预计到 2020 年,中国在新能源领域的总投资将超过 3 万亿元。

在这样的时代大背景下,天能集团响应国家大力发展循环经济的号召,积极致力于新能源产业的发展,努力创新创业,实现"矢志成为全球领先的绿色能源供应商"的战略目标,争取为改善民生发展、践行产业报国、构建和谐社会作出贡献。

天能集团成立于1986年,地处长三角腹地——"中国绿色动力能源中心"浙江长兴,主要以电动车环保动力电池制造为主,集新能源镍氢、锂离子电池,风能、太阳能储能电池以及再生铅资源回收、循环利用等新能源的研发、生产、销售为一体,是目前国内首屈一指的绿色动力能源制造商。企业的大事记要追溯到2005年,中共中央总书记、中华人民共和国主席、中央军事委员会主席,习近平(时任浙江省委书记)莅临天能集团调研。在这个过程中,习近平提出了诸多指导意见,为企业的发展增添了动力。

此后天能集团的发展翻开了崭新的一页。从2005年10月,天能电池(芜湖)有限公司成立;2006年11月,公司"天能牌"电动助力车用蓄电池全系列产品,荣获国家免检产品殊荣;2007年6月,集团公司在香港主板成功上市,成为湖州市首家境外上市企业;2008年,公司被列为福布斯"2008中国潜力企业榜"十强企业,并被认定为中国驰名商标;2009年4月1日,集团下属的浙江天能电池有限公司、浙江天能电池(江苏)有限公司被认定为国家火炬计划重点高新技术企业;2010年7月,公司荣获浙江省百强企业、浙江制造业百强企业、2010浙商全国500强、2010新产业浙商20强;2011年11月8日,天能集团连续四年蝉联"中国动力电池最佳品牌";2012年8月25日,天能集团成为中国航天事业合作伙伴……,这些荣誉都充分证明了天能集团依托国家政策,抓住时代机遇,不断激流勇成就进的成就。

(二)打造绿色品牌 承载环保责任

近年来,中国GDP增长速度迅猛,在追求庞大的国民生产总值的同时,国家也提出了"绿色GDP"的概念。它用以衡量各国扣除自然资产损失后新创造的真实国民财富的总量核算指标。简单地讲,就是从现行统计的GDP中,扣除由于环境污染、自然资源退化、教育低下、人口数量失控、管理不善等因素引起的经济损失成本,从而得出真实的国民财富总量。

在长兴县306省道25公里处,路边的几块铅蓄电池企业的大型广告牌尤为引人注目。不远处的一块写满电池企业名称的路标,不断提醒路人这里是国内最大的铅蓄电池生产基地。如今,铅蓄电池企业要在长兴生存,除必须达到500米卫生防护距离外,污染处理要从一道工序增至三道,废气采用二级高效除尘设备,废水采用自动控制设施,生产车间按微负压设计和运行,换风气体须过滤净化后返回车间。长兴县天能集团仅2013年就已陆续投入1.5亿元开展装备更新、技术改造等环保方面的升级。

除了生产蓄电池,天能集团还开展了"废中寻宝"战略。当前铅污染防治重心已由生产环节转移到再生铅环节,天能对此做了一个非常好的破题,打造了纯绿色的闭环。

事实上,国内的铅蓄电池生产企业一般都不介入回收工作,即便是废旧电池,或者生产过程中的下脚料,比如铅尘、铅泥、铅粉,这些下脚料都让第三方公司回收。

天能之所以这么做,除了市场空间广阔,自身也有实力,还和国内回收废旧电池无序竞争导致的混乱局面有关。在国外,回收工作一般都由铅蓄电池生产企业自行承担,因为消费者必须把废旧铅蓄电池交到指定回收点。比如,在瑞士和日本,每处理一吨废电池,政府要补贴废电池处理企业约合人民币5000元;而在韩国,电池厂家每生产一吨要交一定数量的保证金,用于支付回收者、处理者的费用,并指定专门的工厂进行处理;还有的国家对电池生产企业征收环境治理税或对废旧电池处理企业进行减免税等。

因而,天能集团斥资3亿多元引进生产线,年回收处理15万吨废铅酸蓄电池。废旧电池由于含有多种高毒性物质,被公认为环境杀手，但是如果能够循环利用，它们又是富含各种资源的"城市矿山"。目前企业自产的电池大部分可以回收再生，能从中受益不少。电动自行车每 1～1.5 年就要更换一次电池。汽车使用的铅蓄电池，每 2～3 年也要更换。这是天能的下一个掘金地，就是再造一座城市矿山。天能回收利用，将绿色的品牌概念直击人心，降低资源浪费的同时也为企业树立了良好的品牌公关形象，可谓一举两得。

（三）注重科技创新　保持品牌活力

天能集团是国家重点扶持高新技术企业、国家火炬计划重点高新技术企业，全国轻工行业先进集体、浙江省工业行业龙头骨干企业、国家蓄电池标准化委员会副主任委员单位；拥有国家级博士后工作站、院士专家工作站、省级企业技术中心、省级高新技术研究开发中心。近年来，先后开发国家级重点新产品 9 项，创新国家专利近 400 项、省级新产品和高新技术产品 100 余项，同时承担国家火炬计划和星火计划项目 9 项。

科技创新是天能集团发展的巨大动力。以集团"天能"牌电池为例，它先后被评为国家重点新产品、浙江省高新技术产品。作为国家重点扶持高新技术企业、国家火炬计划重点高新技术企业，全国轻工行业先进集体、浙江省工业行业龙头骨干企业、国家蓄电池标准化委员会副主任委员单位，天能拥有国家级博士后工作站、省级院士专家工作站、省级企业技术中心、省级高新技术研究开发中心。近年来，先后开发国家级重点新产品 10 项，创新国家专利近 600 项、省级新产品和高新技术产品 100 余项，同时承担国家火炬计划和星火计划项目 10 项。

天能集团不断创新，推陈出新，从通过消费者的不同需求出发，研发了适合各个领域的种类繁多的节能电池。目前，集团已发展成为拥有 16 家国内全资子公司，3 家境外公司，2011 年销售收入达 152

亿,员工11000余名的大型国际化集团公司。公司主导产品电动车动力电池的产销量连续十五年位居全国同行业首位,这是适应时代潮流品牌不断创新的结果!

发展循环经济既是中国社会发展的必然,也是今后实体经济发展的一个重要方向。天能集团将更加积极致力于新能源产业的发展,努力创新创业,实现"矢志成为全球领先的绿色能源供应商"的战略目标,争取为改善民生发展、践行产业报国,为构建和谐社会作出更大的贡献。

十二、欧诗漫集团——珍珠打造的美丽品牌

OSM 欧诗漫集团
OSMUN GROUP

英特尔前总裁格罗夫很早之前就说过这样的话,吸引不了注意力的产品将经不起市场的惊涛骇浪,注定要在竞争中败下阵来。每天,我们都能看到许许多多的品牌充斥在周围,同样每天我们也都能看到很多品牌消失。为什么有的品牌如流星一般一闪而过?而有的品牌在我们有相关需求的时候能够立刻想到?而有的品牌却在我们记忆中如同被尘封一般难以找寻?欧诗漫化妆品用一颗"珍珠"很好地回答这些问题。

（一）将梦露的微笑作为品牌遗传的密码

自从亚当和夏娃犯错之后,尝试的可能性就增大了许多。据估计,我们每天尝试发出的信息达20000条。关键标识,即Logo可以使品牌在信息膨胀的社会很快被辨认出,并向大众发出相关的额知识和印象,还使图案变得更有活力。而前提就是大脑必须适应这个符号,并联想到相关的含义。举个简单的例子:性感的双唇,眼睛,以及美丽的面孔使我们联想起玛丽·莲梦露,还有Schlacht地铁,Tony

Curtis 和迈阿密海滩上的美孚石油贝壳。这样的作用不是只有一个电影明星才拥有,一个白色的三角形、一个红色的顶,同样可以成为最著名的国际品牌:在万宝路广告中,篝火边的牛仔将西部的风情瞬间带到了观众的眼前。

欧诗漫作为女性化妆品牌,在品牌取名上就很将优雅的品牌特质考虑进去,英文为"OSM",中文为"欧诗漫"。OSM 作为浙江欧诗漫集团公司的企业标志,取自英文 Osmanthus(桂花)的前三个字母 OSM 和英文 all smile(共同的微笑)的音译,二者结合就有了"欧诗漫"(英文 OSM)一词。它是公司形象、特征、信誉、文化的综合与浓缩。字母"O",代表着珍珠。字母"S",弧线柔美,仿佛女性的身姿般摇曳。字母"M",简洁的字体设计中,透出外粗内细的细节,简约时尚,具有国际感。

我们要给品牌装一个倒钩,使它牢牢勾在人们的记忆中。这是在信息爆炸中生存的唯一机会。关键标识就是让品牌更引人注目、更快被理解的"倒钩"。这个标识可以是颜色的组合,印刷格式的设计,一个被蒙着眼睛的男人,或是克莱门丁夫人。应设法使这些标识尽可能一下子跳入人们的视野,但也有一些关键标识显得安静与从容,关键要与品牌所要传达的精神内涵相契合。

欧诗漫标识整个风格知性优雅,又不乏柔软的浪漫和充满想象的感觉,很好地体现了欧诗漫"珍珠美学专家"的品牌形象。All smile(OSM)就像梦露的微笑一般让人浮现温暖迷人的微笑的画面,成为欧诗漫品牌遗传的传奇密码。将品牌理念压缩进一个超级符号中,这是走向品牌战略的第一步。欧诗漫很好地做到了这一点,成功地迈出了品牌走向消费者的第一步。一个品牌如果令人信赖,并且留在人们的头脑中,那么它就是价值巨大的超级符号。要决定做一个超级品牌需要很大的勇气,但是如果成功了,并能够保持下去,它就像火箭一样,将企业带入新的未知的高度。欧诗漫很好地做到了这一点,虽然目前欧诗漫品牌尚未完全成为一个超级品牌,但所有欧诗漫人都小心翼翼呵护着这个品牌,将之不断传承下去。

（二）品牌故事让品牌更具说服力

消费者也喜欢有故事的品牌。故事有一种神奇的力量,也许就像小时候能够伴随我们入睡的神奇功效一样。仿佛所有的人,所有的物一旦有了故事,便会分外地触动人;而所有的错误与过失也因为有了故事而更加容易被原谅。品牌故事作为一种精神号召力量,能对消费者产生一定的思维影响,并让消费者在心中认可品牌的价值观和文化观,一旦产生共鸣,便会对品牌产生信任感,并且不轻易改变,对于公司的营销起着正面积极的作用。故事成就品牌价值,也传播品牌价值,它的魅力就在于在故事里人们能轻易地实现的他们的梦想,即便只是感觉。

珍珠,是大自然不可思议的奇迹。她玲珑雅致,皓洁夺目,象征纯洁,完美,尊贵和权威,从古至今都被人们视为奇珍异宝,除作高档的饰品之外,还是一种名贵的中药材。自古以来,珍珠神奇的美容功效就被爱美的皇室贵族发现,她们以珍珠粉敷面、调饮内服等方式享受着珍珠带来的美丽。早在数千前的中国,古代中医对珍珠粉的价值已有十分深入的研究。古典医学权威《本草纲目》中就指出:珍珠具有美容、镇心、明目等诸多特殊的功效。珍珠为何蕴含如此惊人的力量,这个千古珍珠美容之谜,时常萦绕在欧诗漫创始人沈志荣的脑海里。1967 年,当他培育出第一颗人工淡水珍珠后,便坚信只有科技,才能破解这千古珍珠美容之谜。经过无数次科学解析,沈志荣终于发现——珍珠的神奇美容功效其实源自珍珠中富含的 18 种天然氨基酸和多种微量元素。年复一年,他遍访各大名校、科研院所,并积极参与国际性的科研交流……欧诗漫终于创新研发出生物酶解技术、超威细粉体技术和独特的珍珠复配技术,将珍珠神奇功效与护肤品完美结合,创造了珍珠美容史上的现代神话。

这就是欧诗漫的品牌故事,就像那颗珍珠一样熠熠生辉,说服消费者相信欧诗漫珍珠美容的神话。从破解一个谜开始,到成就谜一样的人生,更成就一个品牌传奇……品牌营销在我们生活中可谓是无处不在,无时不有。在商品极大丰富的现代社会,要使一个品牌持久发展下去,仅仅依靠传统企业所具有的战略优势是远远不够的。随着信息的畅通化以及市场规范化的来临,资金、技术、管理等所谓的优势始终处于一个此消彼长的态势。唯有打造属于品牌的文化,实行文化营销,培养顾客持久的忠诚,才是恒久不变的竞争优势。然而,当策划者为"内塑文化营销理念,外塑文化营销形象"而绞尽脑汁之时,品牌故事这一张好牌却往往被人忽略。有人称,故事是一个品牌向消费者传递诉求的载体,没有故事的品牌不能称其为品牌,充其量只是一个符号、一个名称。在市场竞争如此激烈的今天,让品牌披上"故事"的袈裟,赋予文化营销的品位与灵魂,必能给企业和品牌本身带来勃勃生机。故事,让品牌更具魅力。

(三)品牌定位可以更好抓住消费者的心

品牌定位,就是针对目标市场确定、建立一个独特品牌形象并对品牌的整体形象进行设计、传播,从而在目标顾客心中占据一个有独特价值的地位的过程或行动。品牌定位并不是针对产品本身,而要求企业将功夫下到消费者的内心深处。市场上的产品有千千万万,具有类似功能的产品有很多同时在生产和销售。每一个类型,每一个品种,每一个很小的市场区域,都有很多产品在涌入,企业品牌要脱颖而出,就必须用自己独特的形象在消费者心中留下深刻的印象,以区别于其他品牌。而精准的品牌定位正是让企业能够使自己的产品在消费者心中留下独特而深刻印象的简洁而有效的方法。

　　化妆品市场从来都不缺纷繁的种类,但43年来欧诗漫一直专注于一件事情,就是——珍珠。只有清晰地了解自己,并有一个较高的定位,才能做到高瞻远瞩,才能"跑"得更快,更远、更强大,让自己始终位于行业前列。对于欧诗漫来说,它的定位就是珍珠,所有的一切都以珍珠为展开。也正是这始终坚持的"自然健康,带给全世界珍珠般的美丽"的品牌信念,让欧诗漫在化妆品市场中独树一帜。

　　时尚、年轻、国际化,欧诗漫以博大的胸怀和浓厚的珍珠情怀,致力于让珍珠文化走出国门,将欧诗漫打造成国际化民资护肤品牌的新标杆,让全世界分享来自东方的珍珠美容智慧。为了更亲和消费者,"欧诗漫"采取了独特运作方式,现场剖蚌取珠。时间长了,消费者脑海中就会形成这样的概念:珍珠就是欧诗漫,欧诗漫就是珍珠,欧诗漫珍珠化妆品是老百姓用得起的好产品。我们要的就是这样的效果。欧诗漫董事长沈志荣说,他希望每一个创举都能拨动消费者的心弦,打造值得信赖的珍珠原料、值得信赖的珍珠产品、值得信赖的知名品牌。专于珍珠,这就是欧诗漫独特的销售主张,也是欧诗漫独特的品牌定位。

　　这是一颗珍珠打造的美丽事业,也是这颗珍珠让欧诗漫与众不同。40多年来,欧诗漫成功打造出中国范本式珍珠产业链,被誉为"珍珠美学专家",今天,欧诗漫大珍珠品牌恢弘启航,新的更宏大的美丽梦想孕育新生,以珍珠第一品牌的责任心和使命感将中华千年珍珠瑰宝传承与创新发展。

第六章　绍兴地区

十三、菲达环保——以科技创新的名义，做环境保护引领者

美国管理大师、《追求卓越》的作者托马斯·彼得斯的名言——距离已经消失，要么创新，要么死亡。这句话恰好道出了菲达环保负责人舒英钢对环保机械行业的理解，在他看来，这个领域因为创新而发展。一切新技术，都可能在分分秒秒的酝酿、追赶中，变成过去时。企业唯有掌握"创新"这一致胜关键，梦想才能成真。科技创新是菲达环保的第一生命。

（一）立足于科技创新环保

菲达环保坐落于美丽的西施故里浙江省诸暨市，以电除尘器、气力输灰设备和烟气脱硫设备等产品为主导，集科研、设计、制造、安装、服务于一身，是我国环保领域中大气污染治理防止设备行业的龙头企业，国家重点高新技术企业。

菲达环保以"保护环境、造福人类"为宗旨，矢志不渝地致力于大气环保事业，依靠科技进步，做精、做专、做深和做强环保企业。企业目前已拥有完整的自主创新体系、国内一流的人才队伍和强大的市场网络，在环保装备领域成功地实现了技术多元化、大成套、一条龙服务、工程总承包、与国际跨国公司经营模式接轨的发展目标，继续用自主创新的科技实力保持国内大气污染治理行业的龙头地位。

（二）"先人一步"的技术创新理念

菲达环保是最早介入大气污染防治设备行业的企业之一。不得不说菲达环保有如今的成就离不开它敏锐的环保触觉。立足未来，瞄准研究国外20年后的环保技术，"必须要创新，在新排放标准正式颁布前用新产品抢占新一轮的市场"。

早在1996年，全国烟气脱硫市场还远未启动，"菲达环保"就先人一步，对烟气脱硫技术进行储备，为近两年抢占市场制高点奠定了基础。迄今，"菲达环保"先后改造了美国、日本、比利时等国进口的100多台电除尘器，完成了我国电除尘器的国产化；先后引进并创新了布袋除尘技术、烟气脱硫技术，实现了我国布袋除尘和烟气脱硫相关技术及其装备的国产化。其中，以电石渣作脱硫剂的循环半干法脱硫技术开了以废治废的先河，获得国家科技进步二等奖。到目前为止，"菲达环保"已承担了21项国家重大装备科技攻关项目，公司生产的电除尘设备占据全国产品的80%以上，循环半干法脱硫、垃圾焚烧尾气处理设备的市场占有率位居全国第一。

2011年，环保部下达火电厂大气污染物新排放标准的"二次稿"，对于氮氧化物、烟尘和汞排放要求到了严苛的程度时，菲达环保早在2008年就成立以联合国援建的电除尘器研究所为核心的攻关组，专门进行旋转电极电除尘技术的立项研究，旨在保证电除尘器达到更高的排放要求，因此，菲达环保显然已经取得了技术突破和工业应用的优势。2012年2月，新空气质量标准颁布，第一次将PM2.5纳入空气质量评价指标，标志着我国的空气质量标准与世界卫生组织的标准正式接轨。早在环保部开始酝酿新标准时，菲达已经启动国家认定企业技术中心创新能力项目《燃煤烟气PM2.5治理技术与装备研发平台建设》，建成的燃煤烟气净化技术研发平台被验收。专家赞誉，试验室已成为全球除尘治理行业中装备规模最大、设施最先进的实验研究基地之一。

（三）可升级的技术创新战略

菲达之所以能长时期保证产品质量、技术水平在行业中的领先地位，是与其可升级的技术创新战略密不可分的。菲达每研制开发一种新产品，总是先立足于自身的研发力量，进行自主开发；然后在用户使用的基础上，找出自身产品与国际水平的差距，进一步发现自身的技术欠缺；接着，根据发现的技术缺陷，从国外引进关键技术；再次，依靠自身的研发力量，对引进的关键技术进行消化吸收；最后，总结原有的经验，结合引进技术，进行自主创新，研制出具有国际一流水平的、更加符合用户需要的产品。通过这样的技术创新链，菲达人在知识积累的基础上又开始新一轮的技术创新过程，如此，技术创新链能够周而复始，不断升级，从而使得企业的知识积累不断升级，产品的竞争力不断提高。

1.进行市场预测、自主开发新产品

随着经济的不断发展，中国的环境污染问题日益严重，为防止中国重蹈西方发达国家先发展后治理的老路，国家把环保产业作为重点扶持对象。在这种有利的外部环境下，菲达赢得了良好的发展契机。菲达从市场预测着手，通过市场调查、用户反馈和国内、外行情分析，确定产品开发的主导方向——大气污染治理防治设备。一旦确定要开发一种新产品，菲达人绝对不会直接、盲目地从国外引进技术或产品生产线，而是依靠自身的研发力量，先自行攻关较低层次的技术，获得对这种新产品研制的初步知识，从而自行开发出适合中国用户初级需要的新产品。这些新产品也许不一定代表国际的先进水平，但菲达人在这个过程中积累了经验，为以后的引进技术谈判增加了实力和筹码，也为进一步的自主技术创新积累了宝贵的知识。

2.找出技术欠缺，引进关键技术

必须承认我国的工业化基础较差，环保设备产业起步较晚，有许多技术空白，与国际一流水平是存在一定的差距。技术引进有利于国内企业缩小与国际水平的差距，在一个较高的起点上开展研发工作。因此在自主创新的基础上，菲达将自主研发的产品投入市场运行，通过与用户的不断交流，以及对国际上技术发展水平的分析，找出自身最欠缺的技术，从而确定需要引进的关键技术。因为有了初始创新作为基础，这一过程变得相对容易，针对性和目的性也得到加强。大气污染治理防治设备是高技术含量的产品，需要量体裁衣、单台设计。鉴于对产品特殊性和经济性的考虑，菲达在技术引进时只引进关键的设计制造技术、标准或是试验方法，即只引进软件，而不引进生产设备、试验设备这样的硬件。

3.重视消化吸收再创新，形成核心竞争力

引进的技术也不是万能的：一方面它不可能具有国际一流的水平，任何一个公司都不可能将自己最先进的核心技术转让给竞争对手，即使存在巨大的金钱诱惑，这种情况也很少发生，因此菲达引进的只能是次先进的技术；另一方面由于缺乏对于中国具体国情的了解，国外的技术或产品的匹配性不是很好，设计缺乏针对性。因此要真正形成自身的核心技术能力，就必须从用户的具体需求出发，依靠自身的科研力量和知识积累，消化吸收国外先进技术，不断进行自主技术创新。菲达为了实现"立足国内最佳，争创世界一流"的企业目标，始终坚持引进、消化、优化、创新的思路，不断向前，高循环发展。

（四）"菲达学院"培养创新型人才，产学研一体化

人是科技创新中的第一要素、第一生产力。随着企业的快速发展，人力资源的重要性已显得越来越重要。为适应企业"自主创新"

需要培养人才的需要，菲达集团在 2006 年 3 月成立菲达学院，并长期与浙江大学、东北大学、ALSTOM、德国 FISIA、日本三菱重工等知名环保专家和机构保持紧密合作，实施远程网络教育，进行全员培训，把菲达打造成学习型企业，进一步提高全体员工的综合素质，提高企业的自主创新能力。菲达就是一所大学校，每个菲达人都将在学院得到学习和培训。培训的内容是全方位的，除了技术与管理等专业知识，还包括企业文化和健康知识方面的讲座。菲达的目标很明确：全面提升员工素质，凝聚和造就最优秀的团队，为企业快速、健康、可持续发展提供人力资源保障。与此同时，菲达环保借助高校名所，通过产学研合作，充分利用其科研、人才优势，加强人才培养，共同攻克科技难题，解决技术瓶颈。

如今，菲达集团在经过自主创新后，已使其相应产品的技术水平和产品质量达到国内领先，接近或赶超国际先进水平，有了专利产品和改进型产品。为了实现"立足国内最佳，争创世界一流"的企业目标，必须贯彻落实科学发展观，坚持科技创新，不断增强自主创新能力，全面提升企业核心竞争力，进一步把企业做大做强，更好更快发展，为建设创新型国家添砖加瓦，为国家环保装备产业的发展、为国家环境保护事业做出更大的贡献。

十四、古越龙山——让传承的更经典 让现代的更时尚

世界上有三大古酒"黄酒、啤酒、葡萄酒"，只有黄酒源于中国。

源远流长数千年,被誉为"中华国粹"。能代表中国黄酒总体特色的,则首推绍兴黄酒,而古越龙山则是"中国黄酒,天下一绝"中的佼佼者。

世人面前的古越龙山,可以说是荣誉等身,那长长的荣誉榜似乎在诉说着它不尽的辉煌:古越龙山是中国黄酒行业唯一中国名牌产品;是中国黄酒行业唯一中国驰名商标;是唯一黄酒上市公司。古越龙山是目前国内唯一一家年产量超过10万吨的绍兴黄酒生产企业,是绍兴黄酒的卓越代表。质量也始终保持在国家优质酒的高水平上。

随着人们健康饮酒观念的逐渐盛行,黄酒受到越来越多人的青睐,迈出了走向全国的步伐。古越龙山是如何在众多黄酒中脱颖而出,成为黄酒行业的龙头老大? 如果用一句话概况就是:传承与创新。传承传统而精益求精,融科技而不断推陈出新。

（一）深厚的文化张力

黄酒已有2500多年的历史,喝酒一方面是喝一种口味,一种状态;另一方面黄酒更富有文化,喝的是一种文化。穿透时间的面纱,我们可以发现古越龙山厚重的历史感。

古越龙山始创于1664年的沈永和酒厂是绍兴黄酒行业中历史最悠久的著名酒厂。"古越龙山"商标,取材于2400多年前吴越春秋的故事,商标图案是越王勾践伐吴时点将台和卧薪尝胆的龙山背景。古越是绍兴的发祥地,也是绍兴酒的发祥地,龙山是古越政治文化的中心,也体现中国人对龙的崇拜,象征至高无上。"古越龙山"绍兴酒,一方面体现的是酒的历史源远流长,另一方面体现其质量高高在上。

周恩来、邓小平、江泽民等都十分喜爱古越龙山。早在1988年,古越龙山荣登国宴宝座,正式入选国宴用酒。古越龙山还作为国礼频繁出现在重大国事及商务活动中、美国前总统尼克松、克林顿、日本天皇等都对古越龙山赞赏有加。同时,古越龙山还入选 2008 年奥运食品的一种。

古越龙山充分挖掘产品独特的人文历史内涵,利用绍兴独特的风土人情、人文历史做文章,在塑造酒文化方面下足了功夫。通过一些新颖的活动,赋予产品深厚的文化。比如与咸亨酒店联姻,建黄酒陈列馆,建黄酒城等等。

(二)传承传统的酿酒技术和工艺

黄酒是传统产业是老祖宗留传下来的遗产,尤其是黄酒传承千年的独特生产方式:每年农历七月制酒药,九月制麦曲,十月制酒酿,大雪前后开始酿酒,至次年立春结束发酵时间长达 90 多天。翌年"立春"起榨酒,然后将酒煮沸灌入酒坛密封贮藏,通常 3 年后才会投放市场。古越龙山守着传统操作工艺不敢有丝毫懈怠。

以传统工艺酿酒,过程繁杂。从糯米过筛、浸渍摊冷、落缸前发酵、后发酵、压榨、澄清到煎酒成品,要控制质量除依靠仪器设备之外,更有赖于"酒头脑"根据气温米质麦曲性等多种因素灵活掌握及时调整。全国黄酒行业有 30 多位品酒大师,古越龙山就占了 6 位,是黄酒企业中拥有国家级品酒师最多的企业。与此同时,为确保所酿老酒健康、安全、优质,目前,古越龙山已经在江苏常州、安徽铜陵、湖北应城等地建立 4 万余亩无公害糯米原料基地,从源头上加强品质控制。

古越龙山中央酒窖占地面积达 300 多亩,观者无不为其壮观而震撼——总共 18 栋酒窖当中面积最小的酒窖也达 6000 平方米。在中央酒窖内,24 公斤装盛满黄酒的陶坛分上下四层挤挤挨挨地堆叠排列着,坛内装的是 24 万吨陈年黄酒坛体和封泥中都有生产年代、缸次和生产者印记,而内行人仅从白灰涂过的陶坛与酒"微量呼吸"作用之后变黑的程度，便可判断出储酒的年份．

酿酒师傅的经验手艺、高精白度的糯米、"为酿酒而生"的鉴湖水，这三个必备条件成为绍兴黄酒难以"仿冒"的核心竞争力。1999年，绍兴黄酒成为我国首批原产地保护产品，2006 年 6 月绍兴黄酒的酿制技艺也被列入国家首批非物质文化遗产保护名录。对于传统工艺和品质必须坚持、必须传承，古越龙山一直致力于对绍兴黄酒传统工艺和传统文化的坚持与坚守。

（三）创新让古越龙山站在制高点

传统只有不断注入现代元素，才能成为永恒的经典。古越龙山在恪守传统操作工艺的同时，也将现代科技元素、时尚元素融入绍兴酒这一传统产业。不断提升绍兴酒的科技含量引发黄酒大变身。

不可否认，相比与其他酒种，黄酒的基础性研究不足，创新不足，科技含量低，难以突破地域性、季节性的限制。作为行业龙头，古越龙山觉得有责任担当起振兴黄酒的重任。他们投入巨资，与江南大学、浙江大学等高校开展一系列合作研究，进行黄酒基础性研究，并取得了可喜的进展。科研人员发现，绍兴黄酒中含有活性物质和降胆固醇生物活性物质；研究还发现，绍兴黄酒中还富含功能因子 GA-BA，它具有降血压、改善脑功能、增强长期记忆、镇静神经、高效减肥及提高肝、肾机能生理活性。立足于整个产业的传承和振兴，为黄酒业提供了确凿的产品依据。为突破黄酒消费的地域性、季节性限制，吸引年轻一代消费者，古越龙山斥资 1 亿多元兴建江南才子酒生产基地，其现代化的厂房和全自动的生产设备堪称世界一流。其先进的无菌膜过滤系统和完善的无菌灌装设备，代表了黄酒生产最新技术。在生产工艺上古越龙山引入了冷冻膜过滤杀菌技艺，减少了黄酒沉淀，增加了口感鲜爽度。不仅口感更好，而且酒液晶莹剔透，观之赏心悦目。

古越龙山加大了力度，进行技术创新，产品创新。近年来，相继开发出"千福花雕"系列和"状元红"系列为代表的一批技术含量较高的中高档新产品并推向市场，迎合了现代消费潮流。

低度、营养、口感醇爽的"天然纯酿"江南才子酒，融合了现代先进技术和精湛工艺，真正赋予黄酒这个传统工艺以新的概念。纯生黄酒——"江南才子酒"的成功开发，打造成为"真正低度的酿造酒"，彻底颠覆传统黄酒越陈越香的观念。迎合了现代人要求鲜爽、低度、清新的饮酒理念。

"年代酒"系列是古越龙山推出的新型黄酒，酒度在8～10度，是以现代、时尚的人群为对象的一种低度黄酒。有"70年代"、"80年代"、"黄金年代"、"我的年代"等多款，新款黄酒添加了消火的葛根和清火的淡竹汁，这些黄酒都可以加冰块或冰镇着喝，一沾口就感到清爽。年代酒的推出，目的就是打破黄酒在夏天里的"冰期"，让夏天里人们也喜欢喝黄酒。"我的年代"等时尚黄酒，将绍兴黄酒的消费群体年龄至少下移了10岁，被年轻人叫好，体现了现代黄酒的魅力，市场告诉我们，黄酒有着巨大的创新创意的空间。

除此之外，古越龙山营销模式的创新也让同业折服。它在2008年推出的"原酒交易"概念，将黄酒的文化、品味、价值等元素植入到原酒交易中，使黄酒的销售对象一下子从普通消费者扩大到投资收藏者。这个项目被业界称为"黄酒业的革命性突破"。作为原酒交易的升级版，2011年12月，原酒交易电子平台正式开通，有效的提升了品牌价值和产品知名度，不仅打破了区域的限制，拓宽了销售渠道，在一定程度上促进了黄酒原酒的销售，而且有利于推动黄酒行业全国化进程，对黄酒行业发展的前景意义深远。

（四）"中国国粹黄酒代名词"的品牌发展战略

黄酒作为一种文化，不温不火，不急不燥，在江浙沪一带风行。由于各地区文化的差异,使"温顺"的黄酒一直在"夹缝"中发展。可见,古越龙山要走向全国,开辟"新市场",仅有的黄酒宣传"文化"显然会"水土不服","新市场"要求寻找新的"文化",或者是给黄酒文化以新的阐释。

"让所有人成为你的消费者,不如让一部分人成为你的忠诚消费者。"古越龙山在制定品牌发展战略时,锁定消费群——政务、商务、文化人士是社会高端人群(高学历、高收入、高消费)的集中代表,他们消费能力强,有经济实力和社会地位,喜欢接受和尝试新事物,更关注事物的品质和内涵。是社会的意见领袖,对全社会消费潮流拥有强大的影响力。古越龙山首先争取这一部分的消费者,然后以点带面推动其走向全国。而所谓"高端看品质",品质卓越、历史悠久、国宴用酒等这些元素使古越龙山在高端市场上拥有无可比拟的优势。在古越龙山进入高端市场之前,我国高端黄酒市场上尚未形成一个强势黄酒品牌,并且古越龙山为后来者设置了更高、更难的障碍。因此,古越龙山品牌发展战略定为:古越龙山是中国国粹黄酒(高端黄酒)的代名词。

通过给古越龙山制定"中国国粹黄酒代名词"的品牌发展战略,制定立足于高端的全国市场策略,以及切实有效的品牌战略执行方案,古越龙山的品牌竞争力得到了显着提升,创造了古越龙山发展史上的新里程。

让传统的更经典,让现代的更时尚。传统是由一个一个具备传承特质的时尚因子积淀而成的。今天的时尚因素,经过历史的洗涤和积淀,可能演变为明天传统的一部分。古越龙山在秉承传统,推陈出新的基础上,制定符合本企业的品牌发展战略,为传统注入现代元素,不断创新,才能走向更大更广阔的市场,走向全国,走向世界!

第七章 金华地区

十五、浪莎集团——大浪淘沙 金在浪莎

　　"浪莎就是袜子,袜子就是浪莎"。提到袜子,我们会不由自主地想到"浪莎"。在中国袜子行业,"浪莎"无疑已成为一个众人皆知的品牌,而那"不只是吸引"的广告词已经成为一句脍炙人口、人们耳熟能详的佳句。能够在中国乃至世界的袜业市场脱颖而出,能够让小商品成为大企业,浪莎集团发展到如今的成就,与市场经济的快速发展离不开,与中国入市离不开,与浪莎人18年来不断的创新和努力离不开。

　　浪莎集团成立于1995年,现旗下已拥有蓝枫袜业、宏光针织、立芙纺织、浪莎房地产等多家分公司及四川浪莎、安徽浪莎两家子公司,成为行业的第一大品牌厂家,在业界素有独占鳌头的"两个首家"——在全国5000家袜厂中,首家荣获"中国驰名商标"称号,首家荣获"中国名牌产品"称号、引以为傲的"四个最"——最响品牌、最大规模、最强实力、最多品种。浪莎除了主营袜子之外,还提出了"中国有个浪莎红",通过"内装"概念和色彩营销,迅速进入、抢占内衣市场,已发展成为一个成熟的内衣品牌。

　　(一)打造袜业帝国

　　"浪莎"用短短10年的时间创造了业内"十个第一",夺得中国驰名商标、中国名牌产品以及国家免检产品的称号,成为名副其实的

"中国袜王"。

1995年10月,翁荣金三兄弟与港商合资创办了义乌浪莎针织有限公司。当时,国内袜业市场到处是牌杂质次的低档货,而高端市场则被日本及香港、台湾地区的袜子占领。翁荣金当即拍板:要做就做自己的知名品牌。经营常变,但品牌却是永恒的。

品牌的核心就是品质。这些年来,浪莎一直将品牌作为战略重点来抓。浪莎是第一家在中央电视台投放广告的袜业企业,商标也是最早被全国广大消费者所熟知,由此引领了袜子的品质时代。浪莎在中国强势媒体广告投放几千万元,使浪莎品牌深入人心;同时搭建起行业最健全的营销网络,在各大中小城市有2000余家专卖店,终端销售网点达10万个,市场占有率高达32%。国外客户300余个,产品销售遍布5大洲。浪莎一直以"引领潮流"为己任,引进最先进设备投入、不惜花重金聘请国外专家,形成了强大的研发能力、生产能力。。

当"浪莎就是袜子"成为消费者的消费记忆,浪莎的品牌建立无疑是成功的。然而,21世纪最流行、最有挑战性和最残酷的是什么? 那就是竞争! 先不论全国袜业的竞争有多么激烈,单单义乌袜业的产品同质化就十分严重,价格战导致行业利润走低。如何摆脱袜子低附加值、提高销量,成了困扰浪莎的难题。

"无外不强,无内不稳。"浪莎集团提出了"稳扎中国,拓展国际"的战略,锁定国内和国际两个市场。在扩大产业规模的同时,定位在中端市场,适中的价格使其在出口国外的过程中受到一些政策的限制较小。与此同时,企业获得的生态纺织认证也使其规避了国外一些贸易壁垒,为了提高在国际市场上的竞争能力,浪莎将和美国杜邦、法国罗纳等国际顶尖原料商合作,共同开发国际品牌。这些举措的推出,使得浪莎在强大的国内市场支撑下,对国际的拓展也显得更为从容。如今，浪莎已成为世界最大的袜厂，浪莎正在逐步实现世界袜业帝国之梦。

（二）"中国有个浪莎红"

"浪莎只能等于袜子吗？"这个疑问一石激起千层浪，答案当然是不。浪莎经过多年的超常规发展，已经遭遇瓶颈。如果还是聚焦于袜子，其成长的空间还有多大？其现实的领导地位还能维持多久？看看家电、电脑往日老大的下场，就可看到将聚焦竞争战略僵化的弊端，长虹曾经号称"中国彩电大王"，专注于彩电生产，现实是其彩电业务已经成为昨日黄花；电脑业的蓝色巨人 IBM 曾经是公认的世界电脑霸主，专注于制造电脑，现在已经将最后的一点硬件卖给了联想。尤其像袜子这样科技含量不高的产业，势必会进入衰退期。浪莎迫切需要进行全新的战略思考，寻找新的利益增长点。

2006 年，浪莎董事局决定向相关行业进行延伸，最大程度地延伸并发挥浪莎的品牌价值。产品延伸已经成为现代企业运用的一种常用手段，对企业丰富产品品类、增强竞争力、拓展发展空间具有重要的战略意义。在众多品类中，浪莎选择从内衣作为第一主打延伸产品，将浪莎内衣打造成浪莎集团的另一张王牌，让浪莎内衣在中国内衣市场全新崛起。浪莎主营袜子，进入内衣行业可以说是一种自然的延伸，也是浪莎实现跨越式发展的必然选择。

"浪莎"如何有效地从袜品延伸到内衣，打造内衣领军品牌、建立绝对的强势品牌，继而推出多元产品，迅速成为内衣行业先锋，是当时浪莎面临的挑战。

浪莎将目光转向内衣市场时，俞兆林、南极人、北极绒和婷美等牌已经占领了国内很大的市场份额，以俞兆林、南极人、北极绒为代表的保暖内衣，以婷美为代表的美体修形的功能性内衣，以猫人、都市丽人为代表的时尚、性感内衣，几乎占领了内衣全领域。浪莎在品牌林立内衣市场如何异军突起呢？通过周密的市场调查发现，国内内衣几乎都定位为"内穿"，因此，尽管竞争激烈，内衣产品结构单一，功能趋同。由此，浪莎大胆提出"内装"概念，生产无缝内衣。

"我们必然步入女性'内装'时代，这是革命性的一幕，同时象征着真正强势企业的崛起。"其实女性内装概念是浪莎集团长期实践的结果。"浪莎"内衣产品已覆盖文胸、内裤、背背佳、保暖内衣、美体内衣、家居服、睡衣、泳装、袜品等品类，而浪莎袜子也被称为"腿部时装"。通过"内装"这个概念，将内衣与时装统一起来。这样既可以将产品理解为一般意义上的内衣产品，同时也可理解为居家或特殊场合衣着的服饰品。

为了支撑浪莎内装品牌，以规模见长的浪莎拟整合现有1000多亩工业园建成全国乃至全球最大的内装工业园。浪莎发动渠道整合革命，结合浪莎自身的生产、终端和品牌优势，打造出以品牌集群为主体结构的终端品牌模型，最终成为中国内衣市场的第一品牌。

为配合内装概念，浪莎主打色彩营销，喊出了"中国有个浪莎红"的口号。在浪莎品牌文化的基础上，协同浪莎产品文化，诠释浪莎品牌文化的色彩。浪莎从草创阶段到成为袜业第一品牌一直就以红色调为主，并一直沿用今。可以说，红色具备了浪莎所有的气质。"中国有个浪莎红"，既符合浪莎作为民族企业的一面旗帜，又充分体现品牌的核心要素——时尚感。2006年，浪莎集团与中国流行色协会联合首次以品牌特定色彩命名，开创了中国品牌形象色彩化的时代。浪莎希望"浪莎红"与"法拉力红"、"奥迪黑"、"IBM蓝"及"麦当劳黄"一样能够成为大众最熟悉的色彩，人们一看到"浪莎红"就会想起浪莎产品的精致、品味和时尚。浪莎的色彩营销得到了业内一致的高度评价。

在营销策略上，内衣不再延续浪莎袜子以产定销的模式，而是选择走以消费者为导向的营销之路。浪莎公司把红色内装全部运用在终端上，让消费者近距离感受浪莎红带来的视觉享受。内装的提出和浪莎红的推广，大大方便了浪莎终端形式的改良，"浪莎时尚生活体验馆"就是以浪莎产品为主体的时尚生活馆。消费者可在馆内享受从袜子、内衣到家居、家纺等产品的一站式服务。同时，拍摄"浪莎红"品牌广告宣传片，联合央视、卫视、地方台三级联动，全面进行"浪莎红"概念宣传，同时结合浪莎内衣各销售终端进行产品为主的传播，前者以央视、卫视为主，后者主要是以地方台投放为主。两种形式互补充，既进一步强化了浪莎的整体品牌，又有效地推动了"浪莎红"系列产品的推广。事实证明，这种方式是卓有成效的。

从打造浪莎袜业帝国，到"中国有个浪莎红"，再到现在打造"中国内装第一品牌"，浪莎正在步步引领"粉东方女性"的服饰新文化。相信在未来世界市场的竞争中，浪莎会以它特有的品牌文化、不断创新的精神，激流勇进，带给我们更多的惊喜和奇迹。

十六、康恩贝集团——让品牌的力量引领企业发展

市场经济就是过剩经济、充分竞争的经济，在琳琅满目的竞品面前，品牌几乎成了消费者作出购买选择的唯一依据。因此，品牌已成为企业生存和发展的核心要素。对康恩贝来说，这个核心要素的成长，首要的是确立合适的品牌战略。

（一）选择合适本企业的品牌战略

20 世纪 80 年代，康恩贝前身叫浙江兰溪云山制药厂，虽因全球首创油菜花粉治疗前列腺疾病新药——前列康，在市场上也获得了很

好的反响,但跟当时名声赫赫的广州白云山制药厂相比,是小巫见大巫,客户只见"白云山"不见"云山"。所以企业萌生了一个想法,要创自己的商号和品牌,既有别于其他厂家,又能代表自己的特色。经过近半年策划,1990 年 10 月 18 日,康恩贝品牌和商号在浙江诞生,并在省内工业企业中首家全面导入了企业形象识别系统 CIS,用生命树图形商标作为企业的标志。"昨天的云山制药厂向你告别,今天的康恩贝向你走来"的企业更名广告及宣传语也成为一时经典,获广告评比一等大奖。从此,康恩贝开始进入品牌主导发展的时代。1992 年,"前列康"成为前列腺疾病领域的著名商标和市场占有率第一的产品;1993 年秋,中国首个符合国际标准的现代植物药——银杏叶胶囊诞生,并为它取了一个响亮的名字"天保宁"。根据国际药品行业的通行商标战略,企业选择了以"康恩贝"为主品牌,不同治疗功能的重点药品创建独立品牌的多品牌经营模式。前列康、天保宁、金奥康、珍视明、元邦等品牌因此成为各自治疗保健领域的著名品牌。迄今,康恩贝集团拥有行政认定中国驰名商标"康恩贝"、"前列康"、"珍视明";拥有"金康"、"元邦"、"金奥康"、"天保宁"、"阿乐欣"、"天保康"、"贝贝"和"希陶"等十多个省著名商标;康恩贝集团已经跨入了全国医药企业品牌经营第一方阵,成为浙江医药工业企业中品牌资源最丰富(4 个 3～5 亿级品牌产品,8 个 1～3 亿级品牌产品)、成品药销售规模最大的企业。强大的品牌资源积累和品牌梯队优势,必将推动康恩贝在"十二五"期末真正成为中国植物药的领军企业,成为最具品牌价值的医药类上市公司,成为浙江省生物医药和大健康产业的龙头企业,为浙江经济转型升级创新发展再立新功。

(二)创立自己的品牌文化

市场经济发展到现在,不仅是企业,每个国家都在通过积极的营销去展示自己国家的鲜明品牌形象。国家营销的核心内容,说到底就是体现一个国家的文化,因此品牌形象可以代表国家形象。

康恩贝在品牌创立之初,就把"为人类健康,献至诚至爱"定为企业宗旨,并以"诚实守信依法经营,质量第一顾客至上,安全第一友好环境,关爱员工奉献社会"四大天条作为康恩贝品牌的文化内涵。二十多年来,如履薄冰般的细致呵护、一以贯之的不渝坚守,使康恩贝不仅赢得了企业经营上的良好业绩,更赢得了社会的广泛信任与尊重,极大提升了企业形象和品牌价值。

人无信不立,企业也一样。要做百年老店,诚信是底线。百亿奶粉巨头"三鹿"、遍销中国的"三株"……多少曾经创造了经营神话的企业最终灰飞烟灭,就是因为失守了这条底线。诚信,是品牌的根基,也是康恩贝一切经营活动的基本准则。前几年,当业内部分药厂为了在药品集中采购招标中低价中标,在生产过程中通过掺杂使假低限投料降低成本时,康恩贝坚持认为,他们暂时赢了成本和销售,却输了诚信,危害了患者的健康,必定为消费者所抛弃。康恩贝坚守自己诚信经营的品牌文化,宁可放弃投标、放弃市场、暂停生产,也决不为了降低成本放弃原则。因为康恩贝深知:诚信无价,不讲诚信的品牌或许可以成功一时,却注定无法走远。

"质量第一顾客至上"。康恩贝把顾客的要求当作最高标准,制定高于国家标准的企业内部标准,不达到内部标准的产品不能出厂。1998年,康恩贝的"金奥康"胃药虽然已经达到了国家标准,获准生产,但离国际标准尚有较大差距,药品质量和疗效也不够稳定。因为其他获批准企业纷纷上市,抢占市场,销售部门建议尽早上市。经过争论,康恩贝的选择是宁可推迟产品上市时间,也要确保产品质量的高标准,因为点滴的质量问题,对用使用患者而言就是百分之百的遗误治疗。于是,康恩贝和跨国公司合作,引进先进技术,把欧盟标准作为内控标准,这样做虽然产品推迟了二年上市,但上市后获得了医生和患者高度认可。正是这样的坚持，才有了后来"金奥康"在市场上的热销（是浙江省最著名且销售额第一的胃药，正在推向全国）；也正是有了这样一次次的坚持，才有了康恩贝今天的知名品牌方阵。现在，金奥康、前列康已正式通过欧盟国家认证，正式以成品药身份进入欧洲市场。

"安全第一友好环境"。安全既指为消费者提供安全高效的产品，也指为员工提供安全、温馨的工作环境。而"友好环境"是企业与内部小环境、外部大环境包括自然和社会环境的和谐共生，这是企业持续发展的基础。品牌是由全体员工共同铸造的。康恩贝始终坚持以人为本，关心员工需求，帮助员工成长，努力实现员工与公司的共同发展；坚持以环境为本，为保证企业与环境的相容，康恩贝以实施清洁生产为导入点，在工艺改进、设备改造和引进上投入大量资金，大力推进节能降耗和循环经济，使生产过程与环境更加亲和，成为浙江省首批绿色企业。集团下属金华康恩贝制药公司生产过程中产生的十多种工业废水、废渣，经过旗下兰溪丰登化工的合成氨塔无害化处理和资源化利用，形成了内部循环。化学制药和绿色发展，在金华康恩贝达到了和谐统一，丰登化工也从一家奄奄一息的小氮肥企业，成功转型成环保企业，成为中国环保产业协会推荐的榜样。

"关爱员工奉献社会"。康恩贝始终坚持以人为本，严守国家相关法律法规的规定，保障员工合法权益；建有多渠道沟通体系，员工可以通过当面访谈、信件、电话、邮件、网络交流平台等多种方式进行沟通，营造和谐的工作氛围；以优于国家标准为原则，为员工提供特别福利。在致力于企业发展的同时，康恩贝也要做一个有责任感和道德感的企业公民。从90年代初为华东地区特大水灾捐款捐物开始，到非典爆发、汶川地震、玉树地震……每一次灾难面前，都有康恩贝第一时间的驰援。康恩贝集团设立了康恩贝自强奖学金和浙江康恩贝慈善救助基金会,分别用于对残疾人大学生的奖励和贫困家庭的医疗救助。超过 1.8 亿元的慈善和公益捐赠,中华慈善奖、浙江慈善奖、浙江最受尊敬企业、中国社会责任优秀企业等荣誉,见证了康恩贝的责任担当,增加了康恩贝的美誉度,也极大提升了康恩贝的品牌价值。

（三）坚持不懈、持续改进、不断创新才能打造百年品牌

知不变者可长久,通变化者享大成。打造百年品牌要做好不变与变两篇文章。品牌是企业在特定市场的消费者心智中树立的丰碑。打造这样一座丰碑需要对品牌理念和规则长期不懈的坚守,这是不变。任何一个环节的松懈和疏漏都有可能摧毁这座丰碑。品牌不是靠广告轰出来的,依靠广告投入砸出来的或许可以成为一时的名牌,品牌也不是靠政府等机构授予的。金杯银杯不如消费者的口啤,一旦在消费者心智中形成了丰碑,它会给你长时间的、持续的回报。传统中药品牌同仁堂,三百多年仍然是全球华人首选,靠的是坚持以"修合无人见、存心有天知"来警示自己,靠的是对"炮制虽繁必不敢省人工、品味虽贵必不敢减物力"的坚守。康恩贝坚守了 23 年,品牌初具;康恩贝还要坚守百年,才有可能成为现代植物药和大健康产业的同仁堂。

品牌需要与时俱进持续改进。天保宁之所以一直是中国银杏叶药品的第一品牌,能在一百多个品牌中胜出,是因为康恩贝人近 20 年坚持用欧盟美国标准为标杆,不断改进工艺,不断提高质量,成为出口标准制订者。现在康恩贝的天保宁银杏叶片已升级到第八代,质量指标完全符合最为严格的欧盟标准要求,有害成份含量是国家标准的 1/10,有效成份含量提高了 30%,达到了安全高效。

品牌需要不断创新。放弃创新等于自杀、创新慢了就要落伍。作为浙江医药行业唯一同时拥有国家创新型企业、国家认定企业技术

中心、国家级博士后科研工作站、院士工作站、浙江省中药重点实验室的企业,康恩贝高度重视技术创新和知识产权工作,每年投入超亿元资金进行超前研发,为企业和品牌的持续成长积累了强大后劲。为了确保产品质量,康恩贝在业内创新并推行"全产业链经营模式",把生物技术选种组培育苗和自建种植基地作为产业链的第一、第二车间,从源头上保证药材质量。康恩贝还建立了省内药企中最大、直达全国终端的药品特别是品牌药内销网络,建立了动车组式的多事业部管理模式,这些创新使康恩贝在经济低迷、行业发展减速的背景下,保持了销售增长 35%,利税增长 50%的高增速。康恩贝正依托品牌优势逆势飞扬。

多年品牌经营的实践,不仅结出了累累硕果,也让康恩贝深深体会到:企业塑造一个品牌的真正意义,不仅仅在于能通过品牌取得经济利益,获得品牌附加值,同时对社会的影响也是深远的,例如解决就业、增加税收、刺激消费、带动行业发展等等。品牌对于民族产业来说,就是一种标志,是产业的升级,更是一个国家竞争力的体现,是民族产业在全球化进程中获得持续发展的重要前提。毫不夸张地说,品牌是一家企业,甚至是一个地区、一个民族、一个国家最重要的经济财富。

第八章 嘉兴地区

十七、民丰特种纸——谋势布局，打造百年品牌

民丰特种纸股份有限公司坐落在杭嘉湖平原的中心——嘉兴南湖之畔，于 1998 年 11 月正式成立。长期以来，公司专注特种纸领域，精于特种纸主业，现已成为全国特种纸业的龙头企业之一。

一直以来，民丰致力于实现"打造百年民丰 铸就特纸基地"的目标，本着求是认真、质量为本、自强不息和振兴民丰的精神，希望通过高新技术改造传统产业，打造一个先进的造纸业基地。但是民丰特种纸在建立品牌和扩大品牌的影响力的同时也面临过诸多的挑战。首先，经营成本受到国内外经济状况的影响，逐渐增长，一是主要原料的木浆价格，二是为了保障员工权益，企业人力资本大幅上升。另外，民丰作为一家具有社会责任的国有控股上市公司，响应践行国家号召是义不容辞的责任，对环保的投入也给企业发展带来一定的约束。最后，市场竞争越来越激烈。造纸行业是技术密集型产业，装备水平偏低、产品结构单一、规模较小的企业容易受到金融形势的影响。因此国内的企业都纷纷引进引进先进设备、扩大产能、加强销售，使得市场竞争变得日常激烈。

民丰特种纸在建立品牌的时候是要应对这些挑战，就必须利用技术进步在优化结构中转型升级，加强对专项技术的研发投入，努力打造属于自己的专利和自主品牌。此外，还要牢牢把握品牌战略中的

重要要素。

（一）以过硬的质量赢得市场

企业实行品牌战略的基本保证是过硬的产品质量，良好的质量是品牌立足的根本。如果没有过硬的产品质量，质量不能作为市场竞争中所可用的优势，那么产品必然会惨遭市场淘汰。保证产品质量，使得产品有一定的质量标准，不断向国际市场的标准靠近，才能使企业走向国际市场。

民丰长期以来高度重视产品质量，建立起一套完整的质量监管体系，曾荣获"国家质量管理奖"。公司卷烟纸、描图纸、电容器纸、纸粕辊四大主导产品先后于 1996 年、1997 年通过了 ISO 9002 质量体系认证。近年来新引进纸机在线质量控制设备和配备了国际水平的检测仪器，将使民丰产品的质量优势越来越明显。

（二）以领先的技术引领市场

一个好的品牌不可能永远在市场上占据重要的位置，产品没有创新就会在市场竞争中处于落后的位置，企业只有不断创新，才能在市场上立于不败之地。将技术开发作为品牌战略实施中最为重要的组成部分，也是企业能否创造品牌的决定因素。

民丰特种纸坚持走技术进步之路，不断加大对科研开发的投入。

90 年代对♯10、♯11 号机进行了改造，在国内率先生产出"442"A2 卷烟纸；2001 年内试生产的前次发行股票募集资金投向——3150 项目更是集国内外卷烟纸生产先进技术于一身，而 2000 年 11 月设立的民丰山打士描图纸机以及本次增发募集资金投向——彩色打印纸项目均引进国际先进设备，并配有一流的软件。这些纸机生产出的产品，大大提高了民丰特纸产品在市场上的竞争能力。民丰特纸还建有较先进的省级技术开发中心，目前公司生产和销售的卷烟纸、描图纸、电容器纸、仿瓷贴花原纸、纸粕辊等产品技术含量相当高，且部分产品是民丰独家生产，具有较大的品种优势。例如，2004年的新型双高(NFU)卷纸经国家有关部门认定为国家火炬计划项目，高克重描图纸被省科技厅定为省级高新技术产品等。

民丰特种纸主导的产品均具有高技术含量、高附加值、高市场占有率的特征，卷烟纸、透明纸、格拉辛纸等市场份额均处于行业领先地位。卷烟纸系列产品始终围绕中国烟草行业"减害降焦"要求，致力于配合各大烟草企业名优品牌，积极开展技术创新，不断提升产品品质；透明纸生产技术处于国际领先水平，广泛运用于印刷、装璜、包装等各领域；真空镀铝原纸、湿强标签纸、格拉辛原纸等工业配套用纸已发展为公司新的支柱产品和经济增长点。

多年来，国内格拉辛纸一直无法满足市场需求，每年还需大量进口，格拉辛纸已连续多年成为国内纸张进口产品中进口量较大的产品之一。

2011年公司产品研发再上台阶，加强与各中烟公司的技术交流，提高产品的适应性和特色性，多批次样品已转入批量生产；特别是在"高端中华"卷烟纸上取得重大突破，为民丰在其它中烟公司的高端品牌国产化替代和新品开发中提升了品牌形象。

（三）以卓越的信誉赢得客户

一家企业的信用是在各种商业、社会活动中建立起来的，可以体现出企业的价值。没有信用就没有品牌。商家的最高利益如果企业失去信用，那么企业就面临着倒闭的考验。

民丰特纸近80年的发展史、丰富的造纸经验、大量新产品的推出以及优秀造纸人才的输出，使民丰无论在造纸行业还是用户中均建立了良好的信誉；公司"船牌"商标以其70余年的悠久历史、过硬的质量，在业内建立了良好的品牌知名度与美誉度，形成了稳定、忠诚用户群体，2007年，船牌商标成为浙江省著名商标，船牌工业文化用纸认定为浙江名牌产品。民丰特种纸在 2003 年就被评为浙江省诚信示范企业和浙江省绿色企业，一直努力承担自身的责任与义务。这是民丰特种纸有强大的品牌信誉优势。

（四）以优秀的人才打造百年企业

企业人才对于企业来说至关重要，不论是技术上还是营销上的进步和成功，都离不开人才的力量。

民丰特种纸拥有一支经验丰富、务实高效的营销队伍，民丰提出了"全员营销"理念，各部门负责人均兼任销售工作，让客户从民丰设备的先进程度、产品的物理指标的可靠程度等专业方面深入地了解民丰，达到事半功倍的促销效果；在具体的营销措施上，民丰提出了"8 小时配送圈快速送货承诺"营销服务，即在嘉兴周边 1000 公里范围内的卷烟生产企业在向公司订货后 8 小时内，公司即将其所定购的卷烟纸系列产品送货到门，以协助卷烟生产企业降低库存，提高效率；为满足某些企业对质量的特殊要求，公司还推出了为企业安装远程在线质量监督设备的专项服务，使用户足不出户就能在线监测民丰为其指定生产的产品。公司还以人才引进、外送等方式积极聘用国外高级技术人才、委托国外代培民丰的专业技术人才。如每年一度外送到日本造纸企业、不定期地派往德国等国家深造的专业技术人员，这些措施极大地提高了民丰人才队伍建设的整体水平。

（五）以社会责任铸就百年品牌

民丰特种纸一直坚持创新，坚持走可持续发展之路，紧紧从企业自身实际出发，把节水减排当做一项重要的企业工程。

首先，民丰特种纸不断淘汰产品档次低、水资源消耗大、污染负荷高的旧小设备，先后投入资金 13 多亿元进行技术改造，新建了四条具有当今国际先进水平的造纸生产线。将先进的节水技术和装备设施进行有机的结合，使得单位产品的综合水耗大幅度降低。此外，民丰特种纸还通过强化管理来推行节水减排的工作,不仅能实习大限度的节约用水,也能提高经济效益。企业建立了重点用水消耗统计和检测制度,在全公司范围内开展节水减排、使得节水管理工作制度化、规范化、逐渐走向科学化。

民丰特种纸不断自觉的自我加压持续推进节水工作,河水取用量由 2006 年的 582 万吨下降到 2010 年的 225 万吨,取得了较好的经济效益和社会环境效益,为其他纸业企业树立了好的榜样。

民丰特种纸对于公司未来发展的分析和展望仍然关注技术进步,因为民丰特种纸公司深深地明白想要把握好以上几个品牌战略的公司将以"转变、效益、发展"为指导,通过增强技术推力与市场拉力,提高企业核心竞争能力。积极筹备实施全球化营销策略,在巩固和完善国内市场的同时,做好外销业务的拓宽和延伸。民丰特种纸将力争通过创新、拼搏,将公司建设成为国内高新、特种纸中心和系列卷烟用纸配套基地做出不懈的努力。民丰特种纸将在技术创新的道路上实现"百年民丰复兴"的战略,建立一个可持续发展的品牌。

第九章 舟山地区

十八、金鹰股份——企业文化成就品牌内核

拥有强势品牌文化就可以赢得顾客忠诚,赢得稳定市场,增强企业核心竞争力,为品牌战略成功实施提供强有力的保障。

品牌文化与企业文化具有高度的关联性,如果没有企业文化,品牌文化就难以为继;如果没有品牌文化,企业文化的外部延展就会逐渐与社会发展脱节。金鹰股份有限公司深知这一点,从它成立以来到现在的30多年,金鹰公司一直在努力丰富自身品牌文化,巩固自身的品牌定位。

金鹰股份有限公司被列入"中国500家最大机械工业企业"、"国家机电产品出口基地企业"、"外贸自营进出口企业",连续12年在全国纺机行业综合经济指标评比中名列前十强。也曾先后被授予"全国五一劳动奖状先进集体"、"全国精神文明建设先进单位"、"浙江省最佳经济效益工业企业"、"浙江省技术进步优秀企业"。在2001年,金鹰股份被国家工商行政管理总局评为"全国首批重合同守信用企业"。2005年9月,"金鹰"牌桑蚕绢丝被国家质检总局评为"中国名牌"产品。这些荣誉的成就当然有金鹰的技术实力做贡献,为了适应纺机产品制造需要,金鹰不断更新生产线上的关键机床设备,花巨资进口国际先进水平的各种加工中心、三坐标测量仪、数控钣金、冲压、成型装备和国内最先进的各种数控加工装备。产品设计、开发到生

产、营销过程,运用计算机辅助设计(C)AD系统和ISO 9001质量标准,保证产品质量稳定可靠。企业拥有先进水平的加工中心、数控机床、钣金、冲压设备320余台套,数控化率达12%。运用现代先进的设计系统,加快了高技术含量产品的开发速度。公司与日本、英国等国外著名纺机企业及国内有关科研单位建立了长期的技术信息等方面的交流合作,为攻克纺机与纺织新技术、新工艺、新材料难关具备了一定条件。1999年"金鹰"一举买断世界纺织机械著名厂商英国MACKIE(麦凯)公司麻类(大麻、苎麻、黄麻、剑麻等)产品全部技术资料及知识产权。使停业多年的原麦凯公司在中国恢复了生产。在原麦凯公司技术专家的指导和金鹰人努力下,生产的麦凯亚麻并条机、粗纱机、细纱机、剑麻剪毛筒机等主机和大量主关键配件销往欧洲、南美和亚洲,用户至上对中国制造的麦凯产品的质量给予了高度的赞赏。

好的技术实力离不开好的技术人才。金鹰公司在人才开发中不惜巨资,于1985年创办了三年制机械与纺织专业的技术学校一所,十年多来,教学质量在省机械系统职教检查中名列前茅,数名学生在参加历次全省、全国青工机械操作技术大赛中获得全省第一、全国第二的名次。至今已培养了2000余名纺机与纺织专业理论知识与实践融会贯通的技术人员,涌现出一批又一批"技术尖子"、"革新能手"。并派遣优秀员工到日本进行一年一期的专业技术与管理培训,同时敞开大门筑巢引凤,吸引高层次人才加盟金鹰。

从1994年9月23日金鹰股份有限公司成立以来,金鹰连续13年居全国百家纺机骨干重点企业前十强。它的经营范围广泛,包括机械、建筑装潢材料、卫生用品、制造、加工、纺织品、服装加工、饮食服务、金属材料、五金化工(不含危险品)、机电产品及配件、纺织原料、煤炭、焦炭、木材销售。公司现拥有国内最大规模的60000锭绢纺和 73000 锭亚麻纺织产业,国内同行中显示了日趋强盛的优势地位。金鹰在巩固强化纺机、塑机、纺织主营业务地位的同时,不断发展、提升食品机械制罐设备和动力机械等产品,在新领域中则以高起点、高品位展示金鹰新的业绩。

但金鹰股份主业为纺织机械和纺织服装两大产业.并是我国纺织机械行业及绢、麻纺行业的重点骨干企业。2003 年亚麻机械销售收入已占纺织机械销售收入的 73%。亚麻机械在全国的市场占有率达 80% 以上。其亚麻机械制造的领先优势为金鹰股份向亚麻纺织延伸提强大的技术装备支持。为抓住亚麻行业需求增长的机会,公司 2001 年开始向亚麻种植—亚麻纺织延伸逐步打造亚麻产业链。

金鹰股份另一个主要业务是纺织服装.包括亚麻纱布、绢丝、绸、梭织服装等生产销售。绢纺为全国最大规模企业。亚麻纺规模位于全国第二。但近几年逐步向亚麻产业(包括亚麻机械制造和亚麻纺织)集中。亚麻产品收入占纺织业务收入的 44%。

纺机、纺织两篇效益文章做透、做深、做强,辅助产业做活、做精。

企业文化是对内的,主要是为了明确企业的生存与发展指导原则,并形成一套以核心价值观等理念为核心的规范体系,以此凝聚企业员工,同时支撑强势品牌塑造,从而确保公司战略的顺利达成。品牌文化在构建过程中也对企业文化产生了深刻影响,两种文化通过品牌达到了有效的整合。企业文化通过品牌拓展了文化视野,并将文化效应转化为市场效应和经济效益。

作为传统纺织产业的拓荒者,金鹰历经 30 多年艰难坎坷历程。5000 金鹰人自强不息,百折不挠,炼就了"矢志奉献,追求卓越"的企业精神,并敢为人先、开拓创新、竭尽心力培育构筑了国内独树一帜的纺机制造与纺织工艺完美结合的独特专业技术优势。这样独特的金鹰文化在应对危机时候,体现出了它的价值所在。

2009年的时候,在麻、绢纺织品市场周期性持续低迷期及国际金融风暴冲击下国内外市场需求急剧下降,销售订单明显减少及各类原材料价格剧烈波动等各种内外不利因素影响下,金鹰股份企业有限公司的生产经营遇到了低谷,形势严峻,公司纺织产品销售难度增大;纺纱行业产能过剩严重制约行业性固定资产投资,纺织机械设备也因此销售不畅。以上因素导致公司经营环境持续恶化,为了走出困境。公司董事会、经营层面对困难,坚定信心不动摇。针对国内外市场的萎缩,公司深入调查,仔细分析,认清国内市场产品需求现状,理性分析企业自身产业结构和应对危机的优势与劣势,不主动减员,自觉承担社会责任及行业责任,保持了企业生产经营及员工队伍的稳定。同时又积极在企业内部完善内部管理制度,强化成本控制力度,加大对管理层执行力的考核,提升管理效益。

近几年来,金鹰以建设企业文化为载体,在为科技创新投入巨资的同时,挤出百万元经费不断加大对企业环境、文化设施建设等方面的投入。于1996年建造了占地200余亩的"天宫湖游乐园"和"金鹰公园",并在可绿化地带建造了4500平方米的大型草坪花坛,厂区内绿树成荫,上百种花木盆景菜交相辉映、争奇斗艳,花园式厂区四季如春;在文化设施建设方面,我们建造了拥有1200只座位,集影剧、图书、棋类、乒乓等活动室于一体的多功能剧院,公司党委、团委等各级组织每逢元旦、春节、劳动节、七一、国庆节等节假日,总要紧扣主题,就地取材,举行各类晚会和形式多样的寓教于乐的活动,形成了季季有大活动,月月有小活动的生动活泼的政治局面。

富于创新精神的"金鹰"团队,恪守"品质至上,至诚至信",秉承并营造与客户共同发展、友好合作的创业理念。

与此同时,公司对于环境保护的重视也是其企业文化的重要一个部分,金鹰股份有限公司承诺严格遵守环境法律、法规及其它相关要求;承诺实行全过程污染控制,确保污染物达标排放;承诺能降耗,开展"三废"综合利用,推行清洁生产;承诺持续改善工作环境,减少环境影响,促进环境、社会、经济三者效益同步发展、提高。企业希望通过这份重视做到预防污染,节约资源,降低消耗,创新管理,实现清洁生产,创造绿色环境。

未来的金鹰股份有限公司将进一步努力加快产品结构调整,优化产业结构;加快树品牌,强品牌的脚步,继续实施品牌战略工程;突出抓好"创新"工作,努力提升"自主创新"能力;加强内部管理,缩减开支,控制风险;落实节能环保及安全生产工作,创建环境友好型企业。

近半个世纪的发展历程,"金鹰人"脚踏实地,一步一个脚印,用汗水和智慧熔铸了金鹰公司"诚信至上、以人为本、创新图强、追求卓越"的企业精神,始终恪守"品质至上、至诚之信"的经营理念,用良好的企业文化助力品牌文化的发展和成长,不负众望,着力创造、培育一流品牌,竭诚与国内外朋友,广大客户建立友好双赢合作关系,共创美好未来。

第十章 丽水地区

十九、纳爱斯集团——让品牌像花儿一样美好绽放

品牌建设就像一场竞技,竞争者们在进入市场前就要评估并拥有强烈的起跑意识,以占据一个较佳的竞争位置;在市场急剧扩展的时候要有冲刺的意识,以领跑市场。纳爱斯集团成立以来,其各项经济指标连年稳居行业榜首,其三大支柱产品肥皂、洗衣粉、洗洁精更是保持全国行业销量第一。2006年,纳爱斯收购了"百年润发"、"西里斯"等品牌。如今,它已经成为世界上最大的洗涤用品生产基地,拥有纳爱斯、雕牌两大品牌。

纳爱斯之所以能够在激烈的市场竞争中突出重围,靠的不仅是在向对手的学习过程中不断克服自身的软肋,更重要的是它对自身全方位的品牌形象的打造。

（一）品牌寓意:让生活更美好

纳爱斯,是"nice"的中文译音,其意为"美好"。表示纳爱斯要生产美好品质的产品给消费者。纳爱斯,寓意美好,温柔可爱,给人以亲切的联想和愉快的希望,符合中国人民的文化习俗和传统价值。中英文兼备的做法,也便于国内外消费者的认识。"雕牌"超能皂直接选用文字作为商标,配以雕为衬托,寓意深刻,相得益彰。"雕牌"超能皂的成功,成为了纳爱斯挖到的第一桶金,帮助它完成了企业的原始积累,此后纳爱斯从洗衣皂扩张到了洗衣粉的市场。

（二）品牌调性：老百姓用得起的高品质洗涤品

20世纪90年代初，日化洗涤市场几乎被宝洁、联合利华为代表的跨国企业所影响，同时占据一定市场的是以"活力28"为代表的传统企业，作为新兴的本土企业，纳爱斯是个机制灵活，善于学习的企业。它通过谨慎的分析和调查来洞悉市场，了解到外资企业的"高品牌，高价格"并不能为当时的消费者所接受和青睐，"高品质低价位"的产品才是消费者所期待的。

针对于这个市场突破点，纳爱斯展开了超高密度的不同媒体的广告投放，以及确立了精准的产品定位诉求，它的努力在争得时间和市场的同时，也争得了大量的消费者。"雕"牌洗衣粉凭着优异的品质和一句"只选对的，不买贵的"广告语风行国内洁物类日化市场，而这一通俗到位的广告语已是深深扎根在中国老百姓的内心深处。此外，它在纳爱斯香皂上市时所采取的广告语是"NICE香皂同为世界一流精品，只有50％的售价"；在雕牌超能皂上所采取的推销措施是"雕牌超能皂百万元大赠送"。长此以久，纳爱斯的产品给国内消费者的印象就是洗衣粉或是肥皂产品的代名词。

通过优质优价来占领市场，是许多企业的成功之道。纳爱斯对于消费习惯和消费趋势的把握，其实是对于消费背后中国人生存与价值观的把握，这种能力是一个日化公司极为重要的核心竞争力。

（三）品牌战略：从分步到位到全方位推进

品牌战略是市场竞争的产物，实施正确的品牌战略也是市场竞争的客观要求。品牌战略是企业实现快速发展的必要条件，企业将品牌作为核心竞争力，在品牌战略与战略管理的协同中彰显企业文化，把握目标受众充分传递自身的产品与品牌文化的关联识别。

1. 负债做广告。纳爱斯极具品牌意识，开始之初，曾经举债200万元用于产品的广告宣传推广。对于一个初创公司来说，是极有勇气的,在当时也是一般人难以理解的。

纳爱斯的电视广告不仅高度密集覆盖地方台和央视,同时也根据产品营销的不同阶段,分阶段地推出相对应的广告。

在新产品刚进入市场的推广阶段,广告是扩大其知名度的有效工具之一。新产品在初期往往知名度很低,很难与同类产品相互竞争。此时,广告轰炸不失为打入市场的一个很好的手段。通过连续的广告投放,知名度达到一个较高的水平,培养和维系顾客对产品的关注度和忠诚度;同时,广告需要加强、突出产品的差异化,使得消费者对于产品形成品牌偏好。此外,通过精心设计的广告,实现广告与企业文化诉求和企业价值观的统一,能够在消费者心中树立起所要的企业形象。

2.新颖的创意,精准的媒介渠道,整合的推广策略。纳爱斯公司认为,一个品牌的知名度应该是全方位的,只有这样才能让消费者在方方面面的社会生活中时时都感受到它的存在。

不难发现,纳爱斯能迅速发展,广告宣传手段的成功运用是帮助企业取得辉煌业绩的重要因素之一。纳爱斯公司在广告宣传上注意创新,选择合适的渠道。其宣传使用的实物载体囊括了宣传画、产品画册、挂旗、灯箱、样品袋、年挂历、大型广告画等等。从2001年开始,纳爱斯公司的宣传又从单一产品广告跳出,逐步走向品牌和企业形象的宣传,如独家协办中央电视台《挑战主持人》、《实话实说》、《综艺大观》栏目,上不带产品形态的"品牌名称标版"。"雕牌"、"纳爱斯"之所以能声名远扬,成为中国驰名商标是与公司的成功宣传策略分不开的。

3.热衷公益事业。赞助公益事业可以帮助企业树立一个负责、积极的社会公民形象,是提升企业品牌形象和品牌价值的主要途径。纳爱斯对于慈善的热衷和孜孜不倦体现了其海纳百川的美丽情怀。

在灾害发生时,第一时间开展赈灾救济;用实实在在的行动捐资兴教,帮助社会弱势群体,赞助体育文化事业,用爱和真实承担起企业应尽的社会责任。2001 年,助国足,助国威,挑战世界杯。纳爱斯雕牌千人助威团活动启动;2004 年,纳爱斯因资助五百万支持举办第五届中国丽水国际摄影文化节,授予"慈善之星"的称号;2007 年,丽水市第一家企业"应急爱心血库"在纳爱斯建立;2008 年,为四川重灾区援建 200 间"抗震希望教室",使万名学生重返课堂。通过赞助公益事业,纳爱斯成功地在中国消费者心目中树立起"认真、积极、负责"的企业形象,让自己成为社会中的一员,也使企业品牌价值得到进一步的提升。

（四）品牌战术:以点带面建品牌

当资源有限的时候,高密集度和全方位的品牌形象的宣传使得纳爱斯必须采取分步到位的品牌战略。纳爱斯决定首先发展"雕牌",再树立"纳爱斯"的品牌形象。

"雕牌"作为最早推出的"全国销量第一"的产品,拥有高的民族认同感,同时雕牌超能皂作为新一代的肥皂更优质更有竞争力。雕牌肥皂拥有可靠的消费者基础,因此借助这个品牌的发展后劲,纳爱斯作出了向洗洁精和洗衣粉的品牌的延伸。1996 年,纳爱斯在央视投入广告费用 1.2 亿元,进一步推广"雕牌"的影响力,市场份额不断扩大。

当雕牌完成了中国肥皂第一品牌的蜕变后,纳爱斯开始集中力量打响"纳爱斯"这一品牌。以它的牙膏产品为例,主要针对中低端市场,规格丰富,以营养为主要诉求,除中草药外,基本覆盖了各个细分市场,包装设计大胆,时尚且独特。

（五）跨越坎坷成就品牌之路

纳爱斯的品牌创立之路也遇到过许多坎坷。2001 年,雕牌牙膏受到"驰名商标事件"的重创,口碑受到了毁灭性的打击,销量急剧下滑,重新上市以后依然举步维艰。2002年纳爱斯借助日韩世界杯的契机,为自己的洗发水和沐浴露展开"真情组合装"的促销活动,但是错误的促销方式、沿用洗衣服渠道和不出彩的包装导致了其产品推广的失败。2003年,纳爱斯回归主要业务,企图推出中高档品牌,它的天然皂粉,大打时尚牌,提倡洗衣新观念,博得了不少关注。纳爱斯相对与宝洁、联合利华这样的日化强势竞争对手来说有不少自己的软肋。宝洁有近三百多个成熟的日化品牌,在洗衣粉市场有近八个细分品牌,洗发水市场亦是如此。纳爱斯品牌在低端洗衣粉和肥皂市场虽然取得了很大的成功,但对于相关日化用品的延伸,纳爱斯还有许多要向其对手学习的。

经营品牌的模式其实是在做一个能做大做强且持久发展的模式。一个强大而持续的国际品牌,不是靠一招一式来取得自己的市场地位的。在技术上,纳爱斯引入国外技术,在短期内高于国内同行水平的产品,迅速抢占国内香皂肥皂的制高点,与国际接轨的做法使公司的发展更具方向性和目标性;在市场上,深入市场调研,开展免费赠送的促销活动,达到了出奇制胜的效果,通过创新和抢先策略得到巨大的回报。纳爱斯明白,没有规模,品牌也会缺乏支撑,公司不光要有品牌,更要不遗余力进行市场建设。

纳爱斯今天所取得的成就,与其强烈的品牌意识和规模意识分不开,近十余年的发展历程就是一个树品牌的历程,从某种意义上来说,纳爱斯的发展史就是一部广告史,一部品牌史。

第十一章 衢州地区

二十、开山集团——心无旁骛，做强世界级品牌

开山集团核心公司——开山控股集团股份有限公司成立于 1956
年。开山集团是浙江省人民政府重点培植的"五个一批"企业，浙江
省省级文明单位，浙江省 AAA 级重合同守信用单位，是国家认定的
大型工业企业，列 2011 年度中国机械百强企业第 74 位。"开山牌"
产品和商标连续多年被评为浙江名牌、浙江省著名商标称号，2005
年 9 月被评为浙江省知名商号。开山集团现已成为我国国内空压机、
凿岩机生产经营规模最大、市场占有率最高的专业生产企业。2006
年月 12 月，开山牌空压机荣获国家免检产品称号，成为我国空压机
行业第一批获此殊荣的企业。近年来，开山集团把拥有一流核心技
术、从事高端制造作为企业发展的主要目标，借力国家"千人计划"，
通过引进国际顶尖的研发人才，与国内一流院校合作，主导产品实现
了技术全球领先，效能世界第一，成功投入商业化运营。从制造到创
造，一路上开山人坚定不移、披荆斩棘，实践着做世界顶尖装备制造
企业的梦想。

（一）敢为人先，打破垄断

起初的开山企业，由于受到传统国企的各种遗留弊端而受限于发
展，在市场竞争中一直处于落后。直到 1998 年，开山公司进行了彻
底的民营化改造，从此告别了举步维艰，走上了正常的轨道。经过不

断的完善企业的治理结构和不断加强企业文化,开山在 2001 年恢复元气,走出了困境。但是开山人没有安于现状,当时的公司董事长曹克坚清醒的明白,开山仍然是一个产品结构单一,以低端产品为主的公司,这样的低成本、低利润的发展模式是不可持续的。于是,开山控股开始不断借鉴国内外先进企业的经营,创新技术和管理方式,走上提高产品附加值,拉长产业链的道路。2003 年底,开山为了进入新领域、开拓新市场,提出了极为重要的企业发展战略"4211",在产品和市场两个方面指导开山形成自己完整的制造体系,拥有一流装备和核心制造能力。2004 年,开山率先发现了市场趋势,希望实现进口螺杆主机的国产化。在被外国公司的拒绝了合作要求以后,开山控股更加坚定了要掌握这项技术的决心。一年以后,开山控股与西安交通大学签订了技术开发协议,达成了战略合作。直到今天,开山已经完成了从 5.5W 到 355W 共 18 种基本机型全谱系螺杆主机的开发,成功填补了国内国产螺杆主机的空白。开山控股的坚持和努力为中国市场带去了春风,打破了外跨国公司对中国市场的垄断,结束了我国螺杆主机长期依赖进口的局面,获得了 2006 年度国家科技进步二等奖和浙江省加快发展装备制造业重点领域国内首台产品称号。中国市场上的螺杆空压机的价格从此拉低至 5000 元每立方米,与之前的 1 万元每立方米相比而言,为企业节约了大额的采购经费。2009 年的开山控股迎来了其在北美研发中心的成立。这个中心成立标志着开山集团站在了世界压缩机行业的技术前沿。现在的开山集团是国家级大型企业,列入浙江省人民政府"958"技术赶超计划和装备制造业重点培育企业,是目前全球最大的凿岩机制造企业,也是国内最大的空压机生产企业和内资企业中最大的螺杆式压缩机制造商,产品远销全球各地,遍及 60 多个国家和地区,企业拥有国内一流的精密加工机械近千台,已形成一个技术先进、装备一流、结构完整的机械制造体系。

开山控股的成功实现了自身的华丽转身,这瞩目的成绩背后是拥有一流核心技术的丰富多样的产品的支撑。

(二)主导产品,世界领先

开山压缩机股份有限公司是全国唯一能够将螺杆空气压缩机做到国家一级效能水平的公司。即使在全球,也只有开山能将160kw级以上的螺杆空气压缩机的能效水平做到超过一级效能。开山控股的螺杆式空气压缩机由于技术遥遥领先,能效水平第一,当仁不让的成为了开山公司的主导产品。

这样的高科技产品为开山企业带去了更多的比较优势和竞争力。在2012年国家将空气压缩机列入"节能产品惠民工程"以后,开山企业凭借大量的高效螺杆空气压缩机得到了国家给予的补助。

(三)创新专利,独步世界

开山集团是全球唯一成功将朗肯循环螺杆膨胀发电机成功透润商业化运营的企业。朗肯循环螺杆膨胀发电机能够将没有压力的废蒸汽、90摄氏度以上的废热水以及烟道废气等低品位的热能转化为电力,真正做到了实实在在的变废为宝。现在朗肯循环螺杆膨胀发电机等熵效率高达85%,可以实现每小时约16吨没有压力的低品位热能转化成1000千瓦以上的净发电量。目前,这项技术已经被开山集团掌握并投入商业应用,在全球申请了多项发明专利。与此同时,朗肯循环螺杆膨胀发电机引起了国内外众多高校、研究所等的高度关注。

品牌的核心是产品;产品的核心是创新。开山以技术革新为其品牌的建立注入了强大的竞争力。多年来,始终心无旁骛、一心一意坚守在高端设备制造产业。开山控股一直主攻自身主业,瞄准高端,坚持"做中国企业不会做或做不好的产品"的定位,引进大量的国际顶尖技术、人才，按照"北美研发 中国制造"的发展模式，始终占领制造业的高端。2009 年开山集团提出了"五年内成为国际一流的压缩机制造企业、十年内成为国际顶尖的压缩机制造企业"的企业占领，确定了"空气动力中国芯、为民族工业造芯"、"为节约中国做贡献"的企业目标。

开山集团始终坚持技术创新为动力。企业将主要的精力都放在产业转型升级上面，努力实现以技术改造为核心的产业结构。目前，开山已走出产品单一的困境，开山集团的产品覆盖了九大系列 15 类 800 多个品牌，主要生产螺杆空气压缩机、螺杆膨胀发电机、钻凿设备等。

此外，开山集团始终坚持将产品定位在高端产业，离不开大量的人才支撑。开山集团大量引进和培育人才。2012 年初，集团成立了通用机械研究院，下设十个研究所，拥有专家、外籍院士等各类资深高级工程技术人员多名。

通过技术创新和转型升级，开山已经实现了从"规模领先"到"技术领先"的华丽转身。科学发展观在开山的十年发展中得到了充分的体现。集团现有 18 家成员公司，员工 4100 余人，总资产近 18 亿元。集团拥有健全的营销网络，优质的销售服务体系，主要生产凿岩机组、螺杆式空压机、潜孔钻车等 9 大系列 18 大类 800 多个产品。开山集团在全国行业内第一家获得"中国驰名商标"称号，也是压缩机行业首批获国家免检产品称号的企业。

结论篇
JIE LUN PIAN

　　工业品牌营销是近两年出现的一个新名词,是随着"中国制造"向"中国品牌制造"的转型中诞生的。它的出现势必逐步改变目前中国工业企业以制造为核心、以销售为导向的传统格局,代之以价值链整合为核心,以品牌为导向的崭新思维。只有在品牌营销大旗的指引下,中国工业企业才能够摆脱处于全球价值链末端、以低附加值、高消耗、高污染、低增长为发展模式的困境,走上可持续发展之路。本部分的目的就是根据前面各章节的介绍与分析,从总体的视角,对工业品牌建设的相关议题及浙江省发展工业品牌的方式,提出概念的思考与框架式的建议,以作为后续探索的基础

　　传统的观念认为,工业品只有销售,没有营销。"工业品营销"概念的出现是对这一观点的纠正和进步。近年"工业品牌营销"概念的出现又是对"工业品营销"理论和实践的重要补充。在"工业品营销"中加入"品牌"的概念,是为了强调工业品品牌与大众消费品品牌一样,对产品的销售担负着重大的责任,且对产业的发展具有举足轻重的地位。工业品能够打造出品牌,就能掌握销售的核心,就能为企业树立可持续发展的竞争力。

　　在我国,工业企业和工业产品品牌化起步很晚,原因在于工业企业长期依赖于OEM、代工、仿制的模式。在很长一段时期内,中国制造都是依靠低成本的绝对优势来发展的。在低廉成本的优势下,市场运作基本处于卖方市场,因此企业对创建品牌缺乏兴趣。随着人民币的升值、国际市场的低迷及国内劳动法规的完善等诸多因素,中国制造业的市场竞争陡然加剧,产业升级迫在眉睫,传统粗放式的经营模式注定会被淘汰,代之以技术、创新和品牌为驱动力的新型发展模式,将成为竞争的主轴。由此,工业品牌的营销应运而生,拉开了中国工业营销的大幕。

一、品牌营销与中国工业发展

随着工业品市场的风云变幻,传统的销售模式已不适应市场的变化,迫切需要营销模式突破创新,原因主要有以下几点:

工业品招投标的范围越来越大、招标流程也越来越正规、参与购买决策的群体越来越复杂,而且传统销售中的各种竞争方式也日渐失效,这些突然性的变化让国内工业企业措手不及。适应不良的企业甚至不堪重负而破产倒闭。

面对外贸市场的萎缩、劳动力成本的上升、产业环境的恶化、工业品企业的利润减少,工业品制造企业迫切地需要进行调整和转型,以求生存。

因此,只有对营销模式进行彻底的改革,改变过去的销售导向,代之以品牌营销为核心的现代营销观念,才能逐步改变工业品企业被动的市场局面。面对着中国制造的市场压力和僵局,工业企业唯有向大众消费品企业学习,以品牌营销作为企业战略,才能突破这一困境,变"中国制造"为"中国品牌"。

除了通过转型以适应新的情势之外,将品牌营销的概念与做法导入工业品营销的价值,还包含有以下几个方面:

工业品牌能够打破产品的同质化,形成差异化竞争;

工业营销的本质是信任营销,工业品牌能够提升客户的信任度;

工业品牌能够提升工业产品的附加值,打破价格竞争的魔咒;

工业品牌有助于摆脱"大路"商品的地位,跳出大路货的唯一办法是将品牌价值融入到消费者对产品和服务的看法之中;

工业品牌能够形成工业产品强大的分销能力;

工业品牌能够鼓舞员工士气,形成更高的员工忠诚度;

工业品牌能够帮助工业企业在逆境中生存;

工业品牌能够让工业企业跨越市场界限,进行快速的渗透。

品牌能够形成真正的资产,在企业被兼并和重组时发挥关键的作用,形成超过账面净资产数倍的溢价。例如,R&C公司曾经耗资1.65亿英镑从汽巴一嘉基手中买下了 Airwick 集团,其中有 5500 万英镑是作为 Airwick 的品牌价值而进行额外支付的。

二、对于品牌营销的认识误区

许多传统的工业企业经营者认为,工业品的竞争是产品之间的竞争一胜负取决于质量和服务。事实上,这种观点是有误的。人是理性和感性的复合体,世界上没有任何一个参与工业品购买过程的决策者在制定购买决策时是完全理性的,是不受情感驱动的。人是依靠接受到的信息所带来的综合感受来做出决策的,而品牌就是企业的综合实力的体现。至于,品牌营销对于工业品企业的主要功用包含:

市场营销组合被看作是企业实践各种战略和战术目标的工具,其中品牌概念是最高目标,也是企业奋斗发展的最终阶段。实践证明,拥有了强大的品牌,就能获得巨大的回报。在某种意义上,品牌就是企业,企业就是品牌。品牌在企业战略中扮演举足轻重的角色。

就企业内部而言,品牌营销意味着企业拥有了清晰的品牌战略方向,能帮助员工理解公司的营销目标,理解他们在实现这些目标中应起的作用,从而激发起能动性、目的性和工作效率。

就企业而言,品牌营销让公众和客户了解企业和品牌的价值、成就,以及其差异化优势。一个坚实的、实施有方的品牌营销战略是实现公司愿景的强人保证,会极大地影响最终的结果。

三、信任是工业品牌建设的基础和最终目标

工业品牌营销是组织营销,营销的本质是建立组织之间的信任,

进而形成双方长期依赖和共同发展的利益链条。至于信任关系的建立,基本上就是一种心理过程,一种心理感受和心理判断,它同时依靠客户的理性和感性认知来进行综合判断,因此是一种理性与感性的综合性决策行为。通常客户对工业企业信任的认知,是建立在对以下方面的看法和判断上:

1. 企业的价值观

2. 企业的实力

3. 企业的核心团队

4. 企业的产品质量

5. 企业产品的技术领先性

6. 企业对质量的管控

7. 企业的服务理念和服务体系

8. 企业的第三方权威认证

9. 企业的成功和经典案例

通过这些层面,企业向市场传递着感受、体验、情绪、艺术、视觉、听觉等信息,而客户则根据这些信息,依据其主观认知和客观判断,对企业形成综合判断以及决定其信任程度。这种综合判断就是所谓的品牌市场定位,其主要价值就在于客户的信任程度。因此,客户的信任就是工业品牌的魅力和价值所在。

四、关于工业品牌的打造

总体而言,工业品牌的打造必须建构一个品牌化的世界,目的是在客户置身其中后,所看、所感、所思的都有与我们的品牌有关,并在这种思想和理念的互动中,逐渐发挥潜移默化的作用,引导客户接受或甚至赞赏我们的经营理念和价值观,并在随后的互动中,对我们的诚信、技术、态度都愈来愈欣赏,最终将双方的关系,从买卖关系进展为伙伴关系。这种伙伴关系被建立起来后，就会相互信任，加强合作，为该工业企业完成品牌建设的目标。由此可知，工业品牌的建设和商业品牌的建设相同，都是建立大量有效的沟通和传播行为之上的，因此应该对于沟通和传播工作特别重视。

工业品品牌策划理论和实践的缺失不等于需求的缺失。近年来，随着竞争的加剧和品牌意识的增强，工业品客户对品牌策划的需求日益迫切，如何针对工业品品牌策划进行深入的研究，是实践工业品牌建设和避免沦为口号的重要工作。具体方面，需要注意的是：必须以企业品牌为主。工业品品牌策划的焦点在于打造强大的公司品牌。这一点与大众消费品品牌策划有很大的不同。大众消费品品牌策划关注于为某一个产品品牌或某一个品类品牌做策划，对公司品牌的关注较少。工业品品牌策划的特殊性就在于公司品牌是策划的核心。由于工业产品的特殊性、复杂性以及购买风险很高，使得客户对产品和服务的信任往往是建立在对公司和组织，而非某项产品，的信任基础上的。因此，工业品牌的建设应该以企业品牌的打造为主。

因此，工业品牌的策划工作应该从企业的品牌愿景开始。任何工业企业，无论是拥有自主品牌，还是 OEM，都应该建构卓越的企业品牌愿景，作为公司品牌长期奋斗的目标。品牌愿景要能够体现企业存在的社会意义，确立品牌发展的理想，激励全体员工，并且是通过努力可以达成的；才能够指引品牌建设的方向。

制定品牌愿景是一项艰巨的工作，需要深刻地认识企业存在的意义、终极使命，以及最终的客户价值所在，深入挖掘核心竞争力，在此基础上制定的品牌愿景，既能引领企业前进的方向，同时又不是可望不可及的空想。要用文字来描述品牌愿景是一项创造力的工作，要将品牌愿景的普通陈述进行精练的有想象力的提炼，最终形成打动人心的文字。通过阅读文字就能感受到品牌承载的使命。

在对外传播时,工业企业在进行品牌建设时,可以从以下层面进行进行思考与规划:

1.与视觉有关的:企业宣传册、产品样本、行业杂志广告、PPT、企业网站、企业和产品宣传片、技术动画片等。

2.与听觉有关的:企业和产品宣传片、技术动画片等。

3.与空间有关的:厂区布置、展览、展示、展厅、产品外观造型等。

4.与体验有关的:各种公关活动(发布会,技术交流会,答谢会等)。

5.与感觉有关的:公益活动,企业社会责任、博客、微博、口碑等。

通过以上五个方面的传播行为作为品牌建设的载体,注入工业品牌的元素,以整合营销的方式,向客户推动相关的品牌化、工具化、传播化的活动,是将品牌在客户脑海中原本抽象的、虚无的概念转化为具体化的重要步骤。然而,相较于大众消费品的品牌策划研究和实践,国内工业品品牌策划还处在起步阶段,无论在理论还是实践上都还有待探索和完善。

品牌建设不等于宣传推广,但是却包含宣传推广在内,当工业企业建立品牌时,除了必须进行有效的对外传播行为之外,也必须推动内部传播,目的是将企业的精神和愿景传递给每位员工,并且获得员工的认同与切实执行,才能表里如一,不会让对外宣传的内容成为不实的吹嘘,让难得建立起来的客户信任,在瞬间毁坏,让企业的品牌和营运招致重大的打击。

五、浙江省工业品牌建设的建议

工业品牌则是品业发展的重要里程碑和主要的绩效衡量标准,因此加强工业品牌的建设是刻不容缓的工作。根据浙江省的工业发展态势,可以归纳以下各项作为工业品牌建设的主要方向和建议:

1. 大力发展战略性新兴产业,努力在新能源、新材料、新医药等新兴产业领域取得突破,形成新兴的支柱产业,抢占产业竞争制高点。

2. 提升装备制造业。装备制造业是制造业的核心,其发展水平是一个地方工业竞争力的综合体现,因此应该积极培育发展一批主业突出、核心竞争力强的装备制造龙头骨干企业,着力于提升设备、船舶、汽车、新能源等产业的关键设备制造、轨道交通及民用飞机使用的配套设备、工程机械及环保设备等领域的转型升级,并在这个基础上推动浙江省的工业品牌,以提升浙江省工业品牌的国际竞争力。

3. 适度发展钢铁、石化等临港重化工业,并积极探索重化工业的高精尖特之路。重化工业是重要的基础原材料产业,必须本着求高和求精的原则适度发展。要充分发挥我省优越的港口资源条件,积极研究开发和引进相关技术,瞄准高端产品,积极发展优特钢及深加工、炼化一体化项目及相关下游产品,努力在部分领域形成竞争优势。同时要高度重视节能减排、环境保护,促进重化工业健康发展。

4. 改造及提升传统优势产业,努力形成一批有国际影响力的品牌。纺织、服装等传统制造业在我省具有较大的优势,绝不能放弃。主要大力推进技术改造的"双千工程",积极推进块状经济向现代产业集群转型,加快培育一批具有自主知识产权的国际知名品牌,以形成长期稳定的竞争优势。

六、结语

工业品牌是工业发展的最高阶段,也是销售业和服务业的发展基础,因此必须大力推动和积极关注。由于过往专注于商业品牌的建设,工业品牌虽然十分重要,但是却没有受到应有的重视。值此国内外经济和技术环境都大幅度变化的时刻,如何力争上游,加速推动浙江省的工业品牌建设是刻不容缓的工作。要完成这个目标就需要结合社会、产、学、研的力量,共同奋斗,而其主要目标与推动方式,基本如下:

1.要强在数量规模上:就是数量规模必须在全同占有重要位置。量变引起质变,没有一定的速度,我省工业数量规模就不可能进一步快速壮大;数量规模没有达到一定的"块头"就没有相应的地位,也不可能产生由大到强的质变。

2.要强在结构素质上:主要是工业的创新能力、产业层次、技术水准要努力达到全国一流,一些特色产业甚至是世界一流的水平。这是增强核心竞争力的关键,也是产业链、价值链提升的必由之路。这要求工业发展必须始终建立在自主创新、技术进步和结构调整之上。衡量的标准就看企业技术投入强度大不大、自主知识产权和新产品多不多;战略性新兴产业、高新技术产业、装备制造业的比重提高了多少,传统产业改造提升快不快。

3.要强在质量效益上:就是努力以最低的成本代价获取最大的经济效益和社会效益。努力的方向包含:降低工业能耗强度、降低污染排放强度,在节能减排的条件下,进一步提升质量与效率,以达成降低发展代价,提高经济贡献的目标。

以上几方面,仅为整体层面对浙江省工业品牌建设提出的思考。至于各个具体产业的品牌建设,还需要从国际产业分布、我省产业发展状态及未来竞争态势等方面进行个别性的思考与探索,才能够为该工业产业的品牌建设制订最适合战略和政策。尽管各个工业产业的状况各有特点,可以确定的是工业品牌的推动是刻不容缓的,也是没有止境的奋斗目标。

附 录 一

浙江省品牌意识调查

一、问卷调查基本情况

（一）问卷设计

本次问卷分为《浙江品牌发展报告——品牌建设与工业强省》企业版和消费者版。其中企业版问卷分为八个部分,分别为:企业品牌建设基本情况、企业愿景、品牌战略、组织结构、资源投入与成效、既有成效、品牌发展障碍、补充与建议;共有 47 个问题,前 42 个问题为单选,后 5 个问题可多选。消费者版问卷除了被调查者的社会人口基本情况(性别、年龄、学历、收入、职业)和补充建议之外,还设有 10 个关于品牌方面的问题,全部为单选。

问卷设计在充分考虑要调查的各块内容的基础上,以简洁明了为主要原则,结构合理,题量适中,主要以"五分量表"的模式,全部以选择打"√"的形式,企业版问卷及消费者版问卷的答题时间分别控制在 15 分钟和 5 分钟以内。

（二）采样过程及结果

由于研究力量和经费有限,再加上时间的限制,本项目无法在浙江省内进行一次全面、全程的概率抽样调查。因此,本研究是一种典型调查,结合了概率抽样和非概率抽样,力争在调查过程和结果上做到科学、严谨,具有一定的代表性。

本次调查历时两个月,从 2013 年 6 月 1 日开始到 2013 年 7 月 31 日结束。其中,企业版的调查问卷通过企业走访、企业家座谈、"品牌大讲堂"、行业协会（秘书长）沙龙、西溪讲书茶会、品牌服务机构联系等形式发放问卷,共发放 252 份,回收 138 份,回收率为 54.76%,有效问卷 108 份,有效率为 78.26%。消费者的调查问卷通过实地、网络、"品牌大讲堂"等形式发放问卷,共发放 550 份,回收 484 份,回收率为 88%,有效问卷 441 份,有效率为 91.12%。

本次调查采样得到了浙江省品牌建设促进会的大力配合与协助,因此问卷发放和回收的总体效率比较高,同时从问卷回收率和有效率上也基本达到了采样的目标和要求,顺利完成了此次采样过程。

（三）数据分析方法

将所有问卷所采集的数据全部输入社会数据统计程序 SPSS（13.0 版本）,并利用该种分析方法进行了分析。

二、研究对象基本情况

（一）被调查企业基本特征

表 1　注册情况

		Frequency	Percent	Valid Percent	Cumulative Percent
Valid	国内注册	77	71.3	92.8	92.8
	境外注册	3	2.8	3.6	96.4
	未注册	3	2.8	3.6	100.0
	Total	83	76.9	100.0	
Missing	System	25	23.1		
Total		108	100.0		

表 2　企业型态

		Frequency	Percent	Valid Percent	Cumulative Percent
Valid	本土独资企业	67	62.0	80.7	80.7
	合资企业	10	9.3	12.0	92.8
	中外合资企业	5	4.6	6.0	98.8
	国外投资企业	1	0.9	1.2	100.0
	Total	83.	76.9	100.0	
Missing	System	25	23.1		
Total		108	100.0		

表 3　品牌定位

		Frequency	Percent	Valid Percent	Cumulative Percent
Valid	国内知名品牌	29	26.9	34.9	34.9
	国际知名品牌	17	15.7	20.5	55.4
	国内行业知名品牌	35	32.4	42.2	97.6
	国外行业知名品牌	2	1.9	2.4	100.0
	Total	83	76.9	100.0	
Mossing	System	25	23.1		
Total		108	100.0		

表 4　品牌归属

		Frequency	Percent	Valid Percent	Cumulative Percent
Valid	全部归属本企业	78	72.2	94.0	94.0
	全部归属国内别的企业	1	0.9	1.2	95.2
	中方与外方共同拥有	4	3.7	4.8	100.0
	Total	83	76.9	100.0	
Missing	System	25	23.1		
Total		108	100.0		

表 5　品牌性质

		Frequency	Percent	Valid Percent	Cumulative Percent
Valid	工业品牌	10	9.3	12.0	12.0
	工业品品牌	8	7.4	9.6	21.7
	工业＋商业品牌	65	60.2	78.3	100.0
	Total	83	76.9	100.0	
Missing	System	25	23.1		
Total		108	100.0		

表 6　品牌形象

		Frequency	Percent	Valid Percent	Cumulative Percent
Valid	产品质量为主	23	21.3	27.7	27.7
	企业文化为主	14	13.0	16.9	44.6
	技术研发为主	16	14.8	19.3	62.9
	营销手段为主	13	12.0	15.7	79.5
	服务质量为主	17	15.7	20.5	100.0
	Total	83	76.9	100.0	
Missing	System	25	23.1		
Total		108	100.0		

（二）被调查消费者社会人口基本特征

表 7　性别

		Frequency	Percent	Valid Percent	Cumulative Percent
Valid	男	231	52.4	52.4	52.4
	女	210	47.6	47.6	100.0
	Total	441	100.0	100.0	

表 8　教育程度

		Frequency	Percent	Valid Percent	Cumulative Percent
Valid	研究生	59	13.4	13.4	13.4
	大学	234	53.1	53.1	66.4
	高中	69	15.6	15.6	82.1
	其他	79	17.9	17.9	100.0
	Total	441	100.0	100.0	

表 9　年龄

		Frequency	Percent	Valid Percent	Cumulative Percent
Valid	20岁—29岁	131	29.7	29.7	29.7
	30岁—39岁	122	27.7	27.7	57.4
	40岁—49岁	94	21.3	21.3	78.7
	50—59岁	58	13.2	13.2	91.8
	60岁以上	36	8.2	8.2	100.0
	Total	441	100.0	100.0	

表 10　职业

		Frequency	Percent	Valid Percent	Cumulative Percent
Valid	军公教	53	12.0	12.0	12.0
	商	133	30.2	30.2	42.2
	工	128	29.0	29.0	71.2
	农	46	10.4	10.4	81.6
	学生	81	18.4	18.4	100.0
	Total	441	100.0	100.0	

表 11　年收入

		Frequency	Percent	Valid Percent	Cumulative Percent
Valid	高,人民币五十万以上 16	3.6	3.6	3.6	
	较高,人民币二十万到五十万	74	16.8	16.8	20.4
	中,人民币十万到二十万	100	22.7	22.7	43.1
	较低,人民币五万到十万	102	23.1	23.1	66.2
	低,人民币五万以下	149	33.8	33.8	100.0
	Total	441	100.0	100.0	

三、对消费者的调查研究结果及分析

(一)消费者对品牌的认知及关注(频数分析)

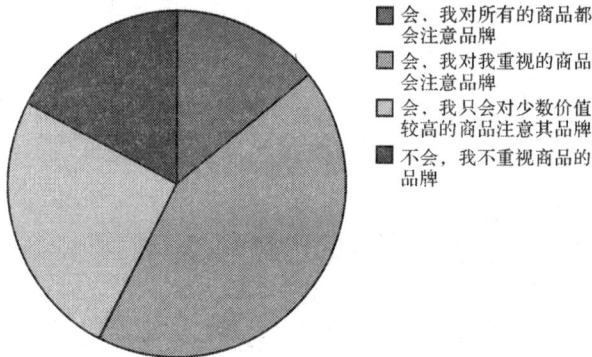

(图 1)

1.消费者对品牌的关注情况

调查中,有近 82%的消费者表示"在日常生活中,会对商品的品牌较为关注",有 13.5%的消费者"会对重视的商品注意品牌"(图1),这表明当今社会,品牌对于商品的意义越来越重要,消费者在购买商品的时候,会更倾向于选择有品牌的商品。

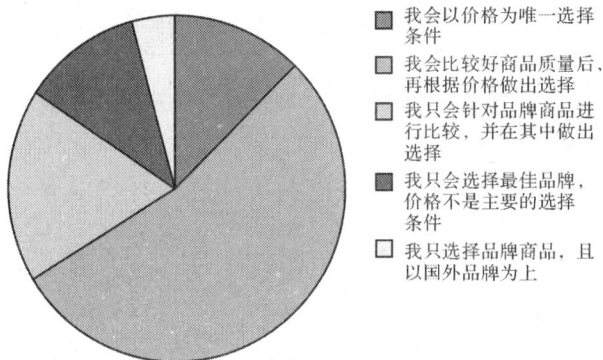

我会以价格为唯一选择
条件

我会比较好商品质量后，
再根据价格做出选择

我只会针对品牌商品进
行比较，并在其中做出
选择

我只会选择最佳品牌，
价格不是主要的选择
条件

我只选择品牌商品，且
以国外品牌为上

（图 2）

在图 2 中可以看出，消费者对于品牌的追求也不是盲目的，在调查中，有超过一半的消费者"会在比较商品质量的基础上，再根据价格作出最后的购买决定"，这也反应了商品的品牌建设，提高产品质量至关重要，同时在价格上也是一个重要因素，即消费者希望购买的商品是"物美价廉而有品牌保证的"。

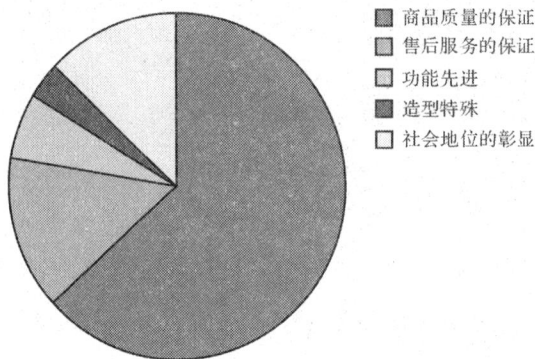

商品质量的保证
售后服务的保证
功能先进
造型特殊
社会地位的彰显

（图 3）

2. 消费者对品牌的认知态度

在问及"品牌商品对您最主要的意义是什么"时（图 3），有 63.3% 的消费者选择了"商品质量的保证"，其次是"售后服务的保证"（14.5%）和"社会地位的彰显"（12.9%），这也表明了"品牌"是

"质量"的代名词,即在消费者的心目中会形成"好品牌就是好商品"的观念。

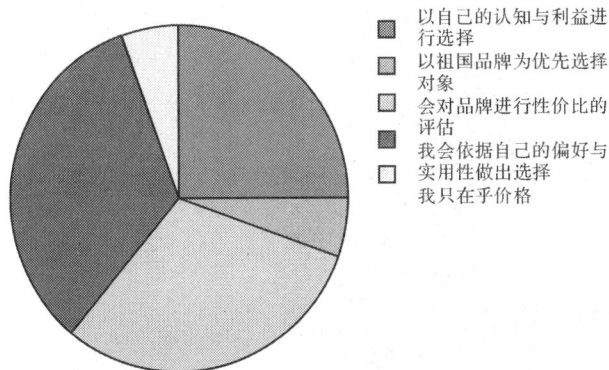

以自己的认知与利益进
行选择
以祖国品牌为优先选择
对象
会对品牌进行性价比的
评估
我会依据自己的偏好与
实用性做出选择
我只在乎价格

(图 4)

在问及"您消费时,会如何选择"时(图4),"以自己的认知与利益进行选择"(24.7%)、"会对品牌进行性价比的评估"(30.6%)和"我会依据自己的偏好与实用性做出选择"(33.6%)这三者之间相差不多,从侧面反应了,在被调查的消费者中,大多较为理性,在选择商品时会从品牌、偏好、利益等多方面进行综合考虑。

3.消费者对品牌商品及地区的偏好

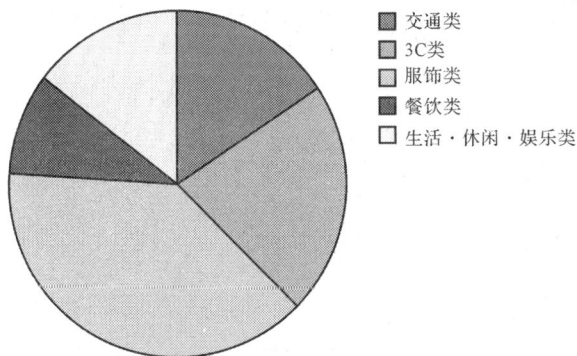

交通类
3C类
服饰类
餐饮类
生活·休闲·娱乐类

(图 5)

消费者对哪类品牌商品比较关注？从图5中可以看出，38.8％的消费者选择了"服饰类"，其次依次为"3C类"（21.8％）、"交通类"（15.6％）、"生活休闲娱乐类"（14.5％）、"餐饮类"（9.3％）。

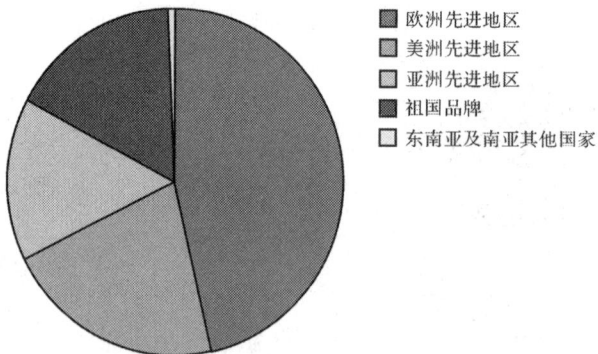

图例：
- 欧洲先进地区
- 美洲先进地区
- 亚洲先进地区
- 祖国品牌
- 东南亚及南亚其他国家

（图6）

在各类品牌中，哪个地区的品牌在消费者心目中价值最高？从图6中可以看出，有近一半（46.5％）的消费者选择了"欧洲先进地区（法、德、意等）"，说明消费者对欧洲品牌商品的认可；"亚洲先进地区（日、韩、新、我国港台等）"与"中国大陆地区"分别占15.2％和16.3％，两者相差无几，这是否意味着"国内品牌商品的提升"还是"被调查者爱国情绪的激发"，有待进一步的考证。

4. 消费者对品牌发展的建议

图7中，"我国品牌建设的推动最应该从何处着手"，有54.2％的消费者认为最应从"商品品质与服务态度"着手，这也反应了在消费者心中，我国商品的品质与服务态度还有待进一步提高，而"商品品质和服务态度"则是品牌建设及推动的关键因素；只有7％的消费者认为要"降低价格"，从中我们也可以看出，"低价策略"并不是品牌建设的推动力，只能作为其中的一种手段。

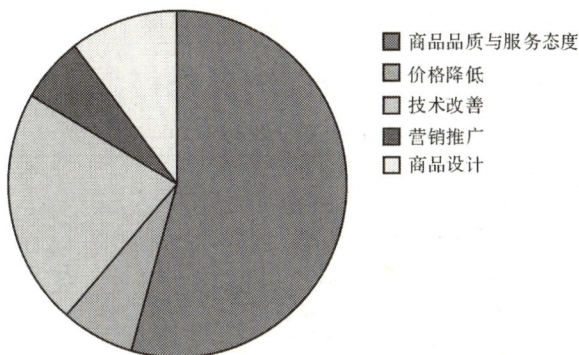

商品品质与服务态度
价格降低
技术改善
营销推广
商品设计

(图7)

　　图8中,在问及"目前政府推动品牌建设工作,最弱的环节是什么"时,选择最多的是。

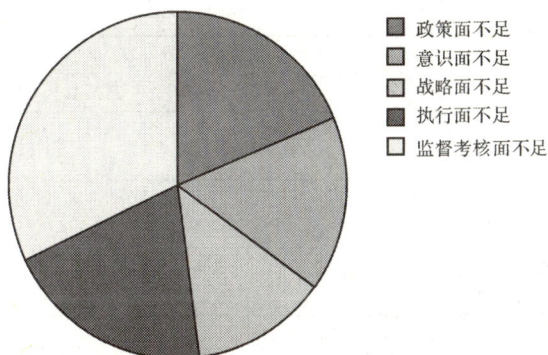

政策面不足
意识面不足
战略面不足
执行面不足
监督考核面不足

(图8)

　　"监督考核面的不足"(32.2%),其他的选项:"政策面的不足"(18.6%)、"意识面的不足"(16.6%)、"战略面的不足"(12.9%)、"执行面的不足"(19.7%)则相差不多,这也说明了目前政府在推动品牌建设工作的时候,要进一步完善相关的制度,加强监督考核力度,而不能流于形式、走过场。

（二）消费者对品牌的相关性分析（交叉列联表分析）

1. 消费者的性别对商品品牌的相关性分析

表 12　性别·题 1 Crosstabulation

			题 1				Total
			会,我对所有的商品都会注意品牌	会,我对我重视的商品会注意品牌	会,我只会对少数价值较高的商品注意品牌	不会,我不重视商品的品牌	
性别	男	Count	35	112	50	34	231
		Row%	15.2%	48.5%	21.6%	14.7%	100.0%
	女	Count	27	80	61	42	210
		Row%	12.9%	38.1%	29.0%	20.0%	100.0%
Total		Count	62	192	111	76	441
		Row%	14.1%	43.5%	25.2%	17.2%	100.0%

表 13　性别·题 7 Crosstabulation

			题 7					Total
			1%—10%	11%—20%	21%—30%	31%40%	40%	
性别	男	Count	79	79	46	19	8	231
		Row%	34.2%	34.2%	19.9%	8.2%	3.5%	100.0%
	女	Count	71	72	44	13	10	210
		Row%	33.8%	34.3%	21.0%	6.2%	4.8%	100.0%
Total		Count	150	151	90	32	18	441
		Row%	34.0%	34.2%	20.4%	7.3%	4.1%	100.0%

从调研中发现,消费者的性别对商品品牌的态度有一定的区别,如表 12 所知,男性消费者更加会注重商品的品牌,有 63.7% 的男性消费者"会对所有的商品或所重视的商品注意品牌",而女性消费者只有 51%;在不重视商品的品牌中,20% 的女性消费者要多于 14.7% 的男性消费者。

另外,关于问及"对喜欢的品牌商品,消费者愿意支付比一般性商品高出多少的价格"时,男性消费者与女性消费者的差别微乎其微,这也说明了"男性消费者虽然更注重商品品牌,但并不愿意为此付出更多的价格,在看待此问题上相对较为理性"。

2. 消费者的年龄对商品品牌的相关性分析

表14　年龄·题2 Crosstabulation

			题2					Total
			我会以价格为唯一选择条件	我会比较商品质量后,再根据价格做出选择	我只会针对品牌商品进行比较,并在其中做出选择	我只会选择最佳品牌,价格不是主要的选择条件	我只选择品牌商品,且以国外品牌为主	
年龄	20岁-29岁	Count	5	92	23	10	1	131
		Row%	3.8%	70.2%	17.6%	7.6%	8%	100.0%
	30岁-39岁	Count	15	51	26	20	10	122
		Row%	12.3%	41.8%	21.3%	16.4%	8.2%	100.0%
	40岁-49岁	Count	13	45	20	13	3	94
		Row%	13.8%	47.9%	21.3%	13.8%	3.2%	100.0
	50岁-59岁	Count	11	31	7	6	3	58
		Row%	19.0%	53.4%	12.1%	10.3%	5.2%	100.0%
	60岁以上	Count	11	18	4	2	1	36
		Row%	30.6%	50.0%	11.1%	5.6%	2.8%	100.0%
Total		Count	55	237	80	51	18	441
		Row%	12.5%	53.7%	18.1%	11.6%	4.1%	100.0%

表15　年龄·题4 Crosstabulation

			题4					Total
			交通类	3C类	服饰类	餐饮类	生活、休闲、娱乐类	
年龄	20岁-29岁	Count	10	31	67	4	19	131
		Row%	7.6%	23.7%	51.1%	3.1%	14.5%	100.0%
	30岁-39岁	Count	23	32	44	7	16	122
		Row%	18.9%	26.2%	36.1%	5.7%	13.1%	100.0%
	40岁-49岁	Count	20	18	38	9	9	94
		Row%	21.3%	19.1%	40.4%	9.6%	9.6%	100.0
	50岁-59岁	Count	11	12	14	8	13	58
		Row%	19.0%	20.7%	24.1%	13.8%	22.4%	100.0%
	60岁以上	Count	5	3	8	13	7	36
		Row%	13.9%	8.3%	22.2%	36.1%	19.4%	100.0%
Total		Count	69	69	171	41	64	441
		Row%	15.6%	21.8%	38.8%	9.3%	14.5%	100.0%

消费者的年龄与商品品牌之间的关系,从表14中可以看出,年龄

越大,越会以商品的价格作为选择标准,而不是去考虑商品的品牌,两者呈现正相关的趋势;在最年轻的群体中(20~29岁),有70.2%的消费者"首先考虑商品的质量,然后再根据商品的价格进行选择",这也表明年轻的消费群体越来越理性,同时也因欠缺一定的经济实力,没去考虑选择更多的品牌商品;而在30~39岁和40~49岁的年龄群体中,有将近一半(42.6%)的消费者"会针对品牌商品进行比较,并在其中做出选择",这也说明了在30~49岁这个年龄区间中,对品牌的关注度是最高的,同时也会有一定的经济实力去购买相关的品牌商品。

在各类品牌商品中,每个年龄层次所最关注的品牌商品有相似的地方,也有不同之处。其中"服饰类"的品牌商品关注度最高,除了60岁以上的年龄段关注最高的是"餐饮类",其他年龄段的消费者都以"服饰类"的品牌商品关注最高;此外,较年轻群体(20~39岁),关注度次之的是"3C类"品牌商品;40~49岁年龄段的消费者,关注度次之的是"交通类"品牌商品;50~59岁年龄段的消费者,关注度次之的是"生活、休闲、娱乐类"品牌商品。由此可见,"服饰类"的品牌商品最受消费者的青睐,而其他方面,每个年龄层次各有不同,但也基本符合各个年龄段的所需。

3.消费者的职业对商品品牌的相关性分析

表16　职业·题3 Crosstabulation

			题3					Total
			商品质量的保证	售后服务的保证	功能先进	造型特殊	社会地位的彰显	
职业	军公教	Count	36	7	2	1	7	53
		Row%	67.9%	13.2%	3.8%	1.9%	13.2%	100.0%
	商	Count	81	19	10	4	19	133
		Row%	60.9%	14.3%	7.5%	3.0%	14.2%	100.0%

续表

			题3					Total
			商品质量的保证	售后服务的保证	功能先进	造型特殊	社会地位的彰显	
职业	工	Count	73	25	8	4	18	128
		Row%	57.0%	19.5%	6.3%	3.1%	14.1%	100.0
	农	Count	31	5	4	0	6	46
		Row%	67.4%	10.9%	8.7%	0.0%	13.0%	100.0
	学生	Count	58	8	3	5	7	81
		Row%	71.6%	9.9%	3.7%	6.2%	8.6%	100.0%
Total		Count	279	64	27	14	57	441
		Row%	63.3%	14.5%	6.1%	3.2%	12.9%	100.0%

表 17　职业·题 4 Crosstabulation

			题4					Total
			交通类	3C类	服饰类	餐饮类	生活、休闲、娱乐类	
职业	军公教	Count	11	16	12	8	6	53
		Row%	20.8%	30.2%	22.6%	15.1%	11.3%	100.0%
	商	Count	31	26	52	7	17	133
		Row%	23.3%	19.5%	39.1%	5.3%	12.8%	100.0%
	工	Count	17	28	46	12	25	128
		Row%	13.3%	21.9%	35.9%	9.4%	19.5%	100.0%
	农	Count	6	5	15	13	7	46
		Row%	13.0%	10.9%	32.6%	28.3%	15.2%	100.0
	学生	Count	4	21	46	1	9	81
		Row%	4.9%	25.9%	56.8%	1.2%	11.1%	100.0%
Total		Count	69	96	171	41	64	441
		Row%	15.6%	21.8%	38.8%	9.3%	14.5%	100.0%

从表 16 中可以看出，消费者的职业与对品牌商品的认知基本没有太大的差别，每个职业中的大部分消费者在被问及"品牌商品对您的最主要意义是什么"时，都选择了"商品质量的保证"，其次是"售后服务的保证"和"社会地位的彰显"。

从表 17 中可以看出，各种职业前三类最为关注的品牌商品分别是：军公教——3C类（30.2%）、服饰类（22.6%）、交通类（20.8%）；

商——服饰类(39.1%)、交通类(23.3%)、3C类(19.5%);工——服饰类(35.9%)、3C类(21.9%)、生活休闲娱乐类(19.5%);农——服饰类(32.6%)、餐饮类(28.3%)、生活休闲娱乐类(15.2%);学生——服饰类(56.8%)、3C类(25.9%)、生活休闲娱乐类(11.1%)。

4.消费者的教育程度对商品品牌的相关性分析

表18　教育程度·题6 Crosstabulation

			题6					Total
			以自己的认知与利益进行选择	以祖国品牌为优先选择对象	会对品牌进行性价比的评估	我会依据自己的偏好与实用性做出选择	我只在乎价格	
教育程度	研究生	Count	19	2	22	16	0	59
		Row%	32.2%	3.4%	37.3%	27.1%	0.0%	100.0%
	大学	Count	60	10	76	78	10	234
		Row%	25.6%	4.3%	32.5%	33.3%	4.3%	100.0%
	高中	Count	13	6	19	26	5	69
		Row%	18.8%	8.7%	27.5%	37.7%	7.2%	100.0
	其他	Count	17	7	18	28	9	79
		Row%	21.5%	8.9%	22.8%	35.4%	11.4%	100.0%
Total		Count	109	25	135	148	24	441
		Row%	24.7%	5.7%	30.6%	33.6%	5.4%	100.0%

关于"消费者的教育程度与在消费时会以怎样的标准去作出选择",从表18中可以看出,文化程度越高的消费者,越会以自己的认知与利益进行选择,同时也越会对品牌进行性价比的评估;文化程度越低的消费者,越会依据自己的偏好与实用性作出选择,同时也越会以祖国品牌为优先选择对象及越在乎价格。因此可见,品牌的认知与消费者的文化程度有一定相关性,一般来说,文化程度越高,对品牌的认知也相对较高,也更会选择有品牌的商品。

5.消费者的年收入对商品品牌的相关性分析

表 19   年收入·题 5Crosstabulation

			题 5					Total
			欧洲先进地区	美洲先进地区	亚洲先进地区	祖国品牌	东南亚及南亚其他国家	
年收入	高,人民币五十万以上	Count	12	1	1	2	0	16
		Row%	75.0%	6.3%	6.3%	12.5%	0.0%	100.0%
	较高,人民币二十万到五十万	Count	44	20	7	2	1	74
		Row%	59.5%	27.0%	9.5%	2.7%	1.4%	100.0%
	中,人民币十万到二十万	Count	36	32	21	10	1	100
		Row%	36.0%	32.0%	21.0%	10.0%	1.0%	100.0%
	较低,人民币五万到十万	Count	51	13	18	20	0	102
		Row%	50.0%	12.7%	17.6%	19.6%	0.0%	100.0%
	低,人民币五万以下	Count	62	28	20	38	1	149
		Row%	41.6%	18.8%	13.4%	25.5%	0.7%	100.0
Total		Count	205	94	67	72	3	441
		Row%	46.5%	21.3%	15.2%	16.3%	0.7%	100.0%

表 20   年收入·题 7Crosstabulation

			题 7					Total
			1%—10%	11%—20%	21%—30%	31%—40%	40%以上	
年收入	高,人民币五十万以上	Count	1	5	3	5	2	16
		Row%	6.3%	31.3%	18.8%	31.3%	12.5%	100.0%
	较高,人民币二十万到五十万	Count	14	30	14	12	4	74
		Row%	18.9%	40.5%	18.9%	16.2%	5.4%	100.0%
	中,人民币十万到二十万	Count	36	34	22	6	2	100
		Row%	36.0%	34.0%	22.0%	6.0%	2.0%	100.0%
	较低,人民币五万到十万	Count	39	36	20	4	3	102
		Row%	38.2%	35.3%	19.6%	3.9%	2.9%	100.0%
	低,人民币五万以下	Count	60	46	31	5	7	149
		Row%	40.3%	30.9%	20.8%	3.4%	4.7%	100.0
Total		Count	150	151	90	32	18	441
		Row%	34.0%	34.2%	20.4%	7.3%	4.1%	100.0%

从表 19 中可以看出,无论是高收入者还是低收入者,都对欧洲先

进地区(法、德、意等国)的品牌商品最为认可(尤其是高收入者占到75％和59.5％),其次是美洲先进地区(美、加等国)和中国大陆品牌。从中也反应了,欧洲品牌商品对国内消费者的影响很大,这种根深蒂固的品牌影响,对我国品牌的发展既有很多经验借鉴之处,同时也有很大的挑战性。

在问及"消费者的年收入水平与喜欢的品牌商品,愿意支付比一般性商品高出多少的价格"时(表20),有93.7％的高收入(50万元以上)消费者和81.1％的较高收入(20～50万)消费者,愿意支付高出11％以上的价格;而中、较低、低收入的消费者,分别有64％、61％和40％愿意支付高出11％以上的价格。这也说明了,品牌消费与个人的经济收入直接成正比关系,收入越高,也越会花更多的钱在购买品牌商品上。

四、对企业的调查研究结果及分析

(一)品牌与企业愿景

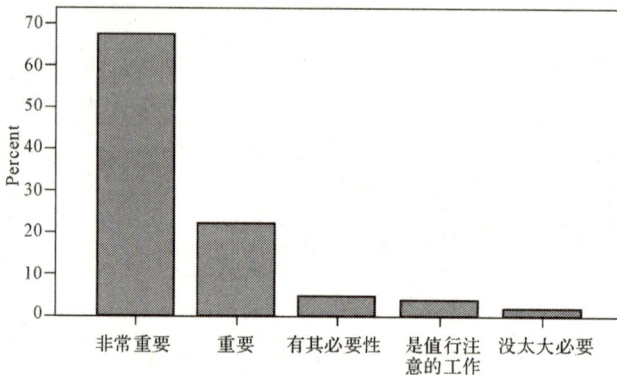

(图9)

图9中,关于问及"根据企业现在的状况,认为企业品牌是否重要"时,有89.8％的被调查企业选择了"非常重要"及"重要",这也表

明了,企业对于品牌的关注度及重视程度已经越来越高,品牌的建设
已经成为今后企业向前发展需要解决的问题,也是企业转型的必经
之路。

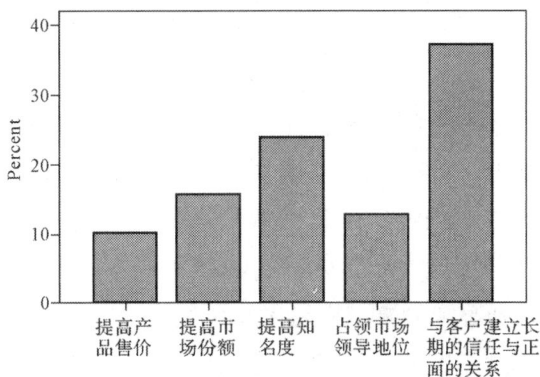

(图10)

图10中,主要调查了"品牌可以为企业带来的最大效益是什么?"
选择最多的是"与客户建立长期的信任与正面的关系",占了37%;其
次是"提高知名度",占了24.1%;从中也反映了有品牌的企业,在提
升知名度的同时,希望的是能在顾客心目中形成良好的印象,最终促
使顾客的购买。

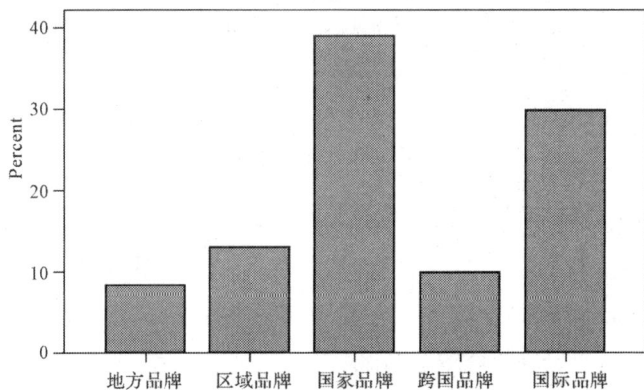

(图11)

　　图11中,被调查的企业有38.9％的企业希望将公司的品牌定位为"国家品牌",有29.6％的企业希望定位为"国际品牌",从中可以发现,企业对于品牌的定位不仅仅是"地方品牌"或"区域品牌",更多的还是希望企业的品牌能立足全国,走向世界,这也是对企业品牌的较高定位,从中也能窥视浙江企业的雄心壮志。

　　图12中,在问及"希望企业的产品和品牌在顾客心中建立起的形象是什么"时,一半的企业选择了"让顾客信赖安心",22.2％、19.4％的企业分别选择了"质量优异"和"身份地位",这与图10中的调查结果有着相似之处,即品牌与顾客的信任是存在直接的联系,企业打造品牌,希望能赢得顾客的满意。

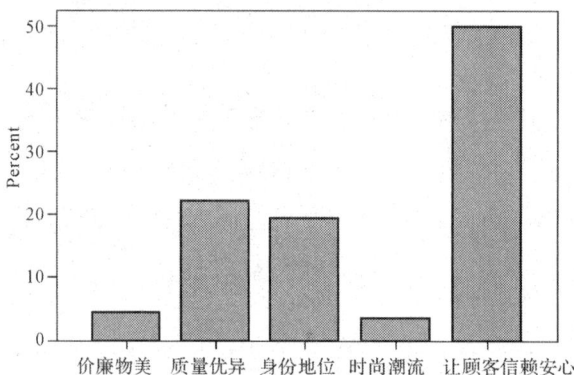

(图12)

　　图13中,关于"企业在品牌建设方面,当前最需要强化的层面是什么",超过半数(50.9％)的企业以"营销战略"为首选,足见当今营销的作用在品牌建设中的影响力,营销的成败也直接关系到品牌的建立和维护,而从调研的情况看,目前浙江企业"最需要强化的层面"也意味着"较为薄弱的环节",正是需要在营销战略方面加强,这也为今后品牌建设的发展指明了方向;另外,"人力资源"和"生产能力与产品质量的提升"各占了17.6％,也同样是需要强化的层面。

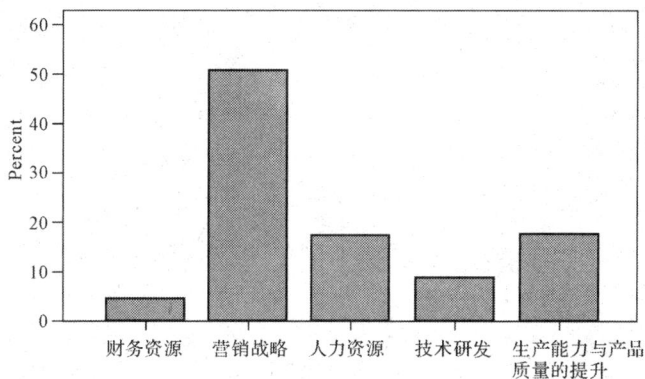

（图 13）

图 14 中,"维持企业成长,最重要的工作是什么?"占前两位的分别是"卓越的发展战略"(37％)和"优秀的人力资源"(33.3％),这也看出,"战略眼光"及"人才"对于企业发展的重要性,同时也影响着企业品牌的建设。

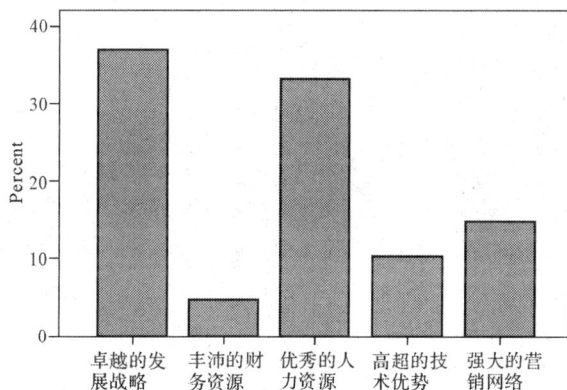

（图 14）

（二）企业品牌战略

图 15 中,在被调查企业里,有 95.4％的企业表示"有品牌",其中 67.6％的企业"不但有品牌,有注册",而且正在积极推动品牌建设,有些品牌推广已经卓有成效。

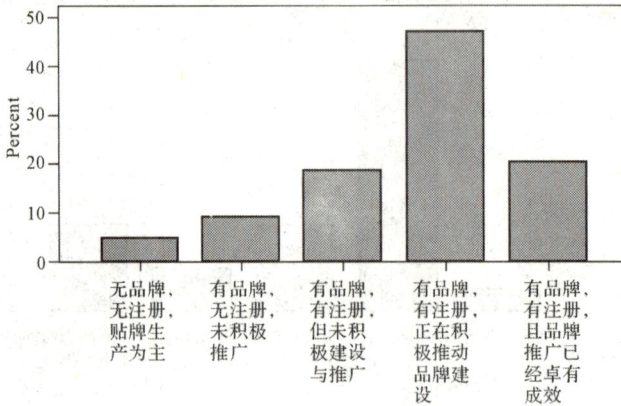

（图 15）

图 16 中，有 91.7％的企业已经建立了品牌发展战略，其中有近一半(40.7％)的企业品牌发展战略已非常明确；从这两张图的调查结果来看，反应了目前浙江企业品牌发展战略的基本情况。

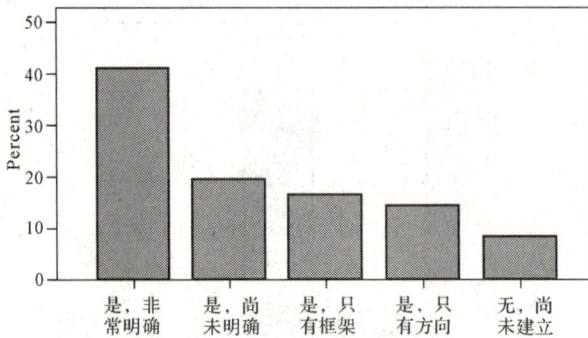

（图 16）

图 17 中，在问及"企业品牌战略最重要的目标是什么"时，三分之二(63％)的企业选择了"与客户建立长期信任与正面的关系"，这也与图 10 与图 12 中所调查的结果相吻合；其次分别是"提高市场份额"(15.7％)、"提高知名度"(12％)。

图 18 中，关于"成功品牌最重要的元素"，选择"产品质量"的企业占了一半以上(51.9％)，这也说明了质量是品牌的核心内容，只有

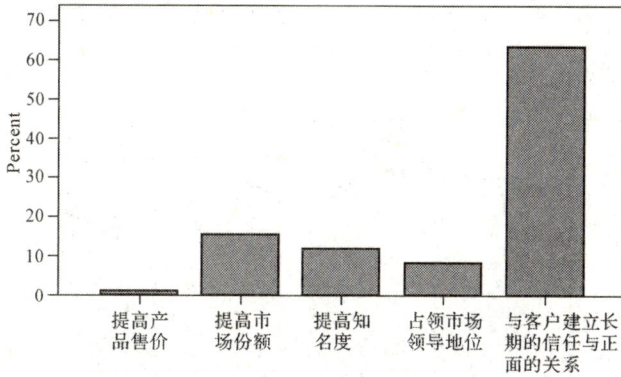

（图 17）

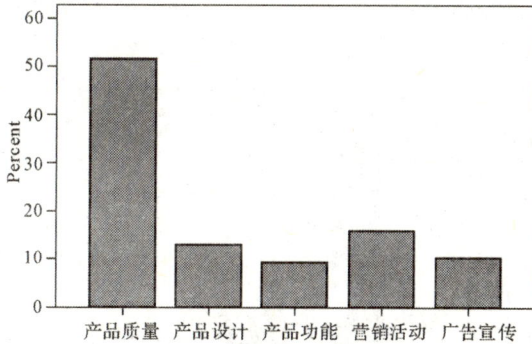

（图 18）

把产品的品质搞好了，产品的品牌才有可能提升；至于"产品设计"（13%）、"产品功能"（9.3%）、"营销活动"（15.7%）、"广告宣传"（10.2%）等都是成功品牌所不可或缺的因素。

图 19 中，在调查"建立品牌需要多长时间"，没有企业选择"1 年以下"，其他选项平分秋色，各占 1/4 左右；从中也可以看出，品牌的建立，并不是一朝一夕的功夫，而是需要时间的积累与付出，5 年、10 年，甚至更久。

图 20 中，在被调查企业里，大部分（63%）的企业品牌战略是"以产品质量与特色为主要竞争方向"，第二多的是"以销售渠道为主要

竞争方向",占 24.1%;这也反应了目前企业品牌战略的发展方向,即以"产品质量"和"销售渠道"为主。

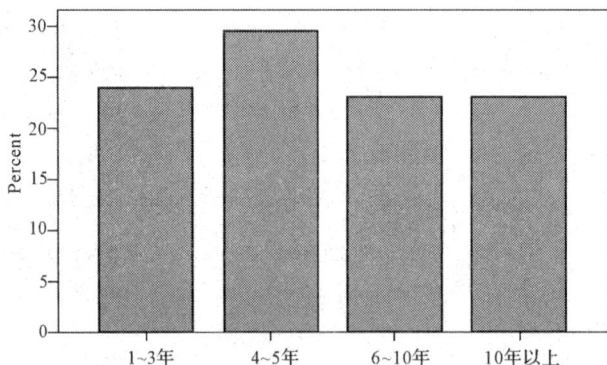

(图 19)

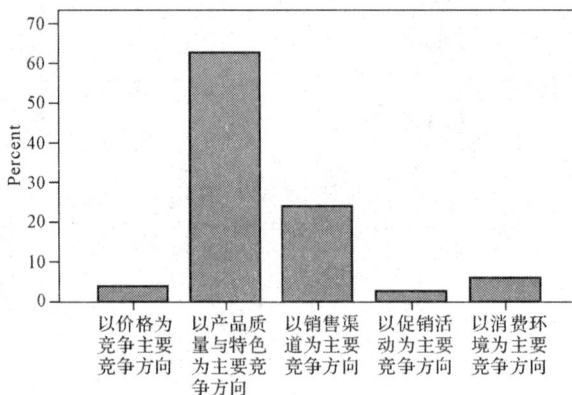

(图 20)

（三）企业品牌组织结构

图 21 中,有 63.9% 的企业建立了"品牌建立与推广的专门团队",其中 25.9% 的企业建有品牌专责部门,19.4% 的企业归营销部门负责,14.8% 的企业由品牌部门与外部咨询资源共同规划与执行,3.7% 的企业归业务单位负责。

图 22 中显示,近一半(41.7%)的企业负责品牌建立与推广的最

高负责人是"总经理、副总经理、总监等级",也有 32.4％ 的企业是由
"企业领导人自行兼任"。

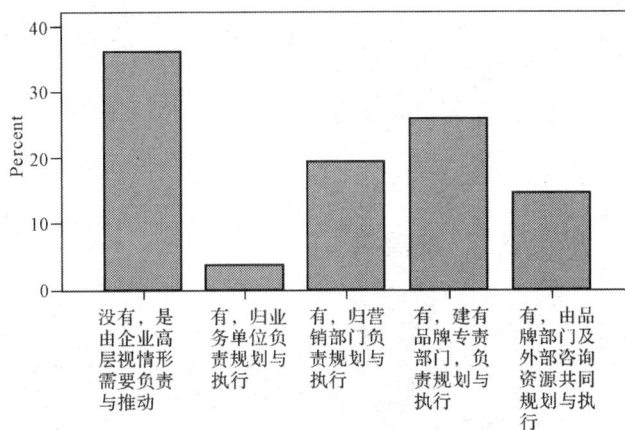

（图 21）

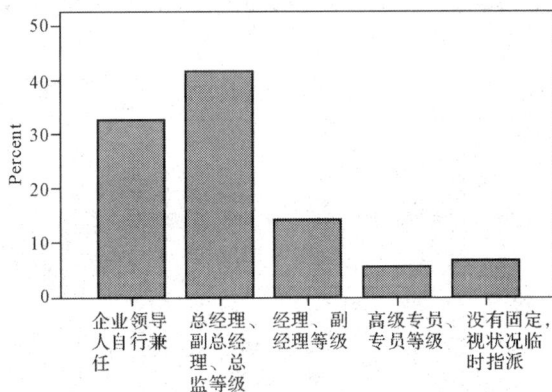

（图 22）

图 23 中,从企业品牌专职人员看,47.2％ 的企业有 1～5 位专职
人员,6～10 位的企业占了 21.3％,同时也有 10.2％ 的企业由 15 人
及以上的品牌专职人员。

图 24 中,有 73.1％ 的企业品牌建立与推广部门具有主动召集品
牌会议的权力,其中"可以主动召集会议"的占了 23.1％,"需要审核

或协调"的占了31.5％,又有18.5％的企业"高层会亲自参加"。

从上述调查中,可以发现,被调查的企业对品牌建设还是很重视的,基本上都由企业的主要决策层来具体负责和规划,同时大部分的企业也建立了品牌建设的团队,平均有5～8位左右的专职人员参与品牌的建立和推广,并有主动召集品牌会议的权力,而且会有企业高层领导参与。

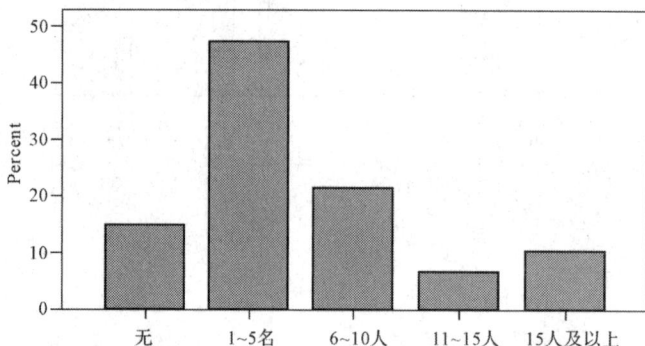

（图23）

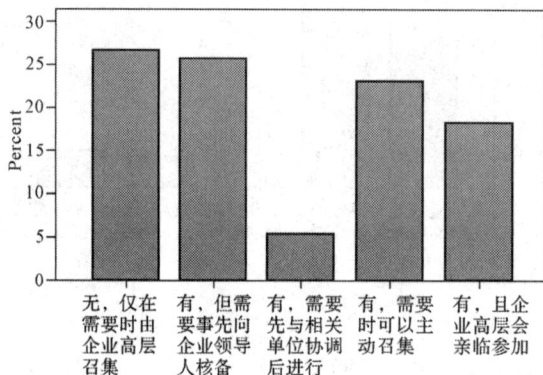

（图24）

图25中,在问及"企业的年度品牌预算是由谁拍板定案"时,一半以上(55.6％)的企业是由企业领导人决定的,还有32.4％的企业是由总经理、副总经理等级别领导决定。

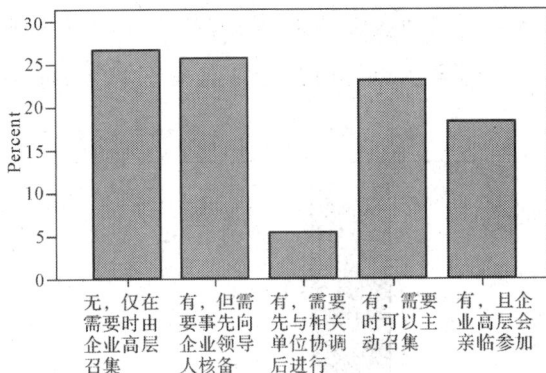

（图 25）

图 26 中,在问及"企业的品牌推广预算内的支出是由谁拍板决定"时,"企业领导人"和"总经理、副总经理等级别领导"占了 87.1％。

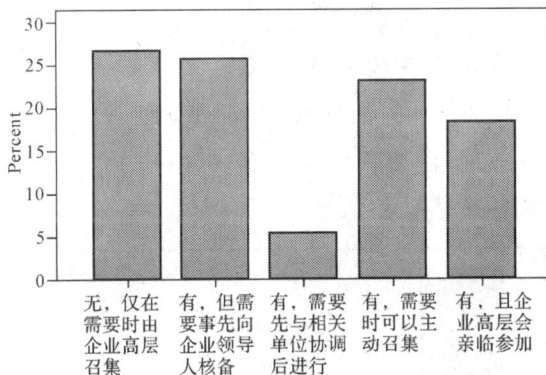

（图 26）

图 27 中,在问及"企业的品牌活动及预算执行度如何"时,大部分(67.6％)的企业表示"基本按照预算完整执行",但也有 21.3％的企业表示"基本无预算制度可言,视领导层的意志为主"。

从上述调查中,可以发现,企业年度品牌预算及支出的决定权多数是由企业领导人拍板定案的,还有一些是由总经理等级别领导决定,从中也反映了一个事实,即企业的品牌活动越来越受到重视和肯定。此外,就品牌活动的预算执行来看,2/3 左右的企业还是按照相关的预算进行执行,当然也有部分企业没有预算制度,完全是由领导的意志决定的。

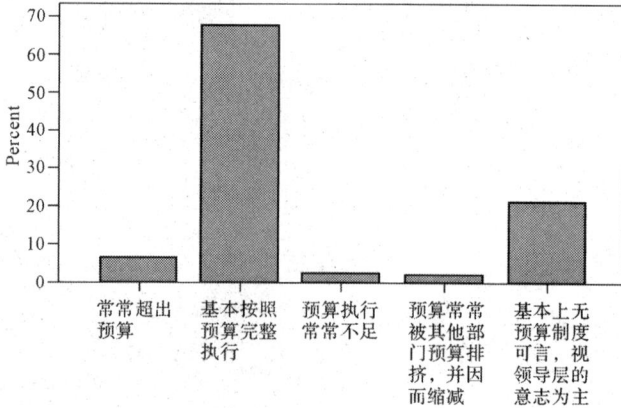

(图 27)

（四）企业品牌资源投入及成效

图 28 中,有 49.1％的企业"品牌年度规划与推广预算"约占公司营业额的 1％～5％,占公司营业额的 6％～10％的企业有 27.8％,占 20％以上的企业有 6.5％。

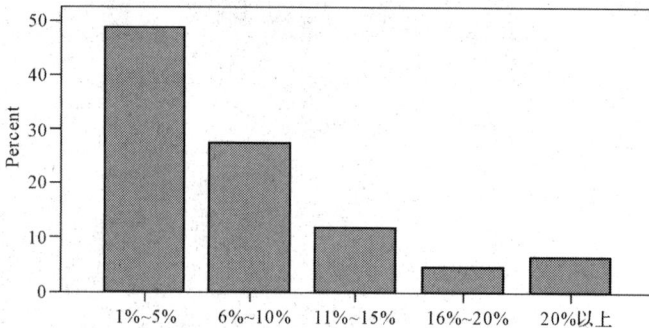

(图 28)

图 29 中,在问及"企业最重视的品牌相关活动是什么"时,38.9％的企业选择了"各种行业内活动",25％的企业选择"各种渠道

促销"，其次分别是"各种展览会"（13%）、"各种研讨会"（13%）、"各种展销会"（10.2%）。

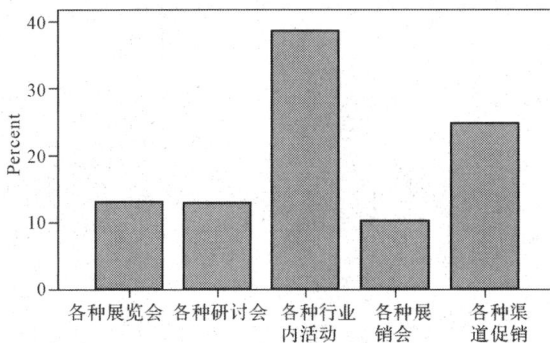

（图29）

图30中，1/3（36.1%）左右的企业还没有派员参加品牌相关课程或培训，另外24.1%的企业"邀请讲师举行企业内部培训"，22.2%的企业"派员外出参加集体培训"，10.2%的企业"派员参加品牌相关的EMBA课程"。

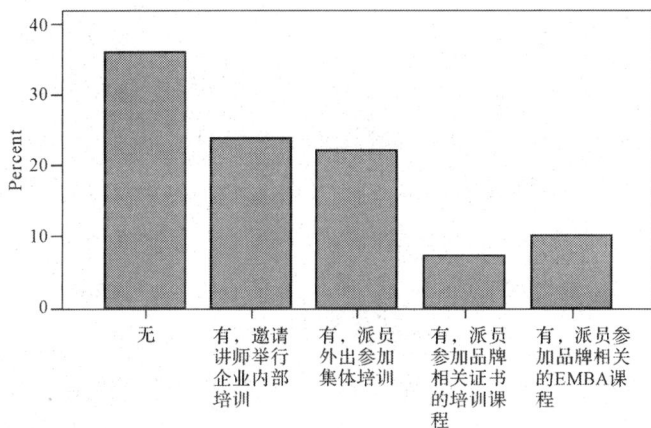

（图30）

图31中，关于"企业曾经参加最大规模的营销活动等级"，占的最多的是"全国性"和"省/直辖市级"，分别为40.7%、25.9%；"国际性"的不多，只占了13.9%。

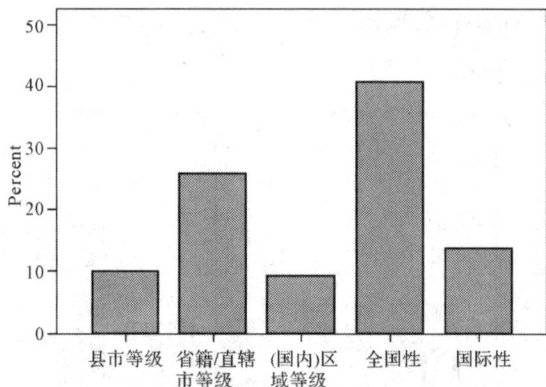

（图 31）

从上述调查中,可以发现,近一半的企业品牌活动年度预算只占企业营业额的 1%—5%,这投入并不算高,反映出企业既认为品牌建设的重要,也愿意投入对品牌进行推广,但却存在经费有限的现象。在企业最为重视的品牌活动中,"行业内活动"及"渠道促销"占了前两位,反映了多数企业的品牌建设是以加强行业内交流、以品牌促销售为主要目的,最终在行业内的竞争中占据有利地位。当然,从是否派员外出参加或在企业内部进行相关品牌培训,也可以看出一个企业对品牌建设的投入与重视,被调查企业中有 1/3 未有相关的活动。以上足已见得,品牌建设及推广对于浙江企业来讲任重而道远。

（五）企业品牌既有成效

图 32 中,被调查企业中有 68.5% 的企业获得过品牌的相关荣誉,其中包括 44.4% 的企业获得过"知名商标"、"著名商标"、"驰名商标"等荣誉,24.1% 的企业获得过非常规性的品牌相关荣誉或奖项。在是否获得过国际品牌相关的荣誉调查中（图 33）,2/3 左右（65.7%）的企业都表示"没有获得过",另有少数的企业在"生产质量"、"产品研发"、"产品设计"、"品牌建设"方面获得过国外相关荣誉。

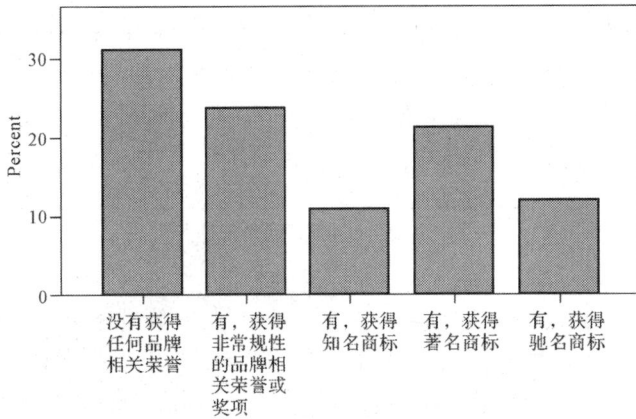

（图 3 2）

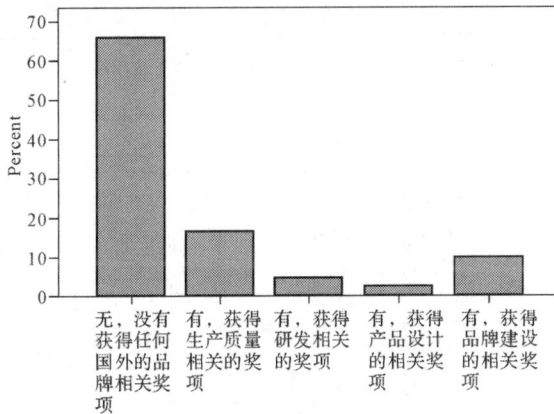

（图 3 3）

　　由此可见,被调查的企业中,大多数企业品牌是立足国内的,视野还没有放在国际化上;另外还是有相当一部分企业已经获得过相关品牌的荣誉,这也反映了浙江企业品牌建设初具成效,取得了一些成绩,但如何继续深化提升及走出国门,还有很长一段路要走。

　　图 34 中,在问及"企业是否有品牌定位的口号"时,绝大多数(85.2％)的企业表示"有",其中"由企业主自己设定"及"由企业管

理层讨论后决定"各占了 25％,也有 16.7％ 的企业"没有固定的品牌定位口号"。关于企业是否有围绕品牌的相关故事(图 35),被调查企业中,71.3％ 的企业表示"有",并且有 30.5％ 的企业"会通过各种品牌活动向外传播品牌故事"。

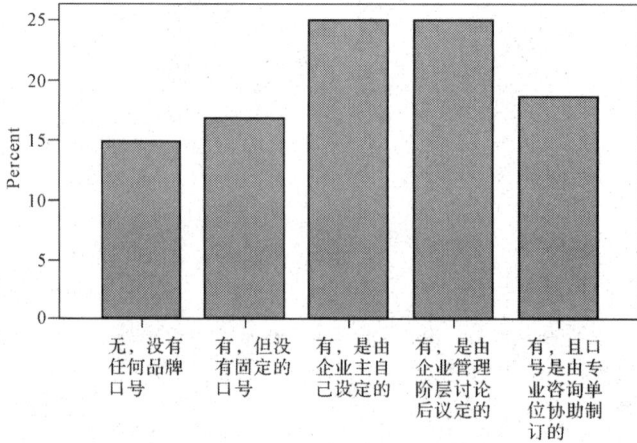

(图 34)

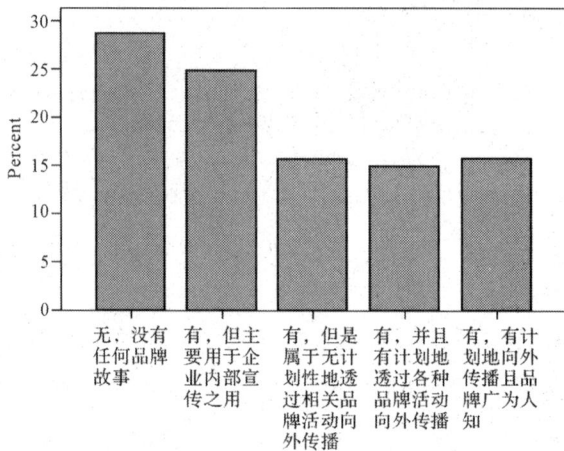

(图 35)

由此可见,绝大多数的企业有品牌定位的口号及品牌故事,这也说明企业的品牌意识还是比较强的,因为品牌口号是对企业品牌的一种提炼和总结,而品牌故事则能为企业品牌锦上添花,便于企业品牌的传播与推广。

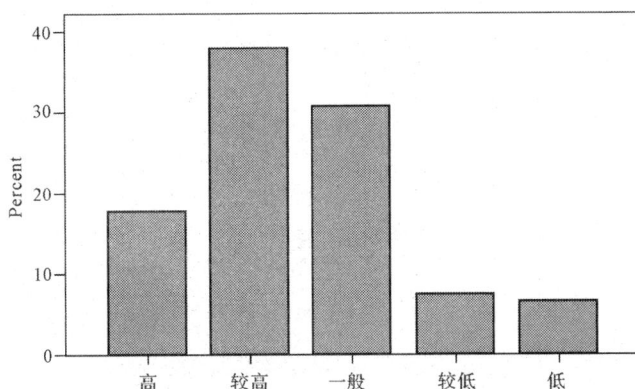

(图36)

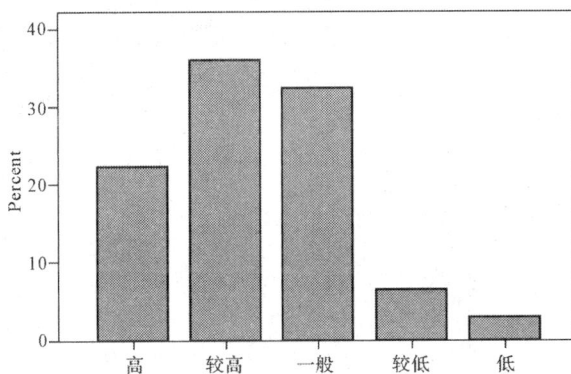

(图37)

图36—39中,主要问及"企业的各品牌要素在市场中处于的地位",其中"品牌知名度"(图36)中,选择"高"的有17.6%、"较高"有38%、"一般"有30.6%、"较低"有7.4%、"低"有6.5%;"品牌美誉度"(图37)中,选择"高"的有22.2%、"较高"有36.1%、"一般"有32.4%、"较低"有6.5%、"低"有2.8%;"品牌忠诚度"(图38)中,选择"高"的有19.4%、"较高"有39.8%、"一般"有30.6%、"较低"有8.3%、"低"有1.9%;"品牌信用度"(图39)中,选择"高"的有

25.9％、"较高"有42.6％、"一般"有24.1％、"较低"有3.7％、"低"
有3.7％。

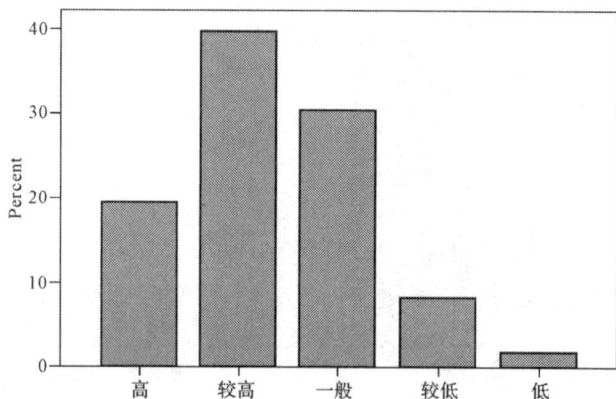

（图38）

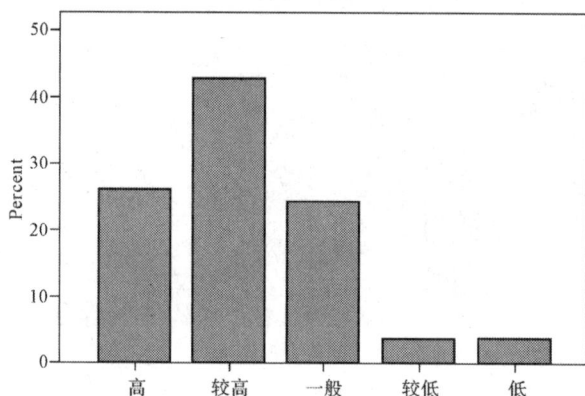

（图39）

从上可知,不管是品牌知名度、品牌美誉度,还是品牌忠诚度、品
牌信用度,被调查的企业普遍评价都很高,"高"与"较高"的比例在
55％~69％之间,都超过半数;这一方面可以看出企业对品牌的自我
认知较高,都对自己的企业品牌表示了肯定,但从另一方面思考,由
于缺少消费者及第三方的综合评价,因此关于企业品牌要素在市场
中地位的调查则缺乏一定的可信度。

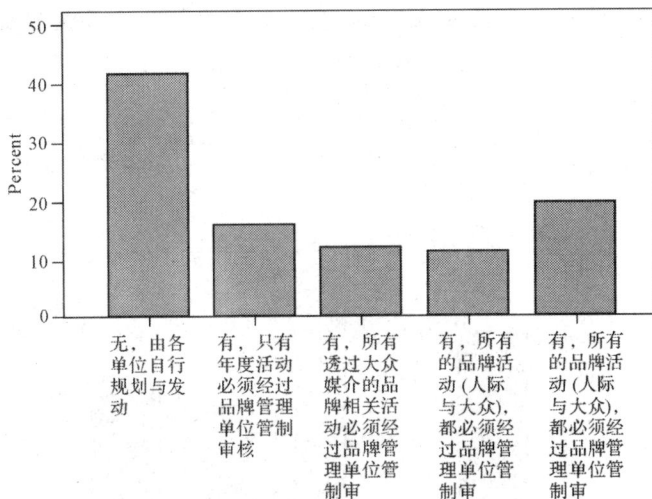

（图 40）

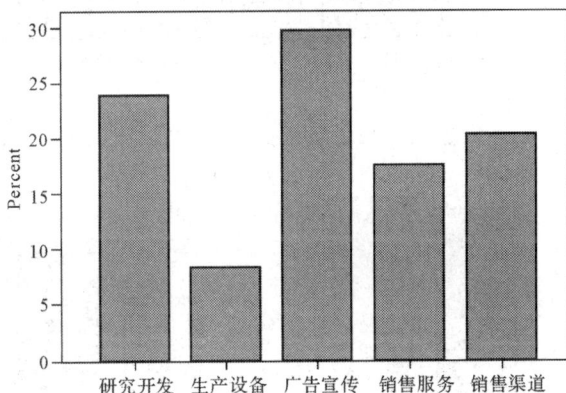

（图 41）

　　图 40 中,41.7％的企业在对外宣传与沟通工作方面,没有规制化,是由企业内部各部门自行规划与发动;另有 42.5％的企业通过大众媒介的品牌活动,需经过品牌管埋单位(部门)的管制与审核。

　　图 41 中,在企业品牌建设中投入最高的是"广告宣传"(29.6％),其他依次为"研究开发"(24.1％)、"渠道销售"(20.4％)、"销售服务"(17.6％)、"生产设备"(8.3％)。

图42中,在问及"企业近年来品牌推广活动的主要途径是什么"时,排在前三位的分别是:"各类展会活动"(26.9%)、"大众传播媒介"(25.9%)、"各类电子传播渠道"(22.2%),三者之间相差不大。此外,"各类公关活动"只占6.5%,并不是企业品牌推广活动常用的方法。

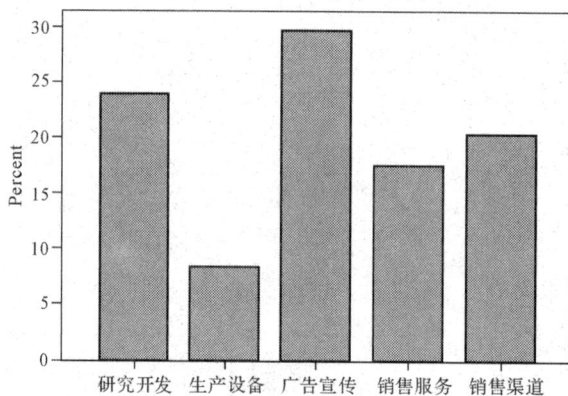

(图42)

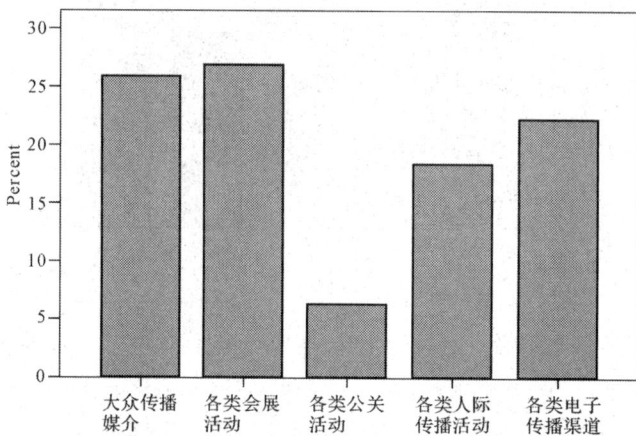

(图43)

图43中,关于企业参加各种营销活动的成效,"效果很好"占10.2%,"效果不错"占27.8%,"效果符合期望"占36.1%,"效果差

强人意"占 14.8％,"效果不佳"占 11.1％;总体来看,3/4 左右的企业认为参加的各种营销活动达到了预期,有一定的效果。

由以上四图的调查可以发现,一半多的企业对外宣传与沟通有内部相关的部门进行管制审核;而对外宣传与沟通中,"广告宣传"依然是企业在品牌建设中投入最多的;从形式上来看,在"展会"、"传统媒体"、"新媒体"上投放的广告宣传所占比例都差不多;从效果上来看,大部分的企业都表示认可和满意,基本达到了预期,甚至超过预期。

(六)企业品牌发展障碍

此部分共涉及五个问题,从"内部障碍"、"外部障碍"、"需要的资源"、"协助政策"、"发展方向"等对企业的品牌建设与发展进行提问,均为多项选择。

在问及"制约企业品牌发展的内部障碍主要是什么"时,其中有四项选择比例差不多,分别是"战略规划意识不足、战略规划质量不佳"(37％),"员工意识与能力不足、执行效果欠佳"(35.2％),"组织结构不完整,统属关系不明确"(32.4％),"发展方向不明确、预算不足、推广方式凌乱"(27.8％),从中也说明了这些问题企业或多或少都有存在,而这四个主要的问题也制约了企业的品牌发展。

在问及"制约企业品牌发展的外部障碍主要是什么"时,选择最多的是"推广费用过高、导致整体成本大幅上升"(40.7％),最少的是"政府协助政策不够贴合、无法有效发挥协助作用"(11.1％);其他如"市场环境混乱、品牌价值与投入的保护不易"占了 29.6％,"市场环境不佳、消费者品牌意识薄弱"占了 23.1％,"不易寻找符合质量要求的外部资源"占了 21.3％。从中可以看到,一方面企业要通过各种广告等宣传来推广自身的品牌,但另一方面过多的推广费用也制约了企业品牌的更好发展;这中间似乎有些矛盾,关键还在于如何把握好两者之间的关系,如何寻找到最合适的"度",如何在有效的经费下实现更大的价值。

在问及"企业最迫切需要获得关于品牌建设的资源是什么"时，"品牌营销与推广"是企业最迫切需要的，占了40.7％；其次分别为"品牌建设与管理咨询"（28.7％）、"品牌视觉形象包装与提升"（24.1％）、"品牌知识培训与交流"（16.7％）、"品牌价值评估与监测"（15.7％）；以上可以看出，"营销与推广"依然是企业在品牌建设过程中最想要解决的问题，虽然投入很多，也有一定的效果，但是如何能更加有效，是企业一直追求的目标，希望通过更好的"营销和推广"，加强企业自身的品牌建设，从而实现企业的长久发展。

在问及"政府对于企业品牌建设的协助政策最重要的是什么"时，所提供的五个选项均相差不大，如"强化品牌评估体系、健全商标公信力"占33.3％，"加强智财权保护、保护企业品牌投入的回报"占28.7％，"减低税负、增加融资"占27.8％，"加强提供相关信息、提供相关信息资源"占24.1％，"举办大型相关活动、增加品牌不光与推广的机会"占21.3％；由此可见，从企业方来讲，希望政府不管是在减少税负、提供信息，还是在保护措施、举办活动等方面，都能出台相关的协助政策，以便于企业在品牌建设中有良好的外部环境和政策扶持；而从政府方面来讲，企业的需求也正是政府今后该努力和改进的方向，政府有责任为企业创造更好的条件。

在问及"企业未来品牌发展的主要方向是什么"时，"社会形象"和"宣传推广"是选择最多的，分别占了45.4％和43.5％；其他的有"技术研发"（25％）、"产品设计"（14.8％）、"成本压缩"（7.4％）等；从上可知，品牌的宣传推广一直都为企业所重视和关注，通过营销和推广，能为企业建立良好的"社会形象"，从而推动企业的品牌建设，促进企业的发展，实现更好的社会效益和经济效益。

附录二

浙江省人民政府关于全面实施"三名"工程的若干意见

发布时间:2014－01－02 发布机构:省政府办公厅文号:

浙政发〔2013〕58号

统一编号:ZJSP00－2013－0028

各市、县(市、区)人民政府,省政府直属各单位:

为贯彻落实《中共浙江省委关于全面实施创新驱动发展战略加快建设创新型省份的决定》,全面实施知名企业、知名品牌、知名企业家培育工程(以下称"三名"工程),努力打造浙江经济"升级版",现提出如下意见:

一、全面实施"三名"工程,为打造浙江经济"升级版"注入强大动力

(一)重要意义。知名企业是浙江经济的骨干支撑,知名品牌是浙江产品和服务的品质标志,知名企业家是浙商群体的杰出代表。实施"三名"工程是打造浙江经济"升级版"的有效途径。当前,中小企业多、龙头骨干企业少,品牌数量多、知名品牌少,大小老板多、知名企业家少等"三多三少"问题,仍是制约我省经济转型升级的突出问题。全面实施"三名"工程,有利于加快改变"三多三少"状况,增强创新驱动能力,提升企业国际竞争力,提高经济增长质量和效益,对于加快推进浙江经济强省建设具有重要意义。

(二)总体要求。深入实施"八八战略",围绕干好"一三五"、实现"四翻番",坚持市场主导与政府推动、分类指导与重点扶持、整合资源与优化机制相结合,以创建"名企、名牌、名家"为载体,强化扶优扶强政策导向,大力实施名企战略,培育一批龙头骨干企业和高新技术企业;大力实施名品战略,创建一批享誉国内外的区域知名品牌,培育一批国内外具有较高知名度和影响力的品牌企业;大力实施名家战略,打造一支由知名企业家领衔的管理团队和技术团队,推动我省由工业大省向工业强省、制造大省向智造强省、品牌大省向品牌强省转变。

（三）主要目标。力争到 2017 年底，基本建立起较为完善的"三名"培育、发展和保护机制，"三名"实现融合互促、良性发展，成为全省经济社会发展的重要支撑。

——培育 200 家左右具有较大影响力、综合竞争力进入国内同行前三位的知名企业。其中，主营业务收入超百亿的龙头骨干企业 100 家左右，包括工业企业 60 家、服务业企业 40 家。培育 10000 家左右高新技术企业。

——培育 300 个在国内外拥有较高市场占有率和较好消费者满意度的产品品牌，10 个具有国际知名度和影响力的区域品牌；培育品牌企业 1000 家左右，在规模以上工业中，省级以上品牌企业产值占比力争达到 35％。

——培养 100 名具有全球视野的高水平现代企业家，培养 100 个具有现代化管理理念的企业管理团队，培养 100 个具有较强自主创新能力的技术团队，努力使我省成为全国企业家、管理和技术团队的创业创新高地。

二、大力实施名企战略，着力培育一批引领转型升级的知名企业

（四）支持企业增强创新能力。按照产业链垂直整合的要求，开展产业技术创新综合试点，支持符合条件的培育企业设立省级重点企业研究院，按企业研发费用占营业收入 5％和 3—5％两个档次，分别给予每家企业研究院 1000 万元或 500 万元的省级补助，企业研究院所在市或县（市、区）按照不低于省级补助标准给予相应的配套支持。支持企业在全球范围内引进行业顶尖人才、领军人才、创新人才及其团队，支持符合条件的企业认定为国家重点扶持的高新技术企业。

对企业引进符合条件的创新团队，省、市、县（市、区）财政给予 500～1000 万元的经费支持，对顶尖创新团队可实行"一事一议"。鼓励支持培育企业引进"海外工程师"。支持建立培育企业人才专项住房保障制度。积极为入选团队提供优质服务，帮助解决入选团队成员在浙工作期间的签证、落户、医疗、社保、配偶安置、子女入学等方面的问题。

（五）大力开展协同创新和协同制造。对以制造业为基础、协同省内配套企业开展集成制造的培育企业，实施合同金额 1 亿元以上的项目，按合同金额的一定比例给予资助。鼓励有条件的企业申报农业工程、工业工程公司等总承包资质。完善政府采购办法，开展"装备＋软件"或"装备＋软件＋服务"的一体化采购试点。对各类工程总承包公司实施的合同金额 1 亿元以上的"交钥匙工程"项目，凡与我省企业签订成台（套）设备三年以上合作合同的，按其采购本省成台（套）装备合同金额的一定比例给予资助。在有条件的培育企业协同制造产业链中开展"机联网"工程试点，鼓励培育企业通过网络化制造系统，实现产品设计、采购、制造、销售、管理等生产经营各环节的企业间协同。

（六）促进企业商业模式创新。鼓励引导培育企业依托网络平台和新一代信息技术，加速面向互联网、物联网的战略转型，构建基于电子商务的新营销盈利模式。鼓励引导培育企业发展在线维护、合同能源管理、连锁销售、现代物流、电子商务服务、专业化的总集成总承包和管理服务等新型商业模式，并选择部分培育企业开展商业模式创新示范试点。

（七）加快培育总部型企业。鼓励培育企业做大总部经济，做强实体经济。鼓励开展兼并重组，符合条件的按现行财政税收优惠政策给予重点支持；制定出台促进兼并重组的政策意见，对经省政府确认重点推进的兼并重组项目可实行"一事一议"。鼓励支持培育企业实施全球化战略,收购国外研发机构、品牌营销网络。鼓励支持引进世界500强总部(区域总部)和中国500强总部,按照总部经济优惠政策给予支持,对重点总部企业引进实施"一企一策"激励。

(八)加大要素资源保障。在促进培育企业提高单位产出基础上,给予用能、土地、融资、环境容量等关键要素的重点保障。将培育企业纳入保用电范围,对单位能耗产出、单位排放产出列同行前列的,各地可列入优先保障。对符合条件的培育企业,给予产业转型升级排污总量控制激励政策支持。培育企业投资鼓励发展类产业项目,单个项目投资额超过6亿元且亩均投资和产出处于行业领先水平的,优先纳入重大产业项目库,并对项目所在地政府实行用地计划指标事后奖励政策,其中50亿元以上项目的用地指标给予全额奖励。强化信贷支持,建立健全培育企业与金融机构的"金融直通车"机制,优先满足培育企业的信贷规模和利率优惠需求。

三、大力实施名品战略,着力培育一批在全球有影响力的知名品牌

(九)创建具有国际知名度和影响力的区域品牌。大力实施品牌创新、质量创新和标准创新工程。围绕"抓统扶小",围绕重点产业链打造支柱产业、依托龙头企业打造区域品牌,实现"区域品牌、支柱产业、产业链、龙头企业"联动提升发展。依托传统块状经济优势,深入开展产业集群示范区区域国际品牌试点,推进集体商标、证明商标、服务商标、联盟标准、区域名牌和专业品牌基地建设,着力培育一批传统优势产业区域品牌。依托我省若干高新区与产业基地,在新能源汽车、光伏发电装备、现代物流装备、现代环保装备、现代农业装备、船舶装备等战略性新兴产业形成错位发展新布局,培育一批新兴产业区域品牌。

（十）支持实施联合性市场开拓。在同等条件下优先将培育品牌列入"浙江制造精品"指导目录予以推广。大力推进"电商换市"，积极支持我省培育品牌在淘宝网及国内其他第三方电子商务平台开设网络旗舰店、专卖店。深入开展品牌连锁经营体系建设，支持培育品牌企业通过直营方式建设连锁专卖网络。支持培育品牌参加国内外知名展会，在安排广交会等会展展位时给予优先保障。鼓励自主品牌产品出口，对自主品牌出口成效显著的品牌企业给予奖励。优先支持培育品牌企业争创中国工业大奖、中国质量奖，申请成为国际国家专业标准化技术委员会秘书处承担单位，培养国际标准化人才，对其产品优先推荐出口免检和提供通关便利。

（十一）加大品牌保护力度。坚持创牌与保牌并举，努力形成企业自我保护、政府依法保护和司法维权保护三位一体的品牌保护体系。加强培育品牌保护的法制建设和应急机制建设，探索跨区域知识产权保护机制，对培育品牌产品和企业在国外注册商标和申请专利提供指导和支持。

（十二）加大对品牌培育宣传力度。发挥省级主流媒体作用，在黄金时段安排一定时长或重要版面安排一定篇幅对培育品牌进行重点宣传，在浙江形象推介、新闻宣传等工作中重点宣传报道浙江品牌。举办浙江"品牌大讲堂"，传播品牌理论知识，指导企业创建品牌。

四、大力实施名家战略，着力培育一批高水平的现代企业家

（十三）加大对企业家领衔的管理与技术团队的培训。坚持"抓升育强"，联合著名高校和研究机构，积极开展"菜单式"培训和企业家自主选择学校、自主选择培训内容的"双自主"培训。加大职业道德标准和行为规范培训和教育，提升职业经理人队伍水平。经信、科技、商务、工商、质监等部门要围绕职能，重点在"两化"融合、科技创

新、品牌商标、质量标准等方面加大培训力度。

（十四）加大新生代企业家培养。加强民营企业代际传承服务，培养一批新生代企业家。省经信委要会同有关部门每年定期组织新生代企业家在境内外开展高端培训和考察学习。加强高层次创新人才的外引内育，着力建设一支创新型的新生代企业家队伍。以知名企业和重大项目为依托，采取企业主体、政府资助的形式，大力引进和培育一批职业素养高、创新意识和经营管理能力强的职业经理人。

（十五）营造尊重企业家的社会氛围。营造创造财富光荣的社会氛围，大力宣传优秀企业家。在同等条件下，优先推荐符合条件的企业家申报各级劳动模范、先进工作者、"五一"劳动奖章、"五四"青年奖章、"三八"红旗手等荣誉称号；积极推荐符合条件的企业家作为国家、省党代表、人大代表和政协委员提名人选，畅通企业家参政议政、民主监督和建言献策的渠道。引导企业家切实履行好企业社会责任，发挥正能量。

五、强化保障措施，不断优化"三名"工程建设发展环境

（十六）加强组织领导。建立省"三名"工程建设联席会议制度，联席会议由省政府领导任召集人，省委组织部（省委人才办）、省委宣传部、省发改委、省经信委、省科技厅、省财政厅、省人力社保厅、省国土资源厅、省环保厅、省建设厅、省农业厅、省商务厅、省卫生厅、省地税局、省工商局、省质监局、省广电局、省国税局、省经合办等相关部门组成。联席会议办公室设在省经信委，办公室下设知名企业培育、知名品牌培育和知名企业家培育三个工作组，分别由相关省级部门牵头负责，建立有分有合、相互合作、协同推进的"三名"工程建设工作机制。每年定期举行"三名"工程建设新闻发布会，及时总结"三名"工程建设中的好经验、好做法。

（十七）加大资金扶持。全面落实国家和省出台的支持"三名"工程发展的各项政策。省战略性新兴产业、工业转型升级和商务促进等财政专项资金要加大对"三名"工程建设的支持力度，合力推进"三名"工程建设。各市、县（市、区）政府也要根据财力安排一定的扶持资金，结合各地实际，有重点地推进"三名"工程建设。

（十八）积极开展"三名"培育试点。结合工业强市、工业强县（市、区）建设抓好"三名"工程试点工作，实施省、市、县（市、区）分级培育计划，积极开展"三名"培育试点示范。试点的标准和办法由省经信委会同省工商局、省质监局制订，培育对象实行动态调整。

各市、县（市、区）政府和省级有关部门要结合实际，制订支持"三名"工程建设的专项配套政策和实施办法。

浙江省人民政府

2013 年 12 月 28 日

参考文献

1. 《2013浙江工业发展报告》,谢力群主编,浙江省工业经济研究所编,浙江大学出版社,2013年版。

2. 《2012浙江工业发展报告》,谢力群主编,浙江省工业经济研究所编,浙江大学出版社,2012年版。

3. 《2011浙江工业发展报告》,谢力群主编,浙江省工业经济研究所编,浙江大学出版社,2011年版。

4. 《浙江省工业强县(市、区)建设试点规划汇编》,浙江省工业转型升级领导小组办公室,浙江省经济和信息化委员会,2013年1月。

5. 《浙江省块状经济向现代产业集群转型升级示范区试点实施方案(第二批)汇编》,浙江省工业转型升级领导小组办公室,浙江省经济和信息化委员会,2011年11月。

6. 《浙江省产业集群示范区实施方案汇编》,浙江省工业转型升级领导小组办公室,浙江省经济和信息化委员会,2010年6月。

7. 《工业转型升级规划(2011—2015年)》,国务院关于印发工业转型升级规划(2011—2015年)的通知,国发〔2011〕47号,国务院,2011年12月30日。

8. 《中华人民共和国国家发展和改革委员会公告2013年第40号》,国家发展改革委,2013年10月19日。

9.《浙江年鉴2013》,舒国增,沈建明 主编,浙江年鉴社,2013年12月。

10.《浙江年鉴2012》,舒国增,李学忠 主编,浙江年鉴社,2012年12月。

11.《浙江年鉴2011》,陈一新,李学忠 主编,浙江年鉴社,2011年12月。

12.《浙江年鉴2010》,陈一新,李学忠 主编,浙江年鉴社,2010年9月。

13.《浙江工业强省建设"十二五"规划》,浙江省人民政府办公厅,2012年5月4日印发。

14.《品牌三部曲1:管理品牌资产》,戴维·阿克(David A. Aaker)著,吴进操,常小虹译,机械工业出版社,2012年版。

15.《品牌三部曲2:创建强势品牌》,戴维·阿克(David A. Aaker),埃里克·乔基姆塞勒(Erich Joachimsthaler)著,李兆丰译,机械工业出版社,2012年版。

16.《品牌三部曲3:品牌领导》,戴维·阿克(David A. Aaker),埃里克·乔基姆塞勒(Erich Joachimsthaler)著,耿帅译,机械工业出版社,2012年版。

17.《中国品牌年度发布会系列丛书:品牌影响中国》,吴纲,尹杰 著,北京工业大学出版社,2013年版。

18.《中国品牌发展报告》,中华人民共和国商务部编,北京大学出版社,2008年版。

19.《中国城市竞争力报告NO.9——城市:让世界倾斜而平坦》,倪鹏飞主编,社会科学文献出版社,2011年版。

20.《上海品牌发展报告(2010—2011)——品牌发展与城市转型》,姜卫红主编,上海人民出版社,2012年版。

21.《浙江老字号》,戎彦 著,浙江大学出版社,2011 年版。

22.《2014 第十一届世界品牌大会暨中国 500 最具价值品牌》,世界品牌实验室主办,2014 年 6 月 25 日。

23.《2013 第十届世界品牌大会暨中国 500 最具价值品牌》,世界品牌实验室主办,2013 年 6 月 26 日。

24.《2012 第九届世界品牌大会暨中国 500 最具价值品牌》,世界品牌实验室主办,2012 年 6 月 28 日。

25.《2011 第八届世界品牌大会暨中国 500 最具价值品牌》,世界品牌实验室主办,2011 年 6 月 28 日。

后　记

　　历经近二年的时间，《品牌崛起——浙江省工业品牌的现状与展望》终于付印了，心中既如释重负，又忐忑不安。欣慰的是在浙江省提出以"三名工程"为核心的品牌强省战略之后，本书对浙江省的工业品牌发展之路进行了简单的扫描、梳理，并作了一些粗略的思考；不安的是由于经费严重不足、各种支持明显不够、自身视野和能力所限，内容把控上不能更高屋建瓴，策略研究上不够深耕、细化，多多少少影响了本书的质量。但对于高校人文类研究所而言，此项工作的完成至少迈出了服务地方经济难能可贵的第一步，也为今后的此类研究积累了宝贵的经验，因此，我们觉得所有的付出和艰辛都是值得的。

　　这些年，"唱衰浙江"的论调时有听到。持此观点的人的依据不外乎浙江省在走过改革开放30多年后，特别是2008年世界性金融危机带来的经济危机后，浙江省的实体经济发展受到严重的影响，"浙江模式"已经不行了；加上历次房地产"越调越高"的误导，很大意义上投机性的房地产业掏空了实体经济，而大量以出口加工型占比很高的中小企业的工业布局，也使浙江的工业发展面临着一轮残酷的转型升级的考验。但我们对浙江省内源性经济增长模式（动力源泉来自于民间发展经济的冲动，而浙江省是内地唯一 GNP 大于 GDP 的省份)一直充满信心,对浙江人的智慧和创新精神更充满信心和敬意,从这个意义上说,我们对浙江省工业品牌发展的未来有理由充满信心,尽管可能会面临众多的挑战和困难!

浙江省的块状经济特色明显,但也存在着地区或区域发展不平衡的现状;浙江省同样有一大批鲜为人知的在各个行业处于领军地位的"隐形冠军",这也是我们在选取典型成功案例时面临的一大难题:地区平衡和代表性会发生矛盾;行业选择(限于篇幅,一个行业我们只能选取一个典型品牌)与代表性会发生矛盾;"隐形冠军"要么因为材料难以获得,要么因为品牌性质难以确定,我们最终选择了放弃。凡此种种,对于案例的选择可能会招致一些非议,我们特作以上说明,并希望能够得到各方面的理解和谅解。

最后,我们要感谢康恩贝、杭汽发、雅戈尔、奥康集团等企业对我们工作的支持,它们在百忙之中为我们提供了宝贵的本企业品牌发展资料,让我们对它们的品牌发展历程和目标有了更清晰的认识和理解;感谢《人民代表报》浙江中心的黄文雅先生;感谢杭州商学院的黄杰老师、上海大学的研究生杨瑶参与了部分章节的撰写;感谢许页抒、吴程伟、宣莹、任晓红、陈思晗、程苏芬、冯迪、龚璐、俞岳峰等一群研究生、本科生,是这些可爱的年轻人默默地为我们做了大量的资料整理工作;感谢浙江工业大学人文学院品牌动力研究所的全体同仁,你们任劳任怨,在几乎没有报酬的情况下,顶着繁重的教学、科研、家庭三重压力,充分利用业余时间,尽心尽力一次次讨论、一次次修改,最终共同完成了这项远比我们想象要艰难得多的工作,我们为这个团队感到骄傲,在此向你们致以深深的谢意!

本书有着种种的不足,但这是一群充满责任感、使命感的高校教师为浙江省工业品牌发展尽的绵薄之力，我们热忱欢迎企业界、学界、专家、各职能部门对我们的不足提出宝贵的意见，共同推进浙江省工业品牌发展和强盛。

　　　　　　　　　　　　　　　许伟杰　　王思齐
　　　　　　　　　　　　　　2014 年 10 月于杭州